北山四先生全書

金履祥卷

黄靈庚　李聖華　主編

大學疏義
論語集注考證
孟子集注考證

〔宋〕金履祥／撰　陳開勇／整理

上海古籍出版社

浙江文化研究工程重大項目成果
中共金華市委宣傳部重大文化研究工程項目成果
首都師範大學中國詩歌研究中心成果
浙江師範大學江南文化研究中心成果
浙江省越文化傳承與創新研究中心成果
二〇二一年國家古籍整理出版資助項目

浙江省文化研究工程指導委員會

浙江文化研究工程成果文庫總序

習近平

有人將文化比作一條來自老祖宗而又流向未來的河，這是説文化的傳統，通過縱向傳承和橫向傳遞，生生不息地影響和引領着人們的生存與發展；有人説文化是人類的思想、智慧、信仰、情感和生活的載體、方式和方法，這是將文化作爲人們代代相傳的生活方式的整體。我們説，文化爲群體生活提供規範、方式與環境，文化通過傳承爲社會進步發揮基礎作用，文化會促進或制約經濟乃至整個社會的發展。文化的力量，已經深深熔鑄在民族的生命力、創造力和凝聚力之中。

在人類文化演化的進程中，各種文化都在其内部生成衆多的元素、層次與類型，由此決定了文化的多樣性與複雜性。

中國文化的博大精深，來源於其内部生成的多姿多彩；中國文化的歷久彌新，取決於其變遷過程中各種元素、層次、類型在内容和結構上通過碰撞、解構、融合而産生的革故鼎新的强大動力。

中國土地廣袤、疆域遼闊，不同區域間因自然環境、經濟環境、社會環境等諸多方面的差

異，建構了不同的區域文化。區域文化如同百川歸海，共同匯聚成中國文化的大傳統，這種大傳統如同春風化雨，滲透於各種區域文化之中。在這個過程中，區域文化如同清溪山泉潺潺不息，在中國文化的共同價值取向下，以自己的獨特個性支撑着、引領着本地經濟社會的發展。

從區域文化入手，對一地文化的歷史與現狀展開全面、系統、扎實、有序的研究，一方面可以藉此梳理和弘揚當地的歷史傳統和文化資源，繁榮和豐富當代的先進文化建設活動，規劃和指導未來的文化發展藍圖，增强文化軟實力，爲全面建設小康社會、加快推進社會主義現代化提供思想保證、精神動力、智力支持和輿論力量；另一方面，這也是深入瞭解中國文化、研究中國文化、發展中國文化、創新中國文化的重要途徑之一。如今，區域文化研究日益受到各地重視，成爲我國文化研究走向深入的一個重要標誌。我們今天實施浙江文化研究工程，其目的和意義也在於此。

千百年來，浙江人民積澱和傳承了一個底藴深厚的文化傳統。這種文化傳統的獨特性，正在於它令人驚嘆的富於創造力的智慧和力量。

浙江文化中富於創造力的基因，早早地出現在其歷史的源頭。在浙江新石器時代最爲著名的跨湖橋、河姆渡、馬家浜和良渚的考古文化中，浙江先民們都以不同凡響的作爲，在中華民族的文明之源留下了創造和進步的印記。

浙江人民在與時俱進的歷史軌迹上一路走來，秉承富於創造力的文化傳統，這深深地融匯在一代代浙江人民的血液中，體現在浙江人民的行爲上，也在浙江歷史上衆多傑出人物身上得到充分展示。從大禹的因勢利導、敬業治水，到勾踐的卧薪嘗膽、勵精圖治；從錢氏的保境安民、納土歸宋，到胡則的爲官一任、造福一方；從岳飛、于謙的精忠報國、清白一生，到方孝孺、張蒼水的剛正不阿、以身殉國；從沈括的博學多識、精研深究，到竺可楨的科學救國、求是一生；無論是陳亮、葉適的經世致用，還是黄宗羲的工商皆本；無論是王充、王陽明的批判、自覺，還是龔自珍、蔡元培的開明、開放，等等，都展示了浙江深厚的文化底蘊，凝聚了浙江人民求真務實的創造精神。

代代相傳的文化創造的作爲和精神，從觀念、態度、行爲方式和價值取向上，孕育、形成和發展了淵源有自的浙江地域文化傳統和與時俱進的浙江文化精神，她滋育着浙江的生命力、催生着浙江的凝聚力、激發着浙江的創造力、培植着浙江的競争力，激勵着浙江人民永不自滿、永不停息，在各個不同的歷史時期不斷地超越自我、創業奮進。

悠久深厚、意韵豐富的浙江文化傳統，是歷史賜予我們的寶貴財富，也是我們開拓未來的豐富資源和不竭動力。黨的十六大以來推進浙江新發展的實踐，使我們越來越深刻地認識到，與國家實施改革開放大政方針相伴隨的浙江經濟社會持續快速健康發展的深層原因，就在於浙江深厚的文化底蘊和文化傳統與當今時代精神的有機結合，就在於發展先進生産力與發展先進文化的有機結合。今後一個時期浙江能否在全面建設小康社會、加快社會主義現代化建設進程中繼續走在前列，很大程度上取決於我們對文化力量的深刻認識、對發展先進文化的高度自覺和對加快建設文化大省的工作力度。我們應該看到，文化的力量最終可以轉化爲物質的力量，文化的軟實力最終可以轉化爲經濟的硬實力。文化要素是綜合競争力的核心要素，文化資源是經濟社會發展的重要資源，文化素質是領導者和勞動者的首要素質。因此，研究浙江文化的歷史與現狀，增强文化軟實力，爲浙江的現代化建設服務，是浙江人民的共同事業，也是浙江各級黨委、政府的重要使命和責任。

二〇〇五年七月召開的中共浙江省委十一屆八次全會，作出《關於加快建設文化大省的決定》，提出要從增强先進文化凝聚力、解放和發展生産力、增强社會公共服務能力入手，大力實施文明素質工程、文化精品工程、文化研究工程、文化保護工程、文化産業促進工程、文化陣地工程、文化傳播工程、文化人才工程等「八項工程」，實施科教興國和人才强國戰略，加快建設教育、科技、衛生、體育等「四個强省」。作爲文化建設「八項工程」之一的文化研究工程，其任務就是系統研究浙江文化的歷史成就和當代發展，深入挖掘浙江文化底蘊、研究浙江現象、總結浙江經驗、指導浙江未來的發展。

浙江文化研究工程將重點研究「今、古、人、文」四個方面，即圍遶浙江當代發展問題研究、浙江歷史文化專題研究、浙江名人研究、浙江歷史文獻整理四大板塊，開展系統研究，出版系列叢書。在研究内容上，深入挖掘浙江文化底藴，系統梳理和分析浙江歷史文化的内部結構、變化規律和地域特色，堅持和發展浙江精神；研究浙江文化與其他地域文化的異同，釐清浙江文化在中國文化中的地位和相互影響的關係；圍遶浙江生動的當代實踐，深入解讀浙江現象，總結浙江經驗，指導浙江發展。在研究力量上，通過課題組織、出版資助、重點研究基地建設、加强省内外大院名校合作、整合各地各部門力量等途徑，形成上下聯動、學界互動的整體合力。在成果運用上，注重研究成果的學術價值和應用價值，充分發揮其認識世界、傳承文明、創新理論、咨政育人、服務社會的重要作用。

我們希望通過實施浙江文化研究工程，努力用浙江歷史教育浙江人民、用浙江文化熏陶浙江人民、用浙江精神鼓舞浙江人民、用浙江經驗引領浙江人民，進一步激發浙江人民的無窮智慧和偉大創造能力，推動浙江實現又快又好發展。

今天，我們踏着來自歷史的河流，受着一方百姓的期許，理應負起使命，至誠奉獻，讓我們的文化綿延不絶，讓我們的創造生生不息。

二〇〇六年五月三十日於杭州

浙江文化研究工程成果文庫序言

袁家軍

浙江是中華文明的發祥地之一，歷史悠久、人文薈萃，素稱「文物之邦」「人文淵藪」，從河姆渡的陶竈炊烟到良渚的文明星火，從吴越争霸的千古傳奇到宋韵文化的風雅氣度，從革命紅船的揚帆起航到建國初期的篳路藍縷，從改革開放的敢爲人先到新時代的變革創新，都留下了彌足珍貴的歷史文化財富。縱覽浙江發展的歷史，文化是軟實力，也是硬實力，是支撑力，也是變革力，爲浙江幹在實處、走在前列、勇立潮頭提供了獨特的精神激勵和智力支持。

二〇〇三年，習近平總書記在浙江工作時作出「八八戰略」重大决策部署，明確提出要進一步發揮浙江的人文優勢，積極推進科教興省、人才强省，加快建設文化大省。二〇〇五年七月，習近平同志主持召開省委十一届八次全會，親自擘畫加快建設文化大省的宏偉藍圖。在習近平同志的親自謀劃、親自布局下，浙江形成了文化建設「3＋8＋4」的總體框架思路，即全面把握增强先進文化的凝聚力、解放和發展文化生産力、提高社會公共服務力等「三個着力點」，啓動實施文明素質工程、文化精品工程、文化研究工程、文化保護工程、文化産業促進工程、文化陣地工程、文化傳播工程、文化人才工程等「八項工程」，加快建設教育、科技、衛生、體育等「四個强省」，構建起浙江文化建設的「四梁八柱」。這些年來，我們按照習近平總書記當年作出的戰略部署，堅持一張藍圖繪到底、一任接着一任幹，不斷推進以文鑄魂、以文育德、以文圖强、以文傳道、以文興業、以文惠民、以文塑韵，走出了一條具有中國特色、時代特徵、浙江特點的文化發展之路。

文化研究工程是浙江文化建設最具標誌性的成果之一。隨着第一期和第二期文化研究工程的成功實施，産生了一批重點研究項目和重大研究成果，培育了一批具有浙江特色和全國影響的優勢學科，打造了一批高水平的學術團隊和在全國有影響力的學術名師、學科骨幹。二〇一五年結束的第一批浙江文化研究工程共立研究項目八百十一項，出版學術著作千餘部。二〇一七年三月啓動的第二期浙江文化研究工程，已開展了五十二個系列研究，立重大課題六十五項、重點課題二百八十四項，出版學術著作一千多部。特别是形成了《宋畫全集》等中國歷代繪畫大系、《共和國命運的抉擇與思考——毛澤東在浙江的七百八十五個日日夜夜》等領袖與浙江研究系列、《紅船逐浪：浙江「站起來」的革命歷程與精神傳承》等「浙一百年」研究系列、《浙江通史》《南宋史研究》等浙江歷史專題史研究系列、《良渚文化研究》等浙江史前文化研究系列、《儒學正脈——王守仁傳》等浙江歷史名人研究系列、《吕祖謙全集》等浙江文獻集成系列。可以説，浙江文化研究工程，賡續了浙江悠久深厚的文化血脈，挖掘了浙江深層次的文化基因，提升了浙江的文化軟實力，彰顯了浙江在海内外的學術影響力，爲浙江當代發展提供了堅實的理論支撐和智力支持，爲堅定文化自信提供了浙江素材。

當前，浙江已經踏上了實現第二個百年奮斗目標的新征程，正在奮力打造「重要窗口」，争創社會主義現代化先行省，高質量發展建設共同富裕示範區。文化工作在浙江高質量發展建設共同富裕示範區中具有决定性作用，是關鍵變量；展現共同富裕美好社會的圖景，文化是最富魅力、最吸引人、最具辨識度的標識。我們要發揮文化鑄魂塑形賦能功能，爲高質量發展建設共同富裕示範區注入强大文化力量，特别是要堅持把深化文化研究工程作爲打造新時代文化高地的重要抓手，努力使其成爲研究闡釋習近平新時代中國特色社會主義思想的重要陣地、傳承創新浙江優秀傳統文化革命文化社會主義先進文化的重要平臺、構建中國特色哲學社會科學的重要載體、推廣展示浙江文化獨特魅力的重要窗口。

新時代浙江文化研究工程將延續「今、古、人、文」主題，重點突出當代發展研究、歷史文化研究、「新時代浙學」建構，努力把浙江的歷史與未來貫通起來，使浙學品牌更加彰顯、浙江文化形象更加鮮明、中國特色哲學社會科學的浙江元素更加豐富。新時代浙江文化研究工程將堅守「紅色根脈」，更加注重深入挖掘浙江紅色資源，持續深化「習近平新時代中國特色社會主義思想在浙江的探索與實踐」課題研究，努力讓浙江成爲踐行創新理論的標杆之地、傳播中華文明的思想之窗；擦亮以宋韵文化爲代表的浙江歷史文化金名片，從思想、制度、經濟、社會、百姓生活、文學藝術、建築、宗教等方面全方位立體化系統性研究闡述宋韵文化，努力讓千年宋韻更好地在新時代「流動」起來、「傳承」下去；科學解讀浙江歷史文化的豐富内涵和時代價值，更加注重學術成果的創造性轉化，探索拓展浙學成果推廣與普及的機制、形式、載體、平臺，努力讓浙學成果成爲有世界影響的東方思想標識；充分動員省内外高水平專家學者參與工程研究，堅持以項目引育高端社科人才，努力打造一支走在全國前列的哲學社會科學領軍人才隊伍；系統推進文化研究數智創新，努力提升社科研究的科學化水平，提供更多高質量文化成果供給。

偉大的時代，需要偉大作品、偉大精神、偉大力量。期待新時代浙江文化研究工程有更多的優秀成果問世，以浙江文化之窗更好地展現中華文化的生命力、影響力、凝聚力、創造力，爲忠實踐行「八八戰略」、奮力打造「重要窗口」，争創社會主義現代化先行省，高質量發展建設共同富裕示範區，提供强大思想保證、輿論支持、精神動力和文化條件。

目録

孟子集注考證

孟子集注考證卷之六……………………二三四

孟子集注考證卷之七……………………二四六

附録……………………二五九

總序

南宋乾淳間，吕祖謙東萊之學、陳亮永康之學、唐仲友説齋之學同時並起，金華之學彬彬稱盛。吕祖謙尤著，與朱熹、張栻并稱「東南三賢」，又與朱熹、陸九淵并稱「朱陸吕三大家」。祖謙惜早逝，麗澤門人無大力者繼之，永康、説齋之學亦無紹傳。嘉定而後，何基、王柏振起。何基(一一八八—一二六九)，字子恭，金華人。親炙於朱熹高弟子黄榦，居北山之陽，學者稱北山先生。門人王柏(一一九七—一二七九)，字會之，一字仲會，號長嘯，改號魯齋，金華人。家學源於朱、吕，而已則師於何基。何、王轉承朱子之統，王柏又私淑東萊。王柏門人金履祥(一二三二—一三〇三)，字吉父，號次農，蘭溪人。從學王柏，并得何基指授。宋、元易代，以遺民終，隱居講學，許謙、柳貫諸子從學。許謙(一二六九—一三三七)，字益之，號白雲山人，東陽人。年三十一師履祥，爲元世大儒。後世推許何、王、金、許，并稱「金華四賢」「金華四先生」「金華四子」「何王金許四君子」，又稱「北山四先生」。

四先生爲講學家之流，名相并稱始於元末，流行於明初。杜本《吴先生墓誌銘》：「浙之東州有數君子，爲海内所師表。蓋自朱子之學一再傳，而何、王、金、許實能自外利榮，蹈履純固，反身克己，體驗精切，故其育德成仁，顯有端緒。」①黄溍《吴正傳文集序》：「初，紫陽朱子之門人高弟曰勉齋黄氏，自黄氏四傳，曰北山何氏、魯齋王氏、仁山金氏、白雲許氏，皆婺人。」②宋濂《故丹谿先生朱公石表辭》：「而考亭之傳，又唯金華之四賢續其世胤之正。」③張以寧《甑山存稿序》：「婺爲郡儒先東萊吕成公之里也。近何、王、金、許氏，得勉齋黄公之傳於徽國朱文公者，以經學教於鄉。」④蘇伯衡《洗心亭記》：「伯圭，何文定公、王文憲公、金文安公、許文懿公里中子，而四賢實以朱文公之學相授受。」⑤鄭楷《翰林學士承旨宋公行狀》：「初，宋南渡後，新安朱文公、東萊吕成公並時而作，皆以斯道爲己任。婺實吕氏倡道之邦，而其學不大傳。朱氏一再傳，爲何基氏、王柏氏，又傳之金履祥氏、許謙氏，皆婺人，而其傳遂爲朱學之世適。」⑥以上爲元末明初諸家并提四家之説。導江張𩇕爲王柏高弟子，「以其道顯於

① 吴師道《禮部集》附録，文淵閣《四庫全書》本。
② 黄溍《金華黄先生文集》卷十八，元刻本。
③ 宋濂《宋學士文集》卷十九，明天順五年黄譽刻本。
④ 張以寧《翠屏文集》卷三，明成化間刻本。
⑤ 蘇伯衡《蘇平仲文集》卷八，《四部叢刊》景明正統刻本。
⑥ 程敏政《明文衡》卷六十二，《四部叢刊》景明本。

北方」①，柳貫與許謙同學於履祥，元時又有黄溍、吴萊、吴師道、胡長孺并著聞，何以不入「四賢」之目？以上所引諸説已明言之：一則四先生遞相師承，非嫡傳不入；二則四先生於呂學既衰之後，上接紫陽之傳，以講學明道爲己任，非一般詞章文士；三則皆不肯仕，高蹈遠引，以經學教於鄉；四則學行著述堪爲師表，足傳道脈。元末明初學者多稱説「何王金許」、「金華四賢」，盛明而後始多稱「金華四先生」。「北山四先生」之稱，則始於全祖望修補《宋元學案》，改《金華學案》爲《北山四先生學案》。蓋以北山一脈起於何基，何基居金華北山下，取以自號，王柏、金履祥亦居北山之下，隱於斯，遊於斯，講學於斯。北山秀奇，得四先生名益彰，北山有靈，亦莫大幸焉。

在中國學術史上，四先生成就雖不足與朱、陸、吕三大家相提并論，但皆不愧一代學者。且其上承朱、吕，下啓明清理學及浙學一脈，有功於浙學與宋元明清儒學匪淺，學術貢獻不下於王陽明、黄宗羲諸大家。

---

① 吴師道《敬鄉録》卷十四，明抄本。

一、朱子世適，兼取東萊

四先生爲朱子嫡脈，除何基「確守師説」外，餘三家承朱子之學，繼朱子之志，鑒取東萊之學，兼容并包，已構成朱學之變。即浙學而言，由此復興，雖與東萊、永康、永嘉所引領浙學初興有異，但亦是浙學之「新變」。全祖望《北山四先生學案序録》稱金履祥爲「浙學之中興」，卓有見解。

（一）傳朱一脈

金華爲東萊講學之邦，何基、王柏奮起於吕學衰没之際，承朱學之統，亦自有故。

按王柏《何北山先生行狀》，何基早歲從鄉先生陳震習舉子業，已能潛心義理。弱冠隨父伯慧宦遊臨川，適黄榦爲令，伯慧令二子何南、何基師事之。黄榦首教以「爲學須先辦得真實心地，刻苦工夫」，臨别告以「但讀熟《四書》，使胸次浹洽，道理自見」。何基「終身服習，不敢頃刻忘也。一室危坐，萬卷横陳，存此心於端莊静一之中，窮此理於研精覃思之際。每於聖賢微詞奥義疑而未釋者，必平其心，易其氣，舒徐容與，不忘不助，待其自然貫通，未嘗參以己意。不立異以爲高，不狥人而少變。蓋其思之也精，是以守之也固。充其知而反於身者，莫不踐其實」①。

雖説何基開金華朱學之門，但居鄉里未嘗開門授徒，聞名而來學者，亦未嘗爲立題目、作話頭。王柏從學何基，及金履祥從學王柏、許謙問師履祥，皆有偶然性。王柏身出望族，少慕諸葛亮之爲人，年逾三十，與友人汪開之同讀《四書》，取《論孟集義》求朱子去取之意，以黄榦《四書通釋》尚闕答問，乃約爲《語録精要》以足之，題曰《通旨》。問從朱子門人楊與立、劉炎、陳文蔚問朱門傳授之端，與立告何基得朱氏之傳，即往從學②。何基授以「立志居敬」之旨，舉胡宏之言曰：「立志以定其本，居敬以持其志。志立乎事物之表，敬行乎事物之内。」③王柏自是發憤讀書，來學者必先教之讀《大學》。

金履祥年十八試中待補太學生，有能文聲。旋自悔，屏舉子業，研解《尚書》。與同郡王相爲友，知向濂洛之學。聞何基得朱子之傳，欲往從之無由。年二十三，由王相之介，得從王柏受業。初見，問爲學之方，即教以「立志居敬」，問讀書之目，則曰「自《四書》始」。未幾，由王柏之介進於何基之門，自是講貫益密，造詣益精，講求褆躬搆物，如何、王所訓「存敬畏心，

① 何基《何北山先生遺集》卷四，《金華叢書》本。
② 金履祥《仁山文集》卷三，明萬曆二十七年刻本。
③ 王柏《復吴太清書》，《魯齋集》卷八，明崇禎刻本。

尋恰好處」，「真實心地，刻苦工夫」。柳貫《故宋迪功郎史館編校仁山先生金公行狀》云：「二先生鄉丈人行，皆自以爲得之之晚，而深啓密證，左引右掖，期厎于道。雖孫明復之於石守道，胡翼之之於徐仲車，不是過也。然文定之所示曰『省察克治』，文憲之所示曰『涵養充拓』，語雖甚簡，而先生服之終身，嘗若有所未盡焉者。」①

大德五年，履祥年七十，講道蘭江之上，許謙始來就學，年已三十一。明年，履祥設教金華呂祖謙祠下，許謙從之卒業。履祥告曰：「吾儒之學，理一而分殊。理不患其不一，所難者分殊耳。」許謙由是致辨於分之殊，而要歸於理之一。屏居八華山，率衆講學，教人「以五性人倫爲本，以開明心術變化氣質爲先，以爲己爲立心之要，以分辨義利爲處事之制」②。吴師道《祭許徵君益之文》云：「烏乎紫陽！朱子之傳，其在吾鄉，曰何與王。傳之仁山，以及於公，其道彌光。仁山之門，公晚始到。獨超等夷，遠詣深造。」③

① 柳貫《柳待制文集》卷二十，《四部叢刊》景元至正本。
② 黄溍《白雲許先生墓誌銘》，《金華黄先生文集》卷三十二。
③ 吴師道《吴禮部文集》卷二十，《金華叢書》本。

（二）兼采吕學

何、王崛起於吕學衰落之際，傳朱子之學。然生於東萊講學之鄉，麗澤之潤已入士人肌理。故自王柏以下，返本溯源，遂成學朱爲主、參諸吕學之格局。此一變化自王柏始。

王柏家學出於吕氏。按葉由庚《王魯齋先生壙誌》，王柏祖師愈從楊時受《易》《論語》，後與朱、張、吕遊。父瀚與其叔季執經問難於考亭、麗澤之門，世其家學。王柏早孤，抱志宏偉，三十而後「始知家學授受之原，慨然捐去俗學以求道」。既師何基，發憤奮厲，「研窮愈刻深，則義理愈呈露；涵養愈細密，則趣味愈無窮」①。金履祥《魯齋先生文集目後題》追溯魯齋家學云：「初，公之大父煥章公與朱、張、吕三先生爲友，父仙都公早從麗澤，又以通家子登滄洲之門。公天資超卓，未及接聞淵源之論而早孤。年長以壯，謂科舉之學不足爲也，而更爲文章偶儷之文；又以偶儷之文不足爲也，而從學於古文、詩律之學，工力所到，隨習輒精。今存於《長嘯醉語》者，蓋存而未盡去也，公意不謂然。因閲家書，而得師友淵源之緒，間從撝堂先生劉公、船山先生楊公、克齋先生陳公考問朱門傳授之端。而於楊公得聞北山何子恭父之名，於是尋訪盤溪之上，盡棄

① 王柏《魯齋王文憲公文集》附録，《金華叢書》本。

所學而學焉。」①所言王柏既見何基，「盡棄所學」，非謂盡棄家學，而指前之所好。吴師道《仙都公所與子書》亦載：「魯齋先生之學，世有自來矣。先生大父崇政講書直焕章閣致仕，諱師愈，師事龜山楊公，後又從朱、張、吕三公遊，朱子誌墓稱其有本有文者也。父朝奉郎、主管仙都觀，諱瀚，執經朱、吕之門，克世其學。此其所與子書，莫非《小學》書、《少儀外傳》之旨也。」②

東萊之學，與朱、陸有同有異。概言之，東萊主於經史不分，《五經》、史學皆擅；近接北宋理學之緒，遠采漢儒考據訓詁，并重義理、考據；博收廣覽，以文獻見長，講求通貫；重於用實，揆古用今。吕祖謙與陳亮等人好讀史，學問「博雜」，朱熹深有不滿，指爲「浙學」風習。然東萊之學自成一系。王柏嘗爲履祥作《三君子贊》，分贊「東南三賢」朱熹、張栻、吕祖謙，《吕成公》云：「片言妙契，氣質盡磨。八世文獻，一身中和。手織雲漢，心衡今古。鼎峙東南，乾淳鄒魯。」③於東萊評價高矣。然王、金諸子終不明言取則東萊，而標榜傳朱一脈。葉由庚《壙誌》、金履祥《後題》、吴師道《仙都公所與子書》追溯王柏家學出於吕氏，亦皆重於載述從何基接軌朱子一脈，而不言返本吕學。

① 金履祥《仁山先生文集》卷三。
② 吴師道《吴禮部文集》卷十七。
③ 金履祥《濂洛風雅》卷一，清雍正間金律刻本。

論四先生之學，當察其言，觀其行，亦必考其實跡，始可得真實全貌。王、金、許三家，於《五經》之好不減《四書》，既重性理探求，復事於訓詁考據；守朱子之説，而欲爲「忠臣」，以求是爲本；朱子不喜學者嗜讀史，三家未盡遵行；朱子不喜浙學「博雜」，三家貫通經史、諸子百家，喜輯録文獻；朱子不喜浙人好言事功，三家負經濟之略，而身在草萊，心存當世，欲出所學措諸政事。柳貫《金公行狀》稱履祥「先生夙有經世大志，而尤肆力于學，凡天文地形、禮樂刑法、田乘兵謀、陰陽律曆，靡不研究其微，以充極於用」。史學、考據乃東萊所長，朱子亦借助訓詁，并出其餘力研史，此史學、考據終爲其所短。王、金、許三家取朱子言性理之長，去其所短，兼師東萊，遂精於史學、考據。

王、金、許三家援漢儒訓詁考據以治《四書》《五經》，得力於東萊頗多。生於東萊講學舊邦，風氣霑熏，有其不自知者。尤可言者，四先生好「標抹點書」，殆傳東萊文獻之學。東萊標抹圈點之書，如《儀禮》《漢書》《史記》《資治通鑑》等，久爲士林所重。吕喬年稱其「一字一句，點畫皆有深意，而所得之精，多見於此」①。吴師道屢言四先生「標抹點書」，乃鑒用東萊之法。《請傳習許益之先生點書公文》：「當職生長金華，聞標抹點書之法始自東萊吕成公，至今故

① 吴師道《吴禮部文集》卷十八。

家所藏猶有《漢書》《資治通鑑》之類。」①《題程敬叔讀書工程後》：「蓋自東萊吕成公用工諸書，點正句讀，加以標抹，後儒因之，北山何先生基子恭、魯齋王先生柏會之俱用其法」，「金、張亦皆有所點書，其淵源有自來矣。」②章懋《楓山語録》云：「何最切實，王、金、許不免考索著述多些。」又，「東萊於香溪，四賢於東萊，皆無干涉」③。王、金、許「考索著述多些」，即三家重於文獻。然稱四先生與東萊「無干涉」，未盡合於實。東萊文獻之學冠於海内，四先生生長其鄉，著述相接，故論者曰：「吾婺固東南鄒魯也，中原文獻之傳甲於天下。」④全祖望稱王應麟承東萊文獻之學，爲「明招之大宗」。以文獻之傳而言，王、金、許何嘗不可稱「明招之大宗」？

四先生緣何不明言取徑東萊，今蠡測之，蓋有數因：一則重於師承，稱説師門，但言朱子，不言其他。二則東萊之學不能無弊，麗澤後學治經，輯討文獻，或疏於性理求索；四先生以明道爲先務，篤信朱子問學要義。三則朱子批評浙人「好功利」，四先生亦警醒，關注世用而不急功求利，不標舉東萊之學，或有此故。由此不難理解葉由庚《壙誌》所言：「證古難也，

① 吴師道《吴禮部文集》卷二十。
② 吴師道《吴禮部文集》卷十七。
③ 章懋《楓山語録》，文淵閣《四庫全書》本。
④ 張祖年《婺學志》集前序，清刻本。

復古尤難也；明道難也，任道尤難也。朱、張、吕三先生同生於一時，皆以承濂洛之統爲身任者也。張、吕不得其壽，僅及終身，經綸未展，論著靡竟。獨文公立朝之時少，居閑之日多，大肆其力於聖經賢傳，刊黜《詩》《書》之小序，紹復《易》《春秋》之元經，定著《論語》《孟子》《中庸》《大學》章句，以立萬世之法程。北山、魯齋二先生同生於一鄉，亦皆以續考亭之傳爲身任者也。」①

四先生之學，以朱學爲本，參諸東萊，朱、吕互爲表裏。海寧查慎行爲黄宗羲高弟子，《得樹樓雜鈔》卷一云：「魯齋上承吕、何之緒，下開金、許之傳，其功尤大。」②卓有識見。數百年來，學者罕直言四先生私淑東萊，而述及學統，或指出接緒朱、吕。成化三年，浙江按察司僉事辛訪奏請將宋儒何基等封爵從祀，下禮部尚書兼翰林學士陳文議：「昔者晦庵朱文公熹與東萊吕成公祖謙皆傳聖道，而金華郡儒者何基、王柏、金履祥、許謙師徒，累葉出於文公之後，以居于成公之鄉，其於斯道不爲不造其涯涘，然達淵源則未也；不爲不躡其徑庭，然造堂奥則未也。」③張祖年《八婺理學淵源序》云：「子朱子挺生有宋，疏洙泗，瀹濂洛，決横渠，排金

① 王柏《魯齋王文憲公文集》附録《壙誌》。
② 查慎行《得樹樓雜鈔》卷一，民國《適園叢書》本。
③ 姚夔《姚文敏公遺稿》卷十，明弘治間姚璽刻本。

谿，補苴罅漏，千古理學淵源，渾涵渟滀，稱會歸矣。維時吾婺東萊成公倡道東南，而子朱子、南軒宣公聲應氣求，互相往來」，「是麗澤一泓，固八婺理學淵源也，猗歟盛哉！三先生爲東南理學鼎峙，吾婺學者翕然宗之」，「而毅然卓見斯道者，未之有聞。幸北山先生父伯慧者，佐治臨川，欽勉齋黄氏學，命北山師事之，遂載紫陽的傳而歸。以授之魯齋，魯齋以授之仁山，仁山以授之白雲，踵武繩繩，機籥相印，而麗澤溶瀁灝瀚矣」①。胡宗楙謂趙宋南渡，婺學昌盛，鈞稽派别，可約分政學、理學、文學三派，其理學則自范浚以下，繼以東萊，復繼以四先生。《續金華叢書序》云：「二曰理學，香溪《心箴》，導其先河。東萊吕氏，麗澤講席。北山、魯齋，溯源揚波。仁山、白雲，一脈相嬗。莘莘學子，追蹤鄒魯。咸淳之際，於斯爲盛。」②當然，論者迄今仍多只認四先生爲朱子嫡傳。近歲，我們昌言「浙學復興」，强調四先生兼傳東萊之學，諸論始有所改觀。

（三）從「確守師説」到「要歸於是」

四先生中，何、王歿於宋，金履祥由宋入元，許謙則爲元世名儒。四先生尊德性，道問學，

① 張祖年《婺學志》集前序。
② 胡宗楙《夢選樓文鈔》卷上，民國二十五年刊本。

遞相師傳，百餘年間亦有前後變化。兼采吕學，即是自王柏後一大變化。另一顯著變化，即從「確守師説」到願爲「朱子之忠臣」，篤於求是。

何基之學，立志以定本，恭敬以持志，力學以致知，篤守朱、黄之傳，虚心體察，不欲參以己意，不以立異爲高。王柏《何北山先生行狀》稱「思之也精」，「守之也固」。《啓蒙發揮後序》又説：「晚年纂輯朱子之緒論，羽翼朱子之成書，不敢自加一字，而條理粲然，羣疑盡釋。」①《同祭北山何先生》則云：「公獨屹然，堅守勿失」，「發揮師言，以會於歸」②。黄宗羲論云：「北山之宗旨，熟讀《四書》而已」，「北山確守師説，可謂有漢儒之風焉。」③

王柏問學，重視求於《四書集注》《周易本義》之内，然好探朱子發端而未竟之義，考訂索隱朱子所未及，視此爲繼朱子之志，較何基已有變化。葉由庚《壙誌》云：「先生學博而義精，心平而識遠，考訂羣書，如干將、莫邪，所向肯綮，迎刃自解。凡文公發其端而未竟，致其疑而未決，與夫諸儒先開明之所未及者，莫不該攝融會，權衡裁斷，以復經傳之舊」，「上自羲畫，下逮魯經，莫不索隱精訂，以還道經之舊，以承考亭之志，確乎其任道之勇也！」金履祥《祭魯齋

① 王柏《魯齋王文憲公文集》卷五，明崇禎間刻本。
② 王柏《魯齋王文憲公文集》卷十九。
③ 黄百家《金華學案》。

先生文》云：「論定諸經，決訛放淫。辯析羣言，折衷聖人。究其分殊，萬變俱融。會諸理一，天然有中。見其全體，靡所不具。」①

金履祥爲王柏所授，重於求是，不標新奇之論，亦不拘於一説，欲爲「朱子之忠臣」。《論孟集注考證跋》云：「文公《集注》，多因門人之問更定，其問所不及者，亦或未修，而事跡名數，文公亦以無甚緊要略之，今皆爲之修補。或疑此書不無微牾者，既是再考，豈能免此？但自我言之，則爲忠臣；自他人言之，則爲讒賊爾。此履祥將死真切之言，二三子其詳之！」②李桓《論孟集注考證序》云：「其於《集注》也，推其意之未發，佐其力之不及，以簡質之文，達精深之義，而名物度數、古今實事之詳，一皆表其所出。後儒之説，可以爲之羽翼者，間亦採摭而附入之。觀之時若不同，實則期乎至當，故先生嘗自謂朱子之忠臣。夫忠臣者，固不爲苟同，而其心豈欲背戾以求異哉？蓋將助之而已矣。斯則《考證》之修所以有補於《集注》者也。」③

許謙承履祥之傳，於先儒之説未當處不敢苟同，敷説義理，歸於平實，考據訓詁，「要歸於

① 金履祥《仁山文集》卷三。
② 金履祥《孟子集注考證》，《率祖堂叢書》本。
③ 陸心源《皕宋樓藏書志》卷十，清同治、光緒間刻《潛園總集》本。

是」。黄溍《白雲許先生墓誌銘》云：「先生於書無不觀，窮探聖微，蘄於必得，雖殘文羡語，皆不敢忽。有不可通，則不敢强。於先儒之説，有所未安，亦不敢苟同也。讀《四書章句集注》，有《叢説》二十卷。敷繹義理，惟務平實」，「讀《詩集傳》，有《名物鈔》八卷。正其音釋，考其名物度數，以補先儒之未備，仍存其逸義，旁採遠援，而以己意終之。讀《書集傳》，有《叢説》六卷。時有與蔡氏不能盡合者，每誦金先生之言曰：『自我言之，則爲忠臣；自他人言之，則爲讒賊。』要歸於是而已。」①

四先生之學，從何基「確守師説」，到金履祥、許謙「要歸於是」，乃其前後一大變化。四先生傳朱子之學，重於涵養功夫、踐履真實。何基常是一室危坐，存此心於端莊静一之中，研精覃思。履祥從學何、王，何基示曰「省察克治」，王柏示曰「涵養充拓」，履祥服之終身，常若有所未足。許謙習静，晚年尤以涵養本原爲務，講授之餘，齋居凝然。應典《八華精舍義田記》云：「迨其晚年，有謂：聖賢之學，心學也。後之學者雖知明諸心，非諸事，而涵養本原，弗究弗圖，則雖博極群書，修明勵行，而與聖賢之心猶背而馳也。」②

① 黄溍《金華黄先生文集》卷三十二。
② 党金衡纂修《道光東陽縣志》卷十，民國三年石印本。

（四）發揮表箋，漢宋互參

何基「確守師説」，毋主先入，毋師己意，虚心體察，述自得之意，名其著述曰「發揮」，所撰有《易學啓蒙發揮》《易大傳發揮》《大學發揮》《中庸發揮》《語孟發揮》《太極通書西銘發揮》。《近思録發揮》未詮定而歿，金履祥與同門汪蒙、俞卓續抄校訂，付其家藏之。柳貫《金公行狀》云：「凡文公語録、文集諸書，商確考訂之所及，取其已定之論，精切之語，彙敘而類次之，名爲《發揮》，已與諸書並傳於世矣。而若文公、成公所輯周、程、張子之微言曰《近思録》者，宜爲宋之一經，而顧未有爲之解者，亦隨文箋義，爲《近思録發揮》，未詮定而文定歿。」

自王柏以下，雖力戒先入之見，不標榜己意，然欲爲通儒，折衷羣言，出入經史百家，索隱朱子發端而未竟之義，考訂朱子所未及之書，故不苟同先儒之見，且倚重於訓詁考據，已不能不與何基有異。所著述於「標抹點書」「發揮」外，或名「考證」，或曰「精義」「衍義」「疏義」「指義」，或曰「表注」「叢説」。王柏考訂羣書，葉由庚《壙誌》稱「無一書一集不加標注，於《四書》《通鑑綱目》，精之又精。一言之題，一點之訂，辭不加費而義以著明，無非發本書之精髓，開後學之耳目」。又論其與何基異同云：「北山深潛沖澹，精體默融，志在尚行，訒於立言；魯齋通睿絶識，足以窮聖賢之精藴，雄詞偉論，足以發理象之微著。」履祥出入經史，天文地理、禮樂刑法、田乘兵謀、陰陽律曆無不究研。謂古書有注必有疏，作《論孟集注考證》，以爲朱子《集注》有疏，補所未備，增釋事物名數。注解《尚書》，推本父師之意，正句畫段，提其章旨，析其義理之微，考證文字之誤，表於四闈之外，曰《尚書表注》。柳貫《行狀》云：「研窮經義，以究窺聖賢心術之微；歷考傳注，以服襲儒先識鑒之確。無一理不致體驗，參伍錯綜，所以約其變；無一書不加點勘，鉛黄朱墨，所以發其凡。」許謙《上劉約齋書》云：「其爲學也，於書無所不讀，而融會於《四書》，貫穿於《六經》，窮理盡性，誨人不倦，治身接物，蓋無毫髮歉，可謂一世通儒。」①許謙追步王、金，欲爲一世通儒。黄溍《白雲許先生墓誌銘》云：「先生於天文地理、典章制度、食貨刑法、字學音韻、醫經數術，靡不該貫，一事一物，可爲傳聞多識之助者，必謹志之。至於釋老之言，亦皆洞究其蘊，謂學者孰不日闢異端，苟不深探其隱，而識其所以然，能辨其同異、别其是非也幾希。」許謙每念履祥所言欲爲「朱子之忠臣」、「要歸於是」，所著《詩集傳名物鈔》《讀書叢説》《讀四書叢説》，考訂索隱，以補先儒所未備，存其逸義，而終以己意。在王、金、許三家看來，其著述不離於孔孟遺意，惟求是求真，乃可繼朱子之志。

四先生著述，無論彙敘發揮、隨文箋義，抑或考證衍義、辨誤訂訛，都不離於言説義理。王、金、許三家治學，與何基有所不同。總體以觀，有三大特點：一是治《五經》而貫穿性理，治《四書》而倚重訓詁考據，《四書》《五經》融會貫通。二是以理學爲本，兼采漢學。漢、宋兼

① 許謙《許白雲先生文集》卷三，明成化二年陳相刻本。

采，本爲東萊所長，三家蓋以朱學爲主，兼采東萊。三是欲爲通儒之學，貫穿經史百家，重於世用，不避「博雜」之嫌，此亦與東萊之學相通。

二、四先生治《四書》《五經》及其史學、文學

四先生長於《四書》，自王柏以下，《五經》貫通，兼治史學，重於文獻。其治《四書》，義理闡説與訓詁考據并重；治《五經》，疑古考索，尚於求是，并重義理；研史則經史互參，會通朱、吕；詩文雖其餘事，不離於講學家風習，然發攄性靈，陶冶性情，文以載道，裨益教化，各具其致。以文章合於道，扶翼經義、世教，通於世用，故金、許傳人尚文風氣日盛。以下分作論述：

（一）《四書》學

朱子之學，萃於《四書集注》。門人黄榦得其傳，有《四書通論》。世推四先生爲朱子適傳，亦以其得朱門《四書》之傳也。

何基從學黄榦，黄榦臨别告以熟讀《四書》，道理自見。何基以此爲讀書爲學之要，教門人治學以《四書》爲主，以《朱子語録》爲輔。嘗曰：「學者讀書，先須以《四書》爲主，而用

《語録》以輔翼之」，「但當以《集注》之精嚴，折衷《語録》之疏密；以《語録》之詳明，發揮《集注》之曲折。」王柏《行狀》稱「此先生編書之規模也，他書亦本此意」。何基後又覺得《四書》「義理自足」，當深探本書，「截斷四邊」。王柏稱「此先生晚年精詣造約，終不失勉齋臨分之意」（《何北山先生行狀》）。

王柏得北山之教，深味其旨，教門人爲學亦以《四書》爲本。寶祐二年，履祥來學，問讀書之目，告以「自《四書》始」。是年冬，履祥作《讀語論管見》，凡有得於《集注》言意之外者則録之。王柏讀後，勸説當沉潛涵泳於《集注》之内，有所自得，不當固求言外之意，發爲新奇之論①。履祥終生沉潛涵泳不輟，作《論孟集注考證》。歿前一歲，即大德六年，在金華城中講學，以《大學》爲第一義，諸生執經問難，爲之毫分縷析，開示蘊奥，因成《大學指義》一書。許謙聞履祥緒論，精研《四書》。黄溍《白雲許先生墓誌銘》稱其每戒學者曰：「聖賢之心盡在《四書》，而《四書》之義備於朱子。顧其立言，辭約意廣，讀者或得其粗，而不能悉究其義。或以一篇之致自異，而初不知未離其範圍。世之詆訾貿亂、務爲新奇者，其弊正坐此耳。始予三四讀，自以爲了然，已而不能無惑，久若有得，覺其意初不與己異，愈久而所得愈深，與己意合者，亦大異於初矣。童而習之，白首不知其要領者何限？其可以易心求之哉！」

① 王柏《金吉甫管見》，《魯齋王文憲公文集》卷九。

四先生闡説性理，遞相師承，治《四書》皆所擅長。何基有《大學發揮》《中庸發揮》《語孟發揮》，王柏有《論語通旨》《論語衍義》《魯經章句》《孟子通旨》《批點標注四書》，金履祥有《大學疏義》《中庸表注》《論語集注考證》《孟子集注考證》，許謙有《讀四書叢説》。從朱子《四書章句集注》《四書或問》，到黄榦《四書通釋》，再到四先生著述十餘種，可見四先生《四書》學淵源，亦可見朱學流傳及其盛行浙東之況。

何基《四書發揮》，取朱子已定之論、精切之説，以爲發揮，守師説甚固，研思亦精。王柏、金履祥、許謙三家，傳何基之學，復繼朱子之志，索隱微義，考證注疏，以爲羽翼。其索隱考證，倚於訓詁考據，以性理爲本，重於求是。許謙《論孟集注考證序》云：「先師之著是書，或櫽栝其説，或演繹其簡妙，或攄其幽，發其粹，或補其古今名物之略，或引羣言以證之。大而道德性命之精微，細而訓詁名義之弗可知者，本隱以之顯，求易而得難。吁！盡在此矣。」吴師道《讀四書叢説序》稱《四書》自二程肇明其旨，至朱子集其大成，然一再傳之後，泯没畔涣，「其能的然久而不失傳授之正，則未有如於吾鄉諸先生也。蓋自北山取《語録》精義，以爲《發揮》，與《章句集注》相發明；魯齋爲標注點抹，提挈開示；仁山於《大學》有《疏義》《指義》，《論》《孟》有《考證》，《中庸》有《標抹》，又推所得於何、王者，與其己意併載之」，「今觀《叢説》之編，其於《章句集注》也，奥者白之，約者暢之，要者提之，異者通之，畫圖以形其妙，析段以顯其義。至於訓詁名物之缺，考証補而未備者，又詳著焉。其或異義微牾，則曰：『自我言之，則爲忠臣，自他人言之，則爲殘賊。金先生有是言也。』此可以見其志之所存矣」（《吴禮部文集》卷十七）。《四庫全書總目》著録《論孟集注考證》，《提要》云：「其書於朱子未定之説，但折衷歸一，於事蹟典故，考訂尤多。蓋《集注》以發明理道爲主，於此類率沿襲舊文，未遑詳核，故履祥拾遺補闕，以彌縫其隙，於朱子深爲有功」，「然其旁引曲證，不苟異，亦不苟同，視胡炳文輩拘墟迴護，知有注而不知有經者，則相去遠矣。」此可見四先生《四書》學及其「家法」之大端。

（二）《五經》學

朱子研《易》《詩》，并涉獵禮制，而東萊則《五經》貫通。何基於《五經》僅《易經》有撰著，仍題曰「發揮」。其治《四書》，雖與《五經》參讀，大抵「發揮師言，以會於歸」。自王柏以下，不惟尊德性，且好治經研史。王、金、許三家研討《五經》，既通於朱子經學，又通於東萊經學及文獻之學。概言之，一是崇義理而并事訓詁考據。二是好纂輯、音釋、標抹、考訂、表注，以翼經傳。三是好考證名物度數，補先儒之未備。四是不苟同，不苟異，「要歸於是」。前已言及，此更舉例以明之。

王柏於《五經》皆有撰述，著《讀書記》十卷、《讀詩記》十卷、《讀春秋記》八卷、《書附傳》四十卷、《詩可言》二十卷、《詩疑》二卷、《書疑》九卷、《涵古易説》一卷、《大象衍義》一卷、《左氏正傳》十卷等。葉由庚《壙誌》稱其嗜於索隱考訂，好「復經傳之舊」，「先生一更一定，皆有授證，一析一合，不添隻字，秩秩乎其舊經之完也，炳炳乎其本旨之明也」。并舉其大端如：於《易》，作《易圖》，推明《河圖》《洛書》先後。謂《河圖》爲先天後天之宗祖，逐位奇偶之交，後天爲統體奇偶之交。古之册書，作上下兩列，故《易》上下經非標先後。謂今之三百五篇非盡孔子之三百五篇，孔子所删，或有存於閭巷浮薄之口者，漢儒概謂古詩，取以補亡。乃定二《南》各十一篇，還兩兩相配之舊，退《何彼穠矣》《甘棠》歸之《王風》，而削去《野有死麕》。若風、雅、頌，亦必辨其正變，次其先後，謂鄭、衛淫詩，皆當在削。

世人或稱經以講解辯訂而明，釐析類合則陋，王柏則不以爲然，好參訂疑經。何基嘗告之：「治經當謹守精玩，不必多起疑端。有欲爲後學言者，謹之又謹可也。」①然王柏終勇於「任道」「求是」，《書疑序》云：「不幸秦火既焰，後世不得見先王之全經也。惟其不全，固不可得而不疑。所疑者，非疑先王之經也，疑伏生口傳之經也。讀書者往往因于訓詁，而不暇思經文之大體，間有疑者，又深避改經之嫌，寧曲説以求通，而不敢輕議以求是」，「聖人之經不可改，伏氏之言亦不可正乎？糾其繆而刊其贅，訂其雜而合其離，或庶幾乎得復聖人之舊，此

① 戴殿江《金華理學粹編》。

有識者之不容自已。」①

後世於王柏疑經，頗多争議。錢維城《王柏刪詩辯》：「宋儒之狂妄無忌憚，未有如王柏之甚者也」，「朱子惟過於慎，故寧爲固而不敢流於穿鑿，而孰知一再傳之後，其徒之肆無忌憚，乃至於此也。」②成僎《詩説考略》卷二《王柏詩疑之舛亂》：「夫以孔子所不敢刪者，而魯齋刪之；以孔子所不敢變易者，而魯齋變易之。世儒猶以其淵源於朱子而不敢議，此竹垞所以嗤爲無是非之心也。」《四庫全書總目》著録《書疑》九卷，《提要》云：「然柏之學，名出朱子，實則師心，與朱子之謹嚴絶異」，「柏作是書，乃動以脱簡爲辭，臆爲移補」，「至於《堯典》《皋陶謨》《説命》《武成》《洪範》《多士》《多方》《立政》八篇，則純以意爲易置，一概托之於錯簡」，「是排斥漢儒不已，並集矢於經文矣，豈濂、洛、關、閩諸儒立言垂教之本旨哉？」托克托等修《宋史》，乃與其《詩疑》之説並特録於本傳，以爲美談，何其寡識之甚乎？」又著録《詩疑》二卷，《提要》云：「《書疑》雖頗有竄亂，尚未敢刪削經文。此書則攻駁毛、鄭不已，並本經而攻駁之；攻駁本經不已，又並本經而刪削之。」爲之辯護析論者亦多。如胡鳳丹《重刻王魯齋詩疑序》：「朱子所攻駁者《小序》耳，於本經未嘗輕置一議也。先生黜陟《風》《雅》，竄易篇次，非

---

① 王柏《魯齋王文憲公文集》卷五。

② 錢維城《茶山文鈔》卷八，清乾隆四十一年眉壽堂刻本。

惟排詆漢儒，且幾幾乎欲奪宣聖删定之權而伸其私説。其自信之堅，抑何過哉」，「是書設論新奇，雖不盡歸允當，而本其心所獨得，發爲議論，自成一家，俾世之讀其書者足以開拓心胸，增廣識見，引而伸之，觸類而長之，未始非卓犖觀書之一助也。」①皮錫瑞《論王柏書疑疑古文有見解特不應並疑今文》：「王氏失在並今文而疑之耳，疑古文不得謂其失也。」「王氏知古文之僞，不知今文之真。其並疑今文，在誤以宋儒之義理準古人之義理，以後世之文字繩古人之文字。」「《書疑》多本前人，亦非王氏獨創，特王氏於《尚書》篇篇獻疑，金履祥等從而和之，故其書在當時盛行，而受後世之掊擊最甚。平心而論，疑經改經，宋儒通弊，非止王氏，皆由不信經爲聖人手定。（注：王氏《詩疑》删鄭、衛詩，竄改《雅》《頌》，僭妄太甚，《書疑》猶可節取。）」②王柏以義理治《詩》《書》，索隱太過，不免其弊，後人盡黜之則未當，宜小心考求，平允論之。

金履祥承王柏疑經之緒，以爲秦火之後全經不存，漢儒拘於訓詁，輕於義理，循守師傳，曲説不免。亦自勇於「任道」「求是」。其考訂諸經，用力最多乃在《尚書》，有《尚書注》十二卷、《尚書表注》二卷。《尚書表注序》稱全書不得見，「考論不精，則失其事迹之實；字辭不

① 胡鳳丹《退補齋文存》卷一，清同治十二年退補齋鄂州刻本。

② 皮錫瑞《經學通論》，清光緒間思賢書局刻本。

辨，則失其所以言之意」，「夫古文比今文固多且正，但其出最後，經師私相傳授最久，其間豈無傳述附會」，「後之學者，守漢儒之專門，開元之俗字，長興之板本，果以爲一字不可刊之典乎？幸而天開斯文，周、程、張、朱子相望繼作，雖訓傳未備，而義理大明，聖賢之心傳可窺，帝王之作用易見」①。履祥鈎玄探賾，折衷群説，力求平心易氣，不爲浚深之求，無證臆決，考訂較王柏爲慎。《四庫全書總目》著録《尚書表注》二卷，《提要》云：「大抵攟摭舊説，折衷己意，與蔡沈《集傳》頗有異同。其徵引伏氏、孔氏文字同異，亦確有根原。」胡鳳丹《重刻尚書表注序》云：「故先生之功在注釋，而先生之志在表章。以視抱經硜硜索解於章句之末者，其相去爲何如耶？」陸心源《重刊金仁山先生尚書注序》云：「《尚書》則用功尤深，《表注》一書，爲一生精力所萃。是書即《表注》之權輿，訓釋詳明，頗多創解。」②

按柳貫《行狀》，履祥歿時，所注書僅僅脱稿，未及正定，悉以授門人許謙。許謙遵其遺志，讎校刻板以傳。許謙考訂諸經，用力尤勤者在《詩》《書》，撰《讀書叢説》六卷、《詩集傳名物鈔》八卷，長於正音釋、考證名物度數。讀《春秋三傳》，撰《温故管窺》。讀《三禮》，參互考訂，發明經義。句讀標抹《九經》《儀禮》《三傳》，注明大旨要解、錯簡衍文。吴師道《詩集傳名

① 金履祥《仁山文集》卷三。
② 金履祥《書經注》集前序，《十萬卷樓叢書》本。

物鈔序》云："君念朱《傳》猶有未備者，旁搜博采，而多引王、金氏，附以己見，要皆精義微旨，前所未發。又以《小序》及鄭氏、歐陽氏《譜》世次多舛，一從朱子補定。正音釋，考名物度數，粲然畢具。其有功前儒，嘉惠後學，羽翼朱《傳》於無窮，豈小補而已哉！"(《吴禮部集》卷十五)《名物鈔》羽翼《詩集傳》，猶金履祥作《論孟集注考證》爲《集注》之疏。王柏重訂《詩經》篇目，《名物鈔》取用之，然未盡鑒採《詩疑》。蓋《名物鈔》於朱子《詩集傳》、王柏《詩疑》各有訂正。要之，折衷群説，能指明師説之不然。《四庫全書總目提要·詩集傳名物鈔》云："研究諸經，亦多明古義。故是書所考名物音訓，頗有根據，足以補《集傳》之闕遺。惟王柏作《二南相配圖》"，"而謙篤守師説，列之卷中，猶未免門户之見"，"然書中實多採用陸德明《釋文》及孔穎達《正義》，亦未嘗株守一家"。許謙繼履祥作《讀書叢説》，大指類於《名物鈔》，以《書集傳》出於朱子門人蔡沈之手，尤當疏注辨明。《叢説》多有與《書集傳》意見不合者。張樞《讀書叢説序》云："先生嘗誦金先生之言曰：『在我言之，則爲忠臣，在人言之，則爲殘賊。』要歸於是而已，豈不信哉！"《四庫全書總目提要·讀書叢説》云："謙獨博核事實，不株守一家，故稱《叢説》"，"然宋末元初説經者多尚虚談，而謙於《詩》考名物，於《書》考典制，猶有先儒篤實之遺，是足貴也。"

（三）史學

歷來論四先生之學，大都明其傳朱子之統，講説性理。至於自王柏以下兼采東萊史學、文獻之學，研經兼通史，宗程朱兼取法於漢儒，則鮮有討論。

浙學興起之初，吕祖謙、陳亮諸子好讀史，朱熹指爲「博雜」，告誡門人讀書以《四書》爲本。何基謹守師説，問學欲求朱子之醇。王柏、金履祥、許謙欲爲一世通儒，出入經史百家，研史與治經相發明，雖與東萊經史不分、漢宋互參、重於文獻有所不同，但也多有相通之處。此一變化，一定程度上體現了王柏等人向浙學的回歸。

王柏標注《通鑑綱目》，著《續國語》四十卷、《擬道學志》二十卷、《江右淵源》五卷、《雜志》二卷、《地理考》二卷等書。金履祥著《通鑑前編》十八卷、《舉要》二卷。《尚書表注》經史互證，探求義理，綜概事跡，考正文字，《通鑑前編》亦取此義。司馬光作《資治通鑑》，周威烈王二十三年之前事未載，劉恕《外紀》紀前事，不本於經，而信百家之説。履祥以爲出《尚書》諸經者爲可考信，出子史雜書者多流俗傳聞、鄙陋之説，因撰《通鑑前編》，一以《尚書》爲主，下及《詩》《禮》《春秋》，旁采舊史諸子，表年繫事，考訂辨誤，斷自唐堯，以下接《資治通鑑》。履祥《通鑑前編序》兼言朱、吕，云：「朱子曰：『古史之體可見也，《書》《春秋》而已。《春秋》編年通紀，以見事之先後；《書》則每事别紀，以具事之始末。』」「今本之以經，翼之以史子傳記，附之以諸家之論。且考其繫年之故，解其辭事，辨其疑誤。如東萊呂氏《大事記》，而不敢盡倣其例。」朱子編《通鑑綱目》，裁剪《通鑑》，考訂嫌於疏淺。東萊邃於史，《大事紀》頗有史裁。如《四庫全書總目提要·大事紀》所云：「當時講學之家，惟祖謙博通史傳，不專言性命。《宋史》以此黜之，降置《儒林傳》中，然所學終有根柢」，「凡《史》《漢》同異，及《通鑑》得失，皆縷析而詳辨之。又於名物象數旁見側出者，並推闡貫通，夾注句下」。履祥頗取法《大事紀》，第不盡倣其例。即經史不分而言，履祥較王柏更近於東萊。《通鑑前編》一書，履祥生前未遑刊定，臨殁屬之許謙。天曆元年《通鑑前編》刻行，鄭允中采録進呈。《元史·金履祥傳》評云：「凡所引書，輒加訓釋，以裁正其義，多儒先所未發。」許謙著《觀史治忽幾微》。黄溍《白雲許先生墓誌銘》云：「倣史家年經國緯之法，起太皞氏，訖宋元祐元年秋九月尚書左僕射司馬光卒，備其世數，總其年歲，原其興亡，著其善惡。蓋以爲光卒，則宋之治不可復興。誠一代理亂之幾，故附於續經而書孔子卒之義，以致其意也。」

王、金、許三家研討經義，兼及治史，以史翼經，與東萊史學有相通處，然相較東萊經史并重、經史不分，仍有所不同。

（四）文學

宋代理學大興，儒者「大要尚道義而下詞章」，昌學古者「崇理致，黜崛奇而主平易，忌艱深而貴敷暢」，又恐沿襲而少變，故「其詞紆餘而曲折」。後來學者「融之以訓詁，發之以論説，專務明乎理，是以其詞詳盡而周密。其於詩也亦然」①。朱、陸、吕爲講學大家，不廢詩文。四先生尊德性、道問學，詩文亦自可觀，各自有集。

總體來説，四先生文章扶翼經義、世教，文以載道，闡明義理，裨益教化，通於世用。詩發攄性靈，陶冶性情，既爲悟道之具，又得天機自然之趣，超然物表，不事雕琢藻繢，非激壯之音，亦無寒蹙之態。

王柏《何北山先生行狀》稱何基：「以其餘事言之，先生之文，温潤融暢；先生之詩，從容閒雅，皆自胸中流出，殊無雕琢辛苦之態。雖工於詞章者，反不足以闖其藩籬。」王柏早歲爲文章，縱心古文、詩律，有《長嘯醉語》。及師北山，乃棄所學，餘力所及，文集尚有七十五卷之多，又編《文章指南》十卷、《朝華集》十卷、《紫陽詩類》五卷等集。何基文章「温潤融暢」，詩歌「從容閒雅」，而王柏文章於温雅外，尚多雄偉之辭，詩於沖澹外，復好剛健之調。楊溥《魯齋集序》云：「金華王文憲公，天資高爽，學力精至，以其實見發爲文章，足以明道德。使其見用，足以建事功，而卒老於丘園，惜哉！若其詩歌，又其餘事也。」《四庫全書總目提要·魯齋集》云：「其詩文雖亦豪邁雄肆，然大旨乃一軌于理。」

① 張以寧《甑山存稿序》，《翠屏文集》卷三，明成化間刻本。

金履祥詩文自訂爲四集，又編集《濂洛風雅》七卷。唐良瑞《濂洛風雅序》云：「『詩者，志之所之也。』志有正有偏，有通有蔽，則詩有純有駁，有晦有明。故偏滯之詞，不若中正之發，而放曠悲愁之態，不若和平沖淡之音」，「然皆涵暢道德之中，歆動風雩之意，淡平者有淳厚之趣，而浩壯者有義理自然之勇」，「竊以爲今之詩，非風雅之體，而濂洛淵源諸公之詩，則固風雅之意也。」①履祥詩和平沖澹，不事字句工拙，不倚於奇崛跳踉、發揚蹈厲之辭。文則湛深經史，辭義高古，醇潔精深，非矜句飾字者可比。徐用檢《仁山金先生文集序》云：「愚惟先生之文，析微徹義，自成一家言；律詩取意而不泥律，古風宣而語勁，純如也。」

許謙與履祥相近，詩沖澹自然，文湛深經史，辭意深厚，然亦有變化，即詩歌理氣漸少，文頗有韓、柳、歐、蘇法度。黄溍《白雲許先生墓誌銘》云：「文主於理，詩尤得風人之旨。」《四庫全書總目提要·白雲集》云：「謙初從金履祥遊，講明朱子之學，不甚留意於詞藻，然其詩理趣之中頗含興象。五言古體，尤諧雅音，非《擊壤集》一派惟涉理路者比。文亦醇古，無宋人語録之氣，猶講學家之兼擅文章者也。」

四先生之學傳朱一脈，自王柏以下有變，詩文自王柏以下亦有一小變，至許謙及北山後學更有一大變，能文之士日衆，宋濂、王禕則其尤著者。文爲載道之器，道爲出治之本，文道

① 唐良瑞《濂洛風雅》集前序。

不相離，乃許謙及其門人所持重之義。許謙延祐二年《與趙伯器書》云：「道固無所不在，聖人修之以爲教，故後欲聞道者，必求諸經。然經非道也，而道以經存；傳注非經也，而經以傳顯。由傳注以求經，由經以知道，藴而爲德行，發之爲文章事業，皆不倍乎聖人，則所謂行道也。」①皇慶二年（一三一三），元仁宗詔復科舉，至是年始開科取士。許謙發爲此論，非爲科舉。王褘《宋景濂文集序》追溯金華文章源流，稱南渡後，吕祖謙、唐仲友、陳亮「其學術不同，其見於文章，亦各自成其家」，范浚、時少章「皆博極乎經史，爲文温潤縝練，復自成一家之言」，入元以後，柳貫、黄溍精文章，「羽翼乎聖學，而黼黻乎帝猷」，又有四先生傳朱學，理學遂以婺爲盛。因論云：「所貴文章之有補者，非以其明夫理乎？理之明，不由其學術之有素乎」，「然爲其學者，上而性命之微，下而訓詁之細，講説甚悉。其頗見於文章者，亦可以驗其學術之所在矣」②。《送胡先生序》又辯稱吕、唐、陳之學「雖不能苟同，然其爲道皆著於文也，其文皆所以載道也，文義、道學，曷有異乎哉」。金、許以道學名家，胡長孺、柳貫、黄溍、吴師道以文知名，「雖若門户異趨，而本其立言之要，道皆著於文，文皆載乎道，固未始有不同焉者」，「以故八十年間，踵武相望，悉爲世大儒，海内咸所宗師。夫何後生晚進，顧乃因其所不

① 許謙《許白雲先生文集》卷四。

② 王褘《王忠文公集》卷五，明嘉靖元年刻本。

同而疑其所爲同，言道學者以窮研訓詁爲極致，言文章者以修飾辭語爲能事，各立標榜，互相排抵，而不究夫統宗會元之歸，於是諸公之志日微，而學術之弊遂有不可勝言者矣」①。

黄百家纂《金華學案》，留意北山一脈前後變化，於宋濂傳後案云：「金華之學，自白雲一輩而下，多流而爲文人。夫文與道不相離，文顯而道薄耳。雖然，道之不亡也，猶幸有斯。」學案前又有案語：「而北山一派，魯齋、仁山、白雲既純然得朱子之學髓，而柳道傳、吴正傳以逮戴叔能、宋潛溪一輩，又得朱子之文瀾，蔚乎盛哉！」有一派學問，有一派文章。此説有其道理，但稱金華之學「多流而爲文人」，歸柳貫、宋濂等人文章爲「朱子之文瀾」，仍未盡然。自王柏以下，北山一脈文章已非僅朱子之文餘波。且北山一脈文道不相離，尚文別有意屬，許謙、王褘言之已明。全祖望承黄百家之説，《宋文憲公畫像記》更論云：「予嘗謂婺中之學，至白雲而所求於道者疑若稍淺，觀其所著，漸流於章句訓詁，未有深造自得之語，視仁山遠遜之，婺中學統之一變也。義烏諸公師之，遂成文章之士，則再變也。至公而漸流於佞佛者流，則三變也。猶幸方文正公爲公高弟，一振而有光於先河，幾幾乎可以復振徽公之緒。惜其以凶終，未見其止，而并不得其傳。」②其説亦未可盡信。金、許傳人多文章之士，亦躬行之士，文章

① 王褘《王忠文公集》卷七。
② 全祖望《鮚埼亭集外編》卷十九，清嘉慶十六年刻本。

明道經世，載出治之本。此乃一時風氣。迨孝孺以金華一脈好文而不免輕於明道，遂糾正其偏。此亦一時風氣。

三、四先生與「浙學之中興」

學術史發展變遷，是一種歷史存在，也是學術批評接受的結果。明人此一述朱，彼一述朱，審視宋元學術多於此下論其合與不合。清初學者著意區分漢、宋，兼采居主。乾嘉而後，宗漢流行，學者多不囿於述朱之說。近四百年來，有關四先生的認識，深受時代學術風尚影響。而清初以後，學者又頗沿《宋元學案》之論，以迄於今。以下略述四先生與浙學中興之關係及其學術史意義。

（一）從《金華學案》到《北山四先生學案》

清康熙間，黄宗羲以周汝登《聖學宗傳》、孫奇逢《理學宗傳》未粹，多所遺闕，撰《明儒學案》，繼而發凡《宋元學案》，子百家纂輯初稿。清道光間何紹基重刊本《宋元學案》卷八十二爲《北山四先生學案》，總目標云：「黄氏原本，全氏修定。」卷端録全祖望案語：「勉齋之傳，得金華而益昌。說者謂北山絶似和靖，魯齋絶似上蔡，而金文安公尤爲明體達用之儒，浙學之中興也。述《北山四先生學案》。」王梓材案：「是卷梨洲本稱《金華學案》，謝山《序録》始稱《北山四先生學案》。」自黄宗羲發凡起例，至何紹基刊百卷本，《宋元學案》成書歷時逾百五十年。書成於衆手，黄百家、楊開沅、顧諟、全祖望、黄璋、黄徵乂、王梓材、馮雲濠等各有補訂。《北山四先生學案》究何人所撰？檢黄璋、徵乂父子校補《宋元學案》稿本，知原出百家之手。稿本第十七册收《金華學案》不分卷，抄寫不避「胤」、「弘」；「玄」字凡三見，兩處不避，一處缺末筆。由是知寫於康熙間，即道光重刊本所標「黄氏原本」。然爲録副，非百家手稿。至於宗羲生前得見此否，則未可知。百家《金華學案》，祖望改題《北山四先生學案》。細作考證，《北山四先生學案》實馮雲濠、王梓材據《金華學案》另一録副本，參酌黄璋、徵乂校補本（黄直垕謄清稿），訂補成稿，而非據全氏修訂本增删而成。馮、王誤以爲所見《金華學案》録副即「梨洲原本」，亦即「謝山原稿」，《北山四先生學案》所標注全氏「修」、「補」大都未確。不過，二人發揮全氏校補《宋元學案》之義，博徵文獻，廣大其流，《北山四先生學案》遂成大觀。

從《金華學案》到《北山四先生學案》，不僅見後世如何認識評價四先生，亦可見學風轉移於學術史撰著之作用。

元末明初，黄溍、杜本、宋濂、王禕、蘇伯衡、鄭楷皆專視四先生爲朱學嫡傳。宋濂學於柳貫，爲金履祥再傳，念吕學之衰，思繼絶學。鄭楷《翰林學士承旨宋公行狀》載：「婺實吕氏倡道之邦，而其學不大傳」，「先生既間因許氏門人而究其説，獨念吕氏之傳且墜，奮然思繼其絶學。」①王禕《宋太史傳》傳述此語②。在諸子看來，「吕氏之傳且墜」終有未妥。

明人論四先生，大抵以述朱爲中心。章懋有志復興浙學，《楓山語録》稱「吾婺有三巨擔」，其一即「自何、王、金、許没，而道學不講」。戴殿泗《金華三擔録》載其語曰：「自朱子一傳爲黄勉齋，再傳爲何、王、金、許，而東萊吕公則親與朱子相麗澤者也。道學正宗，我金華實得之。」③周汝登《聖學宗傳》過於疏略，未登録黄榦、四先生。劉鱗長欲「以浙之先正，呼浙之後人」，編《浙學宗傳》，自楊時至陳龍正得四十一人。宋元十家，朱、陸、吕、何、許、金、王并在列。四先生與宋濂、劉基、方孝孺、吴沉等八人，皆見於《北山四先生學案》。自王守仁以下共十七人，皆陽明一脈。一部《浙學宗傳》，上半部爲東萊、北山之學，下半部爲陽明之學。鱗長《浙學宗傳序》云：「弔寶婺舊墟，撫然嘆曰：『於越東萊先生，與吾里二亭夫子，問道質疑，卒揆於正，教澤所漸，金華四賢，稱朱學世嫡焉，往事非邈也。』擊楫姚江，溯源良知，覺我明道

① 程敏政《明文衡》卷六十二。
② 王禕《王忠文公集》卷二十一。
③ 戴殿泗《風希堂文集》卷四，清道光八年九靈山房刻本。

學，於斯爲盛。」①

黄宗羲、百家《宋元學案》以朱、陸爲綱，論列南宋至元代之學，未及爲東萊立學案。《金華學案》附宗羲、百家案語數則，可見其論四先生及北山之學大概。卷首列百家案語，述作《金華學案》大旨，即以北山一派爲朱學嫡傳，故獨立一案。全祖望於樸學大興之際，傳浙東史學、東萊文獻，創爲《東萊學案》《深寧學案》，重提朱、陸、吕三家並立之説，修訂其他諸案。《北山四先生學案》雖非出於祖望修訂，然全氏《序録》提出一個重要命題，即金履祥「尤爲明體達用之儒，浙學之中興也」。黄璋、徵乂父子未盡解其意，校補《金華學案》，以校讎爲多。馮雲濠、王梓材能味謝山之旨，校補《北山四先生學案》，沿於全氏所言兩點，即「勉齋之傳，得金華而益昌」、「浙學之中興」，廣而大之，遍及南北學者。所顯現四先生一脈，非復金華學者之學，而爲宋末至明初學術之主流。《金華學案》改題《北山四先生學案》，蓋亦寓此意。

以上略述《北山四先生學案》由來。述四先生之學，不當非僅摘某作某説、某作某評而已。惟有明其源流，始可知其大體，考其通變。

① 劉鱗長《浙學宗傳》，明末刻本。

（二）四先生與浙學中興之關係

以今論之，浙學中興有廣義、狹義之别。從狹義言，金履祥學問出入經史，明體達用，沿何、王上承朱、黄，又接麗澤遺緒。此殆全氏發爲此論之意。從廣義言，四先生繼東萊之後，重振東浙之學，北山一脈延亘至明初，蔚爲壯觀，足以標誌浙學中興。東萊、永康、永嘉開啓浙學風氣，朱、陸之學亦傳入，相與滲透，互爲離立，共成浙學源頭。浙學凡歷數變，就大者言，一變而爲北山之學，再變而爲陽明之學，三變而爲梨洲之學，四變而爲樸學浙派。全氏雖不言之，未必不有此看法。此就廣義略説四先生及北山一脈與浙學中興之關係。

其一，自何基爲始，朱學「得金華益昌」。金華本東萊講學之地，麗澤學人遍東南，以金華爲最多。東萊之學衰没，而有何、王崛起，金華成爲朱學興盛之地，此亦朱熹身前所未料及。其時金華傳朱者，尚有朱子門人楊與立，字子權，浦城人，知遂昌，因家於蘭溪，學者稱船山先生。著有《朱子語略》二十卷。又有何基兄何南，號南坡，亦師黄榦。然引朱學昌於金華，何基最爲有力。王柏以下，傳朱爲主，兼法東萊。四先生重新構建浙學一脈理學宗傳。金履祥《北山之高壽北山何先生》：「維何夫子，文公是祖。是師黄父，以振我緒」，「昔在理宗，維道之崇。既表程朱，亦躋吕張。謂爾夫子，纘程朱緒。」①所編《濂洛風雅》亦可見大端。集中收周敦頤、程顥、程頤、張載、邵雍、朱熹、張栻、吕祖謙、何基、王柏、王偘等人詩文。王崇炳《濂洛風雅序》：「《濂洛風雅》者，仁山先生以風雅譜婺學也。吾婺之學，宗文公，祖二程，濂溪。則其所自出也，以龜山爲程門嫡嗣，而吕、謝、游、尹則支；以勉齋爲朱門嫡嗣，而西山、北溪、𢹂堂則支。由黄而何而王，則世嫡相傳，直接濂洛。程門之詩以共祖收，朱門之詩以同宗收，非是族也，則皆不録，恐亂宗也。」②

其二，因四先生倡朱學，浙學播於江左，流及大江南北。查容《朱近修爲可堂文集序》：「宋南渡後，吕東萊接中原文獻之傳，倡道於婺，何、王、金、許遂爲紫陽之世嫡，慈湖楊氏又爲象山之宗子，而浙之理學始盛矣。」③朱學之傳幾遍大江之南，而金華、台州特盛。趙汝騰、蔡抗、楊棟官金華，嘆麗澤講席久空，延王柏主之。台州上蔡書院落成，台守趙星緯聘王柏主教席。王柏至則首講謝良佐居敬窮理之訓，推轂朱學播傳於台州。高弟子張盨僑寓江左，至元中行臺中丞吴曼慶延致江寧學宫講學，中州士大夫欲子弟習朱子《四書》，多遣從遊。金履祥

① 金履祥《仁山集》卷一。
② 王崇炳《濂洛風雅》集前序。
③ 沈粹芬、黄人編《國朝文匯》卷十七，宣統元年上海國學扶輪社石印本。

與門人許謙、柳貫各廣開講席，許謙及門弟子至逾千人。黃溍《白雲許先生墓誌銘》：「屏迹八華山中，學者翕然贏糧笥書而從之。居再歲，以兄子喪而歸，户屨尤多，遠而幽冀齊魯，近而荆揚吴越，皆百舍重趼而至。」

其三，《四書》學之盛，爲浙學中興之基石。東萊談義理，研《論》《孟》，未如朱熹用力勤且專。朱門弟子多撰《四書》之説，以爲羽翼。自何基承黃榦之教，治學以《四書》爲本始，《四書》遂爲北山一脈所擅。四先生撰著前已述之，其學侣、門人、後學纂述亦富有，葉由庚《論語慕遺》、倪公晦《學庸約説》、潘墀《論語語類》、孟夢恂《四書辨疑》、牟楷《四書疑義》、陳紹大《四書辨疑》、范祖幹《大學大庸發微》、葉儀《四書直説》、吕洙《大學辨疑》、吕溥《大學疑問》、戚崇僧《四書儀對》、蔣玄《中庸注》《四書箋惑》等皆是。《四書》學之盛，不惟推動浙學復興，亦成浙學傳承重要内容。

其四，《五經》貫通，兼治諸史，爲浙學復興之助。自王柏以下，北山一脈勤研《五經》，兼治諸史。王柏、汪開之、戚崇僧等人追溯家學，皆源出東萊。黃百家《金華學案》僅戚崇僧小傳言及「貞孝先生紹之孫也，家學出于吕氏」，馮、王校補《北山四先生學案》沿之，復增數則文字，述及北山學者家學源於吕氏：《文憲王魯齋先生柏》小傳下馮雲濠案云：「父瀚，東萊弟子。」《汪先生開之》小傳爲參酌《金華府志》新增，有云：「東萊弟子獨善之孫也。」《修職王成齋先生瑊》小傳爲參酌《王忠文公集》新增，有云：「其子瀚受業吕成公之門，其孫文憲公柏傳道于何文定，得于朱子門人黃文肅公。先生于文憲爲諸孫，又在弟子列，未嘗輒去左右。」既述朱子師傳，又述家學出於吕氏，蓋發揮全氏所言「浙學之中興」之意。《五經》及史學撰著，北山一脈著述頗豐。王柏、金履祥、許謙撰述前已述之，其學侣、門人、後學撰著如倪公晦《周易管窺》，倪公武《風雅質疑》，周敬孫《易象占》《尚書補遺》《春秋類例》，黃超然《周易通義》二十卷、《或問》五卷、《發例》三卷、《釋象》五卷，張䇓《釋奠儀注》《喪服總數》《四經歸極》《闕里通載》及《孝經口義》一卷，張樞《三傳歸一》三十卷、《刊定三國志》六十五卷、《續後漢書》七十三卷、《林下竊議》一卷、《宋季逸事》，吴師道《春秋胡傳補説》、《易書詩雜説》八卷、《戰國策校注》十卷，孟夢恂《七政疑解》《漢唐會要》，楊剛中《易通微説》，牟楷《九書辯疑》《河洛圖書説》《春秋建正辯》《深衣刊誤》，范祖幹《讀書記》《讀詩記》《羣經指要》，唐懷德《六經問答》，胡翰《春秋集義》，戚崇僧《春秋纂例原旨》三卷、《昭穆圖》一卷、《歷代指掌圖》二卷，馬道貫《尚書疏義》六卷，戴良《春秋經義考》三十二卷、《七十子説》、《鄭氏家範》三卷，楊璲《注詩傳名物類考》，徐原《五經講義》，宋濂、王禕等纂《元史》，宋濂《浦陽人物記》《平漢録》《皇明聖政紀》，王禕《續大事記》七十七卷等皆是。北山一脈經學所擅，乃在《易》《詩》《春秋》，亦與東萊相近。其《五經》學成就與《四書》學相埒，史學次之。

（三）中興浙學之功及學術史貢獻

自四先生崛起，朱學與浙學交融於東浙，陸學復播於四明，朱、陸、呂三家並傳，其間會融、分立不一，肇開浙學新格局。以四先生爲代表的浙學中興，意味著朱學的繁榮及東萊之學的賡續。從浙學流變來看，呂祖謙、陳亮、葉適爲初興，四先生及北山後學爲中興，陽明一脈爲三興，其後更有蕺山、梨洲之四興，樸學浙派之五興。從婺學流變來看，呂祖謙、陳亮、唐仲友稱初興，四先生爲再興，柳貫、黄溍、吴師道、宋濂、王禕、方孝孺諸子爲三興，其後金華之學漸衰。自陽明而後，浙學中心移至紹興，金華學壇不復舊觀。

論四先生與浙學及理學之關係，以下諸説皆可鑒採：黄溍《吴正傳文集序》：「近世言理學者，婺爲最盛。」①方孝孺《文會疏》：「浙水之東七郡，金華乃文獻之淵林」，「自宋南渡，有呂東萊，繼以何、王、金、許，真知實踐，而承正學之傳。復生胡、柳、黄、吴，偉論雄辭，以鳴當代之盛，遂使山海之域，居然鄒魯之風。」②魏驥《重修麗澤書院記》：「四賢之學，其道蓋亦出於東萊派者也」，「竊念書院，昔人雖爲東萊之設，朱、張二先生亦嘗講道其地，人亦蒙其化者，曷

---

① 黄溍《金華黄先生文集》卷十八。

② 方孝孺《遜志齋集》卷八，明嘉靖四十年張可大刻本。

若於今書院論其道派，以朱、吕、張三先生之位設之居堂之中，而併何、王、金、許四先生之位設居其傍，爲配以享之。」①章鋆《重修崇文書院記》：「吾浙自唐陸宣公蔚爲大儒，至宋吕成公得中原文獻之傳，昌明正學，厥後何、王、金、許，逮明方正學、王陽明、劉蕺山，以及國朝陸清獻，其學者粹然一出於正，千百年來，流風尚在。」②張祖年《婺學志》亦具識見，其説可與《宋元學案》相參看。祖年作《婺學圖》，以范浚、吕祖謙、朱熹、張栻爲四宗，以「麗澤講學」爲婺學開宗。黄榦傳朱、吕、張之學，四先生即朱、吕、張之嫡脈。祖年之譜四先生，視闞較黄百家《金華學案》稍闊大。

四先生學術史貢獻，王褘《元儒林傳》言之詳且確矣，其論曰：「程氏之道，至朱氏而始明；朱氏之道，至金氏、許氏而益尊。用使百年以來，學者有所宗嚮，不爲異説所遷，而道術必出于一，可謂有功於斯道者矣。大抵儒者之功，莫大于爲經。經者，斯道之所載焉者也。有功于經，即其所以有功于斯道也。金氏、許氏之爲經，其爲力至矣，其於斯道謂之有功，非耶？」③商輅《重建正學祠記》亦有見解：「三代以下，正學在《六經》，治道在人心，非有諸儒闡

---

① 魏驥《南齋先生魏文靖公摘稿》卷六，明弘治間刻本。
② 章鋆《望雲館文稿》，清光緒十四年刻本。
③ 王褘《王忠文公集》卷十四。

明之，則天下貿貿焉，又惡知孔孟之書爲正學之根柢，治道之軌範」，「四先生生東萊之鄉，出紫陽之後，觀感興起，探討服行，師友相成，所得多矣」，「夫正學具於《六經》，原於人心者，其體也；見於治道者，其用也。《六經》既明，則人心以正，治道以順，而正學之功，於斯至矣。然則四先生有功於《六經》，即有功於正學；有功於人心，即有功於治道。」①

世人於四先生之貢獻，仍不無異辭，如呂留良《程墨觀略論文》三則其二云：「程子曰：今之學有三，而異端不與焉，一訓詁，一文章，一儒者。余按：今不特儒者絶於天下，即文章、訓詁皆不可名學，獨存者異端耳。昔所謂文章，蘇、王之類也；訓詁，則鄭、孔之類也。今有其人乎？故曰不可名學也。而有自附於訓詁者，則講章是也。儒者正學，自朱子没，勉齋、漢卿僅足自守，不能發皇恢張。再傳盡失其旨，如何、王、金、許之徒，皆潛畔師説，不止吴澄一人也。自是講章之派，日繁月盛，而儒者之學遂亡，惟異端與講章觭互勝負而已。」②陸隴其《松陽鈔存》卷上引呂氏此説，論云：「愚謂呂氏惡禪學，而追咎於何、王、金、許以及明初諸儒，乃《春秋》責備賢者之義，亦拔本塞源之論也。然諸儒之拘牽附會，破碎支離，潛背師説者

① 商輅《商文毅公集》卷十，明萬曆三十年劉體元刻本。
② 呂留良《呂晚村先生文集》卷五，清雍正三年呂氏天蓋樓刻本。

誠有之，而其發明程朱之理以開示來學者，亦不少矣。」①姚椿《何王金許合論》辯説：「至謂四氏之説，或有潛畔其師者，雖陸氏亦有是言。夫毫釐秒忽之間，誠不可以不辨」，「自漢學盛行，競言訓詁，學使者試士，至以四先生之學爲背繆。夫四先生之學，愚誠不敢謂其與孔、孟、程、朱無絲毫之異，然言漢學者，不敢詆孔、孟，而無不詆程、朱。詆程、朱者，詆孔、孟之漸也。夫既以程、朱爲非，則其于四先生也何有？是視向者觝排之微辭，其相去益以遠矣。夫四家言行，各有所至，要皆力務私淑，以維朱子之緒，其居心不可謂不正，而立言不可謂不公。」②又引許謙《與趙伯器書》「由傳注以求經，由經以知道，蘊而爲德行，發之爲文章事業」之説③，論云「四氏之學，大約盡於此言」④。所言庶幾允當矣。

① 陸隴其《松陽鈔存》卷上，清刻《陸子全書》本。
② 姚椿《晚學齋文集》卷一，清咸豐二年刻本。
③ 許謙《許白雲先生文集》卷三。
④ 姚椿《晚學齋文集》卷一。

四、四先生著述概況

宋元人著述體例，不當以今之標準來衡論。四先生解經，重於義理，自王柏以下，兼重訓詁考據，講求融會貫通。其解經之法，承朱、吕著述之統，諸如編次勘定、標抹點書、句讀段畫、表箋批注、節録音釋，皆以爲真學問，與經傳注疏之學相通。在王柏等人看來，經書篇目勘定次第、去取分合，意義甚而在撰文立説之上，「標抹點書」亦撰著之一體。故王柏《行狀》盛贊何基「無一書一集，不加標注」①，「無一書一集，不施朱抹，端直切要」②。葉由庚《壙誌》稱説王柏「無一書一集，不加標注」，「一言之題，一點之訂，辭不加費而義以著明」。柳貫《金公行狀》載金履祥「無一書不加點勘，鉛黄朱墨，所以發其凡」。黄溍《墓誌銘》謂許謙句讀《九經》《儀禮》《三傳》，鉛黄朱墨，明其宏綱要旨、錯簡衍文。因此，四先生「標抹點書」，當亦列入著述。四先生著述數量，以王柏最富，何基最少，金履祥、許謙數量大體相當。以下分作考述：

① 王柏《何北山先生遺集》卷四附録，《金華叢書》本。
② 王柏《何北山先生遺集》卷四附録。

（二）何基著述

葉由庚《壙誌》稱何基「志在尚行，訒於立言」。《金華叢書》本《何北山先生遺集》卷四録王柏《行狀》稱：「先生平時不著述，惟研究考亭之遺書」，編類《大學發揮》十四卷、《中庸發揮》八卷、《易大傳發揮》二卷、《易啓蒙發揮》二卷、《太極通書西銘發揮》三卷，「有力者皆已板」，又有《近思録發揮》未刊定，《語孟發揮》未脱稿，「《文集》一十卷，裒集未備也」。何基次子何鉉《北山先生文定公家傳》稱：「先生不甚爲文，亦不留稿，今所裒類《文集》，得三十卷。從先生遊者，惟魯齋王聘君剛明造詣，問答之書前後凡百數。」①《文定公壙記》又云：「《文集》三十卷，編未就。」②《宋史》本傳稱《文集》三十卷，吳師道《節録何、王二先生行實寄文史局諸公》則曰：「先生集三十卷，而與王公問辨者十八卷。」③王柏撰《行狀》，不見於明刻本《魯齋集》，亦罕見他集載及。《金華叢書》本作「《文集》一十卷」，其「一」字疑爲「三」字之誤。檢萬曆《金華府志》卷十六《人物》之《何基傳》，摘録王柏《行狀》，作「《文集》三十卷」。康熙《金華

① 《東陽何氏宗譜》卷二，清咸豐己未重修本。
② 《東陽何氏宗譜》卷二，清咸豐己未重修本。
③ 吳師道《吳禮部文集》卷二十。

縣志》卷七《雜志類》著録《北山集》三十卷，亦可證之。

何鉉《北山四先生文定公家傳》云：「其他諸經有標題者，皆未就緒，今不復見成書矣。」吴師道《節録何、王二先生行實寄文史局諸公》稱何基：「所標點諸書，存者皆可傳世垂則也。」①以上諸書外，何基尚有「標抹點書」數種：

《儀禮點本》，佚。吴師道《題儀禮點本後》：「北山何先生標點《儀禮》，其本用永嘉張淳所校定者。某從其曾孫景瞻借得之……夫以難讀之書，使按考注疏，切訂文義，以分句讀，非數月之功不可。今蒙先正之成而趣辦于半月之間，可謂易矣。……張淳校本，朱子猶有未滿。今先生間標一二，于字音圈法甚畧，或發一二字而餘不及，蓋使人必其自求之耳。今悉仍其舊，而不敢有所增也。」②

《四書點本》，存佚未詳。吴師道《請傳習許益之先生點書公文》：「何氏所點《四書》，今温州有板本。」又，《題程敬叔讀書工程後》：「北山師勉齋，魯齋師北山，其學則勉齋學也。二公所標點，不止於《四書》，而《四書》爲顯。」程端禮《程氏家塾讀書分年日程》卷一「自八歲入學之後」條言讀《四書》應至爛熟爲止，仍參看「何北山、王魯齋、張達善句讀、批抹、畫截、表

---

① 吴師道《吴禮部文集》卷二十。

② 吴師道《吴禮部文集》卷十八。

注、音考」①。

何基標抹其他經傳之書，俟再考證。其著述雖少，不計標抹之書，亦逾六十卷。

(二) 王柏著述

王柏考訂羣書，經史子集，靡不涉獵，著述逾八百卷。王三錫《題文憲公集後》：「生平博覽群書，參微抉奥，往往發前人所未發，當時著述八百餘卷。」②馮如京《重刻魯齋遺集序》：「闡《六經》，羽翼聖傳，即天文地理，旁及稗史，靡不精究，著述不下八百餘卷。」③吴師道《節録何、王二先生行實寄文史局諸公》詳記王柏著述：「有《讀易記》《讀書記》《讀詩記》各十卷、《讀春秋記》八卷、《論語衍義》七卷、《太極圖衍義》一卷、《伊洛精義》一卷、《研機圖》一卷、《魯經章句》三十卷、《論語通旨》二十卷、《孟子通旨》七卷、《書附傳》四十卷、《左氏正傳》十卷、《續國語》四十卷、《闡學之書》四卷、《文章續古》三十五卷、《文章復古》七十卷、《濂洛文統》二百卷、《擬道學志》二十卷、《朱子指要》十卷、《詩可言》二十卷、《天文考》一卷、《地理

---

① 黄宗羲等《宋元學案》卷八十七。
② 王柏《魯齋王文憲公文集》。
③ 王柏《魯齋集》，清順治十一年馮如京刻本。

考》二卷、《墨林考》十六卷、《大爾雅》五卷、《六義字原》二卷、《正始之音》七卷、《帝王曆數》二卷、《江右淵源》五卷、《伊洛指南》八卷、《涵古圖書》一卷、《詩辨説》一卷、《書疑》九卷、《涵古易説》一卷、《大象衍義》一卷、《雜志》二卷、《周子》二卷、《發遣三昧》二十五卷、《文章指南》十卷、《朝華集》十卷、《紫陽詩類》五卷、《文集》七十五卷、《家乘》五十卷。又有親校刊刻諸書，無不精善。比年婺屢毀，散落已多。」所載諸書通計七百九十四卷，標抹諸經尚未記。

吴師道《敬鄉録》卷十四又云：「北山所著少，而有諸書發揮，傳布已久。魯齋所著甚多，比年燼於火，傳抄者僅存。」德祐二年以後，王柏著述大都散失。至元二十六年至二十七年間，金履祥募得諸稿，攜同門士各以類集，雜著卷帙少者用《朱子大全集》之例各附入，編爲《王文憲公文集》。履祥《魯齋先生文集目後題》：「今存於《長嘯醉語》者，蓋存而未盡去也」，「間因述所考編，以求訂證，謂之《就正編》。迨至端平甲午，學成德進，粹然一出於正。自是以來，一年一集，以自考其所進之淺深，所論之精粗。自甲午至癸卯，凡五卷，謂之《甲午稿》。其後類述倣此，《甲辰稿》二十五卷、《甲寅稿》二十五卷、《甲子稿》二十五卷。其雜著成編者，《論語衍義》七卷、《涵古圖書》一卷、《研幾圖》一卷、《詩辯説》二卷、《書疑》九卷、《涵古易説》一卷、《大象衍義》一卷、《太極衍義》一卷。其餘編集不在此數也。其程課、交際、出處、事爲、著述前後，則見於《日記》。履祥又嘗集公與北山先生來往問答之詞，爲《私淑編》」，「《就正編》

《大象衍義》，北山先生亦俱有答語，與履祥所集《私淑編》，當依《延平師友問答》之例，别爲一書。但《大象》乃公所拈出，謂爲夫子一經，故其《衍義》亦自入集。講義雖嘗刊於天台而未盡，間亦有再講者，今皆入集。」所述《長嘯醉語》《就正編》《日記》《上蔡書院講義》、履祥所輯王柏與何基往來問答之《私淑編》，皆不見於吴師道《節録何、王二先生行實寄文史局諸公》載記。《詩辯説》二卷，即《詩疑》二卷。《讀易記》十卷、《讀書記》十卷、《讀詩記》十卷不傳，今未詳《詩辯説》《書疑》諸書與之内容重複之況。

今人程元敏撰《王柏之生平與學術》，《自序》云：「王氏遺書，爲世人所習知者，不過《書疑》《詩疑》及《魯齋文集》而已。及檢書目，又得《研幾圖》與後人纂輯之《魯齋正學編》。復於《程氏讀書工程》中，見《正始之音》全文。而《詩準》《詩翼》，諸家目録誤題爲何、倪二氏所作者，亦因考之縣志而正其誤，於是總得七書。然去魯齋本傳所言八百卷之數尚遠。因更考其師友與元明人著作，復得魯齋佚詩文數百條。」①第二編《著述考》，按經、史、子、集詳考王柏著述，今録吴師道《節録行實》列目未書、金履祥《魯齋先生文集目後題》所未載及，鑒采程元敏考據，列之如下，并略作補證：

《易疑》，佚。王崇炳雍正七年序金履祥《大學疏義》：「魯齋博學弘文，著書滿車，今所存

① 程元敏《王柏之生平與學術》，華東師範大學出版社，二〇一一年，第五頁。

亦少，而《大學定本》《詩疑》《禮疑》《易疑》等編，曾於四明鄭南溪家見之。」①

《繫辭注》二卷，佚。《授經圖》卷四《諸儒著述》附歷代《三易》傳注，云：「《繫辭注》二卷，王柏。」然程元敏謂「殊可疑」。

《禹貢圖説》一卷，佚。見《聚樂堂藝文目録》《萬卷堂書目》《金華經籍志》《經義考》。

《詩考》，佚。康熙《金華縣志》著録。

《禮疑》，佚。王崇炳嘗於鄭性家見之。

《紫陽春秋發揮》四十卷，殘。見葉由庚《壙誌》引王柏題《春秋發揮》。

《春秋左傳注》二十卷，佚。《授經圖》卷十六《諸儒著述》附歷代《春秋》傳注著録。然程元敏謂「洵可疑」。

《大學疑》，殘。《晁氏寶文堂分類書目》著録。

《大學定本》，佚。王崇炳嘗於鄭性家見之。

《訂古中庸》二卷，佚。《經義考》著録。

《標抹點校四書集注》，佚。宋定國等《國史經籍志》載王柏「手校《四書集注》二十四册，抄本」。吴師道《題程敬叔讀書工程後》：「某頃年在宣城見人談《四書集注》批點本，亟

---

① 金履祥《大學疏義》，《金華叢書》本。

稱黄勉齋，因語之曰：『此書出吾金華，子知之乎？』其人咈然怒而不復問也。……四明程君敬叔著《讀書工程》以教學者，舉批點《四書》例，正魯齋所定，引列於編首者，而亦誤以爲勉齋，毋乃惑於傳聞而未之察歟？」程端禮《程氏家塾讀書分年日程》卷一言熟讀《四書》，仍參看「何北山、王魯齋、張達善句讀、批抹、畫截、表注、音考」，卷二《批點經書凡例》列《勉齋批點四書例》，即吴師道所言「正魯齋所定」。又，吴師道《請傳習許益之先生點書公文》：「王氏所點《四書》及《通鑑綱目》，傳布四方。」程元敏《著述考》既列此條，又列《批點標注四書》一條：「《批點標注四書》二卷，殘。」《批點標注四書》又見《經義考》《金華經籍志》著録。細察吴師道《題程敬叔讀書工程後》《請傳習許益之先生點書公文》，所標注《四書》，即《四書集注》。

《標抹點校資治通鑑綱目》五十九卷，佚。見葉由庚《壙誌》、吴師道《請傳習許益之先生點書公文》。

《朱子繫年録》，佚。見王柏《朱子繫年録跋》。

《重改庚午循環曆》，殘。見王柏《重改庚午循環曆序》。

《重改石笥清風録》十卷，殘。見王柏《重改石笥清風録序》。

《（魯齋）故友録》一卷，殘。王柏編，見萬曆《金華縣志》存《自序》。

《魯齋清風録》十五卷，殘。見王柏《魯齋清風録序》。

《考蘭》四卷，殘。見王柏《考蘭序》。

《陽秋小編》一卷，佚。見王柏《跋徐彦成考史》。

《天地萬物造化論》一卷，存。王柏撰，明周顒注。

《批注敬齋箴》十章，佚。朱熹箴，王柏批注。金履祥《濂洛風雅》卷一録《敬齋箴》，注云：「王魯齋嘗批注，又講于天台。」

《上蔡書院講義》一卷，殘。金履祥《魯齋先生文集目後題》：「《講義》雖嘗刊於天台而未盡。」吴師道《題程敬叔讀書工程後》篇末注：「魯齋亦有《類聚朱子讀書法》一段，在《上蔡書院講義》中。」

《天官考》十卷，佚。《世善堂書目》著録。

《雅藏録》，佚。見王柏《跋寬居帖》。

《朱子詩選》，佚。見王柏《朱子詩選跋》。

《朱子文選》，佚。見宋濂《題北山先生尺牘後》。

《雅歌集》，殘。見王柏《雅歌序》。

《五先生文粹》一卷，佚。《聚樂堂藝文目録》《萬卷堂書目》《千頃堂書目》著録。

《勉齋北溪文粹》，殘。王柏編，何基增定。見王柏《跋勉齋北溪文粹》。

《詩準》四卷、《詩翼》四卷，存。《四庫全書總目提要》：「舊本題宋何無適、倪希程同撰」，

「疑爲明人所僞托。觀其《岣嶁山碑》全用楊慎釋文，而《大戴禮·几銘》並用鍾惺《詩歸》之誤本，其作僞之迹顯然也。」程元敏考辨以爲臺圖藏明郝梁刻《詩準》四卷、《詩翼》四卷，爲王柏所編集，四庫館臣所見之本乃僞作①。又考何欽字無適，咸淳五年夏卒。倪普字君澤，改字希程，婺州人，淳祐十年進士，歷官刑部尚書、簽書樞密院事。今按：《詩準》《詩翼》，宋本尚存國圖。哈佛燕京圖書館藏明朱紱等編《名家詩法彙編》十卷，萬曆五年刻本（四册），卷九爲《詩準》，卷十爲《詩翼》，卷端皆題：「宋金華王柏選輯，明潛川徐珪校正，潛川談稌編次。」末附王柏淳祐三年《序》、楊成成化十六年《序》、嘉靖二年邵鋭《序》。王柏《序》：「友人何無適、倪希程前後相與編類，取之廣，擇之精，而又放黜唐律，法度益嚴。予因合之，前曰《詩準》，後曰《詩翼》。」是書殆王柏次定之力爲多，《詩準》《詩翼》當題何欽、倪普編類，王柏次定。

程元敏輯考《上蔡師説》《魯齋詩話》等，嫌於牽强，其他大都詳覈，多所發明。

（三）金履祥著述

金履祥著述，按徐袍《宋仁山金先生年譜》：寶祐二年，作《讀論語管見》；咸淳六年，自弱冠以後至是歲雜詩文三册，彙爲《昨非存稿》；德祐元年，自咸淳七年至是歲雜詩文二册，

① 程元敏《王柏之生平與學術》上册，第四二八頁。

自題《仁山新稿》；至元十七年，撰成《資治通鑑前編》，凡十八卷，《舉要》二卷；至元二十八年，自德祐二年至是年雜詩文二册，自題《仁山亂稿》；至元二十九年，是歲以後雜詩文題《仁山噫稿》；元貞二年，編次《濂洛風雅》成；大德六年，《大學指義》成。又有《大學疏義》，早年所作；《尚書表注》《尚書注》《論語集注考證》《孟子集注考證》，不知成於何年；編王柏與何基往來問答之詞爲《私淑編》。

以上通計之，凡十四種。標抹批注又有數種：

《樂記標注》，佚。柳貫《金公行狀》：履祥疑前儒《樂記》十一篇之説，反復玩繹，「則見所謂十一篇者，節目明整，了然可考，而《正義》所分，猶爲未盡，於是一加段畫，而旨義顯白，無復可疑」①。

《中庸標注》，佚。吴師道《讀四書叢説序》：「仁山於《大學》《論》《孟》有《考證》，《中庸》有《標抹》。」②章贄《仁山金文安公傳畧》：「若《大學疏義》《中庸標注》《論孟考證》，我成祖皆載入《大全》，固已萬世不磨矣。」③吴師道《題程敬叔讀書工程後》「金氏《尚書表注》《四書疏義考

---

① 柳貫《柳待制文集》卷二十。
② 吴師道《吴禮部文集》卷十一。
③ 金履祥《仁山先生金文安公文集》卷五，清雍正九年東藕堂刻本。

證》」注云：「金止有《大學疏義》《論孟考證》。」

《四書集注點本》，佚。吴師道《請傳習許益之先生點書公文》：「金氏、張氏所點，皆祖述何、王。」

《禮記批注》，存。江西省圖書館藏宋本《鄭注禮記》二十卷，顧廣圻《跋》：「此撫州公使庫刻本《禮記》，是南宋淳熙四年官書，於今日爲最古矣。」書中批注千餘條，黄靈庚先生考證謂履祥批注。今按：《禮記》卷四《王制第五》「凡四海之内，九州」以下數章，眉批：「履祥按：方百里，惟以田計。青、兖、徐、豫，山少田多，故疆界若狹。冀與雍，田少山多，故疆界其闊。」可與履祥《答趙知縣百里千乘説》相參證。履祥有《中庸標注》《大學指義》《大學疏義》

《樂記標注》，其中《中庸》《大學》無批注，《樂記》僅間有夾批注明數字之音，則不可解。

《夏小正注》，存。國圖藏明刻本楊慎集解《夏小正解》一卷，卷端題：「戴氏德傳，王氏應麟集校，金氏履祥輯。」國圖藏清乾隆十年黄叔琳刻本《夏小正》一卷，卷端題：「戴德傳，金履祥注，濟陽張爾岐稷若輯定，北平黄叔琳崑圃增訂，海虞顧鎮備九參校。」二本所載履祥注，皆録自《通鑑前編》。

《仁山文集》，存。履祥詩文先後自訂爲四稿，集久散落。明正德間，董遵收拾散佚，刻爲《仁山先生文集》五卷，卷一至卷四爲履祥自作詩文，卷五爲附録。正德刻本不存，今傳明萬曆二十七年金應騶等校刻本、明抄本、舊抄本等，雖有三卷、四卷、五卷之異，然皆祖于正德本，僅有篇目多寡、附録增删之異。

（四）許謙著述

許謙著述，按黄溍《白雲先生墓誌銘》：《讀四書叢説》二十卷；《詩集傳名物鈔》八卷；《讀書叢説》六卷；《温故管窺》若干卷；《治忽幾微》若干卷。又有《三傳義例》《讀書記》「皆稿立而未完」；門人編《日聞雜記》「未及詮次」；有《自省編》，「晝之所爲，夜必書之，迨疾革，始絶筆」。載及書名者，以上凡九種。朱彝尊《經義考》卷一百九十四著録《春秋温故管闚》，云：「未見。陸元輔曰：先生於《春秋》有《温故管闚》，又著《三傳義例》。《義例》未成。」①錢大昕《元史藝文志》卷一著録《春秋温故管闚》《春秋三傳義疏》。《義疏》，當即《義例》。以上九種外，黄溍《墓誌銘》載及而未言書名，及所未載及者，又有十餘種：

《假借論》一卷，佚。焦竑《國史經籍志》卷二著録「許謙《假借論》一卷」②。《焦氏筆乘》卷六載及「許謙《假借論》」③。并見《千頃堂書目》《元史藝文志》著録。

---

① 朱彝尊《經義考》卷一百九十四，清乾隆二十年盧見曾續刻本。
② 焦竑《國史經籍志》卷二，明刻本。
③ 焦竑《焦氏筆乘》卷六，明萬曆三十四年謝與棟刻本。

《詩集傳音釋》二十卷，存。《經義考》卷一百十一著録《羅氏復詩集傳音釋》二十卷，存。云：「按：曹氏静惕堂有藏本，乃合白雲許氏《名物鈔》而音釋之。」①《鐵琴銅劍樓目録》卷三著録元刊本《詩集傳音釋》二十卷：「題東陽許謙名物鈔音釋，後學羅復纂輯。黄氏《千頃堂書目》始著於録，流傳頗少。《凡例》後有墨圖記云：『至正辛卯孟夏，雙桂書堂重刊。』猶元時舊帙也。其書全載集傳，俱雙行夾注，音釋即次集傳末，墨圍『音釋』二字以别之」，「蓋以《名物鈔》爲主，更采他説以附益之，與《凡例》所云正合。然此但摘録許書音釋，而其考訂名物則不具載，且音釋亦間有不録者。」②

《絳守居園池記注》一卷，存。《四庫全書總目提要》：「唐樊宗師撰，元趙仁舉、吴師道、許謙注」，「皇慶癸丑，吴師道病其疏漏，爲補二十二處，正六十處。延祐庚申，許謙仍以爲未盡，又補正四十一條。至順三年，師道因謙之本，又重加刊定，復爲之跋。二十年屢經竄易，尚未得爲定稿，蓋其字句皆不師古，不可訓詁考證，不過據其文義推測，鉤貫以求通。」

《四書集注點本》，佚。吴師道《請傳習許益之先生點書公文》：「乃金氏高弟，重點《四書章句集注》。」

①　朱彝尊《經義考》卷一百十一。
②　瞿鏞《鐵琴銅劍樓目録》卷三，清光緒間常熟瞿氏家塾刻本。

《儀禮經注點校》，佚。吴師道《儀禮經注點校記異後題》：「許君益之點抹是書，按據注疏，參以朱子所定，將使讀者不患其難。」①黄溍《白雲許先生墓誌銘》：「於《三禮》，則參伍考訂，求聖人制作之意，以翼成朱子之説」，「又嘗句讀《九經》《儀禮》《三傳》，而於其宏綱要旨，錯簡衍文，悉别以鉛黄朱墨，意有所明，則表見之。其後友人吴君師道得吕成公點校《儀禮》，視先生所定，不同者十有三條而已，其與先儒意見吻合如此。」

《九經點校》，佚。見上引黄溍《白雲許先生墓誌銘》。吴師道《請傳習許益之先生點書公文》稱許謙「重點《四書章句集注》，及以廖氏《九經》校本再加校點。他如《儀禮》、《春秋》《公》《穀》二『傳』並注，《易程氏傳》、朱氏《本義》，《詩朱氏傳》，《書蔡氏傳》，朱子《家禮》，皆有點本，分别句讀，訂定字音，考正謬訛，標釋段畫，辭不費而義明。用功積年，後出愈精，學士大夫咸所推服」。宋末廖瑩中刊《九經》，即《周易》《尚書》《毛詩》《禮記》《周禮》《左傳》《論語》《孝經》《孟子》，有《孝經》，無《儀禮》，有《論語》《孟子》，無《公羊傳》《穀梁傳》。故黄溍《墓誌銘》並舉《九經》《儀禮》《三傳》。許謙校點，除句讀外，尚訂定字音，考正訛謬，標釋段畫。

《三傳點校》，佚。見上引黄溍《白雲許先生墓誌銘》、吴師道《請傳習許益之先生點書公

---

① 吴師道《吴禮部文集》卷十五。

文》。許謙《春秋温故管闚》《春秋三傳義疏》并佚，與《三傳點校》殆各沿其例爲書。

《書蔡氏傳點校》，佚。許謙《回南臺都事鄭鵬南浼點書傳書》：「近辱蕭侯傳示教命，俾點《書傳》。舊不曾傳點善本前輩，方欲辭謝，又恐有孳盛意，遂以己意謾分句讀」，「圈之假借字樣，舊頗曾考求，往往與衆不合，今以異於衆者，具别紙上呈。標上舊題爲《蔡氏書傳》。謹按：古來傳注，必先題經名，然後曰某人注」，「乞命善書者易題曰《書蔡氏傳》，庶幾於義而安。」①又一書云：「某比辱指使點正《書傳》，不揣蕪陋，弗克辭謝，輒分句讀，汙染文籍。」②鄭雲翼字鵬南，延祐二年官南臺都事，延祐六年遷廣東道肅政廉訪使，泰定元年陞兵部尚書。許謙應雲翼之請點校蔡沈《書集傳》，吴師道《請傳習許益之先生點書公文》亦言及是書，今未見傳。

《易程氏傳點校》，佚。見上引吴師道《請傳習許益之先生點書公文》。其不名《程氏易傳》，《回南臺都事鄭鵬南浼點書傳書》已言之。

《易朱氏本義點校》，佚。見上引吴師道《請傳習許益之先生點書公文》。《易朱氏本義》，即《周易本義》。其不名《朱氏易本義》，《回南臺都事鄭鵬南浼點書傳書》已明之。

---

① 許謙《許白雲先生文集》卷三。

② 許謙《許白雲先生文集》卷四。

《詩朱氏傳點校》，佚。見上引吴師道《請傳習許益之先生點書公文》。《詩朱氏傳》，即《詩集傳》。其不名《朱氏詩傳》，《回南臺都事鄭鵬南浼點書傳書》已明之。

《家禮點校》，佚。見上引吴師道《請傳習許益之先生點書公文》。

《典禮》，佚。許鴻烈《八華山志》卷中《金仁山、許白雲立謚咨文》：「若《三傳義疏》《典禮》《讀書記》，皆未脱稿者也。」末署「元至正七年八月初九日」①。此又見於清宣統三年重修本《桐陽金華宗譜》卷一，題作《爲金、許二先生請謚咨文始末》。黄溍《墓誌銘》僅言「有《三傳義例》《讀書記》，皆稿立而未完」。《典禮》，疑爲《三傳典禮》。許謙熟於古今典禮政事，黄溍《墓誌銘》：「搢紳先生至於是邦，必即其家存問焉。或訪以典禮政事，先生觀其會通而爲之折衷，聞者無不厭服。」今難得其詳，俟再考證。

《八華講義》，佚。許謙《八華講義》：「講問辨析，有分寸之知，敢不傾竭爲諸君言？苟所不知，不敢穿鑿爲諸君誑。」②許謙講學八華山中，四方來學。《八華山志》卷中《道統志》收許謙題《八華講義》及所撰《八華學規》《童稚學規》《答門人問》。《八華講義》蓋爲講義之題，非止一篇題作，未刻行，久佚。明正德間陳綱重刻《許白雲先生文集》，改《八華講義》作《金華講義》。

---

① 許鴻烈《八華山志》卷中，民國戊寅重修本。

② 許謙《許白雲先生文集》卷四。

《歷代統系圖》，佚。戚崇僧《白雲歷代指掌圖説》：「白雲先生《歷代統系圖》，自帝堯元載甲辰，迄至元十三年丙子，總三千六百三十三年，取義已精，愚約爲《指掌》，以便觀玩。」末署「至正乙酉，金華戚崇僧述」①。崇僧爲許謙高弟子，字仲咸，金華人。著有《春秋纂例原指》三卷、《四書儀對》二卷、《歷代指掌圖》二卷等書。雍正《浙江通志》著録《歷代指掌圖》二卷，注云：「金華戚崇僧著，見黄溍《戚君墓誌》。」②《歷代指掌圖》二卷，今佚。按崇僧《序》，其書乃據許謙《歷代統系圖》「約爲《指掌》」。季振宜《季滄葦書目》著録「抄本《歷代統系圖》，一本」③，未詳即許謙之書否。

《許氏詩譜鈔》，存。吴騫《元東陽許氏詩譜鈔跋》：「元東陽許文懿公嘗以鄭、歐之譜世次容有未當，别纂《詩譜》，繫於《詩集傳名物鈔》」，「特所序諸國傳世曆年甚悉，有足資討覈者。爰爲輯訂，附於《詩譜補亡》之後。」④許謙不滿於鄭玄《詩譜》、歐陽修《詩譜》，以爲世次有所未當，别纂《詩譜》，附《詩集傳名物鈔》各卷之末，未單行。吴騫輯訂《詩譜補亡》，從《名物

① 《蓉麓戚氏宗譜》卷二，民國十九年庚午重修本。
② 雍正《浙江通志》卷二百四十三，清文淵閣《四庫全書》本。
③ 季振宜《季滄葦書目》，清嘉慶十年黄氏士禮居刻本。
④ 吴騫《愚谷文存》卷四，清嘉慶十二年刻本。

鈔》採録《許氏詩譜》一書，有拜經樓刻本。

《白雲集》，存。黄溍《白雲許先生墓誌銘》："「其藏於家者，有詩文若干卷。」不言集名。按《八華山志》，東陽許三畏字光大，自幼師事許謙，許謙殁，「乃萃其遺稿，手鈔家藏，待後以傳，賴以不墜」。明人李仲幼時得許謙殘編於祖妣王氏家，皆許氏手稿，明正統間編次《白雲集》四卷。成化二年，張瑄得金華陳相之助，刻行於世。正德間，金華陳綱重刻之，改題《白雲存稿》。

五、關於《全書》整理的幾點説明

四先生自王柏以下貫通經史，考訂羣書，著述弘富。據各類文獻著録可知，王柏著作逾八百卷，金履祥、許謙著作亦多。何基篤守師説，其書題作「發揮」者即有七種，《文集》三十卷裒集未備。惜四先生著述大都散佚，今存不足三十種，多爲精華。如何基著作，胡鳳丹編《何北山先生遺集》四卷，凡詩一卷、文一卷、《解釋朱子齋居感興詩》一卷、附録一卷，篇章寥寥。然四先生解經沿朱、吕之統，若考訂篇目、編類勘定、標抹點校、句讀段畫、批注音釋等，皆爲所重，以爲真學問，可羽翼經傳，有補聖賢之學。此次編纂四先生傳世著述，囊括四部，廣作蒐討，復作甄選，批注、次定之書，亦在收録範圍，冀得四先生著作大全。

前此已述「北山四先生」之目其來有自，故兹編四先生著述名曰《北山四先生全書》（以下簡稱《全書》）。《全書》分爲「何基卷」「王柏卷」「金履祥卷」「許謙卷」凡四編，别附《北山四先生全書外編》（以下簡稱《外編》）一册。收録内容如下：

何基卷：《何北山先生遺集》四卷。

王柏卷：《書疑》九卷；《詩疑》二卷；《研幾圖》一卷；《天地萬物造化論》一卷；《魯齋王文憲公文集》二十卷。

金履祥卷：《尚書注》十二卷；《尚書表注》二卷；《禮記批注》二十卷；《宋金仁山先生大學疏義》一卷；《論語集注考證》十卷；《孟子集注考證》七卷；《通鑑前編》十八卷、《舉要》二卷；《仁山先生文集》三卷；《濂洛風雅》七卷。

許謙卷：《讀書叢説》六卷；《讀四書叢説》八卷；《詩集傳名物鈔》八卷；附《詩集傳名物鈔音釋纂輯》二十卷；《許白雲先生文集》四卷；《絳守居園池記注》一卷。

《全書》并收四先生批注、編類之書，惜所得已尠，僅金履祥編《濂洛風雅》、許謙等人《絳守居園池記注》一卷而已。何基《解釋朱子齋居感興詩二十首》，胡鳳丹已編入《何北山先生遺集》。王柏《正始之音》不分卷，收入《魯齋王文憲公文集》附録。楊慎輯解《夏小正解》一卷、吴騫編訂《許氏詩譜鈔》一卷，分從《資治通鑑前編》《詩集傳名物鈔》中輯録，且有文字改易，雖單行於世，《全書》不重複收録。羅復纂輯《詩集傳音釋》二十卷，亦與《名物鈔》重複，且有改易，然今存《名物鈔》最早傳本爲明抄二種，《詩集傳音釋》存元正至雙桂書堂刊本，可相參證，故附收之。

又有四先生詩文佚篇、講學語録、零句斷章，散見他書。《全書》則廣考方志史料、經史典籍、宗譜家乘、别集總集，勾稽佚篇，以詩文爲主，録爲補遺，附於各集之後。《全書》補遺增至二百餘篇。大略《何北山先生遺集》增《補遺》二卷，凡詩文、語録各一卷，更補附録三卷。《魯齋王文憲公文集》增《補遺》、附録各一卷。《仁山先生文集》增《補遺》二卷、附録四卷。《許白雲先生文集》增《補遺》二卷、附《八華山志》一種、附録五卷。至於王柏、金履祥、許謙語録、雜著，可輯爲條目者尚有不少，因考校非短時可畢功，姑俟將來。

另外，整理者各竭其力，輯録年譜、碑傳志銘、序跋題贈等爲附録，凡一家之資料，分附各卷後，而四先生合評之資料則另編爲《外編》一册，綴於《全書》之末。

本次整理之特點，大體有以下四點：

一是内容全備，首次結集。本書所收四先生著述，盡量蒐羅完備，拾遺補缺，并附研究資料之集成。四先生著作已出整理本數種，《全宋詩》《全宋文》《全元詩》《全元文》各沿體例，收録四先生詩文。《全書》之整理或酌情鑒採前賢時哲已有成果，廣泛蒐討有價值校本，以成新編；或别覓良善底本、校本，新作董理；或未有整理本，首次進行校勘標點。至於蒐輯補遺、編類附録，用力頗勤。故《全書》編校之事可謂首創，求全、求備、求精，雖未臻其目標，然自有新意，覽者可察之。

二是底本、校本良善。在當前條件下，搜集購訪底本、參校本已較過去爲易，然亦非没有難度。先是用時幾近半年進行調查研究，甄選整理底本、參校本。如許謙《讀四書叢説》，今傳八卷本，有元刻本、清刻本及抄本多種。國圖藏元刻本八卷，《讀論語叢説》三卷原缺，常熟瞿氏以所得德清徐氏藏元刻本配之，遂爲合璧本。國圖藏清嘉慶間何元錫影抄元本與《宛委別藏》本《讀論語叢説》三卷，并據德清徐氏舊藏本影寫。臺北故宫博物院藏元刻本八卷殘帙，又藏舊抄本八卷，據元刻本寫録，顯非據於德清徐氏舊藏元本。浙圖藏明藍格抄本八卷，有清佚名校注。國圖藏瞿氏鐵琴銅劍樓影元抄本，據合璧本影抄。此外，又有國圖藏嘉慶間何元錫刻本、《經苑》本、《金華叢書》本。今訪得諸本，詳作考訂，乃以元刻八卷合璧本爲底本，參校殘元本五卷、舊抄本八卷、明藍格抄本八卷等本。

三是勾稽拾遺。以四先生著述多散佚，遍檢方志、宗譜、總集等，勾稽佚作，用力仍多在詩文，所得逾二百篇。如《魯齋集》輯佚詩六十六首、詞一闋、文十七篇。《仁山集》輯佚作四十三篇、附存疑六篇，約當本集三之一。《白雲集》輯佚文三十四篇（含殘篇二篇）、佚詩十四首及許謙之子許亨文二篇，約當本集四之一。

四是立足考據。在研究的基礎上進行校點整理，有關考證涉及版本源流、篇目真僞、文獻輯佚等方面。如《仁山文集》，傳世明抄本、舊抄本庶幾見正德本原貌，而抄寫多誤字，萬曆刻本經履祥裔孫校勘，訛誤爲少，勝於後來春暉堂、東藕堂及退補齋諸刻。東藕堂刻本有補苴之功，惜文字臆改居多，徒增歧説，非别有善本據依。《金華叢書》本、《四庫全書》本少有校讎之功，復多擅改之弊，實無足觀。故此次整理，以萬曆刻本爲底本，僅參校明抄本、舊抄本、春暉堂刻本、東藕堂刻本。又如輯佚，翻覽宗譜數千種，所得篇目亦豐。然據宗譜勾稽，可信度下方志一等。宗譜良莠不齊，時見攀附僞托之作，且編集校印多不精，故異姓之譜常見一人同篇，同宗之譜時見一篇分署多人。或一望而知假托，或詳考而始明真僞，採輯遂不得不慎。附録資料亦然，篇目真僞亦需考辨。如《芋園叢書》本《金氏尚書注》集前《金氏尚書注自序》末署「寶祐乙卯重陽日，蘭溪吉父金仁山書」，實宋人方岳之筆，見於《秋崖集》卷四十《滕和叔尚書大意序》，朱彝尊《經義考》作「方岳序」，不誤。《碧琳琅館叢書》本《金氏尚書注》集前亦録此僞作。《芋園叢書》本《金氏尚書注》又有王柏《金氏尚書注序》，并是僞托。《碧琳琅館叢書》本《金氏尚書注》又有《金氏尚書注跋》一篇，末署「歲在丁巳仲春望日，桐陽叔子金履祥書於桐山書軒」，實方時發之筆。署柳貫《書經周書注敘》及佚名《金氏尚書注跋》，皆係僞托。今人蔡根祥、許育龍等已證《芋園叢書》本、《碧琳琅館叢書》本《金氏尚書注》繫僞作。今鑒取相關成果，詳作考辨，盡量避免僞作羼入。

《全書》整理之議，始於二〇一四年。先是浙江師範大學與金華市政協合作編纂《吕祖謙全集》，歷時八年，成十六册，二〇〇八年由浙江古籍出版社印行。繼與金華市委宣傳部合作編纂《重修金華叢書》，歷時七年，彙輯二百册，二〇一三至二〇一四年由上海古籍出版社印行。其時我們以復興浙學爲己任，提倡從基礎文獻梳理與學術史建構兩方面對浙學展開研究，以爲四先生有功浙學匪小，整理四先生之書亟爲當前所需，遂於《重修金華叢書》首發式上，倡議整理《北山四先生全書》。經多方呼籲，金華市委宣傳部於二〇一七年聯合浙師大啓動《全書》編纂，委托我們負責組織團隊，開展整理工作。陳開勇、王錕、慈波、崔小敬、宋清秀教授，孫曉磊、鮑有爲、方媛、李鳳立、金曉剛博士先後參與進來。二〇二〇年，《全書》入選「浙江文化研究工程」重大項目。前後歷時四年，今夏終於完稿。各書整理者名氏已標册端，此不一一介紹。黄靈庚、李聖華擬定體例，通讀全稿，并各自承擔校勘任務。

《全書》整理出版，無疑是浙學研究史上一件盛事。我們參與其中，投入心力，可謂人生之幸事。在此衷心感謝金華市委宣傳部副部長曹一勤女士，浙師大副校長鍾依均教授，上海古籍出版社高克勤社長、奚彤雲編審、劉賽副編審給予大力支持，一編室黄亞卓、楊晶蕾編輯等人悉心校讀全稿，多所訂正，使得《全書》得以減少訛誤，在此一併表示謝意。

由於整理者學識水平所限，《全書》整理定會存在不妥及錯誤之處，祈盼讀者不吝指正。

黄靈庚　李聖華

二〇二一年九月二十日

凡例

一、《全書》所收四先生著述，在廣徵版本基礎上，考訂其源流、異同、得失、優劣，從而裁定底本與校本。金律刻《率祖堂叢書》本、胡鳳丹編《金華叢書》本及文淵閣《四庫全書》本（簡稱「庫本」），皆因擅自改易而慎爲取用。大體庫本在棄用之列；若其他版本難稱良善，始取《率祖堂叢書》本、《金華叢書》本用作底本，或作校補之用。

二、《全書》校勘、輯佚以及各書附録編集，皆留意考證，力求黜僞存真。因補遺之文托名僞作不乏見，且多得自宗譜家乘，慮其編纂校印良莠不齊，故採輯謹慎，以免濫入。

三、《全書》整理成於衆手，分册出版，整理者名氏標於册端。各册均由整理者撰寫前言或點校説明，以述明本册整理情況。底本卷端或標編次、校刊名氏，今均省去，於書前點校説明略載述之。

四、《全書》校勘大體遵循以下規則：一般底本不誤，他本誤者，不出校記。底本文字顯有譌誤，如訛、脱、衍、倒等，宜作改易，撰寫校記。偶有文字漫漶殘損者，用他本校補；無可補者，用缺字符□標識，并出校記。諱字回改，古人刻抄習見己、已、巳不分之類，徑用其正字。異體字、通假字、古今字，均不出校。虚字非關涉文意者，亦不出校。校記不徒列異文，間列考據，庶明其是非、高下。

整理説明

浙江師範大學人文學院　陳開勇

金履祥乃宋元之際金華儒學北山四先生之一。朱子之學通過黄榦傳何基，再傳王柏、金履祥、許謙，是爲朱子嫡脉。全祖望云：「勉齋之傳，得金華而益昌。説者謂北山絶似和靖，魯齋絶似上蔡，而金文安公尤爲明體達用之儒，浙學之中興也。」（《宋元學案》卷八十二《北山四先生學案》）

金履祥理學思想宗朱，爲學則以朱爲主而雜有浙東學術之氣味，「凡天文、地形、禮樂、田乘、兵謀、陰陽、律曆之書，靡不畢究」，其著述亦夥，於《尚書》《禮記》等經皆有注解，於史編有《通鑑前編》，於集則選有《濂洛風雅》。

金履祥關於《四書》之作，包括《大學疏義》《中庸表注》《論語集注考證》《孟子集注考證》，然《中庸表注》早佚，其他三種今存。其今存之本，最早者皆爲雍正間金律刻《率祖堂叢書》本；其後清廷編《四庫全書》、胡鳳丹編刻《金華叢書》，所據皆金律刻本。

本次整理金履祥《宋金仁山先生大學疏義》《論語集注考證》《孟子集注考證》三書，所參版本爲：

一、底本與參校本

（一）底本

雍正間金律刻《率祖堂叢書》本《宋金仁山先生大學疏義》《論語集注考證》《孟子集注考證》，簡稱「底本」。

（二）參校本

文淵閣《四庫全書》本《大學疏義》《論語集注考證》《孟子集注考證》，簡稱「庫本」。

《金華叢書》刻本《大學疏義》《論語集注考證》《孟子集注考證》，簡稱「胡本」。

（三）其他參考文獻

《禮記正義》，（漢）鄭玄注，（唐）孔穎達等正義，（清）阮元校刻《十三經注疏》影印本，北京：中華書局一九八〇年第一版。簡稱《禮記正義》。

《左傳》，（晋）杜預注，（唐）孔穎達等正義，（清）阮元校刻《十三經注疏》影印本，北京：中華書局一九八〇年第一版。僅涉及經、傳稱《左傳》。

《春秋左傳正義》，（晋）杜預注，（唐）孔穎達等正義，（清）阮元校刻《十三經注疏》影印本，北京：中華書局一九八〇年第一版。涉及杜注、孔疏稱《春秋左傳正義》。

《春秋釋例》，（晋）杜預撰，文淵閣《四書全書》本。

《孟子注疏》，（漢）趙岐注，（宋）孫奭疏，（清）阮元校刻《十三經注疏》影印本，北京：中華書局一九八〇年第一版。

《四書章句集注》，（宋）朱熹撰，「新編諸子集成」，北京：中華書局二〇一二年第二版。簡稱《集注》。

《四書或問》，（宋）朱熹撰，朱傑人、嚴佐之、劉永翔編《朱子全書》第六册，上海：上海古籍出版社・合肥：安徽教育出版社二〇〇二年第一版。

《釋名》，（漢）劉熙撰，北京：中華書局二〇一六年第一版。

《説文解字》，（漢）許慎撰，北京：中華書局一九六三年第一版。簡稱《説文》。

《史記》，（漢）司馬遷撰，（南朝宋）裴駰集解，（唐）司馬貞索隱，（唐）張守節正義，北京：中華書局一九五九年第一版。

《漢書》，（漢）班固撰，（唐）顔師古注，北京：中華書局一九六二年第一版。

《後漢書》，（南朝宋）范曄撰，（唐）李賢等注，北京：中華書局一九六五年第一版。

《新唐書》，（宋）歐陽修、宋祁撰，北京：中華書局一九七五年第一版。

《宋史》，（元）脱脱等撰，北京：中華書局一九七七年第一版。

《通鑑前編》，（元）金履祥編，元刊本，靜嘉堂文庫藏。

《大事記》，（宋）吕祖謙編著，梁運華點校，黄靈庚、吴戰壘主編《吕祖謙全集》第八册，杭州：浙江古籍出版社二〇〇八年第一版。

《宋元學案補遺》，（清）王梓材、馮雲濠撰，楊世文等點校，「中國儒學通案」，北京：人民出版社二〇一二年第一版。

《新書》，（漢）賈誼撰，閻振益、鍾夏校注，「新編諸子集成」，北京：中華書局二〇〇〇年第一版。

《朱子語類》，（宋）黎靖德編，王星賢點校，「理學叢書」，北京：中華書局一九八六年第一版。

《莊子》，（清）郭慶藩撰《莊子集釋》，王孝魚點校，「新編諸子集成」，北京：中華書局二〇〇四年第二版。

《吕氏春秋》，許維遹撰《吕氏春秋集釋》，梁運華整理，「新編諸子集成」，北京：中華書局二〇〇九年第一版。

《過夏雜録》，周廣業撰《周廣業筆記四種》，祝鴻熹、王國珍點，杭州：浙江古籍出版社二〇一八年第一版。

《晦庵先生朱文公文集》，（宋）朱熹撰，朱傑人、嚴佐之、劉永翔編《朱子全書》第二〇—二五册，上海：上海古籍出版社・合肥：安徽教育出版社二〇〇二年第一版。

二、「疏」與「考證」性質特徵稍異，故於《宋金仁山先生大學疏義》《論語集注考證》《孟子集注考證》各按其特徵整理。

三、原文脱漏，用「□」表示。漫漶無法録出者同。

四、所用諸本序跋均移至正文後，編作《附録》，按照撰者時間先後排列，同一時間内則按照《四書》先後順序排列。

五、其他皆依本叢書凡例爲之。

大學疏義

宋金仁山先生大學疏義

大學之道，在明明德，在親民，在止於至善。

「大學者，大人之學也。」《或問》曰：「對小子之學言之也。」古者上自王公，下至庶人之子弟，年八歲則皆入小學，及其十有五年則皆入大學。八歲者，小子也，以其爲小子之學，故謂之小學；十五則大人也，以其爲大人之學，故謂之大學。小學者，養其良心而謹其學業也；大學者，充其知識而措諸事業也。所謂「大學之道」者，謂大人所以爲學之理也。

「在明明德，在親民，在止於至善。」以三「在」字訂之，則所以爲學者在是三者；外是三者，非所當學；學焉而不足於斯三者，亦非所以爲學也。《序》之所謂「俗儒記誦辭章之學」「異端虛無寂滅之教」「其他權謀術數，一切以就功名之說，與夫百家衆技之流」，是其爲學皆不知所在者也。《或問》所謂「有不務明其明德，而徒以政教法度爲足以新民者；又有愛身獨善，自謂足以明其明德，而不屑於新民者；又有略知二者之當務，顧乃安於小成，狃於近利，而不求止於至善者」，皆不足於所在者也。是三「在」者，固俱爲大學綱領，而又自相爲綱領：「在明明德」所以起下兩「在」，「在止於至善」又所以總上兩「在」。

「明，明之也。」「明之也」者，拂拭開啓之謂也。「明德者，人之所得於天，而虛靈不昧，以具衆理而應萬事者也。」「虛靈不昧，以具衆理而應萬事」者，心也；而心之所以能「虛靈不昧，具衆理而應萬事」

者，「明德」也。人之所得乎天而虚靈不昧，所謂「合性與知覺」而言之也。夫所謂「人之所得乎天」者何也？謂其全具天地之氣以爲形，而全得天地之理以爲性也。夫所謂氣者何也？即陰陽五行之氣也。所謂理者何也？即健順仁、義、禮、智之理也。理即氣之所性，氣即理之所秉。夫自其始而言，則有理而後有是氣，蓋以太極之妙生陰陽五行之化也。自其中而言，則有是氣而理即在焉，如陽則健，陰則順，木則仁，火則禮，金則義，水則智，土則信也。故健順五常之在陰陽五行，譬猶醎之在鹽、酸之在醯也。然理之流行，無物不有，無時不然，固無多寡、彼此之殊，而氣之運行，揉雜往來，交感萬化，則不能無正偏、通塞之異。故氣正則理之在是者正，氣偏則理之在是者偏；氣通則理明，氣塞則理蔽。故其體質渟全，義理充暢，方寸之内，虚無不包，靈無不覺，存主融通而未嘗昧焉，是所以「具衆理而應萬事者」也。「具衆理」者，體也；「應萬事」者，用也。衆理即萬事之理，萬事即衆理之事，藹然在中，隨感而發者也。就正偏之内，而或有美惡之殊；就通塞之中，而或有清濁之異。此其所以又有智愚、賢不肖之别焉。惟上智乃能全其清美而無少不明耳，下此則或清而不美，或美而不清，或惡或濁，各有等分，而通蔽厚薄隨之，此所謂「氣禀所拘」，就其有生之初言之也；「人欲所蔽」，就其有生之後言之也。有生之初，已有美惡清濁之殊；而有生之後，又有血氣耳目口體無窮之欲。故明之在我者，拘之於其先，而蔽之於其後。拘者，束而不得開之謂；蔽者，蓋而不得見之謂。「然而本體之明，則有未嘗息者。」蓋其中虚靈昭徹，溶漾盈溢，終有不可得而昧者，而亦無時不發見於日用之間。故學者當因其一事之感，一念之覺，窺見其本明之機初未嘗息，而加拂拭開啓之功，格物、致知以擴其端，而誠意、正心、修身以會其實，則拘者開，蔽者徹，而自復其本然之初矣。

「新民」者，推己之明德以覺人也。「新者，革其舊之謂也，言既自有以明其明德，又當推以及人，而使之亦有以去其舊染之污也。」夫明德之得於天者，我與人本同也；而拘於氣稟，蔽於物欲者，亦人己之通病，幸而我之能覺己有以充其本然靈明之體，則視夫彼之未覺，顧方且痼於昏迷污濁之中，豈不惻然思所以救之？況天理流行，渾同無間，在我者非可挾之以自私，而在人者初非強人以其所未有，則夫推我已明之德，而覺其舊染之迷，以理覺理，是固天心之所存，而是理之當然也。至於論其所以新之者，則有二道焉，曰表倡觀感也，曰教化開導之也，禮樂法度刑政整齊之也。如下文「身修而後家齊，家齊而後國治，國治而後天下平」，此固觀感表倡之也。然而齊家、治國、平天下，又逐節用功，隨事推拓，則是必有開導整齊之事焉。此聖賢之所以新民也。

「在止於至善」者，言「明明德」「新民」皆當止於至善也。「止者，必至於是而不遷之意。」「必至於是」，以未止之前言之也；「不遷」，以既止之後言之也。未至於此，不可謂之止；既至而遷，亦不可謂之止。「至善，則事理當然之極。」「明明德」「新民」皆當止於至善之地而不遷，是「必有以盡夫天理之極，而無一毫人欲之私也」者，蓋天理散在事物，則莫不各有本然一定之則在焉，是其極好處也。吾之所以明於己者，不可有一之不造其極；所以新乎人者，不可有一之不用其極。到得十分極好處，便是盡得天理之極；而稍有未至及差處，即是苟且私意妄爲之人欲矣。

「此三者，大學之綱領也」者，謂此三言者，大學之大綱要領也。而綱之目，領之體，則下八事是也。「格物」「致知」「正心」「修身」者，「明明德」也；「齊家」「治國」「平天下」者，「新民」也；而「物格」「知致」「意誠」「心正」「身修」「家齊」「國治」「天下平」者，「止於至善」也。

知止而后有定，定而后能静，静而后能安，安而后能慮，慮而后能得。

「在止於至善」既總説「明德」「新民」之標的，故此段數句即繼説「止於至善」之工夫。蓋至善所在，不能格物窮理而真知其所止，則迷罔膠擾，必不能各得其所止矣。「止者，所當止之地，即至善之所在也。」自人言之，則曰「所當止之地」；自理言之，則曰「至善之所在也」。知止，則於萬物庶事莫不見其各有定理，而心之所之，皆有定向矣；既有定向，則異説不能摇，異見不能惑，而其心静而不動矣；能不動其心，則隨其所處而安焉；能安，則事物之來，從容審處而能慮矣；能慮，則隨事而處得其理，莫不各得其所當止之地而止之矣。夫既知其所止，則必能得其所止。其間四節，蓋推言知止之功效，得止之工夫也。

物有本末，事有終始，知所先後，則近道矣。

「物」與「事」一也，自其爲事言之則曰物，自人所從事言之則曰事。本者，木之根也，《傳》所謂「桑本」者是也；末者，木之表也，《騷》所謂「木末」者是也。「明德」「新民」固爲兩事，然必先明其「明德」，而後可推以「新民」，由根以達表也。知止、得止固爲一事，然必先知其所止，而後能得其所止，先知而後行也。學者誠知本始之在所先，而末終之在所後焉，則務本循末而至道近矣。

古之欲明明德於天下者，先治其國；欲治其國者，先齊其家；欲齊其家者，先修其身；欲修其身者，先正其心；欲正其心者，先誠其意；欲誠其意者，先致其知；致知在格物。

「明明德於天下者」，言既自明其明德而推之於天下，皆有以明其明德也。前曰「在明明德，在新民」，而此曰「明明德於天下者」，蓋有以見其體用之一。後曰「平天下」，而此曰「明明德於天下」，蓋有以見其平治之原。然天下之本在國，未有其國未治而天下之能平者，故必先治其國。國之本在家，未有家之未齊而國之可治者，故必先齊其家。家之本在身，使其身之未修，則私欲牽蔽，言行無常，未有能齊其家者，故必先修其身。至於身之主則心也，所謂「心者，身之所主也」者；夫四體百骸，塊然而已，血氣運動，蠢然而已，而所以靈異於物者，以心爲之知覺管攝也；不正其心，則血氣之軀，惟欲之動，何所擇於異類也哉？故欲修其身者，必先正其心。而心之發則意也，所謂「意者，心之所發也」者，蓋有心則必有意；心之本體固静正，而意之所向有善惡，惟夫意之所發者，不實於善，而每容邪惡於其間，則心始不能全其本體之正矣；故欲正其心者，必先誠其意。或曰：心者身之主，意者心之發，則是心體而意用，心君而意臣，宜於欲誠其意者，先正其心也，而曰「欲正其心者，先誠其意」，何哉？蓋心無形影，未易捉摸，人之所以治其心者，亦惟於其發動處着工夫耳。譬之水本静，波蕩之，波平則水静；火本明，煙罩之，煙透則火明矣。心本正，意或累之，意誠則心正矣；然而意誠則心正，是誠意即所以正心也。

今經傳之文，自爲兩節言之：不曰正心在誠意，如下文「致知在格物」之例，而曰「先誠其意」，亦如上文「天下」「國」「家」之例。何哉？蓋誠意者，舉其萌動之時言之也；正心者，以其平時全體言之也。萌動之際，固當致其好惡自慊之實，而平時全體，未嘗可無存養密察之功，特誠意之功未加，則念慮混淆，意向未實，而存養密察之功，非惟不可加，抑亦不能加耳。此其所以曰「欲正其心者，先誠其意」也。「誠，實也。」實，真實之謂也。「實其心之所發，欲其必自慊而無自欺也」者，謂此心之發，真於爲善，由中達外，極盡無餘，初非含忍兩向，姑以狥外牽强而中實不然也。然使其見理有未明，則其爲善必不實，故必先致其知焉。「致，推極也。」所謂推極者，言推之而至其極也。「知，猶識也。」所謂知識者，言人心之靈覺也。「推極吾之知識，欲其所知無不盡」者，蓋心之靈覺，莫不有知，在乎推極其知，使凡所知者無不至於盡而已。大抵推之不極則知之不真，知之不真則其爲之也必不實，故曰「欲誠其意者，先致其知」。然致知之方則在格物。不曰先格物，而曰「在格物」者，蓋心之所知者即事物之理，而事物之理本具於吾心之知，惟夫不能格事物之理，則不能充吾心之知耳，故曰「致知在格物」。格物即所以致知，而非二事也。「物，猶事也。」窮至事物之理，欲其極處無不到也。」所謂「窮至事物之理」者，蓋格物者窮理也。所謂「極處無不到」者，蓋極處者至善也。所謂「事物之理」者，蓋事物者即心、身、家、國、天下之事物也。夫大學之規模大矣，而致知格物也，正心誠意也，二者爲大學之大關鍵。

蓋誠意正心，身、家、國、天下之本出焉；致知格物，則心、身、家、國、天下之理具焉。然則所謂格物者，亦謂心、身、家、國、天下之事物耳。自其心而論之，則四端之性情，理欲之界限，志氣之邪正，在所當格也。自其身而論之，則言行之節，交際動作之宜，容止威儀之則，在所當格也。推之於家，則有父子之親，兄弟之序，夫婦之別，朋友族姻之交，凡其爲事，皆所當格也。推之於國，則國之事不異於家也，而所以爲君臣上下之義，事長使衆之節，仁民恤下之政，教化之施，刑政之宜，制度之數，至於百官有司之事，皆所當格也。推之於天下，則天下之事不異於國也，而所以爲綱常經紀之化，均平充拓之道，禮樂刑政之達，開物成務、撥亂反正之規，四海九州風氣民俗之殊，内夏外夷綏懷化禦之略，至於財用甲兵之節制，皆所當格也。隨遇皆物，隨物皆格。極其小，雖草木鳥獸之微非可遺；極其大，雖天地陰陽之化非可外。而其爲法，或索之心術念慮之間，或審之隨事接物、日用常行之際，或求之經籍《詩》《書》、聖賢言行之法，或考之古今治亂、人物是非之跡，即事即物，推而窮之，莫不求其所以然之故，與其至善之所在而不可易者，此謂格物。所謂「八者，大學之條目」者，此八者爲綱領中之條件節目也。

物格而后知至，知至而后意誠，意誠而后心正，心正而后身修，身修而后家齊，家齊而后國治，國治而后天下平。

此覆説上文之意也。上文自外推内，以究其本；此段則由本達末，以充其用。「物格者，物理之極處無不到也。知至者，吾心之所知無不盡也。」物理之極處無不到，則吾心之知，自隨所到而無不盡也。「知既盡，則意可得而實矣。」蓋見理也真，則其好善惡惡也實。「意既實，則心可得而正矣。」蓋好善惡惡也實，則心之本體純乎善，而私欲不能動矣。修身以上，正心、誠意、致知、格物，皆所以明明德也。齊家以下，至治國、平天下，皆所以新民也。物格知至，則於心、身、家、國、天下之理，皆知所止矣。意誠而下，則於心、身、家、國、天下，自各得其所止也。

右此兩節，特反覆言之以盡意，非謂知未至則可以未誠其意，身未修則可以未齊其家也。蓋聖人固逐節而推其本，學者當隨事以致其功。亦非謂知既至則意不待省而自誠，家既齊則國不待理而自治也。蓋八者之目，既逐節自爲體用，則學者之功，當隨在而即加推充。凡若是言者，有以見治之有本，而不在智謀功利；有以見學之有用，而不可苟且躐等。此所以爲儒者之道也。

自天子以至於庶人，壹是皆以修身爲本。

蓋壹者齊也，是者此也，猶言齊如此也。「正心以上，皆所以修身也。」蓋格物、致知、誠意、正心皆所以爲吾身自修之事，故獨舉修身而言之。自天子以至於庶人，雖其所施有天下、國、家大小之不同，然皆未有不修其身而能行者，固不以大小貴賤而有減也。「齊家以下，則舉此而措之耳。」蓋其本既立，則舉而施之於家於國於天下，唯其所施而各得其所止也。大抵大學之條目分爲八事，合則兩節：自修身以上，正心、誠意、致知、格物皆爲己也；自齊家以下，治國、平天下皆推所以爲己者爲人也。爲己者，「明明德」也；爲人者，「新民」也。「明德」者，得之於天，得之於天者，理所同有，故「自天子至於庶人，壹是皆以修身爲本」；「新民」者，施之於人，施之於人者，勢有廣狹，故齊家、治國、平天下，隨其所施而已矣。然而本明之德，得於天而明於己者，惟其所施，初無限量，不以天子之施於天下而有餘，不以庶人之施於一家而不足。天子雖施之天下，然未有不先於家而能達者；庶人雖修於一家，然而變化國俗，風行於天下，亦分内事而已。

其本亂而末治者否矣，其所厚者薄，而其所薄者厚，未之有也！

「本，身也。」以身對家、國、天下而言，則此爲體，彼爲用。「所厚，謂家也。」以家對國與天下而言，則此爲親，彼爲疏。其身不修，未有家可齊、國可治、天下可平者也；莫親於家而不致厚焉，未有能厚於國人、天下者也。大抵上文之意，以修身以上爲本，則家齊以下，治國，平天下皆爲末矣。然而一家之内，天倫之至愛存焉，又不可同於國人、天下之例而一以末視之也；苟以末視之，而不過以先後之序而已焉，則是流於「愛無差等，施由親始」之説矣。此經文所以於本末之後而又發明所厚之義也。故嘗謂大學八事，合而言之，爲兩節；而就中析之，又爲四節：蓋自「修身」以上，固一節也；然「格物」「致知」則窮此理，「誠意」「正心」「修身」則體此理也。「齊家」以下，固一節也；然「家」則所厚，「國」與「天下」則所薄也。

「右經一章，蓋孔子之言，而曾子述之。其傳十章，則曾子之意，而門人記之也。」

《康誥》曰：「克明德。」

《康誥》者，周武王封弟康叔於衛而告之之書也。舊謂成王之書，失之也。「克，能也。」克雖訓「能」，而有勇猛之意焉。夫人莫不有是德，亦莫不知明是德也，而終於不能明者，以其無勇猛之功耳。文王之聖，固得於生知，然其勇猛之功，則非常人之所及矣。學者持不逮之資，而又爲物之所蔽、習之所纏，不加勇猛之功，則優遊歲月，同流合污，而能明其明德者鮮矣！

《太甲》曰：「顧諟天之明命。」

太甲，商之君王，伊尹作書告之，史記其辭而標之曰《太甲》。「顧諟天之明命」，《太甲》篇之文也。

「顧，謂常目在之也。」顧之訓「視」爲近之，然不若「顧」字之力，故章句因舊注謂「常目在之也」。「常目在之」者，蓋謂此心定察在於此也。「諟，猶此也，或曰審也。」若曰訓「此」，則所以指天理之在者念專；若曰訓「審」，則所以加審察之功者愈密。故諟之爲「是」與其訓「審」二義，所以兼存也。「天之明命，即天之所以與我，而我之所以爲德者。」蓋謂天之賦於我而若此靈明不昧，所謂明德也。自天之予於人言之，則曰明命；自人之得於心，則曰明德：其實一也。「常目在之，則無時不明」者，謂存養省察，常有以見其天理之在；而日用常行，皆有以見其天理之流行，莫不各有自然之則，而不可雜以一毫人欲之私者。苟能若此，則天理無時不明矣。

《帝典》曰：「克明峻德。」

「峻，大也。《書》作『俊』。」峻德者，蓋聖人之所得於天，而其聰明睿智獨異於人者也。孔門學者引之以證自明之明。又曰「克明峻德」是總解「明明德」也，此明德之全體，明己之明德而至於大。此堯「明明德」之極功。

皆自明也。

謂上所引《康誥》《太甲》《帝典》之書，皆大學「明明德」之謂也。不曰「明明德」，而曰「自明」，本「自」之一辭而「明德」在其中矣。又有以見德之在我者，皆己分之所當明，而豈曰有所爲而後明之也哉！

「右傳之首章。釋明明德。」

湯之《盤銘》曰：「苟日新，日日新，又日新。」

盤，沐浴之器也。頭曰沐，身曰浴。禮曰，沐用盤，盥漱亦以盤，則盤，沐器也，浴之器亦曰盤。古有盤盂之戒，盂即杅，亦浴器也。「銘，名其器以自警之辭也。」銘字從名，而《注》曰「名其器」，名者書也，古者謂字書爲名，如《周官》所謂「書名」者是也；從金，《釋文》曰：「刻金曰銘。」古人之有訓戒勳業者，多刻之於金器，若鐘鼎之類，猶後世刻之於碑碣也。然則刻字書於金，故曰銘。古時凡器必有銘，故《詩傳》曰：「作器欲銘。」蓋器爲常用之物，而銘以自警之辭，欲因其器用，而得常觀其辭以常警也。所謂「苟日新，日日新，又日新」，則成湯沐浴盤之銘也。

「苟，誠也。」古者書傳「苟」字多是「誠」之意，如《論語》曰「苟志於仁矣」，謂誠志於仁也，此類非一。然謂「苟」之訓「誠」，不若謂苟之訓「果」，其文意則一，而訓義尤明白矣。「湯以人之洗濯其心以去惡，猶人之沐浴其身以去垢，故銘其盤」者，此言其所以於沐浴之盤而銘以自新之詞之意也。湯以爲人之有是心，猶其有是身也。心之易昏，猶身之易垢也。洗濯其心以去其惡，猶沐浴其身以去垢也。故於洗身之器而寓其洗心之辭焉。其曰「新」者，革其舊染之污之謂也。古者凡一沐浴亦曰新，如《楚辭》所謂「新沐」「新浴」是也。故以其沐浴之新爲自新之新，蓋同一流澡刷拭之意也。

「誠能一日有以滌其舊染之污而自新焉，則當因其已新者，而日日新之，又日新之，不可略有間斷也」者：滌者，新之也。「舊染之污」對「新」言之也。所謂「舊染之污」者，言向來此心，汩没沉污於人欲之中，而已淪昏之也。有能一日自覺其污而滌去之以自新焉，則當乘其已新之機，不可復容舊染之習，而日日新之，又日以新之，使吾心常新而不復蔽，則人欲無隙之可復容矣。「日日新」之辭，其義已足，又加之以「又日新」之辭，則尤見其有加不已之意，既常新矣，而又新之也。大抵人無「苟日新」之機，則不復有後日之功；無「日日新」之功，則終不離前日之舊。是故未覺之前，「苟日新」爲難；既覺之後，「又日新」爲難。以成湯聖人之資，而所以自新之功猶如此，况後之人持昏庸之資，汩人欲之私，加之污俗之漸染，則其污濁之没溺而淪於惡者，可勝言哉？終於不覺者，有之矣；幸而能覺矣，而不能致其新之之力；幸而能新矣，而不能續其新之之功，則終不足以爲人矣。吁！此學者所以當朝警夕愓，無時而不求其新也。

《康誥》曰：「作新民。」

「鼓之」者，振警動盪而使不容遏；「舞之」者，發揚蹈厲而自不容已；「作」者，開其進善之機；「新」者，革其舊污染之舊也。

《詩》曰：「周雖舊邦，其命維新。」

傳之此章釋新民耳，而引「其命維新」之《詩》，以常情觀之，似不切者，無他，不過以天命别作一件符瑞休徵之應耳；却不知「天視自我民視，天聽自我民聽」，所謂天人合一之理，夫民之新與天命之新非二事也。蓋自文王新其德於上，而天下之民自然被服其化，無不新者，則是舉天下之民，皆新於聖德之下，而無一人自外者，此即天命之維新也。若以文王之實事言之，則自其「克明厥德」，而推之「刑於寡妻，至於兄弟，以御於家邦」，宫庭之内便若此其雍雍，朝廷之間便若此其濟濟，田野郊關之内便若此其遜行、遜畔，至於德化所及，天下純被，當時氣象自是日開日新日明，被服其化而歸之者浸浸自不容遏，即此便是天命之新。雖以千有餘年受封之國，一旦使如此豁然，都非别有所謂符瑞讖緯之命也。善乎范文正公咏虞舜之辭有曰：「成都成邑即天開。」此之謂也。

是故君子無所不用其極。

上文引《盤銘》以明「自新」，引《書》《詩》以明「新民」，故此總結之以爲君子以「自新」「新民」之事，無一不求「止於至善」也。

「右傳之二章。釋新民。」

《詩》云：「邦畿千里，惟民所止。」

《詩》云：「緡蠻黄鳥，止於丘隅。」子曰：「於止，知其所止，可以人而不如鳥乎！」

「丘隅，岑蔚之處。」高大曰丘。岑者，其尖鋭之處。蔚者，草木盛多之貌也。岑則人所罕至，蔚則有以自藏，此鳥之飛集所以必止於此也。夫鳥者，羽物之微也，而身之所處，猶能擇其可止之地而止之；人，萬物之靈也，而身之所履，不能擇其當止之理而止之，則是鳥能擇其所止而人反不能知其所止，是人而鳥之不如也。孔子説《詩》之辭，其所以警夫人者切矣。

《詩》云：「穆穆文王，於緝熙敬止！」爲人君，止於仁；爲人臣，止於敬；爲人子，止於孝；爲人父，止於慈；與國人交，止於信。

「穆穆，深遠之意。」此形容文王之氣象也。「緝，繼續也。」謂其無時或息。「熙，光明也。」謂其與日俱新也。接續此明，則此心無不敬，而自各安所止矣。而其所謂止者何也？若仁、敬、孝、慈、信之類是也。「聖人之止，無非至善。五者乃其目之大者。」蓋天下之事，一事必有一至善；聖人之事，則事事各止於至善。所謂一事有一至善者，如仁爲君道之至善，敬爲臣道之至善，孝爲子道之至善，慈爲父道之至善，信爲與人交之至善也；事事各止於至善者，爲君則必止於仁，爲臣則必止於敬，爲子則必止於孝，爲父則必止於慈，與人交則必止於信是也。

然而五者之止，其事理之精藴，固非一語之可盡，而天下之事至多至衆，亦非止於五事而已也，故必「究其精微之藴，而又推類以通其餘」焉。精者，天理之不雜者也；微者，事理之易忽者也。必究其精，則有以見其所當然而不可違，又有以見其所以然而不容已。必究其微，則有以見其至纖至悉之事而不可不盡，又有以見其毫釐曲折之間而不可或差也。「推類以通其餘」者，蓋天下之事至衆也，非止於是五者而已也；即其事之大者以爲之例，以見凡天下之事，莫不有至善者在也。故必即此五者類而推之，如兄弟，如夫婦，以至萬物庶事，亦皆有以見其至善者焉，則於天下之事，皆有以知其所止而無餘矣。

《詩》云：「瞻彼淇澳，菉竹猗猗。有斐君子，如切如磋，如琢如磨。瑟兮僩兮，赫兮喧兮。有斐君子，終不可諠兮！」如切如磋者，道學也；如琢如磨者，自修也；瑟兮僩兮者，恂慄也；赫兮喧兮者，威儀也；有斐君子，終不可諠兮者，道盛德至善，民之不能忘也。

上文既引《玄鳥》《綿蠻》之詩，以言其當止於至善，故此後引《淇澳》之詩，以明其求止於至善之方與其止於至善之驗也。夫所謂「如切如磋，如琢如磨」者，求其止於至善之方也。「瑟兮僩兮，赫兮喧兮。有斐君子，終不可諠兮」者，能止於至善之驗也。「治骨角者，既切而復磋之。治玉石者，既琢而復磨之。言治之有緒，而益求其精也。」「治之有緒」者，言先切而後磋，先琢而後磨，工夫之有次第也。「益致其精」者，謂既切而復磋，既琢而復磨，工夫之取其極至也。骨角脉理易尋，故傳以爲「道學」，言其工夫之在於解剥也。玉石堅厚難工，傳以爲「自修」，言其工夫之貴於克治也。學者「講習討論之事」，格物、致知之謂也；「自修者，省察克治之功」，誠意、正心之謂也。既切而復磋之，則講習討論者，不可以近似爲是，而必求止其至善。既琢而復磨之，則省察克治者，不可以苟且爲是，而必止於至善。「瑟，嚴密之貌。僩，武毅之貌。赫喧，宣著盛大之貌。」蓋知止於至善，則所守自嚴密，所養自剛毅，而所發者自然心廣體胖，睟面盎背，宣著盛大而不可掩也。夫「如切如磋」，則所以講習討論者，物格而知至矣。「如琢如磨」，則所以省察克治者，意誠而心正矣。「瑟兮僩兮，赫兮喧兮」，則身修矣。「有斐君子，終不可諠兮」，則達於新民矣。盛德以身之所得言之，至善以理之所極言之。「盛德至善」者，謂盛德之至善也，切磋琢磨，求止於是而已矣。

《詩》云：「於戲！前王不忘。」君子賢其賢而親其親，小人樂其樂而利其利，此以没世不忘也。

上文引切磋琢磨之《詩》，而以民不能忘終之，故此復引「前王不忘」之《詩》以繼之。蓋上文推言明德至善之本，以發新民之端，故此形容新民之效，以證明德之用。「君子，謂後賢後王。」後賢者，賢其賢者也；後王者，親其親者也。「小人，謂後民也。」「前王所以新民者止於至善，能使天下後世無一物不得其所」，此後民所以樂其樂而利其利者也。「賢其賢」，高山景行，仰其道德勳名之光；「親其親」者，祖功宗德，尊爲百世不祧之廟。「樂其樂」者，聚廬托處之類，蓋樂先王治安之澤；「利其利」者，耕食鑿飲之類，蓋享先王生殖之恩。夫以先王盛德至善而達於新民者，亦莫非止至善。此所以當世尊之，後世仰之，宗廟饗之，子孫保之，群黎百姓永賴之，久而不忘也。

「右傳之三章。釋止於至善。」

子曰：「聽訟，吾猶人也，必也使無訟乎！」無情者不得盡其辭。大畏民志，此謂知本。

「聽訟」固亦新民之一事，「使無訟」則新民之至善也。夫使無實之人，而自不敢盡其虛誕之辭以欺其上，是必有以大服乎民之心者，非明德之至而能若是乎？有本者固如是也，故承之曰「此謂知本」。此章之傳，所以釋本末之先後也，而惟推言新民之功所以然之故，隱然有以見本之在所當先，而初未嘗費辭者，古人所以善乎發明經意也。

「右傳之四章。釋本末。」

此謂知本，此謂知之至也。

「右傳之五章，蓋釋格物、致知之義，而今亡矣。　間嘗竊取程子之意以補之曰：『所謂致知在格物者，言欲致吾之知，在即物而窮其理也。　蓋人心之靈莫不有知，而天下之物莫不有理，惟於理有未窮，故其知有不盡也。　是以大學始教，必使學者即凡天下之物，莫不因其已知之理而益窮之，以求至乎其極。　至於用力之久，而一旦豁然貫通焉，則衆物之表裏精粗無不到，而吾心之全體大用無不明矣。　此謂物格，此謂知之至也。』」

「格物、致知」之傳不存，而後世儒者莫知所以爲説，故或遺之而不復言，或言之而有不盡，或不得其意而他爲之説，遂使大學始教之目不明於天下，而人不知所以爲學，是以天下之理有未明，吾心之體有不盡，而所謂至善之所在者，自孟子以後千有餘年，罔然莫知也。　此其所以意有不誠，心有不正，身有不修，家、國、天下不可得而治，其本蓋在於此。　自程夫子始明其義以開大學之原，而朱子又修其辭以補傳義之缺，然後聖賢所以爲學之方與其教人之法，燦然復明於天下。　其辭明而盡，其説精而密，而其爲法則功程有據而細大不遺，工夫積習而貫通可至，雖使聖人復生於世，其爲説無以易此矣。

間嘗因是而推之，所謂「人心之靈莫不有知」者，蓋人稟天地正通之氣，則莫不有虛靈知覺之心也。　所謂「天下之物莫不有理」者，蓋事物盈於天地之間而莫不各有精微至善之理也。　所謂「理有未窮，則知有不盡」者，蓋理在萬物，而吾心虛靈之體自無不知，知在吾心，而氣稟物欲之昏，已有所蔽，故欲致吾之知以全其本，在於窮物之理以充其知，不能窮極乎物以極衆理之物，則無以推極吾知而盡心體之全矣。　所謂「大學之始教」者，謂大學教人之目，以格物、致知爲始也。　物有未格，則知有不致，而何以能誠其意，以正其心、修其身，而齊家、治國、平天下也哉？　是以大學之教人，必以格物、致知爲始焉。所謂「即凡天下之物」者：「即」者，隨其所遇之謂也。「凡」者，大無不包之辭也。蓋格物者，初未嘗有截然一定之目，而亦未有精粗巨細之間也。惟事物之在天下者無限，而接於吾前者亦無窮，故必隨其所遇，巨細、精粗、小大、幽顯，莫不格之以窮其理焉。所謂「因其已知之理而益窮之，以求至乎其極」者：夫格物所以致知也，今而先之曰「因其已知之理」何也？夫心之本體虛靈知覺，固無所不知，但爲氣稟所拘，物欲所蔽，則有以狹之耳，然其本然知覺之體則有未嘗息者，故其於事物形迹之顯，有不待格而自知，但其蘊奧精微之極，則必待格而後知也。故致知者，因吾心之知此理，而推之以至於盡之謂；格物，所以推盡吾之知耳，夫豈懵然無知而能格夫物也！所謂「用力之久，而一旦豁然貫通」者：格物者，非謂格一物而萬物通，亦非謂萬物皆盡格而後通，但積習既多，則工夫日熟，心知日廣，而其推類觸長，貫注融通，天下之物自無遺照矣。所謂「衆物之表裏精粗無不到，而吾心之全體大用無不明」者：「表」者，名實之形而易見者也；「裏」者，曲折之蘊而難知者也。「粗」者，其事迹也；「精」者，其妙理也。「全體」，無不具者也；「大用」，無不貫者也。全體即大用之體，大用即全體之用也。衆物之表裏精粗有一未盡，則吾心之全體大用爲有欠缺。故必有以窮萬物之理而盡其裏者精者，則吾心之全體無不周；又有以究萬理之事而盡其表者粗者，則吾心之大用無不盡。「表裏精粗無不到」者，物格也；「全體大用無不明」者，知至也。故結之曰「此謂物格，此謂知之至也」。其兼言而異於他傳者，蓋「致知在格物」，此「格」即爲「致」，非二節也。凡補傳之意既簡而精，而《或問》之言復詳而悉，非後世學者所能著語者。今惟疏其傳義如上，而不能有所發明云。

所謂誠其意者，毋自欺也，如惡惡臭，如好好色，此之謂自慊，故君子必慎其獨也！

大學條目，始於格物、致知，而誠意則以爲自修之首，何也？格物者知之始，誠意者行之始，故格物、致知者道學之首，而誠意者自修之首也。知及之，而行之有不實，則終不能有諸己矣，故自修者必以誠意爲首務焉。「毋者，禁止之辭。」絶之而不敢之謂也。「自欺者，知爲善以去惡，而心之所發有未實」者：蓋知爲善而不能實爲之，知去惡而不能實去之，外雖苟且以從善而内則含糊以容惡，是自瞞其本心之所知也，故曰「自欺」。「謙，快也，足也。」然書所用，或以爲「恨」、爲「少」，而《或問》則謂其并行不悖，何也？謙有二訓而實一意。蓋慊者，恨而必欲快、少而必欲足之辭也。自慊者，力求自盡，必欲至於快足而後已也。「獨者，人所不知而已所獨知」者：蓋獨者，非特幽隱無人之地謂之獨，凡昭明有人之地而己心一念之發皆獨也。是則自知而已，而豈人之所能知哉？「務决去」者，「惡惡臭」也。「求必得」者，「好好色」也。「惡惡臭」「好好色」者，借人情以爲喻也。先言「惡惡臭」而後「好好色」者，其去惡不决，則其爲善必不勇也。苟且則惡每自容，狥外則善非爲己。徒苟且以狥外，則是惡常在内，而善時在外，是自欺之人，全不自慊也。「審其幾」者：幾，動之微也。善惡之所發雖微，而形著之所基自此。天下未有微之不顯者，故於其幾不可不審也。傳文之意，以爲誠其意者，蓋實用其力，而絶其自欺也；所以絶其自欺者，蓋惡惡則真如「惡惡臭」，好善則真如「好好色」，是皆出於其决然而無所緩，與其所自然而不容已者，此之謂自盡而已，豈他人所能與？亦豈他人所能知者？在君子必謹之於其獨焉。間嘗論之，善與惡相反也。善固天理之所當爲，惡則人情之所易狥，此則在其自欺、自慊何如耳。自欺、自慊相反也，自欺者自瞞之謂，自慊者自盡之謂，此則在其一念之獨知何如耳。謹之於獨則自慊，自慊則絶惡樂善，君子也；不謹之於獨則自欺，自欺則内惡外善，小人矣。此誠意所以爲善惡之關，而謹獨所以爲誠意之要，是以「誠意」一章，於謹獨兩言之，學者可不慎哉？

小人閒居爲不善，無所不至，見君子而后厭然，揜其不善，而著其善。人之視己，如見其肺肝然，則何益矣。此謂誠於中，形於外，故君子必慎其獨也。

夫「閒居爲不善，無所不至」者，是其人欲陷溺之極。「見君子而厭然，揜其不善」者，是其天理羞惡之端也。於人欲陷溺之餘，而有天理羞惡之發，於此可以知其心之未嘗終泯矣。迹其揜不善以著善之時，此其初心，亦豈懵然不知善之爲美而惡之爲醜哉？但其不謹於獨，一向自欺，雖外知爲善之美，而内狥夫人欲之私，所以日深日甚，以至於無所不至也。夫縱恣其欲於平日，以極爲惡之欲，乃欲揜覆於一時，以詐爲善之形，然其形見之實，揜覆之態，動於氣象之真僞，見於辭色之虚實，君子視之，一見而决，固如肺肝之呈露，有不可毫髮揜覆者。然則平時之過惡不改，而一時欲揜覆，何益哉？此無他，蓋其實有諸中，則必然形見於外。此君子所以必謹於平時之獨，而不敢不力爲善之實也。

曾子曰：「十目所視，十手所指，其嚴乎！」

引此以結上文之意也。夫人之爲不善，在於人之所不見，而其形見呈露，終不能揜於人之所見，則是閒居獨處之地，非幽隱得肆之境，乃衆人視指之場也，豈不可畏之甚乎？傳者引此，所以警夫人之謹其獨者益切矣。此其語意，與《中庸》所謂「莫見乎隱，莫顯乎微」者正相似。

富潤屋，德潤身，心廣體胖，故君子必誠其意。

潤，浸漬濯注，自然光澤之謂。富之潤屋，引以喻德之潤身也。「心無愧怍，則廣大寬平，而體常舒泰。」「心無愧怍」者，自慊之功也。行有不慊於心，則心有愧怍而氣餒矣，尚何體胖之有乎？此君子所以必實用其力於內也。

「右傳之六章。釋誠意。」

「誠意」一章大要，自欺是誠意之反説，自慊是誠意之正義，而謹獨是誠意之工夫，則所以無自欺而常自慊者也。一章之中，分爲四段。合而觀之，首段之言最爲切密，其餘三段皆首段之反證耳。何者？首段之義，以毋自欺解誠意之本文，復以自慊數語説毋自欺之意態，而以謹獨結之，已爲切密。故二、三段申明自欺敗漏之可畏，此首段之反也；第四段終言自慊功效之著形，此首段之證也：此皆聖賢喫緊爲人，所以即首段之意而反覆丁寧之也。又以四段分而觀之，前兩節一正一反，而皆以謹獨爲結語；則後兩段一反一正，皆所以言謹獨之形著耳。何者？首段正説君子誠意之工夫固當在於謹獨，第二段反説小人自欺之極弊則不可不先於謹獨，第三段則申言幽獨之形見可畏，第四段則接言謹獨之形著可樂，而其間語意相續，終始相生，前後相應，無一語不切者，於諸章工夫最爲痛切。朱子嘗以是爲善惡之關矣。

學者將學爲君子，而此關未渡，則聰明才智祇爲小人飾情矯行之資，行皆大盜，而何以爲君子也哉？然不先於致其知，則必不能誠其意，而致知、誠意如車兩輪，廢一不可。故朱子於此章之後復申明之，謂：「心體之明有所未盡，則其所發必有不能實用其力，而苟焉以自欺者。」蓋其知之也糊塗，則其行之也必苟且；其見之不真切，則其爲之也必不痛快。然世固有知之而未嘗行之者，借曰其知之有未真，然亦其意之不能實。故朱氏又曰：「然或已明而不謹乎此，則其所明又非己有，而無以爲進德之基。」蓋致知不過知之而已；誠意則是果然行之，乃爲君子之實地，故曰「進德之基」。基者，實地之謂也。不誠其意，則無以行之，而其所知者亦徒知之而已矣，又況知之明而心不實，則下者耀明智以爲誇，高者玩道理以爲易，而其甚者，明知故犯，「吾末如之何」矣。故朱子嘗曰：「未過此關，猶有七分小人在。」以爲知之雖明，而未能保其不爲小人也。是以於此章之下附注之，又復扣關而言之，以爲「其序不可亂」，其「功不可闕」。序之不可亂者，蓋欲誠其意必致其知，非謂知未至而意可實也；功之不可闕者，蓋致知而又誠其意，非謂知既至則意不待誠而自誠也。間嘗載考《大學》諸章之傳，其首辭、結語皆承上接下言之，而其中間亦發明一節生一節之意，是以序言也。獨「誠意」一章上不接「致知」爲言，曰「所謂誠意在致其知」，下不接「正心」爲言，曰「所謂正心在誠其意」，而乃單言之；至於「致知」補傳、「誠意」正傳，亦只各發本章之意：是截斷而不以序言也。

然則自「正心」以下皆以序言，自「正心」以上獨不以序言，何也？蓋「心」「身」「家」「國」「天下」各是一節之事，而「致知」「誠意」二者同爲心上之事，心統知、意者也。知者，心之知；意者，心之發也。上而「致知」「誠意」，乃「正心」之材料；下而「修身」「齊家」「治國」「平天下」，乃「正心」之推拓。故於下諸節以序推，此獨不以序推也。若自「致知」而推其序以至「誠意」，自「誠意」而推其序以至「正心」，則是一心之中又自截作三節，而心上工夫却自分成三次，豈其理耶？聖賢於此，皆以序言於經，而獨不以序言於傳，蓋經言工夫節次之大綱，而傳明工夫端緒之一致，經、傳固互相發也。所謂聖賢言語，直看横看，無非道理。是意也，聞之先師魯齋王文憲，北山何文定言爲然。

所謂修身在正其心者，身有所忿懥，則不得其正；有所恐懼，則不得其正；有所好樂，則不得其正；有所憂患，則不得其正。

知既至矣，而於「正心」之章，復有所謂「忿懥」「恐懼」「好樂」「憂患」之偏，何耶？蓋未「誠意」以前，凡有病痛皆惡也；既「誠意」以後，凡有病痛則過也。忿懥、恐懼、好樂、憂患四者，心之用，人之所不能無者，但或不能加密察之意，則少鞭辟之功，失節制之宜，而心不得其正耳。其原則無過也，然其爲病則大害，故此章之傳復推明之。

大率看來，「誠意」是善惡生死之關限，自此則是檢點存養之工夫。所謂四者心之用者，蓋以人之一心，「寂然不動」者其體也，所謂「喜怒哀樂未發之時」也；「感而遂通天下之故」者其用也，所謂「發而中節之時」也。忿懥、恐懼、好樂、憂患四者，喜怒哀樂之發，乃心之用而人之所不能無者。夫苟心之用而人之所不能無也，則何惡於是四者，而便以爲不得其正哉？蓋喜怒憂懼，固所以爲心之用，而「欲動情勝」，則深所以爲心之累。何者？夫當怒則怒，怒而不忤；當懼則懼，懼而非懾；可好則好，好而非欲；可憂則憂，憂而非傷：是爲得此心體用之正，而非可以有無言之也。今以傳文觀之，一則曰「有所」，二則曰「有所」，即有所之辭，則是心之所主者在此，其失也固矣；忿而曰忿懥，懼而曰恐懼，好而曰好樂，憂而曰憂患，即其重叠之辭，則見情之所勝者至此，其滯也深矣。夫以心主於此而失之固，情勝至此而滯之深，則此心能得其正乎？朱子所謂「一有之而不能察，則欲動情勝」者，此也。

夫無所喜怒憂懼而歸於寂滅，固非此心之正體；有所喜怒憂懼而失之滯，固亦非此心之正用；夫惟事至而隨應，物去而不留，其斯以爲正乎！非聖賢，其孰能若此？

心不在焉，視而不見，聽而不聞，食而不知其味。

此謂修身在正其心。

此承上段而爲言也。夫心在於忿懥、恐懼、好樂、憂患之中，則便不在腔子裏爲主，所以視而不見，聽而不聞，食而不知其味。蓋此心一有不存，則照管其身不及。即此推之，事之所遺者多矣，豈獨視、聽、飲食之間哉？所謂「君子必察乎此而敬以直之，然後此心常存而身無不修」者，蓋敬則此心主一而無適，故直；此心常存而不偏，所以四肢百骸莫不順令，動静周旋莫不中禮，而身修矣。

「右傳之七章。釋正心修身。」

「正心」一章，分爲兩段，前段所以明心不得其正之原，後段所以言心不得其正之弊。朱子於後章總注，又復發明誠意、正心工夫之不可缺。夫未誠其意，則此心將復有私邪之流而不自知，是身不可得而修矣。此誠意、正心相爲先後，而功不可缺如此也。然而注言正心處，不曰正心，而曰「存是心」，曰「密察此心之存否」，何耶？心本正也，存之則得其正，捨之則失其正。心無有正不正之殊，但以存亡爲正不正之異耳。故欲正其心者無他焉，曰操存之而已矣。

所謂齊其家在修其身者：人之其所親愛而辟焉，之其所賤惡而辟焉，之其所畏敬而辟焉，之其所哀矜而辟焉，之其所傲惰而辟焉。故好而知其惡，惡而知其美者，天下鮮矣！

上章言「忿懥」「恐懼」「好樂」「憂患」之病，此章言「親愛」「賤惡」「畏敬」「哀矜」「傲惰」之辟，若無以異者。然上章四者之病，皆曰「有所」，是於心上失之也；此章五者之辟，皆曰〔一〕「之其」，是向事上失之也。失於心者，由感於外，然失於心則不復能應於外，所以「視而不見，聽而不聞，食而不知其味」也；失於事者，本發於心，然失於事則不復能反於心，所以好而不知惡，惡而不知美也。上章主於正心，故以失於心者言之；此章主於修身，故以接於事者言之。所謂「五者，在人本有當然之則」者，此句最是會合此段之意，而鞭辟人情過、不及之病。夫親愛也，賤惡也，畏敬也，哀矜也，傲惰也，謂之各有當然之則。是過此則不可，不及此則亦不可也；過此則者固流於辟，不及此則者亦失其宜。故於親愛、畏敬、哀矜而過此則，即沮焉而不知其惡，是則過之失也。然使其於所當親愛、畏敬、哀矜者而不及其則，則所以待親尊長幼者常失之薄；於所當賤惡、傲惰者而不及其則，則所以待疏愚不肖者反失之厚，又豈得爲當其理哉？常人之情，盡其事則必至於辟，而戒其僻則又失之不及。故朱子於此段，因其「僻」之一字，生「當然之則」四字，乃是立此五者之權衡準的，不可輕看也。而人多謂傲惰爲凶德，豈以此而本有當然之則哉？是不然。傲惰二字不必重看，只是常情所忽之意，蓋以其人爲不足敬而不加敬之謂也。此則齊家之内所必有者，如奴僕卑幼是也。君子以爲「傲不可長」也，故明其當然之則以裁抑之。是則所謂當然之則者，於此尤爲有功也。

故諺有之曰：「人莫知其子之惡，莫知其苗之碩。」

上段推其身不修之病，以起家不齊之原；此段即其家不齊之驗，以明身不修之證。夫辟於愛，則雖其子之惡而不自知；蔽於貪，則雖其苗已碩而猶不足。甚矣偏之爲害，而家之所以不齊也！

此謂身不修不可以齊其家。

「右傳之八章。釋修身齊家。」

所謂治國必先齊其家者，其家不可教而能教人者，無之。故君子不出家而成教於國：孝者，所以事君也；弟者，所以事長也；慈者，所以使衆也。

孝者，事親者也，以之事君則忠；弟者，事兄者也，以之事長則順；慈者，撫幼者也，以之使衆則愛。謂之「所以」者，推而達之也。

《康誥》曰「如保赤子」，心誠求之，雖不中，不遠矣。未有學養子而后嫁者也！

一家仁，一國興仁；一家讓，一國興讓；一人貪戾，一國作亂：其機如此。此謂一言僨事，一人定國。

仁讓積於一家，而一國始有興起之風；貪戾在於一人，而一國便有作亂之事。此固所謂善必積而後形，惡雖小而可懼者。然而「從善如登，從惡如崩」，人情之難此而易彼，蓋可畏也。是以其機之所在，君子謹之。「一言僨事，一人定國」，此古語也，故以「此謂」二字起之，蓋引以爲喻也。定國謂之一人，蓋總一身而論；僨事謂之一言，則不過片言之間。善惡功效之難易，尤爲可懼也已。

堯、舜帥天下以仁，而民從之；桀、紂帥天下以暴，而民從之；其所令反其所好，而民不從。是故君子有諸己而后求諸人，無諸己而后非諸人。所藏乎身不恕，而能喻諸人者，未之有也。故治國在齊其家。

《詩》云：「桃之夭夭，其葉蓁蓁；之子于歸，宜其家人。」宜其家人，而后可以教國人。

《詩》云：「宜兄宜弟。」宜兄宜弟，而后可以教國人。

《詩》云：「其儀不忒，正是四國。」其爲父子兄弟足法，而后民法之也。

此章之傳，大抵推明治國者必先齊其家之理，與不齊其家者之不可以治其國也，反覆言之。至於齊家工夫，則自孝、弟、慈三言之外，未數數言也。齊家工夫之要，則於三引《詩》見之。若所謂父子、兄弟、夫婦，最齊家之大端也，所以能化其國人者也。然其首引《桃夭》宜家之詩，繼引《蓼蕭》宜兄弟之詩，何也？家道之睽，始於婦人，蓋天下之未易化者婦人，而人情之每易失者兄弟，齊家者而至於使之子之宜家，兄弟之相宜，則家無不齊者矣，宜乎「其儀不忒」而足以「正是四國」也。「正是四國」一節，已開下章平天下之意。

此謂治國在齊其家。

「右傳之九章。釋齊家治國。」

所謂平天下在治其國者：上老老而民興孝，上長長而民興弟，上恤孤而民不倍，是以君子有絜矩之道也。

夫老老、長長、恤孤之事行於上，而興孝、興弟、不倍之心作於下，於此焉可以見人心之同然者矣。夫人之心本無以異於己，則己之心當推以處乎人。使爲人上者，不能以己之心度人之心，所欲而不與之聚，所惡而或以施之，則天下之人，將不得獲其所處之分，而無以遂其所興之志矣。是以君子於此有絜矩之道焉。所謂絜矩者，圖度取方之謂也。所謂絜矩之道者，即其在我度其在人，必使物我之間，上下四旁，不相侵越，面面得其所取之方，人人得其所有之分；槩而視之，累而觀之，皆截然方正，無高低、廣狹、長短不均之處，此之謂絜矩之道也。以絜矩之心，行絜矩之政，天下之大，將無一人之不得其分，無一人之不獲其所者，所以人人得親其親，長其長，恤其孤，而天下平矣。

所惡於上，毋以使下；所惡於下，毋以事上；所惡於前，毋以先後；所惡於後，毋以從前；所惡於右，毋以交於左；所惡於左，毋以交於右：此之謂絜矩之道。

絜矩本以狀恕之形，而此段又所以狀絜矩之形。「所惡於上，毋以使下；所惡於下，毋以事上」，則上下得其方矣；「所惡於前，毋以先後；所惡於後，毋以從前」，則前後得其方矣：所謂「上下、四旁、長短、廣狹彼此一一，而無不方」者矣。合此一段之意，不過夫子所謂「己所不欲，勿施於人」兩言耳。其所以積上下、前後、左右而言之者，以狀絜矩之所以爲方也。「所惡」而「毋以」者，絜也；上下、前後、左右者，矩也。所謂「所操者約，而所及者廣，此平天下之要道也」者：天下之大，又安得人人度而處之哉？其要不過在我不施其所惡耳。在我惟不施其所惡，則在人自各得其所欲。夫己不施其所惡，是「所操者約」也；人各得其所欲，則「所及者廣」矣。此平天下之要道。故「平天下」一章，皆即此意而反覆推明之。然絜矩之義，通上下、前後、左右言之，則又處處可用，人人可行之道也。

《詩》云：「樂只君子，民之父母。」民之所好好之，民之所惡惡之，此之謂民之父母。《詩》云：「節彼南山，維石巖巖，赫赫師尹，民具爾瞻。」有國者不可以不慎，辟則爲天下僇矣。

傳者引此以明爲人上者民所共仰，則其好惡當與民共之；苟不能絜矩而狥一己之偏私焉，則逆人心之所同，而爲天下之僇矣。以人心之公爲好惡，則爲民之父母；以一己之私爲好惡，則爲天下之大僇矣。絜矩、不絜矩之分，其效之相去若此，可畏哉！

《詩》云：「殷之未喪師，克配上帝；儀監於殷，峻命不易。」道得衆則得國，失衆則失國。是故君子先慎乎德。有德此有人，有人此有土，有土此有財，有財此有用。

上文言有國者不可以不謹，故此曰「先慎乎德」，以指所謹之實也。德即所謂明德，謹乎德，固守其本然之明，而力防其私欲之累也。惟其有德，故能推己及人，而人心歸之，則自有人矣；人心所聚，天命歸之，則自有土矣；土地既廣，田野既闢，則自有財而有用矣。此則推明謹德自然之效，而謹德者固非爲是而爲之也。

德者本也，財者末也。

外本内末，争民施奪。

德者，其内之大本；財者，其外之至末。若以德爲外而不知謹之於己，以財爲内而必欲得之於己，則爲與民争利，而習其民以争鬭之風，奪利於民，而施其民以劫奪之教。是知上下交征，彼此吞噬；億兆之心，交騖於利。不惟爪剛者抉，齒强者囓，舉一世爲禽獸之歸，而上之人集處富貴之大，則又争奪之所聚也，豈不危甚矣哉？蓋財者，人之所同欲。一人能絜矩，則推己度物，人人各得其分，而一人亦得以保其分；一人不能絜矩，則争民施奪，人人皆失其分，而一人亦將以失其分矣。此絜矩所以爲平天下之要道也。

是故財聚則民散，財散則民聚。

財者，民生之大命，人情之同欲。爲民上者，導利而布之，使之各遂其生，各得其欲者也。故奪利而聚之於上，則民心散於下矣；導利而散之於下，則民心聚於上矣。民聚則父母，民散則獨夫耳。夫聖賢之意，非故奪其財聚之，實利而强之，以民聚之，虚名也。要其效而論之，民聚則財必聚，民散則財必散。民聚則財聚者，有人有土而有財之辭也；民散則財散者，争民施奪而悖出之謂也。

是故言悖而出者，亦悖而入；貨悖而入者，亦悖而出。

「此以言之出入，明貨之出入。」其出、入之辭雖相反，而感應之理則相似。蓋言以逆理而出之，則人將以逆理而應之；貨以逆理而得之，則終亦必以逆理而失之：此必然之應也。然悖出之言，應之甚速，人皆知之；悖入之貨，其應或遲，而人未必知之。是以非義之得，逆取之貨，人知其足以自富，而不知其爲禍亂之招也。故傳者即其悖言顯然之應，以明悖貨必然之應也。

《康誥》曰：「惟命不于常！」道善則得之，不善則失之矣。

命之不常者，以善則得之，不善則失之也。所謂善則得之者，有德而有民、有土者也；不善則失之者，外本、民散、悖出者也。善者，能絜矩者也；不善者，不能絜矩者也。

《楚書》曰：「楚國無以爲寶，惟善以爲寶。」

舅犯曰：「亡人無以爲寶，仁親以爲寶。」

「此兩節明不外本内末之意。」然實因上文善不善之分，而承此「善」字；又因上文財貨之説，而生此「寶」字。夫人知財貨之可寶也，爲人上者，則不當以此爲寶，而其所當寶者，則善人仁親也。蓋以貨寶爲寶，必奪民以自富；以善人仁親爲寶，則其所以及人者廣矣。是以下文遂推明《秦誓》好善之意，又深惡夫媢嫉之人，而遂及於賢、不善之進退也。孟子謂：「諸侯之寶三：土地、人民、政事。寶珠玉者，殃必及身。」其辭事雖與此不同，然此兩節文意正是如此。

《秦誓》曰：「若有一个臣，斷斷兮無他技，其心休休焉，其如有容焉。人之有技，若己有之，人之彦聖，其心好之，不啻若自其口出，實能容之，以能保我子孫黎民，尚亦有利哉。人之有技，媢嫉以惡之，人之彦聖，而違之俾不通，實不能容，以不能保我子孫黎民，亦曰殆哉。」

《秦誓》者，秦穆公悔過之書也。斷斷，誠一無他之謂。休休者，中心樂易之謂也。「聖，通明也」，此猶「六德」智、仁、聖、義之聖，非「大而化之」之聖也。有技則若己有之而已。彦聖而其心好之，則欲其真存於己也。忌色曰妬，忌才曰媢。疾者，惡其不便於己，若有病於身而必欲去之也。有技者才出於人，故小人極於媢疾以違之；彦聖者犯而不校，故小人不過違之使不通而已。才易於取禍，而德可以全身。於此亦可見傳之引此，以明學者絜矩與否者之利害也。能容者，絜矩者也；不能容者，不絜矩者也。絜矩者，無人我之間，故能合天下之善，爲天下之利；不絜矩者，便一己之私，故欲以一己之私，而懷天下之善：其利害之分遠矣。是以君子推絜矩之心，而知天下之所以利不利。故下文必欲即媢疾之人而迸諸四夷，所以全善人以利天下後世也。

唯仁人放流之，迸諸四夷，不與同中國。此謂唯仁人爲能愛人，能惡人。

「迸諸四夷」，使彼之惡無所施；「不與同中國」，使此之民無所害。仁人至公無私，則其所好惡者皆天下之公好惡。此蓋夫子之言，故傳者以「此謂」二字引之。

見賢而不能舉，舉而不能先，命也；見不善而不能退，退而不能遠，過也。

「見賢而不能舉，舉而不能先」「見不善而不能退，退而不能遠」，其所以處君子、小人者，固俱爲不得其當然之則，而傳文曰「慢」曰「過」，則異其辭，何也？其實慢重於過，而過輕於慢。夫見不善而不能退，已退而不能遠，則是以優遊含洪之量而待小人，是爲失其宜耳，故止謂之過。若賢人君子，乃天下國家之所賴，而見之不能舉，舉之不能先，則是忽而不以爲重，不幾於輕天下國家之甚耶？故傳者特以「慢」名之。其實待小人猶不失爲寬，而待君子則已至於忽，此傳者所以異其辭，而「慢」之所以重於「過」也。

好人之所惡，惡人之所好，是謂拂人之性，菑必逮夫身。

是非好惡之心，人之常情，其有拂人之性，何也？不仁之人不能絜矩，而惟私欲之狥。故人之所同惡者，彼則以其便於己私而好之；人之所同好者，彼則以其不利於己而惡之。此所以衆怒民畔，小則身危國削，大則身弑國亡，必有所不免者矣。「自《秦誓》至此，又皆申言好惡公私之極」者：蓋《秦誓》以言所好之公與所惡之私，「仁人放流」之一節以明所惡之公，「見賢不能舉」一節以言不能充吾心好惡之實，而此節遂以好惡與人相反終之，皆絜矩、不絜矩之判耳。

是故君子有大道，必忠信以得之，驕泰以失之。

忠信者，盡己而不違於物，絜矩之謂也；驕泰者，肆己而不有乎人，不絜矩之謂也。得之則得衆得國也，失之即失衆失國也。所謂「章内三言得失，而語益加切」者：得衆、失衆，以人心言之；善、不善，以事爲言之；至於忠信、驕泰，則直指心術言之也。「天理存亡之幾决」者：忠信則天理存，驕泰則天理亡也，幾決於此，而其分遠矣。且自其得者觀之，有國家者有幸而得人心者矣，然事爲之間，未可保也。事爲善矣，而發於其心容有未盡未實者焉，亦安得保其久而不變哉？又自其失者觀之，有不幸而失人心者焉，苟能轉移，猶可格也；其或事爲之不善，苟能更張，猶可及止也。若乃驕泰，則自其心術天理已亡，其害於而政、亡於而家而國者，「吾未如之何」矣！心術乃善惡亂治本原之地，天下之本，無以加於此。推得失之本，至此切實；推得失之效，自此而不可移矣。

生財有大道，生之者衆，食之者寡，爲之者疾，用之者舒，則財恒足矣。

通章以貨財爲戒，而此以生財爲言，何也？財用，國之常經，不可一日無者。但瘠民肥己，則爲爭民悖人之愆；而務本節用，是乃制國生財之道。苟徒禁其爲聚財之政，而不示之以生財之道，則異時國用不給，終不免於横取諸民。遂使時君世主，以財聚民散之戒爲儒者之常談，而以剥民自足之政爲有國之實利，則是以理財爲諱者，乃所以爲聚財之張本也。故此節復以生財之道言之。夫所謂生財者，必有因天分地之源；所謂有道者，决非管、商功利之術；而究其所以爲生財之道者，則生者衆，食者寡，爲者疾，用者舒而已。天地間自有無窮之利，有國家者，亦本有無窮之財，但勤者得之，怠者失之，儉者裕之，奢者耗之。故傳之四語，萬世理財之大法也。吕氏之説，辭簡理盡。而朱子本注，所謂「務本」者，生衆、爲疾之説也；所謂「節用」者，食寡、用舒之説也。至於「財恒足矣」，則所以足財者，非外本内末之效，而君人者亦何必横取諸民哉？是則生財之道，乃厚民之本也。嗚呼！下多游民，中多蠹吏，上有偏聚之勢，而國有無窮之需，生之、爲之者有限，食之、用之者無窮，利源竭而費之每多，民力困而取之益竭，務本節用之不知，而外本内末之益力，曾幾何哉，而民之不散也？

仁者以財發身，不仁者以身發財。

上言生財之道與足財之效，故此繼言仁者之所以用財與不仁者之所以生財也。夫仁者知生財之道而財足矣，積而能散，故常以財發身；不仁者不知生財之道而崇貨焉，則争民施奪，而終以身發財。然而仁者惟知散財以利民耳，固非爲發身而散之；不仁者惟知發財之利己耳，而亦豈知所以亡其身也？

未有上好仁而下不好義者也，未有好義其事不終者也，未有府庫財非其財者也。

孟獻子曰：「畜馬乘不察於雞豚，伐冰之家不畜牛羊，百乘之家不畜聚斂之臣，與其有聚斂之臣，寧有盜臣。」此謂國不以利爲利，以義爲利也。

孟獻子數言，似非春秋卿大夫之言也。獻子固賢大夫，然以其好賢取友，豈亦得於師友相傳之緒論歟？「畜馬乘」，大夫以下之官也。「伐冰之家」，大夫以上之官也。古者士三賜爲大夫，始有車馬。伐冰，斬冰也。然斬冰，有國者之事，若卿大夫則受冰之家，非斬冰者也。豈伐者取之之謂，卿大夫之家喪祭則取冰於公，故謂之伐冰歟？「古者日在北陸而藏冰，西陸朝覿而出之。食肉之禄，冰皆與焉。」大夫命婦，喪祭用冰；其致仕而老於家者，亦無不受焉。畜馬、伐冰，爵禄富貴之家也；雞豚、牛羊，小民産鬻之利也。以畜馬、伐冰之家，而又察於雞豚、牛羊之畜，則利以專而妨民，是與民争利者也。然厚禄之家而畜雞豚、牛羊之畜，其害固已陰奪民之利；百乘之家而畜聚斂之臣，其害則必横奪民之利，故獻子於此又下一轉語，謂「與其有聚斂之臣，寧有盗臣」。夫二臣者，固非有國有家者之宜有；然而君子之心，寬仁慈惠，寧忘己之財，而不忍傷民之力，故「與其有聚斂之臣，寧有盗臣」耳。此章無非絜矩之義，然以君子之心推之，則其所以絜矩者，寧在我者有所損，而無使在人者有所損，不亦持心過厚之至哉？至論其以義爲利，則其取數固亦多矣。義之一字終奚損？利之一字終奚益？有國家者，斷宜擇而取之。

長國家而務財用者，必自小人矣。彼爲善之，小人之使爲國家，菑害并至。雖有善者，亦無如之何矣！此謂國不以利爲利，以義爲利也。

國天下之國，家天下之家也。君之者，長之而已，固非其所得私也，況可專其利以自私乎？夫爲國家之長，而惟財用之務，其原必起於小人。小人雖在，亦豈能自肆其毒者？惟有國家者，以其言利爲善於體國，以其任怨爲善於忠君，以其掊克爲善於理財，是以使爲國家；小人之得爲於國家，所以悖取者無所不至，而國家之菑禍患害亦將無所不至矣。蓋民窮衆怨，兵連盗起，百姓畔於下，天變怒於上，四隣困其怨，伐其暴，而謀取其國家者交至。國家至此，不可復爲也已。雖有善者以承其後，亦將如之何哉？蓋財之聚者有必聚之怨，怨之聚者有必至之禍，而禍之已至者無可回之勢，甚矣哉小人之禍國家若是其烈也！不謹於其始，而何以救於其終哉？夫上之人以利爲務，則争民施奪，必有菑害并至之患，此利之害也；以義爲務，則上仁下義，而可以保國家府庫之有，此義之利也。義之利如此，利之害如彼，有國者將安處？故又重言以結之，曰「此謂國不以利爲利，以義爲利也」。

「右傳之十章。釋治國平天下。」

「傳之十章。釋治國平天下」者也。天下至廣也，天下之人至衆也，孰爲經制之方，孰爲統馭之略，傳不一言焉，而惟諄諄絜矩之義，反覆言之，何也？天下雖大，億兆雖衆，然皆一人之積耳。夫乾始坤生，體率性而爲人，人情固不相遠也。平天下者，惟以一人之心體天下人之心，以天下人之心爲一人之心，推而廣之，概而處之，則各得其所，而天下平矣，此絜矩所以爲平天下之要道也。此章反覆推明二十二節，要其指意，不過一綱二目而已。一綱即絜矩也，二目則財利也、君子小人也。目雖有二，其用一耳。蓋所謂絜矩者，固欲以公天下之好惡。然天下之所同好者，財利也。公其利以利天下者，君子也；私其利以利天下者，小人也。是又民心之所同好同惡也。

是以十章之傳，第一節以起絜矩之道。第二節以形絜矩之義。第三節明絜矩之得也，第四節明不絜矩之失也，第五節則總得失之説以結之。第六節承「得衆」之説，以明有財之本，絜矩之效也；第七節因「有財」之説，以明内末之非，不絜矩之戒也；第八節并論財民聚散之效，第九節獨指貨悖出入之應，皆絜矩與否之類感也；第十節則總「善」「不善」以結之：此皆就貨利一目反覆之，以明絜矩、不絜矩之分也。十一節承上文「善」字，以明好善之實；十二節承上文「寶」字，以明仁親之寶：此善絜矩者也。十三節引《秦誓》，能容之人，君子之絜矩者也，不能容之人，小人之反絜矩者也；十四節絶小人之决，絜人心之所惡，而仁人得好惡之正也；十五節以戒用君子之緩，退小人之不能遠，知絜人心之所好惡，而未能盡好惡之道者也；十六節感君子小人進退之失，以言好惡拂人之菑，不能絜矩而反人心之好惡者也。十七節則又總得失之説以終之。此皆就君子小人一目反覆之，以明絜矩、不絜矩之分也。十八節即財利一目以指國家生財之有道；十九節即君子、小人二目以論仁、不仁者之於財；二十節明仁義之説以總之。二十一節明君子之不專其利，絜矩之心也；二十二節明小人之必專其利，絜矩之反者也：兩結「以義爲利」之語，即上文以善爲寶之意也。此傳十章之大略也。節段雖多，其綱則一；綱目雖異，其歸則同。參而伍之，經而緯之，反覆而玩味之，其意切而所該者大，其辭詳而所持者約，誠平天下之要，而大學之極功也。爲人君者，誠能即一人而絜之，合人人而矩之，絶一己之私而公天下之利，用君子之利而去小人之私，使天下之大，同得其所好，同惬其所惡，親賢樂利，各得其所，天下其有不平者乎？

【校記】

〔一〕曰：底本殘泐作「口」，據庫本、胡本及下文改。

論語集注考證

論語集注考證卷之一前

序説

《史記》。漢太史令司馬談所作，子遷嗣成之。《世家》。《史記》有天下者爲《本紀》，有國統者爲《世家》，其餘爲《列傳》。惟于孔子不敢入《列傳》，而次之《世家》，以其盛德，且子孫世有哲人也。朱子欲學者知夫子始末，故節其事文大略入《序説》，疑者不入。丘。《史記》曰：生而圩頂，故名丘。《本姓解》曰：顔氏禱于尼丘之山，生孔子，故名丘，字仲尼。此非大義所關，故朱子不載。其先宋人。宋，殷後，子姓。自微子、微仲五傳而至哀公熙，生弗父何及厲公方祀。弗父何以有宋授厲公，而世爲宋卿。何生宋父周，周生勝，勝生正考甫。考甫生孔父嘉，别爲公族，以孔爲氏；一曰孔父者，生時所賜號也，子孫遂爲氏。孔父生金父，金父生睪夷，睪夷生防叔。自孔父爲華氏所殺，子孫避禍奔魯。防叔生伯夏。伯夏生叔梁紇，爲郰大夫，追封齊國公。母顔氏。名徵在。顔父生三女，追贈齊國夫人。魯襄公二十二年庚戌之歲十一月庚子。《公羊》《穀梁》二傳皆謂魯襄公二十一年孔子生。或謂《史記》用秦法，《穀梁》用夏正，然不可考。昌平鄉陬邑。陬，《論語》作「鄹」，側留反，在今兖州仙源縣。叔梁紇爲陬邑大夫，故生于陬。委。烏僞反。《周禮》有委人，「掌斂野之賦，斂薪芻，凡疏材、木材，凡蓄聚之物。以稍聚待賓客，以甸聚待羈旅」，餘聚待頒賜。共祭祀之薪蒸，賓客之芻薪，喪紀之薪、材，軍旅之委積。館軍旅之賓客。其聚散之多如此，所以貴于會計之當也。又遺人，三十里有路室，「路室有委」，委吏掌之。《史記》「季氏史」，及下文「司職吏」，皆當以《孟子》爲正。司職吏作樴。《周禮・牛人》讀爲「樴」，義與「杙」同。〔一〕適周。南宫敬叔與孔子俱適周，歷郊社之所，考明堂之則，察朝廟之度。問禮於〔二〕老子。既反，而弟子益進。昭公二十五年甲申，孔子年三十五歲，而昭公奔齊。《春秋傳》：昭公攻季孫意如，不克，遜于齊。魯亂，適齊，景公封以尼谿之田，晏嬰不可。晏嬰字仲嬰，以賢聞于諸侯，孔子亦賢之。景公欲封孔子，而嬰不可，此必有説；《史記》載其言，朱子削之，以其未可信也。至夾谷之會，《史記》亦言其與謀，朱子亦削之。晏子，墨者，或道不同。夫子雖嘗病其隘，而未嘗不以爲賢，與彼子西不同。則論晏子者，當以夫子之言爲正。故《史記》二記，朱子皆不取。陽虎作亂專政。《論語》作「陽貨」，虎、貨聲通。定公五年，季氏家臣陽虎執季桓子，囚之，專魯政。定公以孔子爲中都宰，爲司空，又爲司寇。十年辛丑，相定公會齊侯于夾谷，齊人歸魯侵地。定公十年，「公會齊侯于祝其，實夾谷。孔丘相，犁彌言于齊侯曰：『孔丘知禮而無勇，若使萊人以兵刦魯侯，必得志焉。』從之。孔丘以公退，曰：『士兵之！兩君合好，而裔夷之俘以兵亂之，非齊君所以命諸侯也。裔不謀夏，夷不亂華，俘不干盟，兵不偪好。于神爲不祥，于德爲愆義，于人爲失禮，君必不然。』齊侯聞之，遽辟之。將盟，齊人加于載書曰：『齊師出境，而不以甲車三百乘從我者，有如此盟。』孔丘使兹無還揖對，曰：『而不反我汶陽之田，吾以共命者，亦如之。』」「齊人來歸鄆、讙、龜陰之田。」十二年癸卯，墮三都，收其甲兵。孟氏不肯墮成，圍之不克。魯自三家四分公室，魯公無民久矣。孔子雖爲大司寇，爲其議政交隣可爾，土地甲兵皆三家有也，縱墮三都，三都之人民財賦豈遽爲公室有哉？去其城郭，差可防三家之叛亂耳。幸而公山不狃以費畔，侯犯以郈叛，二子自以爲患，故墮之易爲勢。至孟氏不肯墮成，則成固未易墮矣。當時家臣知有其家，而不知有其室，類如此。然成終不可墮乎？曰：使孔子而久于其位，安知其不墮？使孔子別有所爲，則雖不墮成亦可。蓋孟氏不如季氏之强，而成亦邊齊之城也。孔子用于魯于今一年，墮三都而不盡，則期月而可之説，無乃已虚乎？孔子固曰

「如有用我者」，此爲授之以國家言也。攝行相事。三家者于孔子豈有土地甲兵爲之用哉？其明年，始攝相事，與聞國政。將朞年而始曰攝曰與，則前乎此年，其權可知矣。孟子謂孔子于此爲「見行可之仕」，蓋謂其或可以行耳，而不行，而後去，然則謂孔子得用于魯則未也。學者忿聖人之失職，幸聖人之見用，方且以反侵地、誅正卯、墮三都爲誇，皆未爲知孔子，亦非知事勢者。詳又見第十八篇。誅少正卯。《荀子》曰：「孔子爲魯相，攝朝七日，誅少正卯。門人進問曰：『少正卯，魯之聞人也，夫子爲政而始誅之，得無失乎？』孔子曰：『人有惡者五，而盜竊不與焉：心達而險，行辟而堅，言僞而辯，記醜而博，順非而澤。此五者有一于人，則不得免于君子之誅，而少正卯兼有之。故居處足以聚徒成群，言談足以飾榮褒衆，彊禦足以反是獨立，此小人之奸雄也，不可以不誅也。』」朱子曰：「少正卯之事，予竊疑之。蓋《論語》所不載，子思、孟子所不言。雖以《左氏春秋》內、外傳之誣且駁而猶不道也，乃獨荀況言之，是必魯、齊陋儒憤聖人之失職，故爲此説以夸其權爾，安敢輕信其言而遽稽以爲決乎？」按：朱子之言如此，而于此存「誅少正卯」四字，蓋存疑爾。齊人歸女樂。説見第十八篇。匡人以爲陽虎而拘之。《史記》：孔子去衛，將適陳，過匡，顔刻爲僕，以其策指之曰：「昔吾入此，由彼缺也。」匡人聞之，以爲魯之陽虎。陽虎嘗暴匡人，又孔子狀類陽虎，拘焉五日乃解。司馬云：「陽虎暴于匡，顔刻時與虎俱至，是刻爲孔子御，匡人識之，又孔子貌似陽虎，故匡人共圍之。」《莊子》云：「孔子絃歌不輟，圍者進曰：『昔以爲陽虎也，而今非也，請辭而退。』」桓魋。見第七篇《集注》。中牟。詳見第十七篇。趙簡子名鞅。季桓子卒，遺言謂康子必召孔子，其臣止之。《史記》：季桓子病革，輦而見魯城，喟然嘆曰：「昔此國幾興，以吾獲罪于孔子，故不興。」顧謂其嗣康子曰：「我即死，若必相魯；相魯，必召仲尼。」桓子卒，已葬，康子欲召仲尼。公之魚曰：「昔吾先君用之不終，爲諸侯笑。今又用之，不能終，再爲諸侯笑。」康子曰：「誰召而可？」曰：「必召冉求。」于是使召冉求。

孔子如蔡。按：孔子稱「危邦不入，亂邦不居」。夫子既去魯矣，以衛靈公之無道也，而居衛；以陳國之小，歲有吳師，而在陳；以蔡侯死于盜，國遷于吳，民分于楚，而如蔡：不幾乎居亂而入危與？曰：前日之言，「君子守身之常法」；今日之事，夫子行道之大權也。夫以聖人盛德，固無施不可。使夫二三君者能用孔子，委國而聽之，則衛可正，陳可彊，蔡可守也，而皆不能，惜夫！雖然，夫子既知其不能用矣，其時楚昭之賢聞于天下，夫子固將如楚也。當在衛也，特以衛靈公致粟，有「際可」之禮，而再主蘧伯玉之家；當去陳也，又以司城貞子爲之主，而陳侯亦有言議之適：故爲二國留行。然其如蔡，蓋爲如楚也。何以知之？有子曰：「夫子失魯司寇，將之荆，先之以子夏，又申之以冉有。」則知孔子去魯則將之楚矣。聖人「無固」「無必」，故爲二國留行爾。然而適楚又卒爲子西所阻。愚以爲此皆非聖人意也。**令尹子西不可。**《史記》：楚令尹子西曰：「王之使諸侯有如子貢者乎？」曰：「無有。」「王之輔相有如顏回者乎？」曰：「無有。」「王之將帥有如子路者乎？」曰：「無有。」「王之官尹有如宰予者乎？」曰：「無有。」「且楚之祖封于周，號爲子男五十里。今孔丘述三王之法，明周、召之業，王若用之，則楚安得世世堂堂方數千里乎？夫文王在豐，武王在鎬，百里之君，卒王天下。今孔子得據土壤，賢弟子爲佐，非楚之福也。」昭王乃止。**又反乎衛。**按：朱子有言，當衛輒之時，父爭于外，子拒于内，不知其國何以度日，是謂君子于此不可一日處也。《孔子世家》稱孔子自楚反衛在哀公六年，其後自衛反魯，首尾又六年矣，以衛父子之亂，而夫子久于其國，何耶？豈居亂邦，見惡人，在聖人則可？或時其得政，而將借是以正名義也？及考《陳世家》，則楚昭卒之年，孔子在陳，非反衛也。考之《衛世家》，則齊弑悼公之年，孔子始自陳至衛，明年反魯，則非久于衛也。然猶在衛，何也？孔子在陳，曰「盍歸乎來」，蓋思魯之狂士，則自陳至衛，蓋過衛耳，意則主于歸魯也，以夫子門人如子夏、子羔、子貢之徒亦多衛人者。孔子于魯爲父母之邦，其出也既以司寇去國，則其反也，不可以無故而復國，故明年召之即歸矣。《經世》于丙辰書孔子自陳至衛，于丁巳書「自衛反魯」，可以訂《世家》之謬，而孔子久、速之可于此見矣。**冉求爲季氏將，與齊戰有功。**《左氏》哀公十一年，齊國書帥師伐魯。冉求帥左師，季氏之甲七千，冉有以武城人三百爲己徒卒，戰于郊。冉有用矛于齊師，故能入其軍，獲甲首八十，齊人不能師。**不求仕。**王文憲曰：「非所以言聖人。」**敘《書》，傳《禮記》。**王文憲曰：「『傳禮記』三字可疑。」履祥按：《史記》謂孔子序《書》，編次其事。夫《書序》非孔子作，而《周書》諸篇多失其次，愚于武王《武成》之編皆嘗考正之矣。計古者事時前後已具編年之史，而《書》則每事自爲首尾，固未必諸篇相爲次第也；然或諸篇本有次第，而孔安國、伏生時失之。《前漢書》言張霸作《書》首尾，《後漢書》言衛宏作《詩序》《書訓義》。自前儒以《詩》《書》之《序》皆出孔氏，朱子嘗引《後漢書》以證《詩序》之僞矣，獨《書序》疑而未斷。方漢初時，《泰誓》且有僞書，何況《書序》？且孔傳古文其出最後，則附會之作有所不免。若《書序》果出壁中，亦不可謂非附會者。蓋孔鮒兄弟藏《書》之時，上距孔子歿二百六七十年，其同藏者，《論語》《孝經》。《論語》既有子、曾子門人所集，《孝經》又後人雜引《詩》《書》，旁取《傳》《記》之語，附會成書，何獨古《書》首尾尚是夫子舊本？則其爲齊、魯諸儒次序附會而作《序》，亦可知也。子曰：「夏禮，吾能言之，杞不足徵也；殷禮，吾能言之，宋不足徵也。文獻不足故也。足，則吾能徵之矣。」聖人于夏、殷之禮，不曰「吾能知之」，而曰「吾能言之」，此記禮之時語也。聖人生知之資，其于禮之義理則知之素矣；此其所言，蓋謂其器度文物之詳爾。雖當時二代之禮失亡將盡，而聖人之資，觸類旁通，皆能歷歷言之；但其謹重之意，必欲得文獻以證成之，足則吾能證成其書矣，而卒不可得，故終于從周而幽、厲傷之，又終于從魯而郊禘又非禮。後世訖不得見其成書之盛，其間見于《禮記》之所傳者，又多雜以門人經師之説，惜哉！

删《詩》。王文憲嘗謂：今之三百篇，非盡夫子之三百篇也。夫子删繁蕪之三千，取雅正者三百，而三千之中豈無播傳于世俗之口者？夫子之《詩》，既毁于秦火矣。漢興，管絃之聲未衰，諸儒傳夫子之《詩》不全，得見世俗之流傳管絃之濫在者，皆以爲古《詩》，取以足夫子三百之數，而不辨其非也。不然，若孔門之誦咏如「素絢」「唐棣」諸詩，經書之所傳如「貍首」「轡柔」「先正」「繁渠」諸詩，何以皆不與于今之三百？而夫子已放之鄭聲何爲尚存而不削耶？序《易·彖》《繫》《象》《説卦》《文言》。《彖》《繫》《象》《説卦》《文言》，魏伯陽、顔師古所謂「十翼」者，此則夫子之意，而門人述以成書，謂皆夫子所筆則亦非也。《彖傳》例有發明，中間豈無未盡之意？《象傳》句多重複，中間寧無填足之詞？蓋門人得夫子之説而欲足成其書，不得不爾。何以知之？以《繫辭傳》知之也。《十翼》莫粹于《繫辭傳》，或不以「子曰」起文，或以「子曰」起文，或引「子曰」以答問，或中引「子曰」以爲證，或末引「子曰」以爲斷。王文憲謂與子思作《中庸》同體。蓋《繫辭傳》，門人以夫子之意發明，非夫子之親筆也。果夫子之親筆，則章首之「子曰」何以或有或無，或問或答，篇中之「子曰」何以或引或斷耶？然則《繫辭傳》之成文且非夫子之全筆，則《彖傳》之具體，《小象》之比辭，安得爲夫子之全筆耶？獨《大象》乃夫子之筆，辭簡義精，體用明切，三聖所作之外，此自爲夫子之一經。而門人得夫子之言，獨《文言》無所附會。夫子《文言》最爲明白。《乾》卦《文言》各以「子曰」答問，深密明暢。其後申述卦爻之義，不以「子曰」起文者，意便不及，如所謂「故『或』之」。『或』之者，疑之也，故『無咎』」，迥與前章不同；其于六十四卦之中發明爻義者，亦《文言》之體，間舉數爻，辭義俱明，門人不敢足成三百八十四首，故于《乾》《坤》二卦《文言》之外，餘卦《文言》雜諸《繫辭傳》，是爲得之。後之學者于《禮記》《十翼》，但欲見夫子著述之多，而不敢別其爲門人發明之辭與其足成之體。今姑論其梗概如此，又當別爲讀經者言之。**七十二人。**顏回、閔損、冉耕、冉雍、宰予、端木賜、冉求、仲由、言偃、卜商、顓孫師、曾點、曾參、澹臺滅明、高柴、宓不齊、樊須、有若、公西赤、原憲、公冶長、南宮縚、公析哀、顏由、商瞿、漆雕開、公良儒、秦商、顏刻、司馬耕、巫馬期、梁鱣、琴牢、冉儒、顏辛、伯虔、公孫龍、曹卹、陳亢、叔仲會、秦祖、奚蒧、公祖兹、廉潔、蘧瑗、宰父黑、公西蒧、穰駟赤、冉季、石處、左郢、狄黑、商澤、任不齊、榮旂、顏噲、秦冉、秦非、漆雕從、燕級、林放、申黨、步叔乘、石子蜀、施之常、鄭國、樂欣、顏之僕、孔忠、漆雕哆、容蒧、顏相。《史記》《家語》所載間有不同，凡七十七人。今依《文翁石室圖》七十二人之數。**作《春秋》。**《春秋》者，魯史記之舊名。周公之封于魯，祝史典册皆備，故魯國之史謂之《春秋》。韓宣子適魯，觀書于太史，見魯《春秋》，深嘆周公之德與周之所以王。則《春秋》之史，書一國之事及諸侯赴告者，本自有禮法制度。東遷以後，王法不行，而諸侯放恣，伯政迭興，諸所赴告，關係既大，而《春秋》舊法又失，是非不明，善惡差謬。故夫子晚年道不行，遂因魯史，起隱公元年，止哀公十四年獲麟，改正其失，以明王法。于是褒貶既彰，善惡難掩，亂賊知懼，遂爲百王不易之大法。

子路死於衛。事見哀公十五年及《檀弓》。**葬魯城北泗上。**《水經》「泗水逕魯縣北」注：泗水南有孔子冢，在魯城北六里。《史記》注：「孔子冢塋百畝，冢南北廣十步，東西十三步，高一丈二尺。冢前以瓴甓爲祠壇，方六尺。塋中樹以百數，皆異種，又無能名其樹者。塋中不生荆棘及刺人草。」弟子皆服心喪。孟子曰：「三年之外，門人治任將歸，入揖于子貢，相向而哭，皆失聲，然後歸。子貢反，築室于場，獨居三年，然後歸。」孟子受業子思之門人。受業于門人，此《史記》孟子本傳之説。朱子謂「孟子親受業子思」。「之門人」字疑衍，而此存之，蓋未及改去。

何氏。晏字平叔，魏人。此段進《論語集解》之疏文也，朱子節入。然《魯論》《齊論》，至張禹始合。至鄭康成，則以《魯論》考之《齊論》《古論》爲之注，三《論》始合，爲今定本。程子。伯子。成於有子、曾子之門人。唐柳子厚亦謂成于曾子之門人，而謂有若以似夫子，故尊之。程子此論爲定。程子。三條叔子。已上二條言《論語》本末，已下三條言讀《論語》之法。

【校記】

〔一〕司職吏作織（周禮牛人讀爲織義與杙同）：《集注·論語序説》：「爲司職吏（職，見《周禮·牛人》，讀爲織，義與杙同。）」金氏所列條目之名非朱熹所有，其條目下小注内容全同朱注，與金氏全書體例不合，疑此條衍。

〔二〕於：底本作「與」。據庫本、《集注·論語序説》改。

論語集注考證卷之一

學而

學之爲言效也。此張宣公語。四聲取訓，於義爲切。又古文「學」通作「斅」。《易傳》曰「比而效之之謂體」，則效者，體倣之謂也。王文憲曰：「『學之爲言效也』，此字義正訓。『人性皆善，而覺有先後』，此原其所當學；『後覺者必效先覺之所爲』，指學者之方也；『明善復初』，則學之效驗。第一句訓，下三句義，此看《集注》凡例也。」**效先覺之所爲。**古人爲學，是先從事上學。所謂「先覺之所爲」，是其行事踐履，文辭制度，凡《詩》、《書》、六藝之文，皆先覺之所爲也。朱子于《或問》中論學分「知」「能」二字，《集注》蓋合言之。覺，知也；爲，能也。明善，知也；復初，能也。其間語意并合二意，而「效先覺所爲」一句尤明備。夫聖賢，先覺之人，知而能之，知行合一；後覺所以效之者，必自其所爲而效之，蓋于其言行制作而體認之也。段内皆合知、能意。下文引「程子曰」一條是知上習説，其二條及謝氏語是行上習説。**習，鳥數飛。**數，色角反；此許氏《説文》語，从羽，从白；於六書屬諧聲，謂形聲合也。又《月令》：「鷹乃學習。」朱子欲入此而不及，《或問》引之。**程子。**叔子。**又曰。**《程氏遺書》前十卷不分二先生語，《外書》亦多有不分者。今但「曰」，未詳。**坐時習。**謂坐而時習，立而時習。舉此二句爲例，教學者習行之方。**程子。**二條叔子。**説在心，樂主發散在外。**「説」「樂」皆喜也。而學習言「説」，朋來言「樂」，故程子分内、外言之。「説、悦同」，悦從心，則在内之樂；而樂乃説之發于外者。《語録》：「悦感于外而發于中，樂充于中而溢于外。」愠，含怒意。何文定曰：「有一朋友言，『愠』作『含怒意』固下得輕，然終有『怒』字在，不見君子氣象，惟訓『悶』字爲是。如《南風》之詩曰：『南風之薰兮，可以解吾民之愠兮。』暑氣何可怒？但令人悶耳，薰風則能解人之愠悶也。下文程子『不見是而無悶』正此意。」程子。二條叔子。惟成德者能之。黄文肅疑其略倒，蓋不愠乃所以爲君子。王文憲曰：「朱子是接程子之意。」樂由說而後得，非樂不足以語君子。學至于說，則其進不已，其應不窮，其教不困，故及人而樂；及人而樂，則其心不私，其量能大，所以進于君子。此各舉效驗字言之。謂有自得之說，則有及人之樂；有及人之樂，則有君子之成德。本注「逆而難」進步言，「學之正」推本言。程子此條，順進而言也。

有子曰。門人尊之，不以字行，而稱有子，後人遂不知其字，雖孟子亦名之，宜《史記·弟子傳》不傳其字也。有子此章分爲二節，前節以質言，後節以學言；中二句泛言，承上生下。以凡人資質言，則孝弟者無犯上作亂之事；以學者務本言，則孝弟者爲行仁之本。「親親」「仁民」「愛物」皆從此出，而「仁不可勝用」，何止不犯上作亂而已哉！爲仁。「爲」字重讀。朱子恐人不曉「爲仁」是「行仁」之義，而倒看性情體用，故圈外收程子辨論之說過詳。仁者，愛之理，心之德。何文定曰：「愛之理是偏言之仁，心之德是專言之仁。《孟子》首章是專言之仁，故曰『心之德，愛之理』。此章孝弟是偏言之仁，故曰『愛之理，心之德』。其先後各有當也。」王文憲曰：「有子言仁之事，《集注》言仁之性。」仁字訓詁發例于此，詳見第五篇、第十二篇。程子。二條叔子。「性中」至「孝弟來」。此洛中方言，「來」字猶許、蔡間「裏」字。謂性中只有仁、義、禮、智，何嘗有孝弟事行在裏，猶言倉中只有穀粟，何嘗有秧禾在裏。仁發出方爲孝弟，穀粟發出方爲秧禾。一時記録者欠修，似覺語險，須通上下文看，則反覆開闔，方見意暢。

鮮矣仁。本文言「鮮」，程子言「非」，《集注》因之，言「絶無」。謂其心皆務在外則内亡矣。此「仁」字言心之德。王文憲曰：「此言仁之德。」程子。叔子。

曾子。名參，所金反。「字子輿」，本《史記・弟子傳》。然孟子又字子輿，蓋軻，車軻也。若曾子而字子輿，則參乃服參之參，七南反矣。《家語》作子輿，蜀本、坊本并同。《博物志》字敬伯〔一〕。**三省。**《集注》不訓詁，《語録》謂：「即宫省之省。按字從少從目，蓋宫庭之門，視察出入，不令泛入，故謂之省，所耿反，借作省察之省，悉井反。」**盡己之謂忠，以實之謂信。**「忠」「信」字義發例于此。程伯子曰：「發己自盡爲忠，循物無違謂信，表裏之謂也。」程叔子曰：「盡己之謂忠，以實之謂信。忠，信，内、外也。」朱子謂：「明道之語，周于事物之理，如此圓轉；伊川之語嚴，故截然方正。」**傳謂受之於師。**程伯子作「傳之于人」。按「傳」字是前傳後、上傳下之辭，若是師傳，當云「受業」，不當云「傳」也；兼曾子于師傳之事，宜無不習，不待每日與「爲人」「交友」同省矣。以上二事例之，「爲人」「交友」俱爲及人之事，則此「傳」當從程子之説，乃傳業與人者。傳業與人而不習于己，正鄭氏所謂「講時爲學者誦之，師不心解」者。不習而傳，寧不誤人？故必省而習之。然則曾子篤學，其所自省，宜無一不至，何獨此三事？蓋此三事乃及人之事，常情所易忽，故曾子于此三事日省吾身，恐以爲不切己而有所不盡也；其事雖屬及人，而「不忠」「不信」「不習」則其失實爲切己，故日省吾身；而尹氏亦謂「動必求諸身」，謝氏謂「專用心于内」，蓋事雖及人，而在我之心則必忠、必信、必習也。此三言，日用交際所必有，故「忠」「信」「習」隨事而必省，所以曰日省。《集注》倒訓「傳」字，而《語録》謂亦尋常學業不爲要緊者。不要緊者，如《曾子問》篇諸變禮曲折，亦細細叩問而習知之。然朱子此語似已疑傳之于師若太重矣，兼又謂此曾子晚年之説。昔者孔子歿，曾子年最少，若晚年則每日非有師傳常業矣，但學者欠于問辨，故《集注》欠于修改。今存程子之説以待學者。**諸子之學，皆出於聖人。**按韓文，子夏之後有田子方，子方之後流而爲莊周；又商瞿及馯臂子弓，其後爲荀卿。

敬者，主一無適之謂。何文定曰：「『主一』者，指示所以持敬之要。若止曰整齊嚴肅，則難捉摸；惟曰『主一』，則用力之方昭然易見。然所謂『主一』者，静固要一，動亦要一。朱子所謂『身在是則心在是，而無一息之離』，此静中之主一也；所謂『事在是則心在是，而無一念之離』，此動中之主一也。若『無適』二字，則又是爲『主一』兩字再下注脚，謂如心在東，而復移之西，又移之南、之北，則是静不主一，他有所適而非敬矣。又如本是一事，而復貳以二，又參以三，則是動不主一，他有所適而非敬矣。主一自然無適，無適方爲主一，此兩語只是展轉相解。只觀程子『主一之謂敬』『無適之謂一』二語，敬之爲敬，可得而持矣。朱子曰：『敬者，主一無適之謂。』其言尤約而明。若此章所謂敬事者，凡施之政事之間，皆以是心應之，如爲一事，則專一此事，謹之重之，察其表裏，慮其終始，審而後發，發而必行，堅執如金石，不移如四時，不朝令而暮改，不輕動而易揺，此皆敬事之謂，而信在其中矣。」履祥按：敬其事便足信于民，而分爲二事者，蓋敬主行，信主言，事屬政，信屬令也。程子。未詳。楊氏曰。名時，字中立，謚文靖。朱子謂楊氏「説此處極好看」。此特論其所存，未及爲政。意本程、張。程子曰：「『敬事而信』以下，論其所存，未及治具，故不及禮樂刑政。」張子曰：「道千乘之國，不及禮樂刑政，而云是者，言能如是則法行，不能如是則法不能行。禮樂刑政，亦制數而已。」履祥按：敬信節愛是其所存，至于政則必有法制禁令、紀綱文章。夫子荅問政者亦多從身心説。蓋其時先王之制數尚多無恙，但治國者無是心，故其政不行爾。至孟子時，先王制數廢改殆盡，故孟子之論治國，往往兼制數言之。五者反復相因。此補胡氏之意。胡氏「以敬爲主」，固是本原，然又須節節加意。論有本，則一節自生一節，是下因乎上；論全備，則一步須進一步，是上因乎下。《通釋》詳之。

餘力，猶言暇日。《或問》作「餘暇之力」爲是。程子。叔子也。行重。尹氏。次第。洪氏。雙重。朱子。學重。尹氏名焞，字彦明，號和靖處士。洪氏名興祖，丹陽人。何文定曰：「文滅其質者，虚文勝而實德亡也；質勝而野者，有實行而無節文也。聖賢有見成之條法，不考之，則無以爲入道之方；事物有當然之至理，不窮之，則無以爲明善之要。故雖盡力于孝弟謹信，待人接物之間，而不知毫釐之差，千里之謬。或以善爲之，而未必合天理之正，而不出乎人欲之私，甚則陷父爲孝，誤兄爲悌，無禮之謹，復言之信，汎愛而失于無擇，親仁而未必識仁，其弊有不可勝言者。是則無餘力而急于學文者，其害固大矣；有餘力而不肯學文者，其病亦豈小哉？」

竭其力。王文憲曰：「蜀士趙子寅曰：有問于晏亞夫曰：『事父母能竭其力，是心力？是事力？』亞夫曰：『也要心力，也要事力。』曰：『心力可竭也，事力不到則何如？』亞夫曰：『有心力必有事力。人只是辦不得此一片心爾。此心果到，雖園中之冬筍可生，冰下之寒魚可出也，況可得之物乎？』」言而有信。舊説易色是變易顏色。朱子謂竭力、致身太重，若變易顏色則太輕，故從「易其好色之心，方見其誠」，然言而有信似亦稍輕。劉器之問于司馬公：「道自何入？」曰：「自誠入。」「誠自何先？」曰：「自不妄語始。」劉公初甚易之，及退而隱栝其日之所行與凡所言，自相矛盾者多矣，力行七年而後言行一致。以此觀之，則此一句不可謂不重。況朋友之交，其常有平生久要之義，其變有相許以死之節，則言而有信與竭力致身，其重一爾。四者人倫。「賢賢」「與朋友交」若共是一倫，然不以「事父母」爲首而以「賢賢」爲首，蓋下三言所以能致其極者，專在此一言爾。「賢賢易色」，好善之誠也，《大學》「誠意」章所謂「如好好色」是也。人惟有誠切好善之心，故于孝、悌、忠、信之事無所不用其極，所以「賢賢易色」居首。

君子不重則不威。重，直用反。《語録》：「此君子是大概説君子之道。」或問：「此章先威重而後忠信，何也？」朱子曰：「聖賢言學之序例如此，須先自外面分明有形象處拖捉竪起來，然後漸及其内。」主忠信。何文定曰：「主者，謂凡事必靠這忠信爲本，而不容他有所之之謂也。夫忠者，發于心之實也；信者，見于事之實也。事以爲主，則其一言一動，一謀一爲，其始終表裏無一不出于實，而虛僞之妄念，出而無所施于外，入而無所藏于中，自將消磨泯滅，而無妄之真體由是可以漸復。是乃思誠之機要，而作聖之階梯也。」程子曰：不誠則無物。伯子也。何文定曰：「物，事物也。惟誠，則以實心見之實事，方可謂之有這物。若無這誠，則其所爲皆不出于中心之實，然謾試爲之，恰與不曾做一般，故曰『不誠則無物』也。且『出入無時』云云，『豈復有物乎』者，此申解上文『不誠則無物』之語也。蓋人心不測，乘乎氣而出入，其或存或亡，又無形影可以捉摸。惟主乎忠信，則此心便存，而事皆自此實心中發出，便是有物；若不主乎忠信，則方應此事，而心已他之，不主乎此事，而無復有其事矣，故曰『豈復有物乎』。然則主忠信者，非特爲善之本，實亦存心之要。」**程子。**二條叔子。

慎終追遠。程叔子謂「不止爲喪祭」，「推而至天下事，皆能謹其終，不忘于遠」；朱子《語録》然之，而《集注》止以喪祭爲言；《通釋》加詳。今又因《通釋》之言而文之曰：親之終也，悲痛之情固厚，而倉卒之際，必誠必信之事薄；親之遠也，恭敬之意固厚，而歲月之久，思慕如存之念薄。于常情所易薄者不薄焉，則己德可謂厚矣，民德安得不趨于厚哉！

子貢。《禮記》《史記》作「贛」。**過化存神之妙。**詳見《孟子注》及此章《通釋》。何文定于《通釋》之上記録勉齋答問之語：「問曰：『朱先生解經只就句裏轉，今過化存神何故突入外來一句于此章，是説那裏？或曰，若論聖人過化存神之妙，能使人樂告以政者，固不待見其容貌而自如此矣。』先生久之曰：『看來也是不足于子貢之所云，故如此説，亦引而不發之意。且如温、良、恭、儉、讓，若無聖人之德而見者每每如此，便是個世間大不好人。子貢只説得禮恭處，不説得德盛處，是他只見得到此。若聖人之在當時，能使所至之邦莫不樂告以政者，其過化存神之妙，恐非子貢所知也。』又問：『如此，則「潛心勉學」之語如何？』曰：『必竟五者是個好德。』」履祥按：第十九篇子貢所言夫子綏來、動和之化，則過化存神之妙，非其知不能知此；但此章緣子禽「求之」之問甚低，故且就其接人處言之，以反其「求」字之意，而其言遂欠内一層爾。故《集注》曰「盛德」，曰「過化存神」，曰「德盛」，皆補其内；而本注「亦」字及謝氏三「亦」字，蓋但指其外也。**私欲害之，是以終不能用。**委國而授聖人以政，則己不得以行其欲，故終不能也。然私慾各不同。如季桓子，則始欲振其弱，終又恐失其柄；如楚子西，又疑夫子之得國以正其僭；齊景公、衛靈公，則苟且自適其欲而已爾。

三年無改。此章爲觀人而發，「三年無改」又爲觀行而發。聖人之言，一條自是一條事理凡例。如此章者，亦必有爲而言之也。其意主于觀人，其事蓋主于改，而觀三年無改可以謂孝，亦如觀過可以知人，可亦僅辭，事亦常事耳，非謂善惡之相懸者。若夫不善，不可以不改，則夫子于仲弓嘗言其「騂且角」矣；善不可不繼，則夫子于孟莊子嘗稱其「難能」矣。此又各一凡例也。此義不明于天下，而元祐、紹聖遂成天下之大禍，道學可不明哉！**道。**謂其行事也。以父言，故曰道。

天理節文，人事儀則。何文定曰：《勉齋語録》謂：「一句作體看，一句作用看，然又須參錯看。」蓋「天理節文」是體中之用。在體中固有自然之節，然不因發見于外之文，則何以見其有節？故言節而并及于文，故曰體中之用。「人事儀則」是用中之體。就用上看，固有燦然之儀，然所以有是條理者，皆原于自然之品節，故舉儀而必本乎則，故曰用中之體。蓋「節」與「則」俱體上字，「文」與「儀」皆用上字，此所謂參錯看。程子曰：禮勝則離。叔子也。程子禮樂之説，所該爲大。《樂記》：「天高地下，萬物散殊，而禮制行矣。流而不息，合同而化，而樂興焉。」此章所謂禮，蓋高下散殊之分也。其所謂和，則合同交通之意也。先王制禮，其尊卑、貴賤、上下之體截然甚嚴，然其用則常有交通和同之意行其間。如宗廟之禮至嚴也，而旅酬逮下；獻享之禮多儀也，而燕示慈惠；尊卑上下至辨也，而燦然有文之中，每有懽然相愛之意。此皆禮之用有和，而小大事皆由之。又如飲食合懽也，而籩豆有數，延祭有儀，臣侍君燕，不過三爵；夫婦和好也，而内外有辨，衣服異藏，湢〔二〕浴異處。此類非一。或但知和洽之意，而略上下名分、尊卑降殺、男女内外之節，此所以流而生禍，而亦不可行也。《集注》但見行禮不拘迫之意，似不見交際和洽之意；但説君子行禮之意，不推先王制禮之意。然于其首取程子之説，未有嚴泰、和節之説，則該之矣。嚴而泰，和而節。有子指事而言，「禮」與「和」相對，則禮是嚴敬之禮。朱子本理而言，「和」在「禮」之中，則禮是全體之禮。「嚴而泰」説上截，「和而節」説下截，該盡章指。

信近。「信，約信也」，如《左傳》所謂「五會之信」。近，朱子曰：「近只是合，古人下字寬。」按：近字去聲，乃比近之近，猶云義之與比，故朱子經以「合」「中」二字補之。復。《左氏》「欲復言」「好復言」，謂既言而再行其言也。亦。上二節各只一事，因與宗則又有近久、淺深、輕重，故以「亦」字遞過。

君子食無求飽。「不求安飽」，與「吾嘗終日不食，終夜不寢，以思」同意，謂心在勤學，不暇求安飽，又能敏于事，謹于言，非不好學也。然惟就有道之人而取正，乃可謂之好學。苟自是而不取正于有道之人，則所好何學？所學何道乎？學而非道之正，雖勤，安得謂之好學？凡言道者。「道」字訓詁發例于此。然既在此章發例，則當繼之曰：「有道者，知此理而能由之者也。」

子貢曰：貧而無諂。有「無諂」「無驕」之節，而後可語「樂而好禮」之意。凡學皆然。觀書者見夫子之言，而遂輕子貢之説，此非善學者也。正如玉未脱璞而遽求光瑩之器，木未嘗斲而遽求繩墨之中，可乎？所以朱子章末之言切實周備，學者不可不審。所已言。「樂」與「好禮」。所未言。義禮無窮，未可遽足。

○《學而》一篇，記夫子之言，爲書之首。而弟子之言凡四人，惟曾子之言直而簡，有子之言曲而中，子夏言激而易廢學，子貢言外而不由内，此曾子所以傳道，而有子之言所以似夫子也。末章子貢之言，其進宜未易量。

爲政

爲政。首章不曰「以德爲政」，而曰「爲政以德」，此爲爲政者言之也。居爲政之地者，固不無法制禁令、凡百施爲，而夫子則言爲政若能以德，則心得躬行，無非道理，以是率先之，人心自感動興起而向慕之，不待他有作爲，故曰「無爲而天下歸之」。德。本。譬。以下效。德之爲言得也，得於心而不失也。「德」字訓詁發例于此。《集注》初本因第七篇「志道」章解「德」字曰「行道而有得于心」，其後改從此。蓋道固人心所同有，而人鮮可謂之有德者。或暫悟而不能存之于心，或徒知而不能體之于身，是又皆失之矣，所以不足謂之德也。北極，天之樞。樞如樞軸。謂天體斜倚而左旋，北極乃其樞軸，衆星皆隨天體旋轉，惟北極不動也。北極無星，故謂之北辰。辰者，北極之舍也。其旁四輔星環之，其前直四星，後宮、庶子、帝星、太子也。程子曰。叔子也。「爲政以德，然後無爲」，若以才智苛察、術數勇功，則不能無爲矣。范氏曰。王文憲曰：「『不動而化，不言而信，無爲而成』，此言感通之妙也。不動不言，無爲也；化而信者，成也。『簡』以理言，

『静』以心言，『寡』以身言也；『煩』以事言，『動』以物言，『衆』以民言也：此言統理之要也。合二説，盡無爲之義。」履祥按：至簡者惟循一理，自可以御事物之繁；至静者惟正一心，自足以制天下之動；至寡者惟修一身，自可以服人心之衆。

思無邪。程子曰：「誠也。」朱子謂世人固有修飾于外，而其中未必純正者，故言無邪，行無邪，亦未見得誠；惟是思無邪，則合内外之道，表裏如一，方可謂之誠。程子之言，不可不深思。**惡者可以懲創人之逸志。**王文憲有《詩辨》，今不泛入。因嘗考之，秦火之後，《書》失幾半，《禮》失幾亡，而《詩》三百篇何以皆無恙？雖云《詩》托于聲音之流傳，然今之三百篇豈盡夫子之三百篇乎？《禮記》《左氏》《荀子》所引之詩多有善者，而今《詩》多無之，此猶可也。如「素絢」「唐棣」，孔門嘗舉之，而今不見于《詩》；鄭聲之淫，夫子嘗欲放之，而今鄭詩具在，雖序者巧以爲他事及刺人，然其淫醜之態不可掩也。漢劉歆謂《詩》出非一人，諸儒各以所能記，或《風》，或《雅》，或《頌》，會合而足三百篇之數。則其所記聞，或有出于夫子所删去者矣。蓋漢興，鄭、衛之樂尚在，而管絃之聲未衰也。以此觀之，其間淫詩固夫子之所去，而世俗之所傳者，諸儒得之，例以爲古《詩》而不察也。不然，則若《溱洧》《桑中》諸詩，幾于勸矣，而何懲創之有哉？**程子。**未詳。

德，禮。上章「爲政以德」，至此章意方備。《緇衣》篇曰：「夫民，教之以德，齊之以禮，則民有格心；教之以政，齊之以刑，則民有遁心。」**一説。**朱子《集注》凡例，「二説皆通，故并存之」，「必有一説得聖人之意」。「大率二説，前一説勝」。

「志學」章：「矩，法度之器。」王文憲曰：「矩雖器，心之天則也。程子二條，皆聖人爲學者設。胡氏一條，發明『從心』『不踰矩』，朱子極以爲好；二條即程子『勉進』及『成章』二意，張思誠以爲意周。」履祥按：朱子于本文之下但隨文解義，而其終摠説處最盡。蓋聖人固自有聖人之資，然聖人又自有聖人之學，又自有聖人之進，但非常情所可窺測爾。蓋天下之理無窮，而聖人之心純亦不已，已則非聖人矣。其實「三十而立」，聖人之爲聖人者已成，此後但愈妙愈熟。所謂借其近似以自名，猶夫子「一貫」而曾子借「忠恕」以名之也。「學」是聖人之學，「立」則聖人之成。「不惑」，可以想見聖人之貫；「知天命」，可以想見聖人之一，「知」字，如知天地之化育。「不惑」者，小德之川流，是于萬殊處看一本；「知天命」者，大德之敦化，是于一本處觀萬殊耳。「順」，可以想聖人之化；「從心」「不踰矩」，可以想聖人之神。此亦因聖人借近似以自名者，而仿佛[三]之在于心體，難以言語形容。王文憲曰：「自聖人生知之禀而言，固未必有等級；自聖人體道之心而言，初不妨有等級。二説非不同也。」**程子**。二條叔子。

「孟懿子」章。魯大夫仲孫氏。魯三家本出桓公，慶父之後爲仲孫氏，叔牙之後爲叔孫氏，季友之後爲季孫氏。仲孫而謂之孟者，《禮疏》古者適長謂之伯，庶長謂之孟。仲孫于莊公爲大夫，不敢宗諸侯，而于三家爲庶長，三家所宗，故謂之孟。**三家僭禮**。《檀弓》曰：「三家視桓楹。」三臣猶設撥，是葬之僭禮也；三家以《雍》徹，是祭之僭禮也。僭禮以處其親，將以尊親，而不知陷親于不義。**得爲而不爲**。分所得爲者，多有當爲之事，特恐不能盡爾，不必求越于分之外也。

「孟武伯」章。《集注》前説，發父母之至愛，警人子之守身，懇切深長，所該甚大，舊説亦在其中。然普爲衆人言之，誠善矣；若爲武伯言，則恐舊説爲切。故程子止依舊説，而《集注》兩存之也。朱子始疑舊説不正言而爲是迂昧不了之語爾，然須究武伯之爲人，與當時之辭氣。《左氏》云：哀公與三家始有惡，遇武伯于塗，問之曰：「吾得死乎？」而曰：「予不知。」其傲暴之氣如此，于君猶然，况他事乎？觀其謚爲武，則爲人可知矣。程子嘗言：「人有四百四病，皆不由自家，只是身與心不可不由自家。」疾病，聖賢所不免；但爲人子者，父母唯憂其病，而他無憂焉，則其爲人可謂能守身而不遺親憂矣。今有人焉，非子弟求益之素，而其傲暴可憂不可縷數，卒然有問：「何以爲孝？」夫子答之曰：「使父母但以其疾爲憂焉，斯亦孝矣。」其辭氣之間自有餘味。所謂舉一隅之教，初非不了之語。使其惕然收斂，不爲不義；爲父母者唯憂其疾病之不由己者，而不必憂其事爲之由己者，則其爲人豈非天下之孝子哉？《集注》于舊説始去而終存之，殆有意矣。

能養。去聲。**有養**。上聲。「至于犬馬，皆能有養」作一句讀，「至于」二字其上所該亦多，謂自骨肉子弟奴僕以下至犬馬也。子思曰：「今而後知君之犬馬畜伋。」孟子曰：「食而弗愛，豕交之也；愛而弗敬，獸畜之也。」大抵辭氣不以貴賤尊卑懸絶者爲言，則無以見其不敬之罪重。以不敬爲無别，蓋「充類至義之盡」也。有一老人，見籠養者朝夕飼直，心力備至，因嘆曰：「若養父母如此，豈非至孝？」一學者聞之，遂悟此章之旨。蓋彼嘆小人不能養而養鳥，此責學者但能養而不能敬也。

色難。何文定曰：「服勞饌食，養口體者也；柔順顔色，養志者也。不曰『養志』而曰『色難』者，蓋『愉色』『婉容』，皆誠實之發見于外者，決非聲音笑貌之所能爲。必其愛之積于中者深，然後見于容色者始無一毫之不順；苟所以愛其親者有纖悉之未至，則形于外者決無愉婉之色。則事親者其色豈非難乎？能盡此者，其于養志固有餘裕矣。聖人所謂『色難』者，惟體之而後知爲不易也。『服勞奉養』固非愛親者不能，然『愉色』『婉容』則尤其愛之深者；『服勞奉養』或可以勉而爲之，『愉色』『婉容』則無所不順而心與父母爲一矣，豈得不謂之難哉？」**曾**。朱子曰：「《論語》除曾姓外，皆作『在登反』。」**程子**。未詳。**告衆人**。以其所該者廣也。然孟氏僭禮，武伯多可憂之事，故夫子所以告之者且正其大病。游、夏孝養服勞已無不至，但意色幾微之間有所不足。蓋狎恩恃愛者漸流于不足，而嚴威儼恪者非所以事親，故夫子告之，深戒子游之漸流于不敬爲大不孝，不許子夏之疏節，而以服勞奉養不足爲孝，皆所以責其盡善也。王文憲曰：「告門人皆切直，告餘人皆深婉，各有當也。」

吾與回言終日。六字爲句。與言終日，固無所不言矣，惜不盡傳于世也。**私亦**。私是人所易忽之地，而「亦足以發」，其餘可知。顔子是從謹獨下工夫，聖人是于此處見顔子。**聞之師曰**。朱子師延平李先生，名侗，字愿中，謚文靖。此段延平全語具在《師友問答》。**顔子深潛淳粹**。顔氏本出郳。登孔子門者八人，回爲最賢。回字，象水之洄，故字子淵。何文定曰：「『深潛淳粹』，此四字只是形容顔子資禀氣象如此。蓋雖一般聖賢，各自有資禀氣象。如湯、武自有湯、武氣象，文王又自有文王氣象。且以此『深潛淳粹』四字，著在孟子身上固不得，便著在曾子身上亦不得，惟顔子便有此資禀氣象也。程子亦曰：『顔、孟于孔子，其知之淺深同，只是顔子尤温淳淵懿，近聖人氣象。』」延平之語與此大概相類。今且以顔子平日觀之，如『不違，如愚』『於吾言無所不説』『有若無，實若虚』，此亦可以見他深潛處；如『三月不違仁』『不遷怒，不貳過』，又如程子言其如『和風慶雲』，此亦可見他淳粹處。下面『體段』字，粗説如骨骼字相似，猶兩人相比，甲人骨骼比乙人差小些子，此即孟子『具體而微』之語，『體段已具』猶曰骨骼四肢已圓全，但未與那人一般爾。」又曰：「『深潛淳粹』四字若分開看，『深潛』兩字便帶了知見意，『淳粹』兩字便帶了踐行意。」劉頡曰：「『深潛淳粹』，文公師友模寫顔子資稟氣象，可謂體貼。」然《集注》語意多在經文之内，非自外來，如此四字，亦在此章之内。『深潛』是于『不違，如愚』見之，『淳粹』是于私亦足發見之。『深潛』，知上氣象，後篇所謂『于吾言無所不説』者也；『淳粹』，行上氣象，後篇所謂『三月不違仁』者也。」

「視所以」章。王文憲曰：「既分君子、小人，此下只觀君子。」程子。伯子也。何文定曰：「《語録》謂『既以此觀人，亦當以此自考』，此意亦緊切。」

「温故」章。「可」者，僅可之辭。此「師」，講授之師。「時」「每」二字，所進尤活。「記問之學」，鄭氏《注》云：「豫誦雜難、雜説，至講時爲學者誦之，師不心解。」詳見《或問》。王文憲曰：「『温故』，所學在我；『記問』，無得于心。『知新』，其應不窮；『記問』，所知有限。只死、活二字。」

「先行」章。程子以「先行」爲句，朱子以「先行其言」爲句，語意宜從朱子。《緇衣》篇曰：「言從而行之，則言不可飾也；行從而言之，則行不可飾也。」王文憲曰：「君子所言皆平日所行之事。」

「周比」章。王文憲曰：「『周比』從接物上見，『和同』從共事上見，『驕泰』從處己上見。《語録》：『學者于幾微之際，不可不辨。』」

「學思」章。王文憲曰：「《論語》舉其略，《中庸》舉其詳。劉頡曰：『博學』『篤行』皆『學』上字，『審問』『謹思』『明辨』皆『思』上事。《語録》：『學與行是學之始終，問、思、辨是思之始終。』又一云：『學不專指行。』」程子。叔子。

「異端」章。何文定曰：「『異端之害』云云，人之攻治其説者，其蔽固之深者，固無足論；其間有高明賢智之過而亦學之者，不過謂彼有所短，亦有所長，吾但取其所長而去其所短，而不知本領既非，所謂善者非真善，攻而治之，陷溺益深，爲害滋甚。故夫子斷以一言曰『斯害也已』；而程子又謂『其近理者爲害益甚，尤當遠之』。是皆聖賢推救焚拯溺之心，援學者于顛冥之地，其爲人切矣。」程子。伯子也。王文憲曰：「范氏條指害道而言，程子條指害心術而言。」駸。音侵。《詩》：「載驟駸駸。」

「干禄」章。程子曰。前條叔子，後條兼取伯子。章内兩榑三截，程子喫緊爲人，故又添一問答。蓋唯聖門弟子則能言下領會。世人之心，汲汲利禄，無所不至，必又謂雖能多聞見、闕疑殆、謹言行，亦有不得禄者，則又如之何？程子引耕餒之説以曉之，謂縱外是而他求所以干禄，亦未必能得也，亦唯道理所當爲者自爲之而已；外此，不惟非所當爲爲之，亦非可以必得也。

「哀公問」章。程子。叔子。大居敬。用《春秋傳》「大居正」句法。謝氏此章，親切明備。聖賢爲學之要法，不但施之此章也。王文憲于上蔡書堂開講，舉此爲上蔡第一義。何文定曰：「居敬則無私心，而枉直無所蔽；窮理則有真見，而枉直不難知。此合内外之道，又辨枉直之要法也。」

敬、忠。朱子曰：「孝是以身率之，慈是以恩結之。兼此二者，能使民忠。」張敬夫。《集注》于周、程、張稱子，諸儒稱氏，不名字者稱官，時人稱字。何文定曰：「夫子本言教化必自己出，語勢不得不然。張子恐觀者失聖人之旨，故發明無所爲之説以曉之。」王文憲曰：「季氏意在『使』字上，聖人意在『則』字上。」〇康子之問，爲欲使民如此；而夫子之答，皆欲其于己求之。盡其在己，則民自化；若爲欲使民如此而爲之，則爲之必不實，亦不足以有感矣。故《集注》取張敬夫之説以明之。然無所爲而爲，有所爲而爲，善利之分，此自張宣公法門要語。

或謂。爲政須上之人用之，非所可必爲也，而或人之問如此，蓋定公初年，陽虎執國，每有用孔子之意，而孔子不仕也。

信。輗、軏是車與馬牛交接處，信是己與人交接處。交接處無輗軏則車不能行，交際處無信則事不能行。

十世。《集注》取馬氏之説而詳之，本欲分明，而觀者易離爲二，故《通釋》辨之。然《集注》取胡氏之説已自明備。三綱。出《白虎通》，又有六紀。三統。本《漢志》，詳見「問爲邦」章。王文憲曰：「所因者，亘古及今之常然；損益者，隨時處事之當然。繼周損益，其答顔子爲邦之問乎？」

【校記】

〔一〕博物志字敬伯：《史記》卷五十四《曹相國世家第二十四》「曹參者沛人也」句裴駰《集解》：「張華曰：曹參字敬伯。」司馬貞《索隱》：「又按《春秋緯》及《博物志》，并云參字敬伯。」即南朝隋唐人所見《博物志》，皆云字敬伯者乃漢相曹參，不謂爲曾參字。此處恐金氏誤記；或金氏所見本，因曹、曾二字形近，「曹參」誤作「曾參」。

〔二〕湢：底本作「福」，據庫本、胡本改。

〔三〕仿佛：底本作「紡紼」，據胡本改。

論語集注考證卷之二

八佾

每佾八人。此説疑是。蓋古者以八爲數，後來雖俗樂每列亦八，《左傳》所謂「女樂二八」是也。數。假借。去聲。降殺。《左氏傳》作「隆殺以兩」。此自上而下，故曰降殺。忍。「罪不容誅」，「忍」從後説；「何憚不爲」，「忍」從前説。

三家。説見前篇「孟懿子」章。堂。廟堂也。上文「庭」亦謂朝庭。蓋廟制，室外爲堂，堂前爲庭。無知。王文憲曰：「前章不仁，此章不知。不仁不知，故無禮無義。」按：不仁言其「忍」也，不知言「奚取」也。程子曰。叔子也。王文憲曰：「夫子本譏三家，而魯在其中。程子原其始，定其罪，立萬世之大法，遂使二字責有所歸。」

「不仁」章。王文憲曰：「游氏言仁切，程子言禮樂切；程子言禮樂之實，李氏言禮樂之文。合此四説，方盡《集注》用意精深。學者宜細觀。」程子曰：仁者，天下之正理。叔子也。《語録》曰：「只是泛説，不是説仁之體。若曰『義者，天下之正理』，亦得。」將如之何。《語録》：「謂不奈得禮樂何也。譬如非善舟者，必不奈一舟何；非善御者，必不奈一車何。『中心斯須不和不樂，則鄙詐之心入之矣；外貌斯須不莊不敬，則慢易之心入之矣。』不莊不敬，不和不樂，便是不仁。鄙詐慢易，則如禮樂何哉？」

林放。《弟子傳》不載，《禮殿圖》有之。 禮本。《集注》以「文」對「本」字，又以「質」對「文」字。「易，治也」，《語録》：「滑熟也。」何文定曰：「《文集》有曰：『禮正在恰好處。泝而上之，則儉爲本；沿而下之，則奢爲末。』此語最爲分曉。流于末之奢，固不可；然安于本之儉而不求到恰好處，亦非聖人本意也。夫子舉喪與禮對言者；朱子謂禮是禮之吉者，喪是禮之凶者，故并言之爾；范氏以喪祭言者：蓋因古有此二語，特舉以爲凡例耳。」汙。音蛙。 抔。音掊。并出《禮運》。

「夷狄」章。 程子。叔子。

泰山。東岳也，在今兖州襲慶府奉符縣，爲魯國之望。 曾。在登反。

射，下。并去聲。凡在下，上聲；下之者，去聲。 觶。四升爵。

輔。頰也。 後。去聲。凡前後之後，上聲；後之之後，去聲。 夫子隨疑而答，但示「後素」之證，子夏觸類而長，因知「禮後」之説。聖人之知，非待子夏而後發；聖人之意，又因子夏而及此爾：言此以進子夏也。

杞。夏之後，國在今開封府雍丘縣。 宋。殷之後，國在今宋州，本名應天府。○古者二王之後，各守其先代禮物。聖人于夏、殷之禮，不曰「吾能知之」，而曰「吾能言之」，此蓋定禮樂時語也。聖人生知之資，其于禮之義理則知之明矣；此其所言，蓋謂二代制度文爲之詳耳。雖當時二代之禮亡失將盡，而以聖人之資，觸類旁通，皆能歷歷言之，但聖人謹重之意，必欲得典籍故舊以證成其書，而文獻二者卒不可得，故終于從周。後人迄不見其成書之盛也；其間見于《禮記》者，又多雜以門人經師之説，惜哉！

趙伯循。《唐儒林傳》：「啖助門人趙匡、陸質。助卒，質與其子異哀録助所爲《春秋集傳總例》，請匡損益，質纂會〔一〕之，號《春秋纂例》。匡字伯循，河東人，歷洋州刺史，質稱爲趙夫子。」《集注》以犯廟諱舉其字，説具《春秋纂例》，宣州有版本。朱子載其言于《或問》，而入其要于《集注》。**鬱鬯。**以秬黍合鬱金草釀酒，取其香氣暢達。**魯之郊禘。**《禮記·明堂位》以爲成王之賜。上章程子嘗論其非禮。近陳氏君舉謂東遷之後，諸侯僭禮；又據《史記》，謂其時秦祭白畤；又據《外紀》，謂魯請郊禘，而曰「魯之郊禘，惠公請之」也。其説甚辨。如此，則尤夫子之所深嘆而不忍言也。

禘之説。此章《集注》二意俱備。有爲之説者曰：「知禘之説，則不王不禘，天子禘，諸侯祫，大夫、士廟數上下各有等衰，各安其分，則天下之治不難矣。」此亦《集注》後説之意，雖明白易見，然非仁孝誠敬之至者，亦未易知此也。《中庸》曰：「明乎郊社之禮、禘嘗之義，治國其如示諸掌乎。」《章句》謂「與《論語》大同小異，特記者有詳略」。王文憲謂「《論語》約而難知，《中庸》詳而易見，不若以《中庸》解《論語》，辭不費而義明」。履祥按：《中庸》是泛説，《論語》是答或人之問，亦恐各是一出。○勉齋曰：「『禘之説』一章，理無不明，誠無不格。只是見得盡，做得也盡。心路熟後，事事自會如此。」

「祭如在」章。程子。叔子。

奥。古者室中北墉南牖，東南隅爲户，東北隅爲室之宧[二]，西北隅爲屋漏，西南隅爲奥。奥，尊者之常居也。**何謂。**上二句蓋當時俗諺，故王孫賈設問。**竈陘。**謂竈穴前隊也。**尸。**古者祭必有尸，蓋使生人服鬼神之服，居鬼神之位，使鬼神憑之而饗飲食也。竈者，老婦之祭，或是老婦爲尸。朱子謂竈尸恐是膳夫爲之。**當時用事。**何文定曰：「所謂『奥有常尊，而非祭之主』者，蓋五祀、四時之祭，皆于此乎成禮，是其有常尊也；然不專主于一，而若户，若竈，若中霤，若門，若行，皆先祭其本所，而後設饌迎尸于此，是其非祭之主也。若竈，雖卑賤不尊，然在夏時則專主祭竈。當夏時而專用事者，故曰當時用事。或曰用事謂水火烹飪之所。」**謝氏。**王文憲曰：「上蔡之説疑有病。聖人據理而言，豈問其知不知、禍不禍也？若畏禍而爲兩可之辭，所以爲心術之害者大矣，非所以言聖人。況此答拒之者亦至，初非遜詞。」

鄹。解見《序説》。

侯。本作「矦」，射的之埰也，謂候人射中也。从𠂉，从矢，象形。鵠。工毒反。即「告」字，謂告人以所當中之處也。取射禽獸之義，故加「鳥」。

告。本取牛口之梏，下之告上則曰告。如牛口加梏，有謹止之義；若上告下，則假借去聲。餼猶今言生料也。本作「氣」，俗加「食」。魯自文公始不視朔。文公名興，以病不視朔。其。指告朔。《通釋》指羊。

盡禮。如「拜下，禮也；今拜乎上，泰也。雖違衆，吾從下」。夫子之從下，蓋盡禮耳，而衆人反以爲諂。此章當以此事爲證，《語録》曾及之。何文定曰：「諂與敬不同。禮施于所當施則爲敬，禮加于不當加則爲諂。」程子。叔子。

「定公問」章：本注正説也，吕氏互説也，尹氏重上，則略與孟子語意同。蓋當時是奉敕注《論語》，故其意主于警君。

《關雎》。黄文肅曰：「先生再看《或問》止此章。」雎，七余反。詳見《詩集傳》。玩其辭，審其音。夫子時所謂《關雎》，蓋合辭意聲音而言之也。故《集注》之末有玩辭、審音之説。今則辭尚可玩，而音不可復聞矣。

問社。「古者立社，各樹其土之所宜木以爲主」，社土神，故古人以土所宜木爲主。抑因所生木以爲主耶？刻所宜木以爲主耶？曰：亦因所生木爲主耳。社壇而不屋，刻主則必爲屋矣。然出征而載社主，則何主？《朱子語録》謂「古人多用主命，如出行大事，則以幣帛就廟社請神以往，如今魂帛之類耳。然不可考。」履祥按：自唐以來，社始用石爲主，其説具《唐書・張齊賢傳》。歷言以深責之。問社之説，諸儒見夫子三辭繁而不殺，又因《左傳》哀公患三桓之侈，欲以越伐魯，去之，卒死于外，故謂此必哀公與宰我謀誅三桓，故爲廋辭以相語，所以夫子有「成事」「遂事」「既往」不可諫救之説。前則蘇氏，後則胡氏，皆有是言，而《集注》不取。然《集注》之意，亦自足該諸儒之説。大抵告君之説，與告它人不同。如夫子對哀公好學之問，乃以顔子不「遷怒」「貳過」之德告之，顔子無爵無位，非有可怒、過爲之事，權而獨舉此，蓋哀公爲人躁妄，故借顔子之德以藥哀公之病。今其問社，宰我乃以「使民戰栗」告之，哀公躁妄，豈不生事？所以夫子深咎之。然此三言，亦或當時方言，而夫子備舉之也。

管仲。管叔之後，故其書多稱「我先王」。**器小**。本注「聖賢大學之道是器大樣範，局量褊淺、規模卑狹是器小形象」。知《大學》之「格物」「致知」，則能有以盡心量之全；知《大學》之「誠意」「正心」，則能有以全心德之實。故局量不褊淺，所謂「正身修德」也。知「修身」「齊家」以及「治國」「平天下」，故規模不卑狹，所謂「致主王道」也。惟其「局量褊淺」，故不能「正身修德」；惟其「規模卑狹」，故不能「致主王道」。惟其「局量褊淺」，故其「規模卑狹」。**三歸**。《説苑》止有「管仲築三歸之臺」，别不詳載。又《漢書》「三歸雍徹」，顔師古謂「娶三姓女」。如此則奢、僭兼之。然此但言其不儉爾，未斥其僭。蓋諸侯三姓而備九女，此則三女而已，未爲僭也。又一説，三歸之臺，據筭家有築臺三歸法，蓋方臺也。其法，上方自相乘，凡爲若干尺；下方又自相乘，爲若干尺；又以上、下方相乘，爲若干尺；却以勾股法三分損二，爲中方之數；合上、下、中方，凡幾千尺，以高尺統之，用積冪法，得方臺積尺之數，凡幾萬尺，謂之三歸法。如此，則但言其臺榭之盛，家臣之多，爲非儉爾。**門屏謂之樹**。《爾雅·釋宫》文也。天子外屏，諸侯内屏，大夫以簾。管氏以屏塞門，蓋僭諸侯之禮也。天子外屏，屏設于畢門之外，則當宁而立，以受〔三〕諸侯諸公之朝于外朝。諸侯設屏于門内，則門屏之間謂之宁，立于此以受卿大夫、士之朝。按《國語》，卿之家亦有私朝，《論語》「冉子退朝」是也。管仲爲卿于齊以霸，而家臣皆具官，則亦設屏于門爲宁，以朝其家臣矣。**反坫，在兩楹之間**〔四〕。蓋當賓主兩階之中，于堂間斲土石爲覆爵之器，以示此爵賓主共之，蓋兩君燕好之理〔五〕也。當時管仲當國，而齊霸諸侯，諸侯之朝齊者，必私覿于管氏之家，故仲亦設此以燕之也。不然，則作此虚器，自取僭擬，何哉？《禮記》：「臺門而旅樹，反坫，大夫之僭禮也。」當作臺門而樹旅、反坫，蓋爲臺門則必有屏樹，及旅酬而爲坫覆爵也。**或人以小爲儉，以奢爲禮**。當時見識議論大率如此。**程子**。叔子。**本深及遠**。大器。**本淺**。小器。**規矩準繩**。揚雄《法言·先知》篇云「大器猶規矩準繩，先自治而後治人」者也。蓋規矩準繩，惟其自盡方圓平直之理，故足以爲天下之方圓平直。若自四者自有喎斜迂曲，則何以能治天下之方圓平直哉？**詭遇。**說見《孟子集注》。器小而功大者，詭遇者也。器大則爲之範者也，器大之功不止此矣。○何文定曰：「竊詳管仲『器小』之論，《集注》『局量褊淺、規模卑狹』二語，覺已盡其曲折。局量以資質而言，乃器小之本根；規模以施爲而言，乃器小之效驗。惟其局量之褊淺，所以規模之卑狹。下文說『不能正身修德』，是指局量褊淺處；『不能致主王道』，是指規模卑狹處。大凡人惟見其大也，而後不肯安于小；管仲之所以小者，只爲不識其大。緣他資質本自凡近，而又無聖賢之學以充之，才雖高而識實陋，氣雖鋭而志實卑，所以局量容受不得，而規模恢拓不開，不過成就得些小霸業，以上更去不得了。夫子以小器斥之，可謂一言以蔽之；而朱子復明之以兩言，而器之所以小者，無復餘蘊。蓋局量褊淺者，器小之體；規模卑狹者，器小之用。欲識仲之爲器小者，觀諸此足矣。然亦須將此二語考驗管仲平生，方見得此二語說得他着。且如仲始與桓公講論治國，公辭以己要奢淫，恐妨爲治，爲仲者便合就桓公心術上整頓，然後事乃可爲，而仲却謂皆不害霸，是他被些才，使急于自見，惟恐君不見用，無以成其功業，故曲意深縫，至于如此。及其後也，三歸具官，塞門反坫，奢僭之事，至身自爲之，與辭上卿之禮全別，是又被這些功業動了，包藏不住，致滿溢而不自知，其視正身修德之事，反若迂闊而不切于事。此非局量褊淺而何？又如管仲一時事功，其大節目只有尊王、攘狄兩事。是時周室尚有可爲，爲仲者，正當至公血誠，輔佐天子，振立紀綱，以還西周之舊。今乃挾公濟私，假尊王之名，爲圖霸之實。至若楚人僭王猾夏，此是甚底大罪過，乃置之不問，却尋得包茅、昭王節目責他，大意只是要他略服，便做收殺，在我且自可以伯。大抵皆是急于近功淺效，若王道則恐其久遠難成，判斷不做。此非規模卑狹而何？而朱子只直指其不知學者，緣資禀自是定了。若知聖賢大學之道，則褊淺者可以變而宏深，卑狹者可以擴而高廣。蓋量隨識長，學進則識長，識長則量自充，量既充則規模不患于不大。且以管仲言論風旨觀之，說得話亦自識道理，非全無聞，而志識卒于卑陋，只就小小窠窟結果了。豈非不學之過乎？奢而犯禮之事，聖人只是答或人儉禮之問，非正指小器而言，然就這上面看，亦可見得器小形見處。故程子特指此以曉人，而管仲所以爲器小者益覺分明，此乃程子說得有功處。故朱子曰『當深味也』；而《集注》又曰：『雖不明言小器之所以然，而其所以小者，于此亦可見矣。』此皆指奢與犯禮而言。」

語樂。此夫子正樂之時語也。古樂不可見，故此章難爲言，當以孟子「條理」之説參之。「翕」，「合也」，謂合八音而共奏一樂章也。「從之」，則條暢之也；「純如」，則八音如一聲也；「皦如」，則又自各有條理也；至于「繹如」，則咏嘆淫佚，餘音不絶也。

喪。諸説多謂「天喪斯文」之「喪」。惟劉侍讀、蘇氏作失位去國之喪，《集注》從之。此失魯司寇、去魯適衛之時歟？

「《韶》盡美」章。程子。叔子。

居上不寬，爲禮不敬，臨喪不哀。朱子謂如此等語皆急讀去。王文憲曰：「此即反語讀點之凡例。」何以觀之。此章結語虚，難看。蓋人亦須有本領，方可看其分數，此是尚有可觀者。若舉無其本，何以觀之哉？是無足觀者。一説，每事各有大本。苟無其本，則雖别有小節，亦不足觀矣。

里仁

擇。屬知。處。本字上聲。

安仁則一，利仁則二。仁者純乎仁，故安而行之；知者知此仁，故利而行之。安則己與合一，利則尚有彼此，亦只在生熟之間耳。朱子再三誦此二句，以爲解中未有及此者，因嘆此公見識之高。

無私心，好惡當於理，程子所謂「得其公正」。叔子也。《通釋》舉前後所言，微有所疑。王文憲曰：「朱子此章論好惡由心而達之事，故先無私而後當理；後篇論忠清因事以原其心，故先當理而后無私。程子論陽復，則曰：『仁者，天下之公。』論禮樂，則曰：『仁者，天下之正理。』此章則曰：『得其公正。』無私，公也，體也；當禮，正也，用也。開説了，方可合説。」

無惡。《集注》：「必無爲惡之事。」平實。《通釋》：「惡念何自而生？」緊密。

不以其道得之。二句于前句冠一「苟」字，後句加一「雖」字，文義即易見。謂不當得而得之。《或問》論不以其道得富貴，《通釋》論不以其道得貧賤。何、王二公令人兼看。去。王文憲并作上聲。然「自去」，去聲；「去之」，上聲。又「已違之」，去聲；「驅而去之」，上聲。

觀過。何文定曰：「朱子謂此篇言仁有淺深，此章却只是説慈愛之仁。蓋仁主于愛，君子之過，雖是失于厚而過于愛，然畢竟不失爲仁，但是仁中之過耳。若小人，失之薄而流于忍，却正與仁相反。此處察見君子、小人之仁、不仁，尤更分曉，故曰『觀過，斯知仁矣』。然意此等處，夫子當時必有所因而發。」斯知仁。上文「各於其黨」，則「斯知仁」不是偏結之語，謂于此亦可見仁之存否也，故《集注》以尹氏之説補之。程子。叔子。後漢吴祐。《後漢書》：吴祐字季英。遷膠東相，政惟仁簡。嗇夫孫性私賦民錢五百，市單衣進其父，父得而怒曰：「有君如是，何忍欺之！」促歸伏罪。性慙懼，詣閤持衣自首。祐屏左右問其故，性具説父言。祐曰：「掾以親故，受〔六〕汙辱之名，所謂『觀過斯知仁者』」。蓋謂嗇夫受〔七〕賄固是過，然爲欲衣其父，而此又以父言請罪，于斯可以知其仁矣。掾，屬吏也，音緣，去聲，蓋謂官之屬猶衣之緣也。嗇夫，漢時鄉官，主督租賦者。

死可。所重在聞道，非必夕死，雖夕死亦可耳。然夕死尚可，其他可知。程子。上條叔子，下條伯子。

心欲求道。此志于道不如第七篇志于道重，故《集注》止言「心欲求道」。識趣。識見志趣也。志于道而猶以惡衣食爲恥，只可責志。程子。叔子。何足。聖人語平，《集注》語峻，蓋切于警學者。

於天下。謂于天下之事也。比，必二反。當作「毗志反」。如「比周」「比義」「射者比」「比其反」皆毗志反。如

「比死者」「比化者」皆必二反。朱子嘗因學者之問，欲改未及。

「放利」章。程子。叔子。

禮讓。謂恭敬辭遜之心也，故爲禮之實；下文「禮」字乃禮文制度品節之詳。此章朱子《或問》作三句，第二句至「國」字歇。

「無位」章。程子。叔子。

一以貫之。朱子曰：「『一』字重讀。」用各不同。此句要看即後注所謂「萬殊」也，「體之一」即後注所云「一本」也。昔嘗親受文定何子之語曰：「此章要實見得。且理是何物？文公好説箇恰好處，理只是恰好處，此便是中，便是至善。自古聖賢相傳，只是這箇。天下萬事萬物，各各不同，而就每事每物中，又自各有箇恰好處。故事理雖不同，到得恰好處則一，此所謂萬殊而一本。然其一本者，非有形象在一處，只是一箇恰好底道理在事事物物之中，此所謂一本而萬殊。」曾子於其用處，蓋已隨事精察而力行之。精察知之，力行行之，曾子工夫如此，故夫子告之以一貫，其他學者豈可驟語以此？昔者朱子爲學之初，務爲儱侗宏闊，後見延平李文靖皆以爲不然，曰：「理不患其不一，所難者分殊耳。」朱子于是縷析毫差，文理密察，卒至體用渾圓。故朱子亦嘗曰：「而今不是一本處難認，乃是萬殊處難認。」真積力久。謂真實積累功力之久也。出《荀子》。子出。此篇曾子門人所記，故稱「子出」。門人。或曾子門人，或孔門諸人也。盡己之謂忠，推己之謂恕。此程叔子語，乃學者忠恕之正訓。曾子借此以體一貫，使學者知用力之方耳。但一貫以道言，忠恕以心言。夫子之心即道，故自「一以貫之」；學者以心體道，故曰「忠恕」。蓋必盡己之心以體道，而推己之心以處物，使各合于道也。讀此章者，且須看此分明。「夫子之一理」至「推矣」。此以天道形容夫子之「一貫」。「一」即至誠無息，故「忠」可以名之；「貫」即萬物各得其所，故「恕」可以名之。此「一貫」之所以爲「忠恕」也。「蓋至誠無息者」至「可見矣」。「至誠無息」者，夫子之「忠」也，所以爲「一」也；「萬物各得」者，夫子之「恕」也，所以爲「貫」也。中心爲忠，如心爲恕。此《禮疏》文，當考。程子曰。凡三條，首條伯子語，後又二條叔子語。言忠恕者凡三節：伯子「忠恕一以貫之」止「大本達道」，此夫子之忠恕；叔子「天命」條，此造化之忠恕；「違道不遠」二條，此學者之忠恕。《中庸》但以忠恕爲近道爾，而曾子乃謂「夫子之道，忠恕」，故用再三分辨。然夫子不待忠恕，天道亦無忠恕之名，皆借此以形容耳。「以己及物」至「是也」。此本分仁恕而言，《集注》統取入。忠恕一以貫之。此下方正説此章之意。忠者天道。《中庸》曰：「誠者，天之道也；誠之者，人之道也。」朱子「至誠無息」之説即此意。恕者人道。謂體當人情，無不曲中也。朱子「泛應曲當」「萬物各得」即此意。黄文肅曰：「聖人之忠恕，天道也；學者之忠恕，人道也。如何又説忠者天道，恕者人道？以聖人比學者，聖人之忠是天之天，聖人之恕是天之人；學者之忠是人之天，學者之恕是人之人。」忠者無妄。真實無妄也。恕者行乎忠。即「天下雷行，物與無妄」，下文所謂「乾道變化，各正性命」也。大本達道。《中庸》首章。動以天。程子《易·無妄傳》文也。聖人之忠恕是自然，學者則力爲也。

「喻義」章。程子。叔子。

愛日。揚子曰：「不可得而久者，事親之謂也，故孝子愛日。」《集注》「愛日之誠」四字，章旨方見深切，然此意具在不可不知之中。《語録》：「常記憶父母之年，喜其壽而懼其衰，惟恐舉之不及，是以孝敬之心日常切。」

訥、敏。王文憲曰：「此矯輕警惰工夫。」

子游曰。何文定曰：「君臣朋友皆以義合。故事君三諫不聽則有去義，導友忠告不可則有止義。過是，若更强聒不置，則是失之頻數，取辱取疏，乃其勢之必至。然君臣朋友雖曰以義合，而皆大倫之一，其義甚重。若未至于數而逆，憚辱與疏而豫止焉，則爲不盡君臣朋友之義，而薄亦甚矣，尤非聖人之所許也。」按：子游之言，多有偏弊。如此章者，必得文定之説而後備。程子。伯子。

【校記】

〔一〕會：底本作「令」，據庫本、《新唐書》卷二百《啖助傳》改。

〔二〕宧：底本作「白」。按：《禮記・曾子問》「當室之白」，鄭玄注：「當室之白，謂西北隅得户明者也。」《釋名》卷五《釋宫室》：「東北隅曰『宧』。」金氏此條，該句前後有「東南隅爲户」「西北隅爲屋漏」「西南隅爲奥」，皆《釋名》之文。據庫本及《釋名》改。

〔三〕受：底本作「愛」，據庫本、胡本改。

〔四〕反坫在兩楹之間：疑「反」字衍。按：《論語》本文「有反坫，管氏亦有反坫」，《集注》「坫，在兩楹之間」。蓋正文「反」字衍入注文。

〔五〕理：庫本、胡本皆作「禮」，似較底本爲長。

〔六〕受：底本作「愛」，據庫本、胡本、《後漢書》卷六十四《吴祐傳》改。

〔七〕受：底本承上誤作「愛」，據庫本、胡本改。

論語集注考證卷之三

公治長

公冶長。《弟子傳》曰：「公冶長名萇，字子長。」《史記》：「齊人。《家語》：『魯人。』范甯曰：『字子芝。』」《左氏釋例》及《路史》皆云：「公冶氏，魯公族也。」則當是魯人。張華曰：「公冶長墓在城陽姑幕城東南五里，墓極高。」雖在。《集注》「雖」字下入「嘗」字，「子謂公冶長，『可妻也』」，謂其才行之可妻也；「雖在縲絏之中，非其罪也」，謂其雖嘗一陷于囚辱，而實非其罪，則固不妨也。蓋古者有罪之人不齒于鄉，嫁娶無所售。長無罪而嘗被囚，夫子不以是爲妨，且明言以解内外之惑，于以見聖人取人在其立心制行之實，初不以自外至者爲取捨也。夫縲絏而無罪者不足爲辱，則富貴而無德者亦不足爲榮矣，此論昏姻者所當知也。兄。孔子庶兄孟皮也。叔梁紇前娶施氏，生九女。其妾生孟皮，後字伯尼，有足病。古者庶長字孟，嫡長字伯，此必孔子伯之也。其男子孔忠，字子蔑，在七十子之列。南容。南宫括字子容，《家語》作南宫縚。是孟僖子之子，居南宫，因氏焉。程子。叔子。

子賤。姓宓，當作「虙」，房六反。《楚詞辨證》云：「《補注》引顔之推説，虙子賤即伏羲之後，而其碑説伏生又子賤之後，古字『伏』『虙』通用。」《弟子傳》曰：「子賤少孔子四十九歲。」《家語》曰：「子賤少孔子三十歲。子賤爲單父宰，所父事者三人，兄事者七人，所友者十一人。」又曰：「此地有賢于不齊者五人，不齊事之而稟受，皆教不齊以道。孔子嘆曰：『其大者于此乎有矣。』」《新序》舉此語乃在「掣肘」章下，蓋舉此語爲斷耳。當考。君子哉若人。語凡二出，是大綱說意思氣象。朱子謂《論語》中說君子處，「有說得最高者，有大概說」者。大概說者，此類是也。

夏曰瑚，商曰璉，周曰簠簋。《爾雅·釋器》文。

佞。朱子曰：「佞，只是捷給辯口者，古人說佞皆如此，後世方以『諂』字解之。」全體而不息。仁道至大。全體者，謂全體此仁，無一事非仁也。不息，謂無所間斷，無一時非仁也。全體橫說，不息竪說。

吾斯之未能信。《集注》指所知而言，此程子所謂「已見大意」也，大意謂大綱意思，只見得未徹底耳。謝氏指所存而言，此程子所謂「見道分明」也。故謝氏之意，猶云見得如此，只是于心做得未徹底耳。程子「已見大意」指全句，「見道分明」指「斯」字。《集注》：「斯」字重，謝氏「信」字重。程子。上條伯子，下條未詳。

「乘桴」章：程子。叔子。

由、求、赤「不知其仁」。朱子曰：「渾然天理，便是仁；有一毫私欲，便不是仁了。三子之心不是都不仁，但是不純，故夫子以『不知』荅之。」《或問》：「夫子稱由也可治賦，求可爲宰。其後求乃爲季氏聚斂，由不得其死。聖人容有不能盡知者。曰：大綱亦稱其才堪如此耳，未論到心德處，看『不知其仁』之語，其中固有意也。」

聞一。「聞一知十」，是道頭知尾；「聞一知二」，是一步進步。十與二，取數爲喻。不曰「而知」，乃曰「以知」，「以」字用工，字當看。明睿所照。明道荅橫渠曰：「非明睿所照，而考索至此。」

晝寢。何文定曰：「糞土朽木，諸家以爲質不美之譬。朱子嘗破其說，看來只是譬學者志不立，則學無其本而教無所施爾。大抵人之氣體固有强弱，而其勤怠則在于志之立不立。志苟立，則日進于精明，雖弱而必强；志不立，則日入于昏惰，雖强而亦弱。是故君子爲學必先立志。此志既立，則如木有質，如墻有基，而後彫杇之功可加矣。」

申棖。《史記》有「申黨字周」，《家語》有「申績字子周」，而無棖名，豈棖三千之徒歟？剛何文定曰：「彊毅不屈者，本于有志；而彊梁悻直者，則氣之爲爾。二者自外視之，均可謂之剛。此疑似之難辨，而棖之所以得是名也；及夫子斷以『慾』之一言，則棖之不得爲剛，斯曉然矣。蓋能勝慾之謂剛，屈于物之謂慾，二者不容并立。今謂之剛而多嗜慾，則是其剛非真剛，不過出于意氣崛彊之爲。慾一牽之，方且化爲慾，察其微也。程子二語，簡直明切，固已盡此章之旨，謝氏又能究其曲折。進德者，可以是而藥其未至；觀人者，可以是而察其所安也。」程子。叔子。自古有志者少。有志則剛。悻悻自好。尚氣是慾。慾非一端，此特指其似剛之類言之爾。

無加諸人。何文定曰：「子貢地位，語恕固可勉爲，論仁則非所及，而遽以此自任，論道既爲躐等，省己則亦太疏。夫子恐其便如此擔當了，不自醒覺，則無復勉强充廣之功，故折而教之，欲其且退一步做工夫，而所以進之者遠矣。」程子曰。叔子也。朱子曰：「程子晚年方看得如此分明。」

性與天道。王文憲曰：「此理在天，未賦于物，故曰天道；此理具于人心，未應于事，故曰性。此理至微而難言，文章至顯而易見。」張宣公曰：「夫子雖未嘗明言性，而子貢蓋嘗識之，曰：『夫子之言性與天道，不可得而聞也。』豈是真不可得而聞哉？蓋夫子之言，無非天道性命之流行也。至孟子時，異説并興，孟子懼學者之惑，則指示大本，使知所止。今之異端則又異乎古，自謂識心見性，其説開廣，故高明之士往往樂聞而喜趨之，一遊其間，則喪其本心，隳弛萬事，毫釐之差，霄壤之謬，其禍可勝言哉！諸先生于此，又烏得而忘言也？」躐等。躐，越也。等，階之級也。謂不歷下級而遽越上級也。程子。叔子。

子路有聞。何文定曰：「未能行而恐有聞，非以行不給而倦于聞也。此特形容其汲汲于行而惟恐有留善之意。夫行之速，惟恐其善之或遺；聞之多，又慮其力之不足。自勵若此，進善豈有窮乎？夫勇者，氣質之偏多務勝人，而子路則用以自治，而功百倍于人，此范氏所謂善用其勇也。」

大叔疾。大音泰。遺。名。孔姞。孔，氏；姞，姓。女以姓行。謚法。周公所作，見《逸周書》〔一〕。義。王文憲曰：「子産精神全在『義』字上，孟子之言未盡。」僑音喬。都鄙有章，上下有服，田有封洫，廬井有伍。語見《左氏》襄公三十年。都鄙有章，杜氏謂「自國都及邊鄙，車服尊卑，各有分部」。朱子謂「有章程條法」。按：都鄙如大都「三國之一，中五之一，小九之一」，又「師都建旗，縣鄙建旐」；當時鄭國多是彊族，其分食都鄙必有侈僭，故子産限之，使其城郭、車旗、章服各有尊卑也。上下有服者，謂使貴賤衣冠各有等殺，不得踰侈；當時鄭國衣冠踰制者，藏而不敢服，故有「取我衣冠而褚之」之誦。田有封洫者，封疆溝洫，此水陸之路，所以限井田之界；當時井田制壞，漸有開阡陌相侵越兼并之患，故使民封土爲疆，通水爲洫，以正經界、止侵并、復田制，一時使民力爲之，所以有「作封洫」之譏，有「取我田疇而伍之」之謗。廬井有伍者：廬，田間民舍；井，九夫爲井，所謂「夫三爲屋，三屋爲井」；伍，蓋伍家爲伍，使之相親相愛。鄉田同井，使之相友相助，而其中間，有罪奇邪則相及，慶賞相共。以此節觀之，則子産治國之才，非當世所可及，惟夫子斷之明，而《集注》取得其要。臧文仲不仁者三，不知者三。《左氏》文二年：「仲尼曰：『臧文仲不仁者三，不知者三。下展禽，廢六關，妾織蒲，三不仁也；作虛器，縱逆祀，祀爰居，三不知也。』」

「晏平仲」章。程子。叔子。

居蔡。《家語》：「漆彫平對孔子云：『臧氏有守龜，其名蔡。文仲三年而爲一兆，武仲三年而爲二兆。』」山節藻棁。按《禮記》：「管仲山節藻棁，君子以爲濫。」以此例之，則「山節藻棁」似指宫廟之僭侈，與「居蔡」各一事。「同歸」不知爾，當考。祀爰居之義。「爰居，海鳥也，大如馬駒」，故曰爰居，亦作鶢鶋〔二〕。《國語》曰：「海鳥曰爰居，止于魯東門之外三日，臧文仲使國人祭之。展禽曰：『越哉，臧孫之爲政也！今兹海其有災乎？夫廣川之鳥獸恒知避其災也。』是歲也，海多大風，冬煖。」又祀爰居事亦見《莊子》。

子文姓鬭，名穀於菟。穀，奴口反。於音烏。菟音徒。《左氏傳》曰：「初，若敖娶于䢵，生鬭伯比。若敖卒，從其母畜于䢵，淫于䢵子之女，生子文。䢵夫人使棄諸夢中，虎乳之。䢵子田，見之，懼而歸。夫人以告，遂使收之。楚人謂乳穀，謂虎於菟，故命之鬭穀於菟。」三仕三已。《左氏》莊公三十年，楚申公鬭班殺子元，鬭穀於菟爲令尹。至僖公二十三年，子玉爲令尹。二十八年，子玉死，蔿吕臣爲令尹。三十三年，子上爲令尹。其後子文之死，《傳》又曰：「令尹子文卒，鬭般爲令尹。」則是卒之時又爲令尹也，卒而子繼之。三仕三已，别無所考。子玉之爲令尹也，子文先爲之治兵，而子玉復治之。子玉死，蔿吕臣爲令尹，其後子上又爲令尹，子玉、吕臣、子上之間，子文大率執其政以代其缺歟？「而告新令尹者」至「私也」。《左氏》僖公二十三年：「秋，楚成得臣帥師伐陳，討其貳于宋也。遂取焦、夷，城頓而還。子文以爲之功，使爲令尹。叔伯曰：『子若國何？』曰：『吾以靖國也。夫有大功而無貴仕，其人能靖者與有幾？』」二十七年：「楚子將圍宋，子文治兵于睽，不戮一人。子玉復治兵于蔿。」杜氏謂「子文欲委重于子玉，故略其事」，「蔿賈曰：『子之傳政于子玉，以靖國也，靖諸内而敗諸外，所獲幾何？』」按此傳政之説，亦舊政告新之證，但子文之傳政子玉，乃以令尹賞戰功；城濮之役，又重其事權以行，此所以啓子玉好戰以致敗也。其他事蓋可想矣。崔子弑齊君。《春秋》襄二十五年：「齊崔杼弑其君。」詳見《左氏傳》。陳文子有馬十乘。古者車馬出于田賦。每甸出車一乘，馬四匹，則十乘乃十甸之田，其田邑之大可知矣。違之。三「違之」絶句。上章「不知其仁」。仁道至大，非全體而不息者不足以當之。後篇「仁則吾不知」。仁則天理渾然。三仁。同出于惻怛至誠之意，故不拂乎愛之理而有以全其心之德。○各得其本心。夷、齊。皆求所以合乎天理之正而即乎人心之安。所謀者無非僭王猾夏之事。楚自熊通僭號，是爲楚武王。至魯莊之三十年，子文爲令尹。僖元年，楚人伐鄭，與齊桓公争諸侯，連年侵伐，于是齊爲陽穀之會。僖之四年，齊桓公有次陘之師，雖受盟于召陵，而明年，子文身有滅弦之師，以撼江、黄、道、栢；又明年，楚人圍許，與齊桓公争鄭。僖之十一年，伐黄；明年，滅之。十五年，伐徐，齊桓公救徐，而楚卒敗徐于婁林。及齊桓公卒，僖之二十年，子文身有伐隨之師，以争漢東諸侯。二十一年，宋襄公爲盂之會，而楚執宋公以伐宋；又明年，敗宋師于泓，取鄭二姬以歸，子文無諫也。二十三年，得臣伐陳，取焦、夷，城頓，而子文以令尹賞之。及晋文公立，而楚伐宋伐齊，子文又重子玉之權以遣之，卒以致敗，然猶争霸不已。凡此皆僭王猾夏之事也。○朱子曰：「只緣他大體既不是了，故其小節有不足取。如管仲之三歸、反坫，聖人却與『其仁』之功者，以其立義正也。故管仲是天下之大義，子文是一人之私行耳。」**正君討賊。**崔杼之弑君，申鮮虞責閭丘嬰曰：「君昏不能正，危不能救，死不能死。」申鮮虞尚以責嬰，况陳文子爲大夫，其不能正君討賊，安得無罪？**復反於齊。**按：陳文子出入皆不見于《春秋》經、傳，《史記》亦不載。襄二十五年夏，《經》書「齊崔杼弑其君光」，不書陳須無出奔；《傳》書莊公諸嬖臣或死或奔，而不及陳文子之出。其二十七年，宋向戌請弭諸侯之兵，齊人弗許，陳文子請，許之，其六月，齊慶封、陳須無皆至會，則是崔子弑君之三年，文子已復反于齊，預其大政，而《傳》不明言其反也。其九月，崔氏内亂，慶封爲杼攻崔氏，盡俘其家，杼至無所歸，縊而死，《傳》不言陳文子與謀與否。二十八年，文子又主朝晋之謀。其冬，文子父子始與謀攻慶氏于廟，須無以公歸，慶封奔吴，齊盡召群公子，改殯莊公，尸崔杼于市焉。其後文子卒，其子無宇用事。至其孫乞，厚施于國。至恒，弑簡公。○子張學于聖門，不知仁體，乃以二大夫之仁爲問，二子不足責，子張識見可謂低小矣。昔張宣公學于五峯胡子，首以此章令公思之，遂有所見。

季文子使晋。《左氏》文六年，季文子將聘于晋，使求遭喪之禮以行。其人曰：「將焉用之？」文子曰：「備豫不虞。求而無之，實難。過求，何害？」八月，晋襄公卒。蓋其時晋侯久疾，故文子求遭喪之禮以行也。**程子。**未詳。**「宣公篡立」至「納賂」。**《左氏》文公十八年：「公薨。文公二妃。敬嬴生宣公。敬嬴私事襄仲，襄仲欲立宣公，叔仲不可。仲見于齊侯而請，許之。仲弑惡及視，而立宣公。殺叔仲惠伯。夫人姜氏歸于齊，哭而過市，曰：『天乎！仲爲不道，殺適立庶。』市人皆哭。」宣公元年：「季文子如齊，納賂以請會，會于平州，以定公位。」宣公十八年：「公孫歸父以襄仲立公故，有寵。與公謀，而聘晉，欲去三桓。公薨，季文子言于朝曰：『使我殺適立庶以失大援者，仲也。』臧宣叔怒曰：『當其時不能治，後之人何罪？子欲去之。』遂逐東門氏。」私意起而反惑之驗。季文子縱襄仲殺嫡立庶，于是瞷宣公之短，黜莒僕之賞，以奪其權；賂齊侯之會，以固己位。其後宣公患其專，與公孫歸父謀去之。宣公薨，季文子惡歸父而恨宣公，又假立庶之罪而逐之。始終無非私意矣。務窮理。未思之前。貴果斷。既思之後。〇窮理則不待三思，果斷則不必三思，惟窮理則可以果斷。不窮理而務果斷，不幾于率意妄作乎？不窮理而徒三思，則私意起而反惑矣！

愚。此章重在「愚」字。「愚」謂其迹之似愚也，患難不巧避，沈晦不招禍，而能委曲以濟君，此其不可及也。「成公無道，而武子周旋其間」至「以濟其君」。《左氏》：晉文公之爲亡公子也，過衛，衛文公不禮焉。僖之二十七年，楚及諸侯圍宋，宋告急于晉。晉以楚新昏于衛，明年伐衛以救宋，取五鹿。衛成公請盟，弗許。衛侯欲與楚，國人不欲，故出其君以説于晉。衛成公出居襄牛。晉、楚戰于城濮。楚師敗績。衛侯懼，適陳，使元咺〔三〕奉叔武以受盟于踐土。或訴〔四〕元咺于衛侯曰：「立叔武矣。」衛侯殺其子角。咺不廢命。晉人復衛侯。甯武子與衛人盟于宛濮。衛侯先期入，甯子先。叔武聞君至，喜，走出，公前驅顓犬射殺之。元咺出奔晉。冬，衛侯與元咺訟，甯武子爲輔，鍼莊子爲坐，士榮爲大士。衛侯不勝。晉殺士榮，刖鍼莊子，謂甯俞忠而免之。執衛侯，歸于京師，寘諸深室，甯子職納橐饘焉。三十年，晉侯使醫衍酖衛侯，甯俞貨醫，薄其酖，不死。秋，魯爲之請，納玉于王與晉侯，乃釋衛侯。衛侯使賂周歂、冶廑，殺元咺及公子瑕，復歸于衛。程子曰。未詳。王文憲曰：「程子『免患』二字，未見其不可及；必如朱子本注所言，方見其不可及。」比干是也。比干，説見《微子》篇。程子此段又是章外之意。蓋比干是王族少師，甯武子是九世公族，于邦無道之時，皆當正救維持。甯子以沈晦維持，迄能有濟，而且免患；但衛侯出入始終以亂，亦是甯子欠正救之功，不無失諫之過。蓋衛文公不禮重耳之時，甯已自失諫；成公背華從楚，又失諫；其疑叔武，又失諫；已盟而疑，先期而入，又失諫；其再入也，賂殺元咺〔五〕及子瑕，又失諫。

夫君無道而不諫，但務沈默以兩全之，雖不可及，然君子濟世而一以愚爲尚，亦有所不當者，故又出比干一條以補此章之意。朱子曰：「世間事一律看不得。聖人非欲人人學甯武子，但如甯子，亦自可爲法。人當武子之時則爲武子，當比干之時則爲比干，執一不可也。」

子在陳。按：夫子凡三至陳。始適陳，有匡人之難。反衛，再適陳，蓋經宋魋之難，主司城貞子家，後又自陳適蔡，有絶糧之厄，遂如葉，楚昭將用孔子，子西止之，會卒。三則又自葉反適陳，在陳久之，反衛；明年，即自衛反魯。此言蓋發于三在陳之時也，明年即歸魯矣。此章當連後篇「中行」章及《孟子》末篇之意觀之，則意極明備矣。

伯夷、叔齊，孤竹君之二子。「孤竹」一作「觚竹」。湯所封墨胎氏，今平之盧龍東有古孤竹城。《地道記》云：「在肥如南十二里。漢爲令支縣，今營州亦皆其地。」《路史》云：「孤竹，炎帝後，姜姓之國，一云墨氏，蓋營州柳城縣古墨姓之國。」地相近，故云然。《史記索隱》云：「伯夷名允，字公信。叔齊名致，字公達。」此出《春秋少陽篇》。古無此名字之例，蓋緯書附會也。不念舊惡。朱子曰：「此與顔子『不遷怒』一般。其所惡者，因其人之可惡而惡之，而所惡不在我；及其能改，又只見他個善處。聖賢之心皆是如此。但伯夷平日以隘聞，故特明之。」「惡」如字；「所惡」去聲。程子。二條叔子。

微生高。《莊子》「尾生」，一本作「微生」。《戰國策》作「尾生高」，高誘注「魯人」，未詳是否。程子。叔子。范氏曰。朱子曰：「范氏又曰：『所以害其心術者不在大。』此言尤痛切，日用間不可不警省也。」然《集注》却不收入。

程子曰：左丘明，古之聞人。叔子也。此章文意，左丘明年輩蓋前乎夫子。後世以孔子修《春秋》，左氏作《傳》，遂以左氏爲左丘明。「巧言」「令色」「足恭」，左丘明所耻，而《左氏傳》不無浮辭誇勢之失。《或問》引啖助、趙伯循、陸德明《春秋釋例》[六]已嘗辨之，且引鄧名世《考姓氏書》，謂此乃左丘姓而明名，非左氏也。《語録》意左氏蓋左史之後云。○朱子曰：「門人記此二章相連，見聖人欲學者以此爲戒，而立心以直。若微生高之心，久之便做此等可耻事來。」

盍各言爾志。此章與第十一篇之末皆爲言志。十一篇言志，是問所用之能；此章言志，是言及人之事，蓋亦行仁之事也。上文必有所因而言者，而語不載。季路、顏淵與夫子之志，其精粗大小之等固不在言，但學者豈能躐等至孔、顏之地哉？切己省察，則子路之勇于爲義，豈可以勢利拘之？所以程子深重之，謂「亞于浴沂」。子路言志亞于浴沂，則曾點言志亞于顏子矣，但顏子是德行，曾點是見趣耳。勞，勞事。據程子說，則「施勞」當從第二說。子之志。夫子得行其志，則人人各得其所，綏來動和之妙可知也。輔漢卿問：「老者是己之上，朋友己之等，少者己之下，此三者足以盡天下之人否？」朱子曰：「然。」程子。一條、三條叔子，二條未詳。羈靮。羈，今馬絡。靮音的，今馬的盧也〔七〕。

十室。古者九夫爲井，四井爲邑。二畝半之宅在田，二畝半之宅在邑。邑凡三十二家。十室之邑，甚言其小，不滿三十二家也。言此以勉人。天下豈無天資之美者？但習所移而志不立，不能好學以充其資耳。然但言「忠信」而不言「知睿」，知睿之資固不易得，但聖人之于人，尚忠信而不尚知睿，終然忠信爲基本，知睿或難保也。世人多以聖人生知之資絕不可及而自棄，故聖人以「好學」勉之。

雍也

莊子所稱子桑户。莊子曰：「子桑户、孟子反、子琴張三人相與友，曰：『孰能相與於無相與，相爲於〔八〕無相爲？相忘以生，無所終窮？』」又：「子桑雩曰：『形莫若緣，情莫若率。緣則不離，率則不勞；不離不勞，則不求文以待形，固不待物。』」凡此皆太簡之意。許己南面。二章各自爲章。乃引上章而言者，以下文有臨民之說。故知因「南面」之許而問之。行簡。王文憲曰：「行簡是於行事上簡，居簡是於治己上簡。」詳見《通釋》。《家語》記其不衣冠而處。

《楚辭》「桑扈臝行」，《集注》亦引《家語》爲證。所行自簡。朱子曰：「非仲弓本意。又就裏面説，自不相害〔九〕。」程子。二條叔子。

不遷怒，不貳過。顏子好學，如「博文」「約禮」，「欲罷不能」；「克己復禮」，「請事斯語」；私「足以發」；「語之不惰」：皆是也。而夫子答哀公之問，特舉「不遷怒，不貳過」爲言，二事固亦克己之功，而未盡顏子好學之事。且顏子未嘗事權，有何可怒？蓋借是以諫曉哀公也。夫子答問之間，各切其人之病。哀公爲人躁妄，故夫子答其弟子好學之問，而舉顏子「不遷怒，不貳過」以曉之，即顏子二事之功，爲哀公對病之藥，惜哀公不能繹且改也。今也則亡，未聞好學者也。「今也則亡」，惜辭也；「未聞好學」，待辭也。曾子宜可謂好學，而夫子不及之，此一時也。曾子年最在諸弟子之後，其進學當在夫子暮年，其成德亦在夫子既殁之後也。程子曰。一條、三條、四條叔子，二條兼取伯、叔子。昔叔子少年游太學，安定先生胡翼之主教事，以《顏子所好何學論》試諸生，得程子此論，大驚。《集注》節入之。王文憲曰：「全自周子來。『本』字指五行之理，『真』指五性，『静』指未發，『約』是工夫，『中』是準則。」知所往。諸本或作「知所養」，朱子以「往」字爲是。王文憲曰：「明諸心，窮理之事；力行，踐履之事。」若顏子之非禮勿視。入「四勿」以備見顏子之工夫。程子《好學論》最爲密備：因「不遷怒」一句則推約「七情」，因「不貳過」一句則指説「四勿」，「合於中」則怒不遷、過不貳矣。

子華使於齊。原思爲之宰。張子曰：「於斯二者見夫子之用財。」○《或問》《通釋》已詳。但二事前後記不同時。大夫無境外之交，「蘧伯玉使人於孔子」「問人於他邦」，此事固有之；但此云使齊，是使齊君也，是必夫子閒居時也，如先之以子夏，申之以冉有之類是也。子華使才亞於子貢，而其力亦足以有行也。使子華而貧，則夫子不待請矣；子華而富，則冉子不必爲請也。冉子之才，好於附益；夫子之道，無非時中。然請粟、與秉，皆出冉子，則是其時爲夫子宰財者，冉子也，如伯高之喪，冉子攝束帛乘馬而將之，可見也。至於原思爲之宰，則夫子爲魯司寇時也。以「爲之宰」三字推之，二事舊必有上文焉。其文當曰「子在某，子華使於齊」，下段當曰「子爲魯司寇，原思爲之宰」，語意爲順。思之爲宰也，夫子爲其貧而仕之也；與之粟九百而辭，此原思之素狷也。以思之安貧，九百之粟誠爲無用，故夫子又教之以用財之義。學者觀於此章，有數善焉。夫子非責冉有之過予，蓋以禮處子華也；不許原思之過辭，又以義勉原思也。君子當補不足，不當益有餘也。居官無辭禄之理，而居鄉有相周之義也。聖人處事，無非中庸。《通釋》所謂「非徒見夫子之用財而已」也。**程子。**叔子。

子謂仲弓。句與第九篇「子謂顔淵」句同。程子欲去「曰」字，然以四字爲句，則是論二子云爾，「曰」字似無嫌。**犂，雜色。**字書：利之反，駁文牛也。「耕犂」之「犂」不同音。

「不違」章。程子。叔子。**「三月不違」與「日月至焉」内外賓主之辨。**「仁者，心之德。不違仁者，心無私欲而能有其德爾。」但張子之意，欲始學者分別「三月不違」與「日月至焉」者深淺分明，故借内外賓主以譬之，而《或問》有仁在内在外之説，於是諸老之説始離矣。大抵既是譬喻，只取分明，固難得義理恰好也。今且以張子之喻言之：仁譬則屋也，心譬則人也。「其心三月不違仁」，是人不違屋，常在屋内，縱三月外有時少違，即復歸來，必也是主。「日月至焉」者，是人每在屋外也，雖或日一至，或月一至，然終是客。既知其内外賓主如此不同，便須勉勉以進於不違，循循而莫或違之，至於久而熟焉，則有非人力所能與者矣。

「康子問」章。程子。叔子。

季氏使閔子騫爲費宰。費，季氏私邑，今費縣。汶，水名，出泰山萊蕪縣原山，西北入泲。汶上，今縣名。謝氏之説似若粗厲，朱子取其足以立懦。然觀閔子本旨，「善爲我辭」之言，雖似乎婉，「如有復我者，則吾必在汶上矣」，則不爲不峻，可謂壁立萬仞氣象矣。**程子曰：仲尼之門，能不仕大夫之家者，閔子、曾子數人而已。**叔子也。子夏嘗爲莒父宰，子游爲武城宰，子賤爲單父〔一〇〕宰，雖夫子亦嘗爲中都宰。蓋是時三家分魯，諸邑雖爲三家所有，然尚云貢於公室，則其名尚隸公室也。獨費乃季氏私邑，夫子嘗欲墮之，宜閔子所不屑也。德行之科四人，獨仲弓嘗爲季氏宰，此必少年始仕之時。觀其「焉知賢才」之問，與夫子稱「可使南面」之時，小大迥不同，安知後日所進不自前日所聞得之歟？剛則必取禍。如子路死於衛輒之難。柔則必取辱。如冉有爲季氏聚斂之類。

先儒以爲癩。出《淮南子·精神》篇，曰：「子夏失明，伯牛爲厲。」厲即癩也。《戰國策》曰「豫讓漆身爲厲」，謂漆身爲癩也；又曰「厲雖癰腫胞疾。」則字當作「厲」。北牖。「牖」字誤，當作「墉」。蓋室中北墉而南牖。墉，墻也。古人室，北墻上起柱爲壁。雖壁間西北角有小圓窗，名扉，謂之屋漏，然無北牖之名也。

「樂」。程子曰[一一]。前一條叔子，後二條伯子。其字。王文憲曰：「『其』字是先有此樂，是顔子所自得處。」

昔受學於周茂叔。周茂叔，道州營道縣濂溪里人。名敦實，後改敦頤。晚卜築廬山之下，取故里之號名其溪曰濂溪，學者稱爲濂溪先生，謚元[一二]。以汝南伯[一三]從祀夫子廟庭。初，茂叔爲南安軍司理，時洛人程公珦爲通守，觀其氣貌非常人，因令二子顥、頤受學焉。故明道先生曰：「昔受學於周茂叔。」又曰：「每令尋顔子、仲尼樂處，所樂何事。」本文先說顔子者，進學之序也。《集注》引此，先說仲尼者，師生之序也。所樂何事。見《通書》。學者但當從事於博文、約禮之誨。王文憲曰：「文公爲學者切己漏泄七分了。」

君子、小人儒。儒，學者之稱。子夏文學，故夫子鞭辟其近裏。君子儒則務德業，小人儒則誇文辭。王文憲曰：「程[一四]子於儒上說君子小人固甚乎，恐於子夏未切。謝氏以義利說，恐尤甚。子夏細密謹嚴，病於促狹，故以是警之。後世托儒爲小人者固多矣，恐子夏必不至此。」履祥按：《語録》朱子亦嘗疑此說爲初學之時；至於言博學篤志、切問近思之後，則不待爲此言矣。又曰：「聖人爲萬世立言，豈專爲子夏設？」觀此二條，則文公固自疑謝氏之說爲過矣。然「汝爲」二字專爲子夏言，當如文憲之說。況文公亦嘗言子夏太細密謹嚴，又云其促狹於子游，葉[一五]賀孫之問[一六]亦言其太緊小。如此，則此君子、小人，只是以度量規模爲言。其言君子，如大人、君子；其言小人，如野人、小人，若樊須「小人」之類。蓋對大人君子而言，特有小大之分耳，非言善否之殊也。至爲學者切己省察，則《集注》之言自在所深省。程子。叔子。

武城，魯下邑。《春秋》杜氏[一七]注：「武城在太山南。」《括地志》：「南武城在兗州，子游爲宰者。」焉爾乎。三語助，辭氣似繁。按字義「如是爲爾」，其辭氣必有所指，謂汝得人焉有如是者乎，謂其可與進於斯道者。澹臺姓，滅明名。按《史記·弟子傳》，字子羽，武城人。少孔子三十九歲。其後南游至江，從弟子三百人；《漢書》亦云，夫子之殁，弟子散居四方，各明夫子之道，而澹臺滅明居楚：則滅明固高弟也。他書載滅明事亦多奇偉。飲射讀法。飲即鄉飲酒，蓋鄉大夫賓興賢能，以鄉飲酒之禮禮之，黨正歲時屬民飲酒于序。射，鄉射也。讀法，《周禮》：州長，正月之吉，各屬其州之民而讀法；歲時祭祀州社，則屬其民而讀法；正歲，則讀教法。黨正，四時之孟月吉日，則屬民而讀邦法。族師、閭胥皆然。朱子曰：「公事不可知，意其鄉飲、讀法之類也。」爲政以人才爲先。薦拔人才，此是長民者第一事，所以爲國興賢，所以作興民習也。朱子謂「古者以士爲吏。或得人講論，亦爲政之助。」正大。因二事而可見爾，所存甚久，所該甚廣。苟賤，邪媚。亦因二事而言。由徑，苟也；私見，賤也。由徑，邪也；私見，媚也。所該甚廣。

莊周稱孟子反。《莊子》曰：「子桑户、孟子反、子琴張三人相與友。」敗還，以後爲功。兵家所謂斷後也。事見哀公十一年。十一年，齊國書師師伐我。孟孺子帥右師，冉求帥左師，及齊師戰于郊。樊遲請踰溝，冉有用矛於齊師，師入齊軍，獲甲首八十，齊人不能師。右師奔，齊人從之。涉泗，孟之側[一八]後入以爲殿，抽矢策其馬：「不進也。」王文憲曰：「聖人提起示人，使人知所自克。」謝氏曰。王文憲曰：「上蔡工夫在于去矜，故其言有力。」

祝鮀。爲人辨博，故「有口才」，觀《左氏》定四年召陵之會可見。雖因其言長衛，然《春秋》書法乃長蔡于衛，則鮀之口才能變易是非明矣。佞。本是有才辯之稱，故自謙者曰不佞。後因有口才者多變易是非，故始有諂佞之稱。《朱子語録》「焉用佞」處略言之。而有。「而」字猶「與」字，古書兩〔一九〕事相兼者，以「而」字中遞之。游氏疑「而」當作「不」。宋朝。宋公子朝，與南子内亂者。宋不罪其宄，而衛又召之，以遂其姦，其「免於今之世」者如此，故夫子傷之。今之世。夫子嘆傷之意在此三字。

野。猶今俗云村人。史。猶今言文人。張文潛謂今之所謂儒者，務博記，尚文辭，乃古之所謂史也。學者當損有餘，補不足。此緊要工夫，所以不偏勝而彬彬者也。楊氏曰。矯世之弊。

人之生也直。二「生」字詳見《或問》。程子。伯子。

知、好、樂。尹氏等級，張説重上。

中人上、下。此章本注爲教人言，張説爲中人以下設。「上」「下」字，朱子謂以資質言，亦以學力言；王元敬、王剛仲謂「以」字似重。蓋中人之質固多，然能以之上則可以語上，以之下則不可以語上矣。《集注》本爲教者言，此則并爲學者言。「所以使之」云云。此補文意也。「不可以語上」，非終不語也，使之以漸進爾。

樊遲問「知」「仁」。知者必知幽明之故，仁者先辨善利之間。明則有禮樂，固當務民之義；幽則有鬼神，則當敬而遠之。有〔二〇〕則必敬，幽則必遠也。「仁人者，正其義不謀其利，明其道不計其功」，故當「先難而後獲」。先獲非仁者之心，何以爲仁？程子。上條叔子，下條兼取二子。

知，仁。夫子以其意象、體段、效驗分言之，令人深體而以類求之爾，又不可太拘執。《通釋》以質之所近言，仁、知有偏重，然非偏無也。動而不括。出《易大傳》。括，結也。程子曰：如此形容。叔子也。是教學者體認。

夸詐。《漢書・韓信傳》：「齊夸詐多變。」程子。叔子。二國之俗。王文憲曰：「齊之盛時，已不如魯；魯之衰時，尚勝於齊。」唯夫子爲能變之。齊自夫子以後，亦嘗一變。蓋登夫子之門者多，其後諸儒與魯相埒，如《語論》，《詩》有《齊詩》。漢時嘗以齊、魯并稱。其施爲緩急之序。王文憲曰：「變齊先革功利，變魯先振紀綱。」

棱。力層反，方角也，酒器。《周禮·考工記》：「觚三升。」《考古圖》：凡瓶盃方角者皆曰觚。或曰木簡，所謂操觚者是也。「上『觚』指其器，下『觚』語其制」；器既不爲觚之制，而猶存觚之名；「觚哉觚哉」，言不不可復謂之觚也，亦以歎失其舊者不止觚也。夫子因一物而興歎，其所感者深矣。程子。叔子。

劉聘君。建人，白水先生，名勉之，字致中，朱子外舅也。嘗以列薦特召詣闕。既而秦檜用事，令後省給札試策，先生謝病歸。井有仁焉。「『有仁』當作『人』。」[二]朱子謂以赴井救人爲仁，下文「可逝，不可陷」見之。宰我此問，雖《語録》亦疑之，然此不足怪，今人憂道學之蹈害者亦如此。曰：學道者，雖告之曰：「不夫不婦則爲誠，不飲不食則爲廉，坐禪入定則爲敬，絶世廢事則爲高乎？如此則忘身絶世而已矣！」則將應之曰：「何爲其然也？學者行人倫之當然耳，非可絶人倫以爲誠也；取舍合於義而已，非可吸風飲露以爲清也；存心遇事，主一無適而已，非可以坐禪入定爲敬也；日用當行而已，非以絶世廢事爲高也。」

君子博學於文。何文定曰：「《通釋》舉仁字一節，蓋是指出博與約親切處以爲例，尤見分曉。」因是推之，如《詩》三百篇，字字要講究，是博文也；到得行時，「一言以蔽之，曰『思無邪』」，是約禮也。如「禮儀三百，威儀三千」，件件要講究，此博文也；至於行時，則一言以蔽之，曰「無不敬」，是約禮也。今觀《文公語録》有曰：「『博學於文』，考究時自是頭項多，到得行時，却只是一句，所以爲約。若博學不約之以禮，安知不背畔於道？徒知要約而不博學，則所謂約者，未知是與不是，亦或不能不畔於道也。」○按：本注兩進；程子重下，於學者爲切。此君子是大概言學者。博是廣博聞見，約是收束心身。廣博聞見於「文」，而收束心身以「禮」，方可得其不畔於道。徒博文而不約禮，安保其不畔於道哉？顏子博約是知行并進，此章所重在行。**程子**。伯子。

南子請見。《史記》曰：「靈公夫人有南子者，使人謂孔子曰：『四方之君子不辱欲與寡君爲兄弟者，必見寡小君。寡小君願見。』孔子辭謝，不得已而見之。夫人在絺帷中。孔子入門，北面稽首。夫人自帷中再拜，環珮玉聲璆然。孔子曰：『吾鄉爲弗見，見之禮答焉。』」又説具第九篇「未見好德」章下。**有見其小君之禮。**詳見《或問》。**所，誓辭，如云「所不與崔、慶者」之類。**語見襄二十五年，又「所不爲忠於君、利社稷者是與」，又《或問》引「所不與舅氏同心者」，此類非一。**重言以誓之，欲其姑信此而深思。**聖人道大德全，不絶人於善。其見惡人，固謂在彼有願見之心，而在我本有可見之禮，則不咎其既往，或啓其將來，未可知也。孔子居是邦，不非其大夫，况其君夫人乎？則又難以明言矣。且此行也，在聖人則可，在他人則不可。明言其爲可，則側媚由徑之人皆可借此説以藉口矣。故但重言以誓之。其誓之以天，何也？夫事一也，而在聖人則可，在他人則不可者，亦論其心而已。聖人此心光明正大，上通乎天，故無不可。彼無是心而假是事以自文者，其如天何哉？聖人指天以爲質，欲學者知反此心也。

中者，無過、不及之名。此章《中庸》嘗言之，而文少異。朱子訓義亦微不同。《中庸》上句無「爲德」二字，「鮮」字下有「能」字。蓋《中庸》以理言，故無「爲德」二字，而下文有「能」字，其實下文「能」字即「爲德」二字也。《中庸》首章兼性情而言，故朱子訓義兼言不偏不倚之體；此《中庸》指德行而言，故訓義止言無過、不及之用。**程子。**前四句未詳，「自世」以下叔子語。

何事於仁。《程氏遺書》言「誠與才合」章引此語，正作「何止」之意，又第八卷曰：「孔子見子貢問得來事大。『何止於仁？』」《集注》本此。《語録》：「何消得更説仁」，又「何待於仁」，又「豈但於仁」。何文定曰：「『何止』云云，『何事』是當時方言。」王文憲曰：「尚何事於爲仁。」履祥按：「事」字似重，「止」字似輕。當〔二二〕作「必有事焉」之「事」，謂其用工爲仁也。以博施濟衆爲仁，愈遠愈難，學者如何下手？必也聖乎。《語録》：「此句語意未歇，當急連下文讀。仁者，此心之天理；博施濟衆者，聖人行仁之成功。」夫仁者，己欲立而立人，己欲達而達人。此二句活潑潑地，最好玩味。程子「欲令如是觀仁，可以得仁之體」，正是指此二句。體是體段之體，猶云意象也。能近取譬，可謂仁之方。程子統連上二句，蓋一時之言，記録者亦或有缺失。《語録》：「上説『夫仁者』，則是言仁之道如此；下云『仁之方』，是言求仁之方當如此。上節仁也，下節恕也。」程子曰。伯子。醫書。曰手足不仁。痿。音萎，顔師古曰：「人佳反，音矮，即痺病也。如淳曰：『兩足不能相過曰痿。』」痺。必寐反，運動不起、不識痛癢之意。氣已不貫。黄文肅云：「當於此一句求之。」又曰。叔子。王文憲曰：「子貢以事言，故遠而難；夫子以心言，故近而切。」○孔門諸子問仁，夫子各隨其人所至，語之以爲仁之事而已。子貢亦嘗問爲仁矣，夫子告之事實、友仁，至問「欲無加諸人」，而夫子以爲「非爾所及」，終未得問仁之要領也。至是，大爲之説。曰：「有能博施於民而能濟衆何如？可謂仁乎？」夫子謂如此則何以從事於仁，此乃聖人事功之極，雖堯、舜亦猶有所不足，於以求仁，何有涯涘？夫仁之體段，「己欲立而立人，己欲達而達人」，以己及人，周流無間；下此則以己譬人，乃恕之事，亦可謂爲仁之方也。故程伯子曰：「欲令如是觀仁，可以得仁之體。」夫子荅問仁多矣，未有若此章之親切者。蓋仁固本心之全德，終然愛之理居多。子貢之問雖若闊遠，終然自愛之一路推來，果能自反於己，親切求之，先推所欲，至自然立、達人處，積而至於聖人，雖博施濟衆，亦不過此心之流行耳。讀此章者，多疑「何事」之訓詁，「仁」「聖」之異同，今述其大意如此，以待善觀者。

【校記】

〔一〕大叔疾（大音泰）遺（名）孔姞（孔氏姞姓女以姓行）謚法（周公所作見逸周書）：按：《集注》：

「……故謚法有以『勤學好問』爲文者……孔文子使太叔疾出其妻而妻之。……文子使疾弟遺室孔姞。……」頗疑金氏「大叔疾」、「遺」、「孔姞」、「謚法」錯簡，當作「謚法」、「大叔疾」、「遺」、「孔姞」。

〔二〕鶢鶋：底本作「爰居」。據庫本改。

〔三〕咺：底本作「喧」。《左傳》僖公二十八年：「使元咺奉叔武以受盟。」又底本下文：「衛侯殺其子角。咺不廢命。」故當作「咺」。據胡本改。本條下文「咺」多誤作「喧」，徑改。

〔四〕訴：底本作「訢」。《左傳》僖公二十八年：「或訴元咺於衛侯曰。」當作「訴」。據庫本、胡本改。

〔五〕咺：底本作「喧」。據胡本改。

〔六〕陸德明春秋釋例：頗疑「陸德明」當作「陸淳」、「春秋釋例」當作「春秋纂例」。《四書或問》卷二十《論語或問・公冶長》：「或問：『左丘明非傳《春秋》者耶？』曰：『未可知也。啖、趙、陸氏辨之，於《纂例》詳矣。程子蓋因其説，而范、吕、楊氏則固以爲當世之人也。先友鄧著作名世考之氏姓書曰：「此人蓋左丘姓而明名，傳《春秋》者乃左氏耳。」鄧名名世，字元至云。』」此中所云「陸」乃陸淳，所著《春秋集傳纂例》或稱《春秋纂例》。

〔七〕今馬的盧也：「的盧」乃馬名，故此句文意不合語境，頗疑當作「今馬繮也」。

〔八〕於：原作「與」，據《莊子・大宗師》改。

〔九〕朱子曰非仲弓本意又就裏面説自不相害：《朱子語類》卷三十《論語十二・雍也篇第一》：「居敬行簡，是有本領底簡；居簡行簡，是無本領底簡。程子曰：『居敬則所行自簡。』此是程子之意，非仲弓本意也。（人傑。）」「問：『伊川説：「居敬則心中無物而自簡。」意覺不同。』曰：『是有些子差，但此説自不相害。若果能居敬，則理明心定，自是簡。這説如一箇物相似，内外都貫通。行簡是外面説。居敬自簡，又就裏面説。看這般所在，固要知得與本文少異，又要知得與本文全不相妨。（賀孫。）』」實爲兩條，然金氏作一條。

〔一〇〕父：底本作「文」。《史記》卷六十七《仲尼弟子列傳》：「子賤爲單父宰。」據庫本、胡本改。

〔一一〕樂程子曰：據金氏前後著述之例，「樂程子曰」當作「賢哉回也章程子曰」。

〔一二〕元：《宋史》卷四二七《周敦頤傳》：「賜謚曰元公。」。

〔一三〕汝南伯：諸本皆作「零陵伯」。《宋史》卷四二七《周敦頤傳》：「淳祐元年，封汝南伯，從祀孔子廟庭。」據改。

〔一四〕程：底本作「稱」。據庫本、《宋元學案補遺》卷八十二《北山四先生學案補遺》改。

〔一五〕葉：底本作「業」。《朱子語類》卷前《朱子語録姓氏》：「葉賀孫字味道，括蒼人，居永嘉。」據庫本改。

〔一六〕問：底本作「聞」。《朱子語類》卷三十二《雍也篇三·子游爲武城宰章》：「問：『子謂子夏曰：「女爲君子儒，無爲小人儒。」看子夏煞緊小，故夫子恐其不見大道，於義利之辨有未甚明。』」據庫本改。

〔一七〕杜氏：諸本皆作「杜氏」。據《春秋左傳正義》，此非杜氏《注》文，乃孔穎達《正義》之言。

〔一八〕孟之側：諸本皆作「孟子側」，《左傳》哀公十一年：「孟之側後入以爲殿。」據改。

〔一九〕兩：底本作「雨」，據庫本、胡本改。

〔二〇〕有：諸本皆作「有」。然據語境，疑當作「明」。

〔二一〕有仁當作人：此乃引用《集注》所引劉聘君之語：「『有仁』之『仁』當作『人』。」然金氏所引有節略。

〔二二〕當：底本作「尚」。據胡本改。

論語集注考證卷之四

述而

老彭，商大夫。此古注之説。然雜書本云，彭祖，商賢大夫。恐古注之説或出於彼。見《大戴禮》。按：《大戴禮》，戴德所編。戴聖取其前三十餘篇并他書爲《禮記》，其後者爲《大戴禮記》。今按《虞戴德第七十篇》曰：「公曰：『善哉！子之察教我也。』子曰：『丘於君唯無言，言必盡，於他人則否。』公曰：『教他人則如何？』子曰：『否，丘則不能。昔商老彭及仲傀，政之教大夫，官之教士，技之教庶人。揚則抑，抑則揚，綴以德行，不任以言。』」又按：仲傀即仲虺，仲虺爲左相，而云『老彭及』，又云『教大夫』，則老彭不止於大夫矣。此雖不可考，然云大夫，則恐古注誤認爲彭祖爾。按：「述而不作，信而好古」，此二句乃老彭之規模見趣，夫子引而自比之也。

「默識」章。朱子曰：「此必因人稱聖人有此，故聖人謙辭以答之；後來記者失〔一〕其上文，但作聖人自言爾。默識是得之於心，學不厭則更加講貫，誨不倦是施之於人。」

「德修」章。此章亦必有上文，蓋因學者有不切己之憂而言也。「德」指行，「學」指知，「義」「善」指事，下二句猶言遷善改過。朱子謂有淺深，聞義則遷就合宜耳，不善則是過失矣。

「燕居」章。程子。叔子。

甚矣吾衰也。句。久矣吾不復夢見周公。句。從致堂胡氏。程子。叔子。

「志道」章。添入「知此」二字，蓋須有知之在前。得其道於心而不失之謂。舊本作「行道而有得於心」，後改定從此。第二篇「德」字雖改作「得之於心而不失」，不如此章之密。○按此章上三句，一節密於一節；下一句，雖寬而實密。文中子曰：「志道、據德、依仁而後藝可游。」朱子亦稱之。王文憲曰：「此句尤要細翫。六藝於小學中已習，元在志道之先，至是方可游，而後二字不在『藝』字，却在『游』字上。觀『朝夕』二字，藝實游於志、據、依之間，所以爲重。諸說皆說游藝輕了，稱不得上三句；惟朱子説得停當，曰『朝夕游焉』，曰『動息有養』，曰『内外交養』，曰『無少間隙』，曰『心無所放』，此皆游藝之功；雖《通釋》亦失之。」

舉一隅。石經下有「而示之」三字。程子。二條叔子。

「行藏」章。《番陽語録》周謨録内有一條曰：「『用之則行，舍之則藏』，此八字極要玩味。若他人用之則無可行，舍之則無可藏。唯孔子與顏淵先有此事業在己分内，若用之，則見成將出來行；舍之，則藏了，他人豈有是哉！故下文云：『唯我與爾有是夫。』『有是』二字當如此看。婺本劉砥所録意亦同此。」今按《集注》不明説此意，然意已在内。蓋行藏字與仕隱字不同：謂之行，必有所施行之事；謂之藏，必有所留藏之具。孔、顏有此，不在言者。但孔子聖之時，故用之則行，舍之則藏，可仕止久速，無意、必、固、我。若伊尹則聖之任，未免必於行；伯夷聖之清，未免必於藏爾。至於所以行藏之具，蓋不在言者。下此則可言仕隱，不可言行藏矣。子路見夫子許顏子，謂惟我與爾有此行藏之具，故自許以有將帥之具，而以行三軍誰與爲問。若上文但是説用舍，無固、必，則下文所問不相類矣。惟兼看《語録》之説則相應。暴虎，徒搏；馮河，徒涉。本《爾雅》文。《通釋》謂暴、馮皆有慢侮欺陵之意。

「富求」章。此章上增入一、二虚字，則不待説而明，曰：使富而可求也，雖執鞭之士，吾亦爲之矣；其如不可求，何豈若從吾所好？《語録》引伊川之説，謂「君子贏得爲君子，小人枉了做小人」。

所慎。聖人無所不謹，俱從容中道，人不覺其謹爾。然於是三者尤加重，故門人覺而記之。齊。音齋。齊不齊以致齊。《禮記》語，并如字。〔二〕

子在齊聞《韶》。《儀禮通解》曰：「孔子至齊郭門之外，遇嬰兒挈壺，俱行，其視精，其心正，其行端。孔子謂御曰：『趣驅之，《韶》樂方作。』孔子至彼而聞《韶》，學之三月，不知肉味。」〔三〕履祥按：「視精」「行端」之説亦見《漢書注》。朱子謂此説差異，亦有此理。○《漢志》曰：「至春秋時，陳公子完犇齊。陳，舜之後，《韶》樂存焉。故孔子適齊聞《韶》。」朱子謂此亦無據。何文定謂齊大國，有此事力，故能備此。履祥按：齊之有《韶》，非敬仲〔四〕所能致也。敬仲，亡公子，豈能以《韶》樂奔齊哉？古者天子賜諸侯樂，安知非周以之賜太公耶？故魯亦有《韶箾》，然孔子不於魯聞之，蓋是時孔子年三十五，魯亂適齊而適聞之也。其後晚年歸而正魯樂，豈《韶》之遺音，齊人識之，不失其舊耶？三月。朱子自作一句點。《史記》謂「學之三月」。程子謂「三月」當作「音」字，蓋誤寫也。程子之意，蓋謂一聞之三月不知肉味，聖人之心不應如此固滯。此可謂知聖人之心。朱子謂《史記》「三月」上有「學之」二字，程子適不考爾。蓋聖人聞《韶》則必學，學之亦必數月始熟；方聖人之學之也，以夫子之誠與大舜之德妙感契悟，自忘肉味，此正可見聖人之樂與聖人之心爲如何。三月蓋謂學之三月爾，非三月之久不知肉味也。曰：不圖爲樂之至於斯也。「爲」字平聲。謂舜之作樂，何其情文善美之盡如此。近有北士，因《漢志》陳敬仲以《韶》奔齊之説，遂謂夫子在齊聞《韶》，三月忘味，傷之至也。曰：「《韶》乃陳樂，何爲而至於齊？」蓋傷陳氏之必篡齊也，其後陳成子果弑簡公，夫子請討之。」此乃證古集之説，《路史》意亦然，大爲躁妄。且感《韶》之盛而三月忘味，程子猶以爲非聖人之心，故《集注》取《史記》「學之三月」以證之。豈有陳氏專齊，而夫子一聞樂聲，三月忘味，聖人之心乃傷忿固滯如此？聖人之怒，「在物不在己」，何爲忿忿悒悒，一病三月也？學者不知守文公之説，求聖人之心，而好爲新奇，何所不至？可憂甚矣！

晉納蒯聵而輒拒之。事附十三篇内。伯夷、叔齊。見前篇。此注事在《史記·伯夷傳》。中子。中，去聲，一音仲。伯夷，長子；叔齊，第三子。故二子既逃，國人遂立其中子。中子，不知其名，其墓漢靈帝光和元年淪於海。不斥衛君，而以夷、齊爲問。子貢在言語之科，其善問如此。怨。《或問》云：「出於激發過中之行，不能無感慨不平之心。」○子貢善問，莫精在「怨乎」一問。蓋伯夷、叔齊固以事言，而「怨乎」一問又以心言，事可勉而心不可掩。夫言夷、齊，則不爲衛君已可知矣。然使伯夷逃國，而其心猶曰：「我固當立，特以父命，不得不逃。」叔齊逃國，而其心猶曰：「父命立我，特以兄在，不得不逃。」即此不得不然之心，則怨矣，其與衛輒唯恐失國之心何遠哉？此子貢所以再有此問也。惟伯夷以不違父命爲安，叔齊以不躐天倫爲正，脱然唯恐有國之爲累，而曾無幾微不得已之心，此其所以爲賢，而孟子直以「聖之清」許之，緬想此心而下視衛輒之心，真天淵之不相近矣。而謂夫子爲輒乎，《或問》於此極爲詳明，惜不約入《集注》，學者不可不參看。然不獨以此論古人心迹之辨，又當以此自察于心術幾微之間也。程子。叔子。

程子曰：非樂疏食飲水也。叔子也。此句設辭，但此章與「顔樂」章不同。前章但言顔子不以貧賤改其樂耳，此章則以貧賤與不義富貴對言之。大抵道義所在，雖疏食飲水，樂亦在其中；若不義而富且貴，則大爲身心之累矣。故寧以疏食飲水爲樂，而視不義富貴漠然不與己相干也。此在聖人不足言，但此篇多聖人之謙辭，故其言云爾。雖疏食飲水，不能改其樂也。王文憲曰：「《或問》既以不改其樂與樂在其中爲微有間矣，而程子乃以『不改』釋『在中』，宜思之。」履祥謹按：程子之説在圈外者，多是收入《語録》，其與本注襯貼文意者不同，然此言亦自有間。前章顔子不改其樂，乃是不移於外物；此程子言「疏食飲水，不能改其樂」，乃是外物不能移也。外物不能移，故雖「疏食飲水，曲肱而枕之，樂亦在其中矣」。又曰。未詳。

劉聘君。説見前篇。元城劉忠定公。名安世，字器之。官至待制。他《論》。舊來經書無印本，太學博士兼立諸家之本，學者所在傳寫。自五代長興以來，國子監始有版本，然與開元本已微有不同。開元本，明皇所定，有司所寫，已與古文不同。自來民間傳寫本猶有存者，故劉忠定尚得見他《論》。今書皆以監本爲定，更不參考。然此五十字其來久矣。「五十」作「卒」。篆文「五」字與「卒」字，其中皆有交互之形，以故致誤。《史記》此章作「假我數年，如是，我於《易》則彬彬矣」。玩其辭意，則「五十」字當是「吾」字。是時孔子年已幾七十。《史記》「假我數年」之語，乃是夫子讚《易》之時，其時年幾七十。○《易象》與《春秋》藏於魯太史。孔子，魯人，少而好學，固無所不學，但其教人，惟以《詩》、《書》、執禮爲重，而尤重於禮。其觀周，其之杞之宋，皆爲説禮計。晚年反魯，知道不行，始爲述作垂世計。以天地陰陽之道備於《易》，故讚《易》；以善惡賞罰之事備于《春秋》，故又修《春秋》。《史》謂晚而好《易》，讀之韋編三絶，謂尤加精審爾，非至此始學《易》也。《語録》曰：「此章大旨在『無大過』，不在『五十』上。」吉凶消長之理，進退存亡之道。此用程子《易傳序》句。吉凶者陰陽之應，消長者陰陽之機，進退則體消長之實，存亡則積吉凶之極。人之體《易》，稍不中節會，即爲差失，聖人安得有差失？且無微差，安得有大過？言「無大過」者，謙辭爾。又按：《史記》此句作「我於《易》則彬彬」，似謂贊翼無所差失。《集注》首存此説，學者當兼思之。易而學。易，以豉反。

「雅言」章。程子。伯子。

葉。葉在樊、鄧之間，本姬姓所封之國，楚滅之以爲縣。僭稱公。楚自熊通以來僭稱王，故爲其縣尹者亦僭稱公。沈諸梁本沈國之後，己姓，以國爲氏；至諸梁，爲楚葉縣尹也。發憤忘食。憤，如「不憤不啓」之「憤」；忘食，如學《韶》不知肉味之意。發憤忘食，謂求之也；樂以忘憂，謂得之也。《集注》後篇以克己復禮爲乾道，發憤忘食乃乾道也。《漢書》董仲舒「下帷發憤」，亦用此意。未得，已得。所以發憤者，爲未得也；所以樂者，爲得之也。故《集注》補此四字，句中所自有之字也。俛焉日有孶孶，不知年數之不足。本《禮記》文。全體至極，純亦不已。聖人無所不致其極。發憤忘食，則無理之不可得；樂以忘憂，亦無入而不自得矣。故《集注》曰：「全體至極。」聖人於學求之得之，常常如此，「不知老之將至」，此所謂「純亦不已」也。

桓魋。注避廟諱作「威」。蓋宋桓公之後別爲向氏，又世爲司馬，故又以司馬爲氏。司馬牛其弟也。必不能違天害己。《史記》：「孔子去曹適宋，與弟子習禮大樹下。宋司馬桓魋欲殺孔子，伐其樹。孔子去。弟子曰：『可以速矣。』孔子曰云云。」按：此事在敬王二十五年，蓋魯定公薨之年。《或問》于此章發明詳盡，學者所當參看。

隱。門人以言語求聖人，故疑聖人爲隱。行。聖人以行示學者，蓋未嘗隱也。是丘也。謂我無一動之間不示二三子以義理者，此乃丘之所以無隱於二三子也。程子。叔子。

四教。程子曰。叔子也。按：文、行、忠、信，此夫子教人先後淺深之序也。文者，《詩》、《書》、六藝之文，所以考聖賢之成法，識事理之當然，蓋先教以知之也。知而後能行，知之固將以行之也，故進之於行。既知之又能行之矣，然存心之未實，則知或務于誇博而行或出于矯僞，安保其久而不變？故又進之以忠、信。忠、信皆實也，分而言之，則忠發于心而信周于外，程子謂發己自盡爲忠，循物無違謂信。天下固有存心忠實，而于事物未能盡循而無違者，故又以信終之。至于信，則事事皆得其實而用無不當矣。此夫子教人先後淺深之序有此四節也。或疑首篇言「行有餘力，則以學文」，而此章以文爲先，何也？曰：首篇言弟子居家之職，此章則夫子設教之序也。朱子嘗論知行二字，「論先後，則知爲先；論輕重，則行爲重」。知爲先，此章是也；行爲重，首篇之言是也。然首篇雖以學文爲後，乃所以審其行而進于實也。或又疑四教與四科如何？曰：四教以先後淺深言，四科以成德達才言，夫固各有攸當也。

「不知而作」章。王文憲曰：「《集注》『無所不知』在『我無是也』之中，『多聞』『多見』若作兩下説，恐非夫子意。細玩《集注》，當自見。」文憲之意，欲以「多聞，擇其善者從之」作一截，「多見而識之，知之次也」自作一截。文定未以爲然。○按：班固《溝洫志·贊》引此下二句，亦自作一截。此章聞與見未易分明，《語録》亦不分曉。今以實事證之。「多聞，擇其善者而從」，若夫子説夏、殷、周之禮，有善殷者，有從周者，又如夏時、殷輅、周冕，及删《詩》之類，此多聞三代之事，所以不可不擇也；「多見而識之」，若夫子修《春秋》，即多見當時之事，記則善惡皆當存之者也；「知之次也」，蓋謙辭。

互鄉。《寰宇記》：徐州沛縣合鄉故城，古互鄉之地，蓋孔子云「難與言」者。童子。或云：當是互鄉難與言之童子。蓋夫子「與其潔」「進」，不「與其退」「保其往」，「其」字是但指童子，非指互鄉也。若互鄉之人皆難與言，則夫子當曰：「與其進也，不與其地也；與其潔也，不保其習也。」今存此説以備參考。程子。叔子。

「仁遠」章。程子。叔子。

魯與吴皆姬姓。魯，周公之後，出自文王。吴，太伯之後，出自太王。魯之娶吴，亦齊景公女於吴之意，而魯尤爲失禮。未嘗顯言。顯言則夫子必不答也。

子與人歌而善。《論語》前章：「子於是日哭，則不歌。」則非喪非吊之日固未嘗不歌也。此章「與人歌」，後篇「取瑟而歌」，「歌」之一字凡數見於書。所歌何辭，所和何曲，初學者亦不可不知。蓋古人爲學，無日不在禮樂之中，「無故不徹琴瑟」「喪復常，讀樂章」。《爾雅》：「徒歌曰謡。」蓋古人不徒歌，必合瑟瑟而謂之歌，口舉其辭，而琴瑟以咏之，猶作樂者升歌，而琴瑟八音從之也。子與人歌而善，蓋其人或傳古調，或得新操，辭理俱善，必使反復唱奏，而後從而和之。和之者，述其音節而歌之也。孔子少時學樂於萇弘，學琴於師襄，習《韶》於齊，大意可想。此章則聖人不忽小物，不掩人善之至也，一事之微而衆善之集。門人可謂善於記聖人，朱子亦可謂善於觀聖人矣。

「聖仁」章。王文憲曰：「學不厭，誨不倦。前章方言『何有於我』，此章乃曰『則可謂云爾』，學者當思。」○《語録》曰：「不居仁聖，已爲謙矣；以不厭、不倦爲無有，又謙之謙也；至于『事父兄』、見公卿、勉喪、『不爲酒困』一節，則又謙之謙也。蓋聖人但見義理無窮而已有未盡，是以其言每下而益見其高也。」○履祥按：前章自省之辭，此章必因人之問。子貢問夫子聖矣乎，其下答辭與此章類。故晁氏之説以爲有稱夫子聖且仁者，而夫子辭之如此。但《集注》《語録》於「博施」章既辨聖乃仁之極，而此章又云爲是爲仁、聖之事，亦以此仁、聖誨人，則又似聖與仁爲對。按此亦因人之問聖，言其德仁，言其及物。夫子雖不敢自聖，而所言爲之不厭，即作聖之事；誨人不倦，即及人之仁。所以公西華曰「正唯弟子不能學也」，可謂得之矣。「爲之不厭」即學不厭之意。學不厭、教不倦，前章與「子貢」章凡兩出，似不必異説。

有諸。《博物志》曰：「之乎爲諸。」誄，哀死述行之辭。古本《論語》元作「讄」。《説文》引《論語》云：「讄曰：『禱爾于上下神祇。』」讄亦作「讄」，禱也，累其事以求禱也；其作「誄」者，則哀死而述行以謚之之辭：同是力軌反，而義不同。必開元、長興吏書之誤，《集注》偶未之考爾。其稱「讄曰」必自有一書，若《周禮》大祝所掌六祝、六祈、六辭之類是也。子路引之以證其有禱之禮，夫子心行與天地神明一久矣，豈待今日之禱哉？故又借其禱字以曉之。《士喪禮》疾病行禱五祀。五祀，中霤、竈、户、門、行，家所得祀也。

程子。上條叔子，下條伯子。君子循理。循理所以坦平也。君子固有憂時，然憂道耳。憂道故循理，所以心廣體胖而未嘗不蕩蕩。小人亦有樂時，然縱欲耳。縱欲則役於物，所以患失行險，未嘗不戚戚也。

聖人全體渾然。王文憲曰：「指德性。」陰陽合德。指氣質。中和之氣。氣即性。〇《語録》曰：「聖人固是自然，學者便須舉偏補弊。蓋自舜之命夔已如此，而皋陶陳九德亦然。」程子。叔子。

泰伯

三讓，謂固遜也。《語録》：「徐寓問：『「三以天下讓」，程言「不立，一也；逃之，二也；文身，三也」，不知是否？』曰：『據前輩説，亦難考。當時或有此三節，亦未可知。但古人辭讓，必至再三，想此只是固讓。』」履祥按：禮書：初讓曰禮讓，再讓曰固讓，三讓曰終讓。《或問》亦嘗引之。則此「固遜」字當改爲「終遜」則貼，本文作「終以天下遜」，於事理爲通。蓋遜王季，及文王，至武王而終有天下也。番饒伯輿謂古公年壽甚高，末年武王已生，其祖、子、孫皆有聖德，而泰伯遜之，蓋一遜王季，二遜文王，三遜武王也。王文憲取之。又羅氏《路史》注謂初遜「與王季，王季以與文王，文王以與武王」，而有天下。故曰「三以天下讓」，亦爲得之。大王之時，商道浸衰，而周日彊大。季歷又生子昌，有聖德。大王因有翦商之志，而泰伯不從。按：《詩》稱大王「實始翦商」，不過謂周家翦商之業自大王始基之爾，而後世稱大王有翦商之志，不惟誤認《詩》意，其失大王本意甚矣。且大王遷岐在小乙之世，至丁巳而高宗立，殷道中興者六十年，歷祖庚、祖甲，祖甲二十八祀而生文王，其時商未衰也，大王亦安得有翦商之志哉？况大王前日猶能棄國於狄人侵豳之時，而今日乃欲取天下於商家未亂之日，大王之心決不若此其悖也！夫以泰伯之德，當商、周之際，固足以朝諸侯有天下。泰伯採藥荆蠻，而人心翕然歸之，遂成吴國。夫以一亡公子而創興一國，使其襲周邦之盛而爲之，豈不足以有天下？故夫子斷之曰「以天下遜」也。且泰伯之遜，人知其遜國耳，而豈知其遜天下哉？故曰「民無得而稱焉」。泰伯不從，事見《春秋傳》。《左傳》僖五年：「宫之奇曰：『泰伯、虞仲，太王之昭也；泰伯不從，是以不嗣。』」按：《傳》但稱泰伯不從其父而遜國適吴，是以不嗣周耳，初不言所以不從者何事也。《史記·周本紀》《吴世家》皆不言翦商之意。

節文。節則限制可守，文則儀度可觀。恭謹者有所持循，勇直者有所撙節，故無「過」「不及」之弊，然非講學則亦不知禮之所在也。

免夫。句。小子。句。昔初見子何子，問爲學之要，子何子曰：「立志以定其本，居敬以持其志。」又問敬之工夫，何子曰：「黄先生謂『畏』之一字最切，自古聖賢只是一敬畏之心。曾子曰：『《詩》云：「戰戰兢兢。」』曾子終身是如此。自古聖賢皆然，但曾子臨終又説出以示學者耳。」程子。叔子。

「孟敬子」章。孟敬子，獻子之孫。修身之要。元作「驗」字，蓋本程子後改從「要」字。操存。「動」「正」「出」之前。省察。「動」「正」「出」之際。若夫籩豆之事。《朱子語録》：「疑孟敬子平日必加詳於器數之末者，故曾子勉其以敬身爲本。」履祥考之《檀弓》，則孟敬子本直情徑行之人，其後必因曾子將死丁寧之言而後改爾。「悼公之喪，季昭子問於孟敬子曰：『爲君何食？』敬子曰：『食粥，天下之達禮也。吾三臣者之不能居公室，四方莫不聞矣。勉而爲瘠，毋乃後人疑夫不以情居瘠者乎？我則食食。』」其任情棄禮如此。生不能事，死又薄之，宜曾子諄諄有鄙倍之戒也。蓋籩豆之事則有司存，曾子謂其百乘之家，禮器有司俱備，但暴慢鄙倍之氣不除，則非行禮之人爾。其後敬子卒，謚爲敬，其因曾子之言而改者歟！**程子曰。**伯子。**尹氏。**意同伯子，添「養」字。〇按：程子上重「道」字，「君子所貴乎道者」，惟有道則動、正、出之間斯能如此。朱子下該「籩豆」二句，謂本末精粗，道固無所不在，而君子所重則在此三者，蓋修身乃道之本，而籩豆則其末耳，末則有司在焉。朱子初從程子，以三者爲修身之驗，後改作修身之要，則前後工夫極爲詳密。「操存」二字上該程子之意，「省察」二字下示學者之方，可謂備矣。蓋無平時涵養之功，而但爲臨事著力之計，固是不可。然如程子之言，則惟聖賢故能如此，恐非所以望敬子者，而況可以望學者乎？大抵孔門論學，未嘗懸空説存養，況容貌、言色無時不然，豈必默坐存想而後爲存養？然只默坐存想，已是正顔色矣。故此「動」「正」「出」之間，即存養之地頭；而「暴慢」「信」「鄙倍」，即省察之條件；「遠」「近」二字，即是所貴乎道之工夫；「斯」字、「矣」字，又爲快當。《朱子語録》論此三句工夫，却在下面，如非禮勿視、聽、言、動工夫，却在「勿」字上。則此章工夫全在「遠」「近」字上也。自孟敬子以下，學者多少病痛在，正當察其孰爲暴孰爲慢，孰信孰僞，孰鄙孰倍，而即遠之近之。若夫周旋中禮，正由中出，則異時成德之事也。

以能問於不能。《或問》辨論已詳。但經文於「能」字下添「者」字，則不待辨説而明，「不知」二字得之。「唯知義理之無窮」二句，該盡一章意。**犯而不校。**《語録》：「所存者廣大，故小小觸犯，自不覺也，何暇與之校！」**友，馬氏以爲顔淵。**馬氏，馬融《注》也。曾、顔之在孔門不同時，但此章所言非顔子不能，而知顔子者亦無如曾子。

「托孤」章。王文憲曰：「『可以』二字猶以才言，『不可奪』處乃見其節。門人有曰：『不可奪也』貫上二句，朱子然之，故取程子之言，則才輕節重。」**攝國政。**「寄百里之命」謂遺命托國也。才節如此，豈不足以任天下之重，而止言寄百里之命？古者封建，故此但指一國而言，天下亦自一國而推爾。**程子。**叔子。

毅，彊忍也。堅彊忍耐。**無規矩。**黃文肅曰：「此三字說得寬，是就嚴毅上說。如說寬嚴相似，此毅是耐。弘是包得寬闊，毅是守得堅固。一字似橫看，一字似直看。」〇履祥按：程伯子此條凡兩出，其一止云「弘而不毅則難立，毅而不弘則無以居之。工夫互相資，不可偏無。」「無規矩」三字，恐止是「無骨筋」三字之意，洛中方言如此。曾子本意，止是言「士不可不弘毅」，爲擔子重而道路遠也；下文開說「任重」是「仁以爲己任」，「道遠」是「死而後已」，惟「弘」則能任此擔，惟「毅」則能到得遠。《集注》本注及第二條程叔子之言止說此意；「無規矩」「隘陋」乃取伯子之言增入反說，以盡工夫交進之詳爾。

《詩》有邪有正。此據今毛氏《詩》爲言也。古之教者，「工以納言，時而颺之」，謂采詩以爲樂歌也，而納言則謂之五言，以其言合于五常之理、五聲之節也。其在周，則二《南》之《風》爲房中之樂，用之鄉人、邦國，大、小《雅》用之邦國朝廷，《頌》用之宗廟。其後世道非古，而變《風》、變《雅》始作。夫子刪詩，又取其粹然一出於正者。凡此所以能興起也。自夫子三百之《詩》不存，而漢儒始以刪去之詩足其數，則邪詩始復見，如《溱洧》《丘麻》《鄭風》《月出》諸篇〔五〕，凡三十餘首，皆邪詩也。朱子固嘗疑《桑中》《溱洧》諸篇，用之祀何鬼神，享何賓客？何詞之諷而何禮義之止矣？則亦何興起之有乎？故王文憲決然以爲「今之三百篇，非盡夫子之三百也」，諸儒多然之。若《集注》止曰「《詩》本性情，其言既易知」云云，亦無不可者。**興起其好善惡惡之心。**上文有雅有正，故此言有好善惡惡。然《詩》固有譏刺者，此所以能興起人惡惡之心也，非若《丘中》、《溱洧》、鄭聲、《月出》〔六〕諸篇自爲邪之詩也。自爲邪之詩幾於勸矣，何興起之有乎？**固人肌膚之會，筋骸之束。**此《禮記》語。人無禮，則肢體散漫，都無收束。雖欲收束，亦無所持循。**五聲。**五聲，宮、商、角、徵、羽，聲之清濁高下也。**十二律。**簧鐘、大簇、姑洗、蕤賓、夷則、無射爲六律，大呂、夾鐘、仲呂、林鐘、南呂、應鐘爲六呂。簧鐘爲律元，三分損一，下生吕；吕三分益一，上生律。是爲十二律。每律五聲，共六十律；又兩變聲，共八十四調。歌。樂章之音調，作樂則以人聲爲貴也。舞以樂音之輕重疾徐爲舞節，以象其形容也。八音。金、石、絲、竹、匏、土、革、木也。金，大鐘、編鐘。石，玉、特磬、編磬也。絲，琴、瑟也。竹，簫管也。匏，笙也。土，塤也。革，鼓、鼗、鼙也。木，柷、敔也。謂以十二律叶五聲而押詩歌以入八音之器而爲樂也。邪穢人欲之未盡净者。查滓。氣質之未盡化者。非小學傳授之次，乃大學終身所得。《語録》曰：「先王教人之法，以樂官爲學校之長，便是教人之本末都在此。」○履祥按：興《詩》是感發，立禮是持守，「成於樂」則是融化矣。程子。叔子。

不可使知之。王文憲曰：「蓋欲使之知而不可得，非不使之知也。《集注》『能』字善融化。」程子。叔子。朝四暮三之術。出《莊子・齊物論》篇：「狙〔七〕公賦芧，曰：『朝三而暮四。』衆狙皆怒。曰：『然則朝四而暮三。』衆狙皆悦。」《釋文》：「狙，獮猴。狙公，養狙官。芧，橡子。」

程子。二條叔子。驕吝、盈歉、本支。此章甚言驕吝之害大，雖有周公之才且不可，况常人而可有此乎？程子章指已爲周密。盈歉之説，亦見世人之病多是志不能帥氣而動於氣，氣盈時即驕，歉時即吝。朱子又細觀人之情多相因而爲病之由，故又發明以補程子之意。學者不知體認省察，紛紛以爲問，《語録》詳之。

至，疑當作「志」。或疑「至」者當訓「及」，朱子不與其説。然圈外取楊氏之説，似亦不及於禄之意。

蓋守死者篤信之效。王文憲曰：「北山得朱子舊本，此句之上有『能篤信好學，然後能守死善道』二句，尤簡潔。四者更相爲用，缺一不可，逐句互説。」入居。「去就」。見隱。「出處」。貧賤。「無學」。富貴。「無守」。晁氏互説。已上并王文憲語。

「不在」章。程子。叔子。

亂，樂之卒章。《語録》曰：「《楚辭》有『亂曰』是也。」又曰：「《關雎》謂之亂，則前面須更有樂，《關雎》詩乃其卒章耳。舊注訓亂爲終。或問：亂何以訓終？曰：既『奏以文』，復『亂以武』。」履祥按：辭以卒章爲亂，樂以終爲亂，此統謂《周南》之樂，自《關雎》而終於《麟趾》者也。《史記》曰。《孔子世家》：「古詩三千餘篇，孔子去其重，取其可施于禮義，始于衽席，故曰『《關雎》之亂以爲《風》始，《鹿鳴》爲《小雅》始，《文王》爲《大雅》始，《清廟》爲《頌》始。』」

「不及」章。程子。叔子。

則。《集注》作「準則」之「則」，猶所謂「《易》與天地準」之「準」也，《易本義》作「與之齊準」。下文尹氏曰「則之以治天下」，「則」又作「法則」之「則」。其實自堯言之則法則乎天，自人觀堯則與天齊準也。

禹。爲司空，平水土。稷名棄，爲田正。后稷教民稼穡，民是以不饑。契。音泄。契爲司徒，民是以有教。他書并作「卨」。皋陶。音遥。爲士師，民是以不犯。他書或作「咎繇」，咎音皋。伯益。一作伯翳。爲虞官，掌山澤，是以鳥獸魚鼈民不可勝食，材木不可勝用，而惡物不爲民害。亂臣十人。吕成公曰：「陸氏《經典釋文》無『臣』字。」文母。太姒。劉侍讀。名敞，字原父。作《七經小傳》。邑姜。武王妃，太公望女也。「亂」本作「乿」，古「治」字。按：諸注疏皆作「治亂曰亂」。夫能治亂即謂之亂，則能去惡即謂之惡，能去害即謂之害乎？此甚不通之説，而諸書解亂字皆云然，其失久矣。今按古文《尚書》「德惟乿，否德𤔔」，二字正與《集注》合。治字從爪從糸從乚，取以手理糸而有條理也。後人𤔔字加乚，與亂字相似，故遂誤以乿爲亂字。書家以𤔔訓治，其加乚者爲煩亂，與古文不合。當以亂訓治，而𤔔爲煩亂乃通。

六州。三代名州各不同，夏見於《禹貢》，商見於《爾雅》，周具於《職方》。此特據《禹貢》爲言耳。或曰：「三分」以下，别以「孔子曰」起之，自爲一章。朱子舊以夫子述武王之言而及此，但以周爲言，故統爲一章，而《或問》遂收胡氏之説，後以事勢言之，遂以此段爲專言文王。其實文王終，武王立十三年而始伐紂，則十二年之間，紂勢猶熾而惡未稔，未即傲然與之并立也。以三分有二之勢而猶事之，則不謂之周家忠厚不可也。故曰「至德」。「至德」之言，亦聖人衰世之意。蓋自春秋以來，諸大國於周室何有？前楚後秦，虎視〔八〕眈眈，群雄垂涎，未敢先發，蓋欲取而不能，非可取而不取也，况于服事之乎？以此言之，則武王謂之非至德不可。斯言也，亦聖人衰世之意也。

黻，蔽膝也。先言「黻」而後言「冕」，恐舉言黻黼之服。**皆祭服。**致美黻冕，恐是「五服五章」「以命有德」之謂。黻冕，朝服，非獨祭服也。《詩》「赤黻」「會同」可見。先鬼神，次尊賢，次民事，亦立言之序。**田間水道。**周制：十夫有溝，溝廣四尺，深四尺；百夫有洫，洫廣八尺，深八尺。旱則儲水，潦則泄水。不私其己而致重乎鬼神，賢德民利，此有天下而已不與焉者。

【校記】

〔一〕失：底本作「夫」，據庫本、胡本改。

〔二〕齊不齊以致齊（禮記語并如字）：《集注》「子之所慎」條：「齊，側皆反。○齊之爲言齊也，將祭而齊其思慮之不齊者，以交於神明也。」《禮記正義》卷四十九《祭統第二十五》：「齊之爲言齊也。齊不齊，以致齊者也。」陸德明《釋文》：「乃齊，側皆反，本又作齊，下不出者同言齊也。齊不齊，并如字，下『以齊之』同。」金氏本條不釋朱注，而釋《禮記》經文及陸注，頗疑金氏原稿所釋對象爲朱子「齊之爲言齊也，將祭而齊其思慮之不齊者」，其下乃書朱子之語淵源所自即《禮記》經文及陸注。許謙、金律校刻之時，有脱誤也。

〔三〕學之三月不知肉味：《朱子語類》卷三十四《論語十六·述而篇》「子在齊聞韶章」：「《史記》：『子在齊聞《韶》音，學之三月，不知肉味。』『三月』當作一點。蓋是學《韶》樂三月耳，非三月之久不知肉味也。」

〔四〕仲：底本作「仰」，據庫本、胡本改。

〔五〕溱洧丘麻鄭風月出諸篇：此句疑有誤。按：《溱洧》屬《鄭風》，《丘麻》屬《王風》，《月出》屬《陳風》，曰「溱洧丘麻鄭風月出」則文意錯亂；又下文「興起其好善惡惡之心」條有「非若丘中溱洧鄭聲月出諸篇自爲邪之詩也」，「溱洧鄭聲」即相接續。故本處當曰「鄭風溱洧丘麻月出」，或曰「溱洧鄭風丘麻月出」。

〔六〕丘中溱洧鄭聲月出：頗疑「鄭聲」二字本爲「溱洧」之小注，諸本皆將小注誤作正文。

〔七〕狙：底本作「狚」，據庫本、胡本改。下文徑改。

〔八〕視：底本作「氏」，據庫本、胡本改。

論語集注考證卷之五

子罕

程子曰：皆夫子所罕言。叔子也。或曰：「利」與「命」「仁」，若有理欲之間，而夫子皆罕言之。蓋利者義之和，天理亦有自然之利，未必利欲也，但夫子皆罕言者，防其流之弊耳。夫子而常〔一〕言利，學者或流爲功利之説；夫子常言命，則學者或流爲莊氏之説；夫子常言仁，學者或流爲佛氏之言矣。然命亦有二，性命之命固難言，亦不可躐等而教；若氣數之命，常言之亦啓學者廢人事。故前輩謂到人事盡後方可説命，正謂此也。《語録》曰：「言仁之弊，于近世胡氏父子見之。」

達巷，其人姓名不傳。《漢書·董仲舒傳》孟康注云：「項橐。」聞人譽己，承之以謙。此章初看則達巷黨人之説固失之陋，而夫子之言亦近乎戲。然達巷智不足以知聖人而不失爲愛聖人，乃若聖人之心，則真見義理之無窮。雖一藝亦未易盡其妙，射必如羿始可成射之名，御必如王良、造父始可成御之名，一藝之中，各亦自有精微之妙，亦豈易以成名哉？但夫子之辭，謙而又謙，謂欲使我專一藝以成名，則取其最賤者爲之可也。

緇布冠。《禮記》曰：「太古冠布。」古人不輕於蠶繅，以布爲重，但以粗細色素爲吉凶，以縷節數爲等衰。八十縷爲一升，升者成也。吉服冠冕最貴，故最細，以三十升布爲之。吉服之用絲者自中古始，然亦每每以布爲尚，故始冠亦緇布冠。

三十升布則爲箝一千二百目，細密難成，不若今世用絲之省力，故孔子從之。雖非古人所用，然孔子服周冕之意，正以冠爲物小而在衆體之上，雖華不費，故此則從衆也。此一章全文，見夫子處世立身之法。程子。叔子。

毋，《史記》作「無」。《世家》。聖人之心，擴然大公，物來順應，無意欲，無期必，無固滯，無物我。此四者本是平説，《集注》推物欲牽引之故，欲學者省察禁止，戒其相因滋長爾。意是私意之始萌，必是私意之指擬，固是私意之執著，我是私意之結裹，都結裹到己私上來，又生它意去。程子。未詳。詳視而默識。上三罕言猶是觀聖人于言語之表，此「絶四」章乃是窺聖人心術之微，故楊氏曰云云。

畏。猶云戒嚴也。康，地名。避太祖廟諱，變「匡」言「康」。其事詳見《序説》。曰。《史記》曰：「弟子懼。孔子曰『文王既没』云云。」蓋夫子之心與天爲一，不待自決於言。爲此言者，以釋門人之懼也。《語録》：「問：『文即是道否？』朱子曰：『既是道，安得有喪、未喪！文亦先王之禮文。聖人於此，極是留意。蓋古之聖人既竭心思焉，將行之萬世而無弊者也，故常恐其散失而不可考。』」○何文定曰：「所謂文者，正指典章文物之顯然可見者。蓋當周之末，文王、周公之禮樂悉已崩壞，紀綱文章亦皆蕩然無有。夫子收入散亡，序《詩》《書》，正禮、樂，集群聖之大成，斟酌損益，以詒來世[二]，又作《春秋》，立一王之法，是所謂得與斯文者也。以一身而任萬世綱常之責，天生斯人，夫豈其數其關於世運豈是些小氣數？聖人心與天契，固有以知匡人決不能違天害己也。」「天生德於予，桓魋其如予何」，亦同此意。

或吴或宋。天子之宰曰太宰。宋，王者之後。吴僭王，故當時其宰亦稱太宰。鄭氏、邢氏以爲吴，蓋據《左氏》槖皋之會；又子貢嘗適吴也。洪氏以爲宋，據《列子》稱商太宰問孔子「丘聖者歟」之問也。《或問》兩存之，而謂《列》之多寓言。王文憲謂觀「知我」「少賤」之辭，宜是宋。○履祥按：夫子本宋人，雖居魯而娶于宋，又嘗長居宋，則是太宰素知其少長之事也。「多能」章。太宰以多能爲聖，子貢謂聖又多能，夫子謂不在多能。《語録》以子貢之言爲盡。蓋聖主於德，而未有不多能者；夫子以多能非所以率人，而又以謙承之。

空空如也。《集注》不訓，以「至愚」解之，謂鄙夫之愚也。《語録》：聖人謙辭，未有無因而發者。此章上必有説，或因人譽己之知而謙言如此。**程子。**叔子。

河圖。伏羲時龍馬出河，背有五十五陰陽點，一與六居北，二與七居南，三與八居東，四與九居西，五與十居中，是爲河圖。伏羲因之以畫卦。其後劉氏《鉤隱》互易圖、書，蓋本陰陽家傳流之誤也。

「顔淵喟然」章。何文定曰：「此顔子擇乎中庸始終工夫也。今且以文公過關之喻，將此一章作三關節看。蓋顔子始初鋭于進道，以其天資之高，略見道體，便欲一蹴而到，故竭力以進，多方以求。欲就聖人高明處入，則升一級了又有一級，窮之而益見其高；欲從聖人博厚處入，則透了一層又有一層，鑽之而益見其堅；見聖人之道若在吾前，我固不及，勇猛趕上，則聖人之道又却在後，而我又過之，終是難得到恰好無過不及處，正所謂『中庸不可能』者。故横渠有云：『高明不可窮，博厚不可極，則中道不可識，蓋顔淵之歎也。』此正是解高、堅、前、后四句，文公以爲『説得好』。此是顔子用功第一個關節。及夫子見顔子求道如此其力而終未有捉模處，遂教顔子且從博文、約禮工夫循序以進。博文者，致知格物也；約禮者，克己復禮也。文欲博者，以其萬理俱融，可以擇中而居之不偏；禮欲約者，以其一私不存，可以應物而動皆有則。顔子事斯語，當下敬領，于斯二者，百倍其功，交進互發，日見趣味，以至欲罷不能而竭其才。及其久也，義理昭明，本心純熟。向之堅高者，今皆識其大本；前之瞻忽者，今皆見其定體。凡其處已治人，應事接物，雖精粗巨細萬變之不同，莫不各各有一個不偏不倚，無過不及，亭亭當當，恰好底道理也。顔子所謂『如有所立卓爾』者，政謂此也。此固顔子擇乎中庸之極功。其曰『如』者，非謂似見未見。蓋此等地位，非可以言語形象求，達者自悟，衆人固不識也，故以『如』言之云爾。看得此，又是顔子用功第二關節。雖然，顔子擇乎中庸則至矣盡矣成矣，然比之聖人，守之也，非化之也，所謂未達一間者也。蓋聖人之于中庸，『不勉而中，不思而得』，顔子則勉而後中，思而後得者也。其異于聖人者，生熟之間耳。以顔子之天資之功力，豈不能盡力以求速化？然化之一步，可以養而至，不可以力而進也，故其言曰：『雖欲從之，末由也已。』蓋將從容涵養，少假歲月，以俟其自化矣。此又是顏子用功第三關節。顏子作聖之功夫，其本末可謂曲盡，真萬世學者成法。此程夫子所謂『學者當學顏子』，有所依據，蓋謂此也。惜乎天不與年，中道而隕。夫子所以惜之曰：『吾見其進也，未見其止也。』蓋痛其未至于化而成聖也。」○履祥按：程叔子于此章亦嘗以中爲言，朱子亦深是其言，且云：「聖人只是一個中底道理。」又曰：「『瞻之在前，忽然在後』，只是中庸不可能。」然《集注》無一語及「中」字。蓋聖人之道自是中，不在言。顏子初間求之未得，故但見其不可及，不可入，恍惚不可爲象，是見得未真也；其後博文、約禮，工夫至到，方見其「有所立卓爾」，是見得真也。《集注》取首尾之言相應，故云爾。**程子。**一條、三條叔子。二條未詳。**未達一間。**用楊子語。

病間。《集注》：「如字。」讀作「安閒」之「閒」。又云：「少差。」王文憲讀作去聲。**無寧。**《集注》：「寧也。」寧是「死于二三子之手」，但下有「乎」字，則上有「無」字，猶云莫寧死于二三子之手乎。此章前曉之以義理之正，則不當爲；後曉之以利害之實，則不必爲。**用智自私。**明道《定性書》語。

沽。去聲。蔡邕石經作「賈之哉，賈之哉」，則是上聲。

九夷。《東漢書》曰：夷者，柢也，仁而好生，萬物抵地而出也。故天性仁順，易以道御。夷有九種，曰畎夷、干夷、方夷、黄夷、白夷、赤夷、玄夷、風夷、陽夷。箕子避地朝鮮，施八條之約，使人知禁，行數百千年。東彝通以柔謹爲風，異乎三方。故仲尼欲居九夷也。

何有於我哉。《語録》曰：「語有一二處如此，皆不可曉，舊有三説，一以爲此數事我皆無有，一謂此數事外我復何有，一説云於我何有，然皆未安。熹今缺之。」又曰：「此等處必因人言而發。」履祥按：味二「則」字及「不敢」字，當從第二説。人必有言夫子道德之全者，而夫子不敢當，因曰出但是事公卿，入但事父兄，于喪事不敢不勉以企及，不爲酒困，如此而已，外此何能有于我哉！一以自謙，二以見道之難盡，三以見近事之不可忽，于文意似通。然此四句，在國在家，處凶處樂，皆已備盡，不可謂近事而可忽也。

不舍。《集注》：「舍，上聲。」《楚詞辨證》曰：「洪《注》引顔師古曰：舍，止息也。屋舍、次舍皆此義。《論語》：『不舍晝夜』，謂曉夕不息耳。今人或音捨者，非是。」履祥按：《辨證》朱子晚筆，則《集注》未及改耳。**程子曰**。叔子，范氏詳之。**道體**。「道體之本然」。自大德厚[三]化説來，則道乃物之體，此體乃無形之體，而物乃道之用。「此道體也。」自小德川流指出此體，是有形之體，而物乃爲道之質。「與道爲體」，猶云與道做質也，道無形質。「逝者如斯夫」一句，意尚孤；「不舍晝夜」，意思方可見。蓋大德之敦化如此也。**又曰**。伯子説也。天道流行不已。人之所以與天道不相似者，間斷也；所以間斷者，私欲也；私欲之所以生，則在一念之發。幽隱之處，于此能謹，則無間斷矣。**自此至篇終，皆勉人進學不已之辭**。夫子未嘗單説道體。此句本謂道體不息，學者豈可有止息，但因此一言可以闚見道體，故程子如此發明爾，朱子仍舊歸之正意。

《史記》：靈公與夫人同車，使孔子爲次乘。甚矣衛靈公之昏也！南子巧于文己過，而靈公又巧于文南子之過。南子自知其行不爲國人所重，故借重于夫子而請見之；靈公與夫人同濫而浴，自知爲國人所譏，又自知南子之不爲國人所重，故又借重于夫子而請爲次乘焉。夫孔子以聖聞天下而見南子，則南子非失行；公與夫人同車而孔子爲次乘，則靈公非失禮而南子非失行也。南子巧于文己過，而靈公又巧于文南子之過。甚矣靈公之昏也！見小君，禮之所有，故夫子猶可以留；爲次乘，禮之所無，故孔子醜之，而行意決矣。**招摇**。徐廣注：「翱翔也。」此章與「吾未見能見其過而内自訟者」語意一般，只作嘆辭亦可，但《史記》既有此書，則《集注》不得不引，恐因此而發耳。

爲山。此章揔以自平地爲山設喻。或爲山將成，尚虧一簣而止者；或尚是平地，方覆一簣而進者。其進其止，由其己心，非人所能與也。王文憲曰：「此下四章皆進止之意。」履祥謂至篇終皆此意。「吾未如何」「不可奪志」，皆吾止吾進之意。

曾子曰。出《曾子單離居》篇，曰：「年三十、四十之間而無藝，則無藝矣。五十而不以善聞，則無聞矣。其少不諷誦，其壯〔四〕不論議，其老不教誨，亦可謂無業之民矣。」

巽言者，婉而導之也。《巽》卦一陰潛入二陽之下，蓋順而入之之意。

緼，枲著也。袍，衣有著者。著，鄭康成注《儀禮》「著以絮」，謂「充之以絮也」。《文選注》作張吕反。枲，麻也。《漢書》「束緼」注：「亂麻也。」衣之有著，謂衣之有絮者，緼則以亂麻爲絮也。《莊子》：「緼袍」司馬《注》謂以麻緼爲絮。

忮。之豉反，忌害之意。俗或讀作忌，非。然《莊子音義》亦一音忌。

後彫。松柏經冬不彫，而但云「後彫」，蓋松柏不爲霜雪彫耳，至春深始生新易舊。凡豫章、冬青之木皆然。

程子。二條并叔子。權，稱錘也。經如衡之平。尋常物事，不重不輕，則衡未嘗不平；如遇太重太輕之物，則衡不得其平矣，須將稱錘推來推去，方取平也。反經合道。《公羊傳》曰：「權者何？權者反于經，然後有善者也。行權有道。」見桓十一年。又古注連下文云：「權道反而後至于大順。」又《易大傳》「巽以行權」韓康伯注：「權者，反經合道。」邵子曰：「漢儒以反經合道爲權，得一端者也。權所以平物之輕重，聖人行權，酌其輕重而行之，合其宜而已。」權即是經〔五〕。《程氏遺書》曰：「古今多錯用權字。纔説權字，便是變詐，或權術。不知權只是經所不及者，權量輕重，使之合義，便是經也。今人説權不是經，便是經也。」此見劉元承所録。權與經亦當有辨。詳見《通釋》。

唐棣，郁李也。《爾雅》：「『唐棣，栘。』舍人曰：『唐棣，一名栘。』郭云：『似白楊，江東呼夫栘。』陸璣曰：『奥李也，一名雀梅，亦曰車下李。其花或白或赤。六月中熟，大如李子，可食。』」逸詩。説見「思無邪」章。如此等詩，夫子所雅言，未嘗逸也。後世失夫子三百之舊，故此等詩不存，而别以流傳淫詩補其數爾。程子。叔子。

鄉黨

恂恂，信實貌。「恂」本訓「信」。《莊子》「恂」字多作懼意。此若作信謹貌，尤好。蓋夫子無非實，在鄉黨則父兄宗族之地，又加謹畏耳。但《書》「恂」平聲，《莊子》「恂」注作去聲，只從平聲亦可。

擯。以手揖賓而引之行及就位也。《禮》作「儐」者，謂擯相之人也。擯用命數之半。《周禮》：「上公桓圭九寸，冕服九章，建常九斿，樊纓九就，貳車九乘，介九人，禮九牢，擯者五人」；諸侯皆以七爲節，擯者四人。賓不顧矣。此當時禮辭也。《聘禮》：「賓出，公再拜送。賓不顧」；賓私面于大夫，大夫送之，再拜，賓不顧。《公食大夫禮》：「賓出，公送于大門內，再拜，賓不顧。」古者，賓禮畢而出，即不回顧；主人送拜之，亦不回顧：示易退之義，故皆曰「賓不顧」，當時辭令遂謂賓去爲不顧也。

公門高大。天子應門二徹三箇，則二丈四尺。公侯降殺于此。然魯之雉門視天子應門。中門，中於門也。謂當棖闑之間。中者，每門二扉之間有闑，如今直門楻也；扉之樞有棖，如今門刺也。每扉各自有中，則中棖與闑之間，士大夫出入君門由闑右，不敢中于門也。詳見《或問》。位，君之虛位。謂門屏之間，人君宁立之處，所謂宁也。諸侯門內有屏，門之外則東西皆卿大夫之位。大朝會，則國君立于門屏之間，謂之宁，而卿大夫士各立于其位以朝之。此入門之時，須過門屏之間，君雖不在其地，而此乃其立朝之位，故過之必敬。

俗本。說見「學易」章。

舉前曳踵。《記·玉藻》篇曰：「執龜玉，舉前曳踵，蹜蹜如也。」謂舉足前而踵則曳地，不敢高步也。

深青揚赤色。今尚有之，但以爲佩囊，不以爲服。緅，絳色。染色，再入爲絳，五入爲緅。以飾練服。朞而練，以緅爲領緣。長。去聲。凡度長短曰長，測淺深曰深，量廣狹曰廣。下字皆從去聲。見《周禮注》。佩。《集注》：「觿礪之屬。」古之君子必佩玉，恐不止觿礪。若觿礪，則止于用器，非文飾也。襞積。何文定曰：「『襞積』『殺縫』之説，《禮》書疏中説得少有分明處，只《儀禮·喪服疏》内一項説得稍明白。襞，《禮》書中只作『辟』。蓋辟者，襵也；積者，疊也。腰中布幅多而闊，須箸襵疊作簡以束，令狹一就身，此所謂襞積也。」殺縫。謂若深衣之幅下闊上狹，縫時自下漸收而上也。

明衣。下有闕文。

聶而切之。《禮記疏》：「聶之言牒也，先藿葉切之，復報切之，則成膾。聶，之涉反。牒，直輒反。」報切之者，再横切也。魚爛曰餒，肉腐曰敗。《爾雅》文。五穀不成，果實未熟。《王制》。漢陸續之母。出《後漢書》。陸續坐楚王英獄事，備極五毒，未嘗易容。一日食至，忽悲泣。獄吏問其故。曰：「母來不得見，故泣爾。」吏曰：「何以知之？」曰：「母截肉未嘗不方，斷葱以寸爲度，是以知之。」食肉用醬，各有所宜。《禮記》「濡鷄醢醬，濡魚卵醬，濡鼈醢醬，魚膾芥醬，麋腥醢醬」之類。食氣。氣，《説文》許既反，亦或作「餼」，然則「食氣」當讀作「食餼」，猶云飯料也。《聘禮》：「凡餼，大夫黍、粱、稷。」則黍、粱、稷〔六〕正謂之氣；其生牲而亦曰餼者，冒此名爾，即俗所云生料也。此言肉雖多，不使勝于飯料。又古「气」字今作「氣」，古「氣」字今作「餼」。不爲量。《燕禮》：「無筭爵。」程子。未詳。瓜作必。或云《禮記》「瓜祭上環」，安知本非瓜字？朱子于《或問》中已辨之。蓋瓜祭已作菜條中矣，又食每品皆祭，疏菜之食若獨祭瓜，既非四時常有之蔬，則無瓜而蔬菜不必祭乎？若《禮記》謂獨食瓜而祭則上環，或祭祀陳設亦上環爾。

問。饋問也。蓋饋送而問其安否。

「雌雉」。邢氏曰。此《疏》説也，比諸説平順，故《集注》以爲正説；但既曰「雌雉」，「時哉」當作字育之時。後二説存疑爾。

【校記】

〔一〕常：諸本皆作「嘗」，乃避明光宗朱常洛諱改。按：《朱子語類》卷三十六《子罕言利章》：「罕言者，不是不言，又不可多言，特罕言之耳。」金氏本條則曰：「但夫子皆罕言者，防其流之弊耳。」意謂倘若夫子多言利、命、仁，則易導致學者之偏離正道，故下句即云「夫子常言命，則學者或流爲莊氏之説；夫子常言仁，學者或流爲佛氏之言矣。」則此句「夫子而嘗言利，學者或流爲功利之説」中之「嘗」字當作「常」字。

〔二〕世：底本作「也」。據庫本、胡本改。

〔三〕厚：庫本、胡本皆作「敦」，蓋據《中庸》「大德敦化」而改之。按：周廣業《過夏雜録》卷三「魏證」條：「余適閱金仁山《論孟集注考證》皆避宋諱。如齊桓公爲威公，魏徵爲魏證，引《中庸》『大德敦化』作『大德厚化』。初校以爲刊寫之誤，塗改之。繼閱元顧瑛《草堂雅集》中附瑛所作《謝陸静遠蜜梅詩》有云：『嫵媚已能知魏證，典刑時憶見中郎。』此便以宋諱爲故事，不知又將作何改法。」此金氏避宋光宗諱，乃有意爲之。然本條下文云「蓋大德之敦化如此也」，則偶失之。

〔四〕壯：底本作「莊」，據庫本、胡本改。

〔五〕權即是經：今本《集注》作「權只是經」。

〔六〕稷：底本作「積」，據庫本、胡本改。

論語集注考證卷之六

先進

先進。先進、後進，《漢書》尚有此名，但彼謂同時前後輩。此似謂古今前後輩。程子。叔子。今反謂之。所以知野人君子爲今人之言者，蓋下文「如」字斡轉，「吾」字提起，則知上文爲今時之言也。餘看《通釋》。

弟子因孔子之言，記此十人，而并目其所長。所以知爲弟子所記者，《或問》載吴氏之説，以例言之，謂夫子於門人稱名，門人稱於夫子之前亦名，門人自相謂稱字，或其弟子門人於《論語》中稱之。若以理言，則夫子教人未必立此四科之目，雖固各因其材，亦未嘗限其所成也，學者自以所長目之爾。程子。伯子。門人之賢者固不止此。曾子傳道，有若似聖人，公西赤之才勝於宰我，澹臺滅明之勇亞於子路，子羔之孝次於閔子，樊遲之才亞於冉有，曾點、漆雕開已見大意，子賤之政，原思之守，其他諸賢，未易枚舉。《開元禮》既拘十哲之數，其後顔子升侑，而以曾子補十哲，是矣。曾子升侑，而遂以子張備十哲，可乎？景定之禮，以顔、曾、思、孟爲四侑，萬世公論，於斯爲允。然前次議者猶以顔、路、曾、皙、伯魚并在下列爲未安，則如之何？則亦復古之制而已。古者廟寢之制，前爲堂而後爲室。宗廟之祭，先室事而後堂事；而庠序之禮，先獻酬而後燕禮。今二丁之祭，宜先用饗禮，牲、幣旅陳，享先聖而南面於堂，以顔、曾、思、孟侑；繼用燕禮，籩、豆、簠、簋，奠先聖而東面於室，以顔、路、曾皙而下七十子左右袷食，如昭穆之例焉，斯爲得之。其餘從祀者，雖東西夾室可也。

十哲，世俗論也。唐開元始定十哲之號。

孝哉閔子騫。以例言之，當名。但此篇乃閔子門人所記，故記其字。

一日三復。三，去聲。《家語・弟子行》篇：「子貢曰：『獨居思仁，公言仁義，其於《詩》也，則一日三復「白圭之玷」，是南宮縚[一]之行也。孔子信其能仁，以爲異士。』」「《大戴》引之云云，『以爲異姓』，昏姻也。」《通釋》謂誦《詩》至此必三復，然當依《集注》所引。

孔子對。王文憲曰：「前有季康子兩問，無『對』字，疑誤。後放此。」

各言其子。孔子嘗痛顏子，謂不得視猶子也，而此曰「各言其子」，蓋所以砭顏路非禮之請也。然於「鯉也死」，不鬻命車以爲之槨，於回也亦然，其視之猶子可見矣。是以門人厚葬，孔子惜之，以爲不得如葬鯉之得情也。君子用財，視義可否，豈獨視有無。喪具稱家有無，於人之喪也亦然，此説不可謂非也，而胡氏謂豈獨視有無，然稱有無即是義。按是時顏淵之死，顏路他無所請，而至於請車，夫子亦他無可予，而至於拒之，則顏路疑于求而夫子幾于吝。今考其時，則顏淵之死且葬，適當厄陳、蔡之後，自楚反陳之餘，此正夫子之窮也。夫喪事稱家之有無，夫子既以此處其子，安得不以處顏子乎？夫子遇舊館人之喪，嘗脱驂以致賻矣，而不能爲顏子之槨，彼一時此一時，貧富不同也。胡氏之説雖善，然不考于事，而其流少恩矣。

學之有序。王文憲曰：「看『未能』對『焉能』，便是有序。」一。理。二。氣。程子。叔子。

子路卒死於衛孔悝之難。事見《左傳》哀十五年，詳見第十三篇。夫子謂「由也，不得其死然」，所以警子[二]路者豫矣，而子路不悟，卒死孔悝之難。使子路而悟夫子之言，將不死其難乎？曰：子路之死，固是傷勇，然其失不在於死難而在於仕衛。夫輒與蒯聵有父子之爭，孔姬與蒯聵有兄弟之戚，而孔悝主輒，內必有母子之變，子路仕焉，不得其死，宜矣。

抑此猶以事勢言也。以理而言，則正名之説莫詳焉，而子路不思，此固取死之道也。《漢書》引此句。班固《幽通賦》注：《論語》稱「閔子」云云，「子樂，曰：『若由也，不得其死然。』」

府名。《左氏》昭二十五年：「公居于長府。」

程子。未詳。《家語》云。《辯樂解》篇：「子路鼓瑟，孔子聞之，曰：『先王之制音也，奏中聲以爲節，流入于南，不歸于北。夫南者，生育之鄉；北者，殺伐之域。故君子之音，温柔居中，以養生育之氣，憂愁之感不加于心，暴厲之動不在于體也。小人之音則不然，亢麗微末，以象殺伐之氣，中和之感不載于心，温和之動不存于體。昔者舜彈五絃之琴，造《南風》之詩，故其興也勃焉。殷紂好爲北鄙之聲，其廢也忽焉。由也匹夫之徒，曾無意于先王之制，而習亡國之聲，豈能保其七尺之軀哉？』」按：此「瑟」字作「琴」，朱子蓋藉以證夫子之言。

過。《禮記·仲尼燕居》篇曰：「『師，爾過，而商也不及。』子貢越席而對曰：『敢問將何以爲此中者也？』子曰：『禮乎禮，夫禮所以制中也。』」《集注》入此段於後，意方足爾。雖若勝於愚不肖之不及。師未可謂賢智，商非愚不肖，此二句泛言爾。然不若止曰「道以中庸爲至。過之者，雖若勝於不及，然其失中則一也」。差之毫釐，繆以千里。二句出《禮記》《史記》，皆云「《易》曰」，今《易》無此語。崔駰《史記注》謂「《易緯》[三]有之」，今見《易通卦驗》上卷。

魯，鈍也。曾子於諸子年最少。此與諸子并論，蓋其初登門之時也。其時才鈍，故其用功誠確而倍，所以終於傳道。程子。一條伯子，二條叔子。傳稱喭者，謂俗論也。凡傳稱喭曰者皆从言，古文篆字之从言者皆作口。

空匱也。自何晏注以空爲虚無，意本《莊子》，故前輩諸公及張宣公皆從之。《集注》玩其文意，「回」「賜」對言，「屢空」對「貨殖」，「庶乎」對「屢中」，其説穩實，絶無異端之病。程子。兼取二子。賜不幸言而中。《左傳》定公十五年：「邾隱公來朝。子貢觀焉。邾子執玉高，其容仰；公受玉卑，其容俯。子貢曰：『二君皆有死亡焉。正月相朝，而皆不度。

高、仰，驕也；卑、俯，替也。驕亂，替疾，君爲主，其先亡乎！』夏五月，公薨。仲尼曰云云。」

「善人」章。程子。未詳。

逡巡。進退之間。

民生於三，事之如一。惟其所在，則致死焉。《國語・晋語》：「欒共子曰：『民生於三，事之如一。』父生之，師教之，君食之。非父不生，非食不長，非教不知生之族也，故壹事之。唯其所在，則致死焉。」顔淵之於孔子。王文憲曰：「宜作『孔子之於顔淵』。」

曾，猶乃也。曾，在登反。

虐民。未學而治民，則妄作者擾民，庸繆者誤民。身不足以率民，而徒持刑政以齊民者，則又必有不教而刑之患。是皆不足以治民，而適以亂之，其終歸於虐之也。不斥其非，而特惡其佞。即事皆學，而不專在於讀書，此説謂之非則不可。然未學而使之以仕爲學，此則子路之失，而乃借此説以禦夫子之責。故夫子但惡其佞而不謂此説之非也。古者學而後入政，未聞以政學者也。鄭子産之言，見襄公三十一年。

誘之盡言以觀其志。夫子何以之問，本欲言其用，而三子亦多以用對，但言其所能爲，不進其所欲爲。夫子恐其志局于此，故下文轉作「亦各言其志」。所以《集注》於「無吾以」下曰「誘之盡言以觀其志」。比。「必二反」當作「毗志反」，見《文集》。小國也。春秋之時，諸大國猶不能自振，則小國可知。而由、求諸子皆欲自小國而爲之，即此可見二子才具之高，能爲人所難爲。四子侍坐，以齒爲序。據上文，詳見《或問》。以方鼓瑟。夫子問，三子對，而點方鼓瑟。古人爲學，《詩》、《書》、禮、樂，則琴瑟之事如今日之課耳，但其動静之際，氣象自別，亦微似狂耳。單袷。袷，夾也。

或單或袷，視煖涼爲候。今上巳祓除。《後漢書·禮儀志》曰：「三月上巳日祓除，官民絜於東流水上。」蔡邕注云即《論語》「暮春浴乎沂」。又上巳乃三月節後初建巳之日，所以總説暮春，至曹魏則定以三月三日爲上巳，所以《蘭亭》曰「暮春之初」。泗上士人以爲沂水三月冰堅未解，何以言浴？當是「沿乎沂」爾；殊不知沿沂之説本於韓、李，而文公于《或問》已辨其非矣。蓋彼但以浴爲裸裕，而不知爲祓[四]除也。况魯國無川浴之俗，暮春亦非水浴之時，曾點又豈川浴之人哉？且如其説，則堅冰未解，曾點又何以御春服、風舞雩也？毋乃病乎？况周無寒歲，秦無燠年，古今風氣不同，氣化或異，未可據耳目之近而詆古人之書也。沂，水名，在魯城南，地志以爲有温泉焉。魯以沂名水者非一。此沂乃出尼丘山東源，經魯城南而入泗者也。沂岸深而水淺，中有遠泉，冬煖夏冷。地志據冬而言，故曰温泉云。蓋有以見夫。此節推曾點已見大意，以冠下文。「人欲盡處」，要在此句。夫春和之時，單袷之衣，童冠之游，沂雩之地，人孰不見此游適之景？而點獨舉此，夫子獨「與」之，蓋見其胸次無人欲之累，故隨時隨地見此天理流行之樂。動静之際。釋其「鼓瑟」、「舍瑟」、「作」、「對」、「異撰」處。而其言志。此節釋曾點所言之事。而其胸次。此節釋曾點言外之氣象。視三子之規規於事爲之末者，氣象不侔矣，故夫子嘆而深許之。三子之言，皆所能爲，無非實用，下文及平日夫子亦皆以是許之，而于此乃獨「與點」，似若鄙實用而尚清高者。但三子各言其所能，而不知勉其所不能，其後子路死于衛，冉有爲季氏聚斂，公西華雖不見其用處，然不免累于肥馬、輕裘之間，乃知夫子之「與點」，蓋有深意，所以微激三子也。大抵學者先觀其器量識趣，曾點所言，不過即所居之位，樂其日用之常，素貧賤行乎貧賤耳，而玩其辭氣，想其識量，則於本原所見者，自有安行天理，與物皆春之意。故雖三子言用而曾點不言用，然三子止此而曾點不止此矣。使其用之而行，則曾點可以用三子，以其有各得其所之氣象也；由、求不能兼曾點，以其規規於事爲之末也。各得其所，則堯、舜氣象亦不過此；規規事爲，則失身、聚斂，其弊有所必至矣。曾皙曰。曾皙以夫子與己，而又問三子之言，亦其好學切問。吕成公曰：「終是有些矜意在。夫子答之曰：『亦各言其志也已矣。』乃是微抑其矜。」**「曰：爲國以禮」止「爲之大」。**《集注》程子一條説三子，二條説曾皙及子路，三條、四條説曾皙。程子云：「子路只爲不達爲國以禮道理，達箸便是此氣象。」蓋達此則事事物物各有其節，便是堯、舜、曾點氣象。子路不達此非，惟不可望曾皙也，其後孔悝助子拒父，無禮甚矣，而子路仕之，卒死其難，不達之故，其弊如此，可惜也已！然觀此章者，至「與點」而止，而不觀下文辨論之詳。夫上文之與點，所以激三子也；下文之辨論，所以實曾皙也。聖人陶冶之妙，進退抑揚，初非苟然，亦非長語。由不知夫子所哂之意，故終死於孔悝；求不知夫子與點之意，故聚斂於季氏；曾皙又不知體夫子辨論三子之意，故志雖高而行有不掩，所以終於狂。凡此皆學者所當戒也。**子路只爲不達爲國以禮道理，達箸便是這氣象也。**何文定曰：「此段當總入第五篇末，亞於浴沂之下。」**程子。**一條、二條伯子，四條叔子，三條未詳。

顏淵

仁者，心之全德。自古聖賢相傳，至夫子教人爲學則曰「爲仁」，最爲親切。然而仁爲何理，孔門初無明言，前人未有正訓。蓋古者義理素明，不待訓説。自制文字之初，此理已分明：仁字从人、从二；古篆，凡重字則於本字之下从二，仁字从人而傍从二，是人人字，言人之所以爲人也；又科斗古文，仁从人、一、心，或作千、心，謂仁即人一心之理，千人所共之心也。故孔門論學，但曰「爲仁」，《集注》所謂「全其心之德也」。至子思、孟子時，異端之言仁者漸差，故子思、孟子正言其名義。子思曰「仁者，人也」。孟子曰「仁，人心也」，又曰「仁也者，人也。合而言之，道也」，又曰「不仁、不智，無禮、無義」，推而爲四端之説。然自此以來，異端日多，義理日晦，諸儒不察，更無定論。韓子獨以博愛名仁；程子非之，以爲仁是性，愛是情，然亦以爲仁無正訓，言愛言覺皆非也，但合孔、孟言仁處觀之，一二歲得之未晚，如曰「公而以人體之則爲仁」，又曰「四德之元，猶五常之仁。偏言則一事，專言則包四者」。仁之正訓，可謂引而不發，躍如也。至朱子言之始明備，曰：「仁者，天地生物之心，而人得之以爲心者也。」此即程子所謂「四德之元」也，孟子所謂「仁，人心也」。曰「仁者，心之德，愛之理」：「心之德」者，專言之也；「愛之理」者，又偏言之也。而此章正名之曰「心之全德」，可謂盡矣。凡《集注》言仁，帶及人處，則曰「心之德」「愛之理」；獨説心處與爲學處，則曰「心之全德」。曰心德之全，是于專言偏言處，又分别明辨矣。然此章帶禮説，孟子對義説，又兼四性説，程子又兼五常説，學者不可不思。蓋心之全德，天理渾然，其中自是無所不備。聖賢切于明道教人，故就中又指出其間體段子目，以此仁之中，又自有裁制各當處謂之義，又各有節文處謂之禮，藏在中而有分辨謂之智，無非著實謂之信。既備諸體段，故見諸發見，謂之四端五常，而不害其爲仁之渾然也。而《語録》又有梅仁、杏仁之喻，此尤爲親切。人之心德謂之仁，故梅、杏之心亦謂之仁，正取此義。古人既以人心之仁名梅、杏之仁，學者試以梅、杏之仁反觀吾心之仁。梅、杏有此仁，故種之即生；人心有此仁，故感之即動而愛。然梅、杏之仁，種之而生，生而長，長而花，花而實，如此，則梅、杏仁中專是生之性，已具此長成收藏之性在其中矣。使仁之中不具此生長收藏之性，則何以生之後有幹枝花實長成收藏之節哉？今又觀梅、杏之仁，其尖處是根芽，純是仁意；内分爲兩片，是仁中已對有仁義；其文理分明，即禮也；藏此生意在内，即智也；克實不虛，則信也。其仁不實，則種之便不生不長矣。以此觀之，則人心之仁悉包義、禮、智、信在其中可知。然梅、杏之實有此仁，又是元初種子有此仁，故生而爲梅、杏之實無不有此仁，此所謂天地生物之心而人得之以爲心者。論仁者至朱子人心全德之訓，可謂明備。今推明會粹其説，以俟學者。

爲仁者，所以全其心之德也。 艸巢趙必升問學者「顏淵問仁」章二「爲」字、二「己」字之異同。今按：上「己」字重，是指身之私欲；下「己」字輕，是指機之在我。此不待説。若二「爲」字，則何文定謂「上『爲』字輕，《語録》多作『謂之仁』『便是仁』」，王文憲謂「文公豈不能下『謂之』字，或下『曰』字，乃下『所以全』三字。所以全，是用力于仁也。此章之下，朱子釋之曰『爲仁在己』，上章又曰『爲仁無時無處不用其力』，讀者詳之。此二君子晚年未一之論」。履祥按：王子之説固密，但「克己復禮爲仁」之下，即繼之曰「一日克己復禮，天下歸仁焉」，則克己復禮便是仁可知，故二「爲」字上字輕而下字重。上

「爲」字猶《語録》所謂「便是仁」，文公以「所以全」訓之者，雖密于《語録》，然猶云克己復禮便是爲仁爾。上句重在克己復禮字上，則「爲」字輕；下「爲」字則包克己復禮在中，故「爲」字重。又《文公語録・中庸第十三章》：「『人之爲道』，如『爲仁〔五〕由己』之『爲』；『不可以爲道』，如『克己復禮爲仁』之『爲』。」讀者試思之。心之全德莫非天理。二句合説，極爲圓備。《語録》：「仁、禮非二。」勝。去聲。下文「勝」用平聲。事皆天理。「復禮」搭在事上説，體用圓備。《語録》曰：「佛氏只是克己，更無復禮，此所以不中節。」歸，猶與也。天下之人皆與其仁。本程子，曰：「一日克己復禮，則天下稱其仁焉。」又按吕氏《克己銘》曰：「及既克之，皇皇四達。洞然八荒，皆在我闥。孰曰天下，不歸吾仁。痒痾疾痛，齊切吾身。」游氏、謝氏之意類此。朱子以爲不然，謂如此則是「存想『天下歸仁』。不須克己，只坐想終一日，便自『天下歸仁』矣，豈有此理！」「且己有二項，有物我之己，有私欲之己。吕氏只説得物我之己，游氏亦公以『克己復禮』爲想象。如此二説，與下文非禮勿視、聽、言、動略無干涉，視、聽、言、動，自是屬行，諸公都從知上説，不從行上説。」又曰：「一日真能『克己復禮』，則事事皆是，天下之人聞之見之，安得不與其爲仁也？」朱子之言如此，則「克己復禮」皆是實事，「天下歸仁」皆是實説。日日克之，不以爲難。「日日」字在「一日」之前，謂日日而克之復之，至于一日豁然欲净理純，動容周旋無不中禮，則天下之人孰不謂之仁人哉！「一日」語下添「日日」字，「由己」語中添「不以爲難」，語意密察。私欲净盡，天理流行。二語結定在此，則段中言語皆緊。程子曰：非禮處便是私意。叔子也。《易傳》曰：「雖無邪心，苟不合正理，即妄也，乃邪心也。」此段意亦如此。理欲大界分，學者尚可辨。惟理欲之間，毫釐之差，所當分辨爾。又曰。未詳。上條體，此條用。謝氏曰。克己要决。王文憲曰：「此學者頂門下針也。」天理人欲之際已判然矣。顔子之學，蓋已得于博文之後，知至理明，故不復有疑。非禮者，己之私也。非禮而言動，固是己私。若説視、聽固在己而非禮者則在物，何以皆曰己私？蓋以其可以悦目悦耳，此即己私也。程子。叔子。由乎中，應乎外。聖人之事也中，仁也。外，視、聽、言、動，自周旋中禮也。制於外所以養其中。學聖人之事也，「非禮」而「勿」焉，「克」「復」所以「爲仁」也。《視箴》《聽箴》。視爲要，聽爲重，故《視箴》云中遷，而《聽箴》言亡正。性本善；只爲世俗邪説鄙論，淫辭姦聲，一切非禮之言咻之，而性之正亡矣。知誘物化。本《樂記》：「人有血氣心知之性。物至知知，然後好惡形焉。好惡無節于内，知誘于外，不能反躬，天理滅矣。夫物之感人無窮，而人之好惡無節，則是物至而人化物也。人化物也者，滅天理而窮人欲者也。」知止。本《大學》。《言箴》「躁妄」。《動箴》。王文憲曰：「二字包盡言之病，箴内皆此意。」履祥謂上四句收入「養其中」，以下又發出「制乎外」者，警戒最詳切。王文憲曰：「理欲二字是生死路頭。」朱子晚年以四箴爲傳授心法切要之言，以此章上接「危」「微」「精」「一」之傳，《戊申封事》及《延和奏札》皆連舉以告君，而損益四代禮樂即繼于此章之後。至明。在「己」「禮」之間，「非」字之上。至健。在「克」「復」之間，「勿」字之中。

「仲弓」章。敬以持己，恕以及物，則私意無所容而心德全矣。王文憲曰：「『敬以持己』，私意無所容于内，有以存其心之德；『恕以及物』，私意無所行于外，有以推其愛之理。」内外無怨。先言邦，後言家。邦疏無怨易，家親無怨難。此所以先後言之，以驗其工夫之密。程子。叔子。是偶然摘此二句説，不是就此章經内説。唯謹獨，便是守之之法。學問功力易間斷者莫如獨。能謹獨，則無間斷矣。故程子于「川上」章及此段皆指「謹獨」以爲方，然于此章却補得「出門」「使民」以前工夫，下文「儼若思」一段又詳之。或問。程叔子。主敬行恕。番易饒伯輿謂「此章全説彊恕求仁之方，『出門』『使民』亦指接物之恕。蓋備舉行恕之首尾告之，無怨乃恕之效」。此説王文憲亦然之。○「使民如承大祭」，所謂「無施勞」也。乾道，坤道。乾道「剛〔六〕健中正」「純粹」，顔子純粹明決之性似之；坤道「敬以直内，義以方外」，仲弓「主敬行恕」之工似之。方外即「絜矩」之意。

司馬牛。名耕。程子。叔子。

平日所爲，無愧於心。此二句又補「内省不疚」以前工夫。《語録》：「所以『不憂不懼』，由『内省不疚』。學者又須觀所以『内省不疚』如何得來。」

向魋作亂，牛常憂懼。牛有兄弟而云然者，憂其爲亂而將死也。向魋爲司馬氏，説見《述而》篇。魋爲惡於宋，嘗欲殺孔子，其爲人可知。其弟子頎與之同惡，其兄巢、弟子車不能正，反與之同，此牛所以有無兄弟之憂也。其後魋果以欲弑景公而亡奔衛，司馬牛致其邑與珪而奔齊。及魋再奔齊，而牛又致其邑適吴，反，卒于魯郭門之外。子夏四海皆兄弟之言。向魋之惡，司馬牛常以爲憂，夫子知之，有「内省不疚」之訓；而又直以無兄弟爲憂，子夏廣之，胡氏病其「意圓而語滯」。夫以牛之高節，何以在宋？則宋止巢而不止牛。適吴，又何至爲吴人所惡，豈吴人所向異歟？不然，則牛之所以「敬而無失」「恭而有禮」者，亦容有未至耶？以《家語》稱其「爲性躁，好言語」，此亦牛之尚有疚，子夏之言或切中其病也。又「皆兄弟」字若作「猶兄弟」字，似無病。哭子喪明。事見《禮記・檀弓》篇。

此必因子張之失。子張之失，輕信易發，故夫子告之以此。常人反有因此而以疑執爲明者，殊不知當先以明遠爲務，非但以「不行」爲明遠也。

足食，足兵，民信。或疑初意止言二事，「民信之矣」乃其效；子貢則析而三之，以究其極。然細玩之，此正與答冉有「庶」「富」「教」事同。國家爲政，于此三者不可缺一。上文「民信」雖以效言，下文「信」字則兼本效。夫以次第言則三，以事理言則一。民之信之，雖在足食、足兵之後，而施信于民，即在足食、足兵之中，天下豈有舍信而能足食、足兵者？子貢之智，固知信之重，與兵、食并，而未知信之重于兵、食，故再三問之，以究其極。初言民信，雖因兵、食而後固，末言民信，則舍兵、食而獨存，語若并而意獨至。蓋信之效固因兵、食而行，信之理則先兵、食而有，使一日而無此理，則不相保固，而人道絶矣。聖人視天下存亡生死皆是常事，惟是理不可一日泯。苟惟無信，雖有食有兵，且不相爲用，况無食無兵之際，其不爲鳥驚獸駭，相戕相噬者，幾希矣。有國家者所當深思也。必不得已而去。如「加之以師旅，因之以饑饉」，危急存亡之秋也。此事惟周大王可證。「不以其所以養人者害人」，是去兵也；杖策走馬而去，則倉廩米粟皆棄之，是去食也；獨仁意素孚〔七〕，而「民從之如歸市」，卒以再立國而有天下。程子。叔子。

駟不及舌。駟，四馬也。古者一車四馬，故曰駟。謂言出舌，雖駟馬不可追而反之。此必當時諺言。虎豹之鞟猶犬羊之鞟。三「猶」字，二正一反。大意謂惜乎棘子之説固君子之意也，而其失言亦不可追。夫文之不可無，猶質之不可無，二者均也。虎豹之鞟猶犬羊之鞟，惟有毛則可辨其爲虎豹、爲犬羊耳，言無文則君子小人上下等差皆無所辨也。夫廢禮文而至于君臣上下貴賤等差之無辨，其爲失言，豈不大哉？

「盍徹」章。此章蓋極本原之論，而讀者猶疑有子所對大相反，似嫌於迂，看得哀公之意本是兩下。問「年饑」，謂歲凶而百姓饑餒也；「用不足」，謂賦少而國用缺乏也。「年饑」不可加賦，而「用不足」又不可不加賦，二者將何以爲計？有若對曰「盍徹乎」，蓋且對年饑一句，先以寬民力爲重；哀公曰「二，吾猶不足，如之何其徹也」，却是因「盍徹」之對而專憂國用之不足；故有子再對謂國家以民力爲本，民足則君自可與之俱足，若民力不足，君雖獨足，其誰與守之？觀有若君民相對之辭，則知哀公亦是君民相對之問。《集注》推明處此之方，雖入「節用」二字以補之，似不首解「年饑」二字之意。公以有若不諭其旨，故言此以示加賦之意。哀公此問未有加賦之意，有若斯答反以減賦爲言。及哀公再問，則爲之發明民富爲足國之本，民貧則國危之禍。縱哀公不能減之什一，必不至于再加賦矣。此亦告君之法。多則桀。三句并出《揚子·先知篇》。

「崇德」章。程子。叔子。

是時景公失政，而陳氏厚施於國。《左氏》昭三年：「晏子曰：『公苛〔八〕其民，而歸於陳氏。齊舊四量，豆、區、釜、鍾，各自其四，以登於釜。陳氏三量，皆登一焉。以家量貸，以公量收之。民人痛疾，而或燠休之。民歸之如流水。欲無獲民，將焉辟之？』」又昭二十六年：「晏子對景公曰：『陳氏雖無大德，而有施于民。豆、區、釜、鍾之數，其取之公也薄，其施之民也厚。公厚斂焉，陳氏厚施焉。後世若少惰，陳氏而不亡，則國其國也已。』公曰：『是可若何？』曰：『唯禮可以已之。在禮，家施不及國。』」景公又多内嬖，而不立太子。其後果以繼嗣不定，啓陳氏弑君簒國之禍。齊燕姬生子，不成而死。諸子鬻姒之子荼嬖，諸大夫恐其爲太子也，言于公曰：「君之齒長矣，未有太子，若之何？」公曰：「二三子亦姑謀樂，何憂于無君？」公疾，使國惠子、高昭子立荼，置群公子于萊。哀公五年，景公卒。公子嘉、駒、黔奔衛，鉏、陽生奔魯。陳乞、鮑牧以兵逐國子、高子。陳僖子使召陽生于魯，立之。使胡姬以安孺子如賴，去鬻姒。使朱毛殺孺子于野幕之下。十年，弑悼公。簡公立，使闞止爲政。哀公十四年，將逐陳氏，陳恒攻殺闞止，執公于舒州，尋弑之。

小邾射以句繹奔魯。射，音亦，人名。句，古侯反。句繹，地名，當在魯鄒繹山之下。《左氏》哀公十四年：「小邾射以句繹來奔，曰：『使季路要我，吾無盟矣。』季康子使冉有謂之曰：『千乘之國，不信其盟，而信子之言，子何辱焉？』對曰：『魯有事於小邾，不敢問故，死其城下可也。彼不臣而濟其言，是義之也。由弗能。』」

「問政」章。程子。叔子。

魯自中葉，政由大夫。魯自文公薨，東門襄仲殺赤及視而立宣公，季文子始持其柄而專魯政。至襄公十一年，三分公室而各有其一。至昭公五年，舍中軍，四分公室，季氏擇二，孟孫、叔孫各一。家臣效尤，據邑背叛。陽虎囚季桓子而奪其政，公山不狃又以費叛。

康子奪嫡。《左氏傳》哀三年：「秋，季孫有疾，命正常曰：『無死！南孺子之子，男也，則以告而立之；女也，則肥也可。』季孫卒，康子即位。既葬，康子在朝。南氏生男，正常載以如朝，告曰：『夫子有遺言，命其圉臣曰：「南氏生男，則以告于君與大夫而立之。」今生矣，男也，敢告。』遂奔衛。康子請退。公使共劉視之，則或殺之矣。召正常，正常不反。」杜氏《注》曰：「畏康子也。」按：孺子之子生，康子攝主，俟其長而退，禮也；而即請退，此或所以殺之也，此所以有奪嫡之罪也。

質直。《集注》：「内主忠信。」子張務外，故夫子之言每箴其失。前章「崇德」之問，夫子以「主忠信，徙義」告之，故此章又以「質直」「好義」爲言，文雖不同而意則一。質則忠實之謂，直則貞信之謂，故《集注》于此章即以前章「主忠信」訓之。

審於接物。察人之言，觀人之色，是接物之際審吾言行之當否。**自牧**。下人固是謙下于人，然以「慮」字冠其上，欲常思量，惟恐有忽略之意。所以「自牧」字體得好，如牧牛然，常是牽轉，不令放逸也。**色取仁而行違**。此「質直」「好義」之反。「居之不〔九〕疑」是「察言」「觀色」「慮以下人」之反。《語録》謂「此只粗漫將去，專以大意氣加人」者。謾，牟干反。**程子**。叔子。

曾氏。幾，字吉甫，吕居仁門人，成公外祖也。號茶山，謚文清。收入《集注》者惟此一章。**遠**。如字，上聲，絶遠之遠。《左氏》曰：「禹稱善人，不善人遠。」《語録》：「不仁者皆化爲仁，則不仁者絶無矣。」**程子**。叔子。

善道。道，去聲。《集注》作「善其説以道之」。《語録》曰：「告之，固忠矣；須教導得是，始得。」與《集注》稍異。

【校記】

〔一〕紹：原作「紹」，據庫本、胡本改。

〔二〕子：底本作「之」，據庫本、胡本改。

〔三〕緯：諸本皆作「已」，據《史記》卷一百三十崔駰注改。
〔四〕祓：底本作「拔」，據庫本、胡本改。
〔五〕仁：底本作「人」，據庫本、胡本改。
〔六〕剛：底本作「綱」，據庫本、胡本改。
〔七〕孚：底本作「字」，據庫本、胡本改。
〔八〕苛：諸本皆作「苛」。《左傳》作「棄」。
〔九〕不：底本作「下」，據庫本、胡本改。

論語集注考證卷之七

子路

先之。「先」當作去聲，謂率先之也。《語録》取張子云「以身爲之倡」。勞之。舊作去聲，朱子從張子「身不愛其勞」之説；而《集注》收蘇氏之解，故讀作如字。程子。伯子。

先有司。先，平聲。謂凡衆事且任有司爲之于前也。二章相連，而二字不同。子路以勇臨事，夫子恐其易于責人，故勉其自己率先之，則「先」當作去聲；仲弓以敬治煩，夫子恐其失于叢委，故勉其使人先爲之，則「先」當作平聲。第二章蘇氏亦有説，《或問》收之，《通釋》有取焉，當兼看。程子。伯子。推此義。王文憲曰：「一蔽于小，其害或至于此而不難，故程子極言之以警學者。」「范氏曰：不先有司」止「天下乎」。仲弓「可使南面」，蓋于此問得之。季氏其時四分公室而有其二，是有魯國之半，又專魯國之權，則其宰亦未易爲。然其爲季氏宰不見于傳記，豈不久而去之耶？

出公輒。蒯聵之子。《孟子》作「孝公」。魯哀公二十年，孔子自楚反乎衛。此據《孔子世家》。又按《年表》，陳、楚《世家》，楚昭卒之年，魯哀公之六年也，孔子在陳，則是自楚反陳。非反衛也。按《衛世家》，則齊弑悼公之年，哀之十年也，孔子始自陳至衛，非自楚反也。孔子在陳，曰「盍歸乎來」，蓋「思魯之狂士」，則其自陳至衛，乃過衛耳。而輒致公養之禮，遂有待子爲政之意焉；及聞正名之説，非其所樂，故孔子尋去之而歸魯。若曰自楚反而即在衛，則是不可久而久也。故《皇極經世》于丙辰書孔子自陳至衛，丁巳書「自衛反魯」，則孔子久速之可于此見矣。〔一〕**程子**。伯子。**蒯聵**。衛靈公太子。**南子**。靈公夫人宋女也。**公子郢**。靈公庶子。按《春秋左氏傳》魯定公十四年：秋，齊侯、宋公會于洮。初，宋公子朝通于南子，衛靈公爲夫人南子召宋朝于宋。至是，太子蒯聵如會，獻盂于齊，過宋野。野人歌之曰：「既定爾婁豬，盍歸吾艾豭？」太子羞之，謂戲陽速曰：「從我而朝少君，我顧，乃殺之。」速曰：「諾。」乃朝夫人。太子三顧，速不進。夫人見其色，啼而走，曰：「蒯聵將殺余。」公執其手以登臺。太子奔宋，盡逐其黨。太子告人曰：「戲陽速禍余。」速曰：「太子無道，使余殺其母。不許，將戕于余；若殺夫人，將以余説。是故許而弗爲。」魯哀公二年：「衛侯游于郊，子南僕。公曰：『余無子，將立女。』不對。他日又謂之，對曰：『郢不足以辱社稷。君夫人在堂，三揖在下，君命祗辱。』夏，衛靈公卒。夫人曰：『命公子郢爲太子，君命也。』對曰：『郢異于他子，且君没于吾手，若有之，郢必聞之。且亡人之子輒在。』乃立輒。晉趙鞅納衛太子于戚。使太子絻八人，衰絰〔二〕，僞自衛逆者。告于門，哭而入，遂居之。」五年，趙鞅伐衛。初，孔文子取蒯聵之姊伯姬，生悝。文子死，其豎渾良夫通于内。蒯聵在戚，孔姬使良夫之焉。蒯聵與之言曰：「苟使我入獲國，服冕乘軒，三死無與。」與之盟，爲請于伯姬。十五年閏月，良夫與蒯聵入，舍于孔氏外圃。昏，二人蒙衣而乘。孔氏之老欒寧問之，稱姻妾，以入伯姬氏。伯姬杖戈，蒯聵與五人介，迫孔悝于厠，彊盟之，遂劫以登臺。欒寧使告季路。季路將入，遇子羔出，曰：「弗及，不踐其難。」季路曰：「食焉，不避其難。」入，曰：「太子焉用孔悝？雖殺之，必或繼之。」且曰：「燔臺，半，必舍孔叔。」太子下石乞、盂黶敵子路。以戈擊之，斷纓。子路曰：「君子死，冠不免。」結纓而死。孔悝立蒯聵，是爲莊公。輒奔魯，是爲出公，復死于越。莊公遣孔悝載伯姬奔宋。哀十七年，晉再伐衛。衛人出莊公，己氏殺之于戎州。

「名不正」止「民無所措手足」。「名不正」「言不順」即綱常不立，萬目隳壞。夫子又逐節發明，尤爲明盡。「名不正，則言不順。」如輒以祖爲禰，使國人戴己而爲君，使國人拒父而謂之寇，何以號令于國？是「名不正，則言不順」也。凡不可説者必不可行，則事何可成？事有條理則有禮樂，事得其序則爲禮，事得其和則爲樂。事既不成，則何以能有禮樂？無禮則無序，而施之也乖謬；無樂則無和，而行之也忿戾。乖謬忿戾，則刑罰安能中理？刑罰不中理，則民難于避就。推衛國之類言之，則逆父者無罪，循分者有刑，民何所措手足？此段專爲衛發，而所該甚廣。君子名之決是可言，言之決是可行。君子發言，豈可爲苟且之論？苟且之論一行，即「名不正」「言不順」而萬事不成矣。按：「衛君待子而爲政」，則是輒欲用孔子之久，而孔子蓋未之從也；曰「必也正名乎」，是明輒之拒父爭國爲不正也。考之《孟子》公養之説，是夫子常居于衛，受其餼廪之供矣。其留于衛何也？夫子未嘗絶人于善，彼其知尊夫子，是猶有人心也，安知其不可正乎？考之前篇夷、齊之説，則輒惟當知有父子之倫而不可拒父，然衛國臣民又當知有父子之義而不可以立蒯聵。在輒則當從蒯聵，在衛則當立公子郢。使輒而果用孔子，孔子必先以人倫化誘之，可則行，不可則去耳。夫子之留于衛，亦是見此一事大害名義，或可借是正之，亦轉移世道之一機也，而卒不果，惜哉！胡氏之論，蓋伊尹之事；夫子所處，想又從容於此。文公謂聖人行權，亦有非常人所可測者。履祥初疑公子郢辭國，遂釀成衛國之亂，亦賢者之過。間嘗考之，郢既支庶，而外蒯内輒皆必争者。公欲立郢，獨語之于床第之間，此郢之所以辭也。觀其言曰：「君夫人在堂，三揖在下，君命衹辱。」則是謂靈公當與卿大夫命之于朝，即名正言順，亂源窒矣。此亦夫子正名之説也。而靈公不悟，卒無明命；及公没，夫人立之，又辭。此尤郢之見幾也。郢立于夫人之手，即制于南子，而事皆不可爲矣，况正犯蒯聵之所必争乎？吁，此郢之所以爲賢與！**子路仕輒不去，卒死其難。**《語録》：或疑子路仕衛，孔子何以不痛責之？按：「正名」之説，「野哉」之斥，夫子不爲不痛責之矣。又按：子路初仕于衛，爲蒲宰，則公臣也；其後蒯聵之亂，子路爲孔悝之宰，則私臣也。故子路之死，爲救孔悝之難爾。

學稼。所貴學于聖人者，以大學「明德」「新民」之道，修己治人之方也。而樊須以學稼圃爲問，故夫子以不如老農、老圃拒之，責之至矣，而又以小人名之，繼以大人之事言之，可謂明盡。然觀章末四方之民至、「焉用稼」之語，則樊須所欲學，蓋欲如許行「爲神農之言」者，《孟子》「闢許行」章，又此章之注疏也。農、圃同一事，秦所謂種樹之書，漢所謂農家者流是也。**復。**扶又反。

「誦《詩》」章。程子。未詳。

魯、衛，孔子嘆之。此嘆當在去魯適衛之時，似有「猶吾大夫」之意。然魯爲禮義之國，素賢于衛，夫子此嘆又似嘆魯。

公子荆。《春秋釋名》即公南楚，見襄二十九、昭二十年〔三〕。《家語》又有荆公子，不知爲誰，當考。粗。上聲，王文憲作平聲。「累」并去聲。

制田里，薄賦斂。此「富之」之實事也。制田則畫井授田，一夫百畝，以出穀粟而養其口；制里則在田在邑，五畝之宅，樹之以桑，以出布帛而養其體；與凡市廛之制，薄賦則省起兵役，薄斂則不多征稅。立學校，明禮義。此「教之」之實事也。古者二十五家爲閭而有塾，五百家爲黨而有庠，遂則有序，國則有學。教之禮以制心，使之悉由于規矩準繩之中而不肆；教之義以制事，使之悉由于當行之方而不越。三事。「庶」、「富」、「教」也。漢之文、明。文，孝文皇帝也。文帝之時，烟火萬里，可謂庶矣；陳陳相因，賜民田租，可謂富矣。明，孝明皇帝也。唐之太宗。太宗貞觀四年，米斗三錢，行旅不齎糧，取給道路，可謂庶富矣。西京。前漢都長安，後漢都洛陽，故謂長安西京，後世稱爲西漢。明帝尊師重傅。帝自爲太子時，受《尚書》于桓榮。及即位，猶尊以師禮，幸太常府，親自執業。胡氏又譏桓榮授經專門章句，不知大學之道，使其君德業如是而已。臨雍拜老。永平二年，行養老禮。遣使者安車迎三老、五更。天子迎于門屏，交禮。至階，天子揖如禮。親袒割牲，饋酳。宗戚子弟莫不受學。明帝崇尚儒學，自皇太子、諸侯王及大臣子弟、功臣子孫，莫不受經；又爲外戚樊氏、郭氏、陰氏、馬氏諸子立學于南宮，置《五經》師。自期門羽林之士，悉令通《孝經章句》。太宗大召名儒，增廣生員。太宗大召天下名儒爲學官，增築學舍千二百間，增學生滿三千二百六十員。自屯營飛騎亦給博士，使授以經。二君。當言「三君」，而止言「二君」者，蓋主立學之君而言，明帝、太宗也。不言文帝，蓋文帝雖未能立教，而言行無過，又公卿多舊功臣。二君知立教矣，而明帝苛察急切，已有可議，太宗兄弟衽席之間慚德爲多，故獨言「二君其能然乎」。

朞月。興衰撥亂。三年。治定功成。《史記》。《孔子世家》。

「善人」章。程子。伯子也。見《文集》對策中語。漢自高、惠至於文、景。高祖自漢王即帝位共十二年，孝惠七年，吕后專政八年，孝文二十三年，孝景十六年。庶乎近之。諸君皆天資朴厚，中間吕氏雖專政，史亦稱其「不出房闥，而天下晏然」。雖未免有禄、産之變，孝景又有七國之禍，其黎民醇厚，幾致刑措，乃在孝文之世，孝景遵業耳，故但曰「庶乎近之」。然本文「善人」已是僅可，而文、景之證又曰「庶乎」，則善人功效已不如聖人之神速，而文、景之事又未可皆爲善人；若高帝、文帝可謂善人，而在位皆不久。六七十年之間，駁雜處多也。

「如有」章。程子。一條伯子，二條兼取二子。

季氏之私朝。大夫之家朝其家臣，亦謂之朝，故《左氏》伯有朝者至，布路而反。《國語》公父文伯之母亦有外朝、内朝之説。《或問》引之。下文「私室」當作「私朝」。夫子爲不知者。本《檀弓》篇語。謂若不聞知者而微詞以正之，《或問》已謂此説傷于巧，而《集注》復用之。魏證〔四〕獻陵之對。唐太宗貞觀十年，葬文德皇后于昭陵。帝念后不已，于葬中作層觀以望昭陵。嘗引魏證同登，使視之。證熟視之，曰：「臣昏眊，不能見。」上指示之，證曰：「臣以爲陛下望獻陵。若昭陵，則臣固見之矣。」上爲毁觀。獻陵，高祖陵也。王文憲曰：「夫子誠據禮直言之，隱然自足以『正名分，抑季氏，教冉有』矣。以魏證事比，恐未安。」

幾，期也。《詩》曰：如幾如式。《詩・楚茨》篇：「如幾如式。」《注》訓「期」，且引《左氏傳》昭公薨，子家「易幾而哭」爲證。故皆訓「期」，然乃時期之期，非期必之期也。《通釋》皆訓爲「近」，以「言不可若是」爲句，則四「幾」字皆訓「近」語意爲通。定公問：「人之嘗言有何一句即可以致興喪者？」夫子答之曰：「言不可若是，蓋古今興喪亦多端，不可一句限定。然亦有一言近之者，如人之言曰云云，豈不近于一言而興喪邪？」陳與可曰：「依《通釋》訓『近』，而仍舊作一句，謂言不可如此責近效，言不可如此必近禍。亦通。」因此言而知……則必。興喪不在一言，而在君心于此一言如何爾。故前一節舉人之言矣，而必曰「如知」；後一節舉人之言矣，而必曰「如其善」「不善」。大要興喪固多端，本原并在君心所以分。夫子此章，辭不迫切，而語意周密。識微。謝氏此説則「幾」字又有幾微之意，謂言不可以若是，然其幾微之處亦有一言足爲興喪之原。

莒父〔五〕。程子。伯子。

恭，敬，忠。居處易肆而容常恭，執事在外而中常敬，與人接物而心無不實，其内外一致如此。之夷狄不可棄。縱至夷狄亦不可棄，則平時平居可知。此句總上三事，無時無處不如此，則人欲無所容，心德全而天理流行矣。程子。伯子。

子貢問士。夫子平日許子貢以從政，他書所載子貢亦每以使事自許，而此章夫子所答但以使事爲士之上，而子貢每問又輒每下，與平日不同。恐此章之問乃是子貢方人之事，大率論士材器之大小。又《論語》從政多説大夫，此章既問「士」，又問「今之從政」，則又恐是問士與今大夫之材品，則此士非以學言，是以職言者。子貢不問可以爲大夫之才，而問今之大夫，則其問亦下，故夫子以何足數答之。此章《集注》雖明，而《或問》又收晁氏之説，又兼連下章之意。今附此，以待後之君子。程子。叔子。

謹厚。《孟子》「中道」「狂狷」「鄉愿」前後通爲一章，而此章乃突入「謹厚」二字，疑是「謹愿」二字，蓋爲原人也。然歷考諸本及《語録》，又皆曰「謹厚」。後再思之，若説鄉原之謹愿，則又賊德矣。此注自「爲也」二字生來，自「狂狷」二字反來。謹是不狂者，厚是不狷者，此亦自是善人，但欠志節耳。初注正作「善人」，後改從「謹厚」。孔子既「不得中行而與之」，下此一等，何不取謹厚不狂不狷之人，而獨取夫狂狷之人？蓋謹厚之人固是善人，但據其資質止于此，上不能進于中道，亦不肯進于中道，下不期於鄉原，而不覺自爲鄉原矣。因其志節，而激厲裁抑之以進於道。《注》内二句最備。激厲其不及，裁抑其太過，即進于中道矣。朱子曰：「立志有守，狂狷之長；行不掩，知未及，狂狷之病。兼其長，去其病，可至中行矣。」

巫醫。《周禮》：司巫中士，醫師上士。《注》：雖賤役，蓋執技以事上者。此章南人之言，重在巫醫；夫子引之，重在學者。《集注》發明夫子之意。其義未詳。《語録》曰：「『不占而已矣』，猶云只是不讀《易》〔六〕。」

「好惡」章。「一鄉皆稱原人」「衆皆悦之」，此鄉人皆好之者也；「匡章，通國皆稱不孝焉」，此鄉人皆惡之者也。然鄉原之人，惟孔、孟而後知其賊德；章子不孝，惟孟子惟能辨其設心。甚矣知人之難也！

程子曰：質之近仁。伯子也。此資質之近仁耳。有此質而能加之以學，則仁矣。曾氏曰：「剛必無欲，毅能力行，木無令色，訥無巧言。」

子路所不足。子路勇果，氣象行行，于「切切偲偲」「怡怡」皆所不足，故夫子以此告之，又分言其用。凡重言皆形容氣象。胡氏之説體貼深密，學者所宜體認。

七年。王文憲曰：「有聖人作用，有賢人作用，有善人作用。善人只就天資上做出，無學以充之，所以久速不同。」

教。使其心志習於孝弟忠信、親上死長之義，耳目習于金鼓車旗，身習于甲胄，手足習于弓矢干戈、坐作馳騁之節。即此二章觀之，黄氏謂言兵之最精者莫如聖人。程子。叔子。

憲問

此篇疑原憲所記。篇首不姓不字，但書名「問」，蓋憲記所自問而并記他語也。

狷介。王文憲曰：「狷是有執守，介是有分辨。」《語録》：「憲是介狷者。傳中説介處亦多。」按：《弟子傳》中載此二章之外，止載與子貢辨病貧事，已可見其狷介。其他書傳中事亦多。

「克伐」章。章首無起語，蓋冒上文「憲問」字，一時并記二問。難。《集注》作「難能」。《語録》一作「到此遏之極難」。

程子。一條叔子，二條未詳。不能再問。當再問仁。

和順積中，英華發外。出《樂記》。

澆。「奡」，古字通。寒浞殺羿，因其室而生澆。處于過，彊圉縱欲。夏遺臣靡滅浞，立少康。少康滅澆于過。事見《左傳》《楚詞》諸書。俱不得其死。句。俗讀連「然」字者非。十一篇言由于未死之前，故曰「不得其死然」，期辭也；此章述二人于既死之後，故止曰「不得其死」，斷辭也。何文定、王文憲以「然」字唤下句，便見尚德之意。不答。以「然」字屬下，意自分明。不待于答，俟其出而稱美之，以示門人。禹平水土，暨稷播種。禹曰：「暨稷，播奏庶艱食，濬畎、澮。」此皆躬稼事。

「爲命」章。夫子言鄭國之事，此萬世爲辭令之條例。世叔。古語「世」字與「太」字通用，如衛大叔亦作世叔，如太子亦稱世子也。按：襄公三十一年《左氏傳》曰：「子産從政，擇能而使之。馮簡子能斷大事；子太叔美秀而文；公孫揮能知四國之爲，辨于其大夫之族姓、班位、貴賤、能否，而又善爲辭令；裨諶能謀，謀于野則獲，謀于邑則否。鄭國將有諸侯之事，子產乃問四國之爲于子羽，且使多爲辭令；與裨諶乘以適野，使謀可否；而告馮簡子，使斷之；授子太叔使行之，以應對賓客。是以鮮有敗事。」按《左氏》所記，與此章相先後，當以夫子之言爲序，但《左氏》首以爲子產擇能者得之。今按《左氏》，前後應對諸侯，多出子產。昔者取印堇父於秦，太叔爲令正，不獲也；更幣從子產，而後獲之。以此知子產能用三子之長。雖有三子，無子產不可也。

子產之政，不專於寬。子產謂子太叔曰：「唯有德者能以寬服民，其次莫如猛。夫火烈，民望而畏之，故鮮死焉；水懦弱，民狎而玩之，則多死焉，故寬難。」又如使上下有服，則鄭人謂「取我衣冠而褚之」；使田疇有封洫，則謂「取我田疇而伍之」；又如鑄刑書，尤爲當時所議。然其要歸于愛民而已，故夫子以惠稱之。昭二十年，子產卒，仲尼聞之，出涕曰：「古之遺愛也。」**舉其重而言。**夫子稱子產君子之道四，惠居其一耳；論其始終之事，而又特以惠爲言。蓋舉其重而言之也。孟子又謂其「惠而不知爲政」，此又特舉一事而言，以示後人爲政之規。大抵「孟子，大山巖巖之氣象」，自非王佐之才，皆孟子所不足。如論管仲亦然。**問子西。**夫子在時，子西未有白公之敗，而其遜國平亂，改紀其政，事多可取。當時賢士大夫稱之，故或者舉之與管仲、子產同問。惟夫子不取爾。**遜國，立昭王，改紀其政。**昭二十六年，楚平卒。令尹子常欲立子西，曰：「太子壬弱，其母非嫡，王子建實聘之。子西長而好善。立長則順，建善則治。」子西怒曰：「是亂國而惡君王。我受其名。賂吾以天下，滋不從也，楚國何爲？」乃立昭王。定四年，吳師入郢。昭王出奔。「子西爲王輿服以保路，國于脾洩。聞王所在，而後從王。」定六年，子西「遷郢于鄀，而改紀其政，以定楚國」。**昭王欲用孔子，又沮止之。**出《史記・孔子世家》。詳見《序説》。**其後卒召白公以致禍亂。**哀十六年《傳》曰：「楚太子建遇讒，在鄭。適晉，謀襲鄭，鄭人殺之。其子勝，在吳。子西曰：『吾聞勝也信而勇。』欲召之。葉公以爲不可。子西召之，使爲白公。請伐鄭，許之，未起師。晉人伐鄭，楚救之。白公遂作亂，殺子西而劫惠王。子西以袂掩面而死。葉公與國人攻白公，國寧。」此事在孔子卒之後。故《集注》曰「其後」，又曰「其人可知」，蓋引其終以證夫子之言也。**伯氏，齊大夫。駢邑，地名。**人名與地名，他書無所見。然玩本文，又似「伯氏駢」是人姓名，「邑三百」是食邑之數。蓋春秋時以駢爲名者多有之，如王子伯駢之類是也。又如「公與之邑六十」，與之邑三十，蓋卿大夫受采邑之數。古者四井爲邑，則三十二家。食邑者收其公田之租，一邑公田則四百畝，邑三百；公田十二萬畝，當今五萬畝矣，其户數則九千六百家，所謂萬家之邑也。《傳》稱城小穀以封管仲，又曰桓公置管仲于穀，無駢邑之名。**威公〔七〕奪伯氏之邑以與管仲。**玩本文，似管仲奪伯氏之邑，而伯氏雖窮不怨者，故古注謂「伯氏食邑三百家，管仲奪之，使飯疏食，没齒無怨言」，而説者多引諸葛孔明竄廖立、李平無怨爲證，《注》引《荀子》「與之書社三百，而富人莫之敢拒」，以此知是威公奪與之。然既公奪與之，則安得但云「奪」，又云「無怨言」？蓋古者天下封建，國立世家，各已久有其地。如襄王賜晉文陽樊温原之田，晉文猶以兵取之，則奪之之説疑亦此類。而荀卿云「富人莫之敢拒」，是管仲之功有以服其心，斂手而歸邑也。

孟公綽。本篇兩見。《史記》曰：「孔子之所嚴事：于魯，孟公綽。」

臧武仲之知。臧孫氏，文仲之孫，宣叔之子，名紇。襄二十二年：「臧武仲如晉。雨，過御叔。御叔曰：『焉用聖人？』」《注》：「武仲多知，時人謂之聖。」襄二十三年，臧紇奔齊。「仲尼曰：『知之難也。有臧武仲之知，而不容于魯國，作不順而施不恕也。』」**卞莊子之勇。**《新序》，事見第八卷。《或問》已引之。又《荀子》曰：「齊人伐魯，忌卞莊子，不敢過卞。」又《史記·陳軫傳》曰：「卞莊子欲刺虎，館豎子止之，曰：『兩虎方且食牛，食甘必争，争則必鬭，鬭則大者傷，小者死，從而刺之。』卞莊子從之，一舉果有雙虎之功。」館豎子，《戰國策》作「管與」。**四子。**皆即子路耳目所接以示之。臧武仲，接聞既近；公綽，魯孟氏之賢；子路，卞人，莊子其鄉大夫；冉求，其同門之友：皆近其可學以兼之。然要又在文之以禮樂，故《集注》特表程伯子曰：「臧武仲之知非正也，若文之以禮樂，則無不正矣。」知非正，見上注。**程子。**一條「勇也」以上伯子，「須是」以下叔子。二條、三條伯子。胡氏曰：「今之成人」以下，乃子路之言。此段語意明是子路之言，朱子以夫子無再教之辭，故以胡氏之説爲第二説。《語録》前後皆從胡氏之説，且謂子路退而自言，所以無再教之辭也。今當從胡氏。

公孫枝。按《左傳》及《注》，當從公叔發。《集注》或傳寫之誤。

臧武仲以防求爲後於魯。襄二十三年《傳》曰：「季武子無適子，公鉏長，而愛悼子。臧紇爲立之。公鉏後爲公左宰。孟孫惡臧孫，季孫愛之。孟莊子疾，其御豐點謂公鉏：『立羯，請讎臧氏。』孟孫卒，公鉏立羯。孟氏閉門，告于季孫曰：『臧氏將爲亂，不使我葬。』孟氏將辟，藉除于臧氏。臧孫使正夫助之，除于東門，甲從己而視之。孟氏又告。季孫怒，命攻臧氏。臧紇斬鹿門之關以出，奔邾。使告其適長兄臧賈，且致大蔡焉，曰：『紇之罪不及不祀。子以大蔡納請。』賈使弟爲以納請，遂自爲也。臧孫如防，使來告曰：『紇非能害也，知不足也。非敢私請。苟守先祀，無廢二勳，敢不辟邑！』乃立臧爲。臧紇致防而奔齊。」

威公〔八〕伐楚，仗義執言，不由詭道。《春秋傳》僖四年：齊侯以諸侯之師侵蔡。蔡潰，遂伐楚。曰：「爾貢苞茅不入，寡人是徵。昭王南征而不復，寡人是問。」師進，次于陘〔九〕。楚子使屈完如師。退，次于召陵。陳諸侯之師，與屈完乘而觀之。屈完及諸侯盟。文公伐衛以致楚，陰謀以取勝。初，晋文公之爲公子，出亡過衛，不禮焉。及齊，齊桓公妻之。及曹，曹亦不禮焉。及宋，宋襄公贈之以馬二十乘。及楚，子玉請殺之，楚子送諸秦。僖公二十四年，秦伯納之。二十六年，宋以其善于晋侯也，叛楚即晋。楚令尹子玉伐宋，圍緡；伐齊，取穀，申叔侯戍之。二十七年，楚子及諸侯圍宋，宋如晋告急。狐偃曰：「楚始得曹，而新昏于衛，若伐曹、衛，楚必救之，則齊、宋免矣。」二十八年，晋侯將伐曹，假道于衛，衛弗許。自南河濟。侵曹、伐衛。衛侯出。晋師入曹。宋人如晋師告急。晋執曹伯，分曹、衛之田以畀宋人。子玉使宛春告晋師曰：「請復衛侯而封曹，臣亦釋宋之圍。」晋侯拘宛春以怒楚，私許復曹、衛之田，曹、衛告絶于楚。子玉怒，從晋師。晋師退三舍辟之，以報楚。楚衆欲止，子玉不可。晉師次于城濮。及戰，狐毛〔一〇〕設二旆而退之。欒枝使輿曳柴而僞遁，楚師馳之。晉人以中軍公族横擊之。楚師敗績。出穀戍，釋宋圍，一戰而伯。○《語録》：「吕伯恭《博議》論此一段甚好，雖太巧，節節看來都是。」《博議》曰：「楚與宋皆有德于文公者。兼施則當兼報，豈當有所偏助！文公之心，則以宋弱國也，因前日之德而親我；楚彊國也，挾前日之德而陵我。今楚伐宋，爲吾計者，固當助宋以厚其親我之心，挫楚以奪其陵我之氣。且吾方圖伯業，坐視楚之横行而不較，則伯權在楚矣。然遽加兵于楚，則背惠食言，其誰與我？於是不攻楚而攻楚之所必救。伐曹伐衛，皆楚親暱。外無背楚之名，而内有怒楚之實，使兵端發于楚，待其先動而後應之，雖破楚而無背惠之名，爲謀可謂譎矣。此猶非其譎之尤者。文公名雖救宋，而實在于勝楚。時天下之强國惟晉與楚，必先摧楚之鋒，然後可以專伯于天下。楚子固倦于兵，其狼戾而好戰者，獨子玉耳。不深激子玉之怒，則將知難而退，雌雄不決矣。于是執曹伯，分曹、衛之田，所以深激其怒，而趣之戰也。伐曹、衛，所以救宋也；今楚果以愛曹、衛之故，將釋宋圍，是適投吾欲也。我復曹、衛，彼釋宋圍，何爲不許之乎？非惟不許，又執宛春以辱之，又私許復曹、衛以挑之，惟恐激而不怒，怒而不戰。是其心果在于勝楚，而不在于救宋也。人知文公救宋而止爾，孰知其譎之尤，一至于此乎！

至于退舍，則其譎又深矣。楚本無競晉之心，文公多方以怒之，迫而使戰。雖子玉不勝一朝之忿，然上則楚子，下則士卒，皆不欲也。乃退舍以避之；避之，毋乃使子玉得假以爲班師之名乎？文公豈不慮此？蓋已料子玉于度内，明知子玉内懷蔿賈之語，急于立功以刷耻，見吾之退，必謂脆敵，功業易取，無若此時。雖退十舍，猶將來追，况三舍乎！文公之所以肯退者，先有以必楚之不退也。心欲戰而形若不欲戰，用以報德，用以驕敵，用以感諸侯之心，用以作三軍之憤。一世爲其所眩惑，信矣文公之善譎也！文公之譎，夫豈一端而已哉？三日而去原，欲自附于王者之師；然毁丘墓以脅曹，果王者之師耶？利小則用信，利大則用譎，三罪而民服，欲自附于王者之刑矣。然舍魏犨而屈法，果王者之刑耶？疏者則用法，愛者則用私，吾是以知文公之譎也。統而論之，大則如托狩以召王，小則如曳柴以誤敵，未易偏舉，要不能出一『譎』之外，聖人之言可畏也。」履祥按：此章夫子特説桓、文，以較其正譎。桓公正處固多，亦未有全不出于譎者；桓公之譎易見，而文公之譎善譎耳。夫子首言晉文，後言齊桓，蓋因文以言桓，桓公特比晉文爲正爾。

「桓公殺公子糾」章。事在《左傳》莊公九年。《集注》節入，語極簡要。王文憲謂有前賢未發之論。履祥按：程子之説，據《漢史・淮南王傳》薄昭言「桓公殺弟以安國」，大約以兄弟爲斷；然《荀子》又有威公「殺兄」之説，杜氏、韋昭之説亦云。但二者曲直，不待争兄弟而後明。顧子糾名義已失，不得爲正。方齊之將亂也，鮑叔奉小白奔莒。及襄公被弑，子糾固在内也，所當正君赴難，明義討賊，而乃奔魯，固已忘讐棄國矣。其奔魯也，若能乞師復讐，猶之可也；乃雍糾殺無知，内難已定，方圖再入。既而桓公先入，請國人葬襄公，正位君齊矣。糾何爲者？而管、召方輔之用師以伐國，是直以亡公子抗齊君耳。前無正君討賊之義，後有抗君争國之非，則是仲之輔糾爲不義，其罪已自可誅。桓公不誅而用之，則仲安得而讐桓乎？文定何子謂猶今之叛者既赦，自無可死之理，此夫子所以不責其死也。或曰：「然則夫子于子路、子貢之問，不明言其所以是非何也？」曰：「聖人之言，正如造化無迹，而功用自見，要在學者思而得之。況其事辭曲盡見于《春秋》：書『公伐齊納糾』，伐而納之，内不受之辭也；糾不稱子，不宜立也。書『齊小白入于齊』，係之齊，宜立也。『齊人取子糾殺之』，稱齊人，國討也；稱子，譏齊也；書取，弱魯也。謂桓公殺之爲已甚矣。此則程子、吕成公亦嘗言其略矣。」「然則管仲將得爲仁乎？」曰：「夫子許管仲以有仁人之功耳，然亦二子之失問也。二子以事問，而又謂管仲之非仁，故夫子以仁之事功答之。使二子之發問也，而曰管仲仁乎，則夫子答之又必有異矣。」〇陳牧軒曰：「以私情言之，管仲若負子糾；以公義言之，管仲則不當讐威公。」

九，《春秋傳》作「糾」。僖二十六年，展喜謂齊孝公曰：「桓公是以糾合諸侯。」詳見《或問》。又按：此穀梁氏之説所由起。然則齊桓亦不無兵車之合，而《語》云「不以兵車」者，按師能左右之曰以，此云「不以兵車」，雖有兵車而未嘗用之大戰也。故《國語》曰：「諸侯甲不解纍，兵不解翳，弢無弓，服無矢。」胡氏《傳》亦曰：「自山戎以前，二十餘年未嘗命大夫爲主將，未嘗興大衆出侵伐。其後惟召陵之師，責以大義，而楚自服。」兵師雖衆，桓公制之以律而不暴；楚人請盟，桓公接之以禮而不驕：此之謂也。

如其仁。「管仲雖未得爲仁，而利澤及人，則有仁之功矣」，《禮記》所謂「與仁同功」也。夫子傷周室之衰，諸夏之弱，夷狄之盛，而許管仲之仁，此聖人衰世之意也。程子。叔子。

則爲之也難。《東漢書》引此句，作「則其爲之也難」。

陳成子弑簡公。《春秋傳》哀十四年：「夏四月，齊陳恒執其君，寘于舒州。」六月甲午，弑其君于舒州，「孔丘三日齊，而請伐齊三。公曰：『魯爲齊弱久矣。子之伐之，將若之何？』對曰：『陳恒弑其君，民之不與者半。以魯之衆加齊之半，可克也。』公曰：『子若季孫。』孔子辭。退而告人，曰：『吾以從大夫之後也，故不敢不言。』」按《左氏》所載，當以《論語》爲正。程子。叔子。胡氏曰。此段補程子。

「爲人」章。程子曰。二段并叔子。《文公語録》曰：「前段是低底爲人，後段是好底爲人。前爲人欲見知于人而已，後爲人却真要爲人。然不先自己做功夫，非惟爲那人不得，和己也喪了。」

孔子居衛，主蘧伯玉家。事出《史記》。見《序説》。莊周稱。出《莊子·則陽》篇，曰：「蘧伯玉行年六十而六十化，未嘗不始于是之而卒詘之以非也，未知今之所謂是之非五十九非也。」又「蘧伯玉年五十而知四十九年非」此句雜出《淮南子》書中。

以智爲先。出第九篇。此章凡四見。一「不患人之不己知，患不知人也」。二「不患莫己知，求爲可知也」。四「君子病無能焉，不病人之不己知也」。

以德報怨。見《老子》「恩始」章，然此語亦出《表記》。觀此章之答，則知《表記》以爲夫子之言者，蓋失其傳也。或因事而發，其言各有所當歟？故《朱子語録》亦取其「寬身」之説。

不怨天。此章兩「知」字相應，但二「天」字似不同。上意方言不得于天而「不怨天」，下文又説「知我者其天乎」，豈前是未定之天，後是已定之天？豈前是氣數之天，後是義理之天，而義理感通之妙，終有轉移氣化之理歟？及細玩《集注》中却只以理推曰：「深味其語意，則見其中自有人不及知而天獨知之之妙。」蓋聖人只自以理知之。王文憲曰：「於事上見得理透，便是上達；天理與我默契，便是天知。」程子。一叔子，二伯子，三兼取二子。

子服。孟獻子之後別爲子服氏，歷惠伯、昭伯以至景伯。命也。《或問》謂此使子路「墮三都，出藏甲之時」。

賢者避世。「賢者」自作一讀。「其次」是指辟世之次。程子。伯子。

七人。《注説》謂長沮、桀溺〔一〕、丈人、晨門、荷蕢、儀封人、接輿。《集注》取李氏之説。

石門。趙善譽《輿地考》曰：「在今東平之境。」

擊磬於衛。磬，編磬也，以玉爲之。按：此章《語録》憂樂之説云「是一大題目」，而未嘗説破。履祥謂聖人之心，體用全備，未嘗忘天下以爲樂，亦未嘗出己位以爲憂，但自荷蕢者觀之，則以爲有心爾。聖人之心如明鑑，物自畢照。荷蕢之心如反鑑，不復照物；惟其不復照物，故反以照物之鑑爲有心爾。《集注》「聖人心同天地」一段最宜玩味。硜硜。此時夫子擊磬，必是聲堅重而節數，故有「有心」之譏。以衣涉水曰厲。衣謂裏衣也。古人不裸涉，水及跨以上則不脱裏衣而涉。攝。如「攝齊」之「攝」，謂以兩手揭衣趨也，所謂「蹇裳」也。

諒陰。按禮，當作「樑闇」，天子居喪之次也。大夫士居倚廬，謂于中門之外東牆下倚木爲廬；諸侯加圍障；天子則又加樑楣，故名樑闇。《集注》不載此説，《或問》略及。言君薨。與上下文不相應。按：此章當從《禮記》，曰：「『子張問曰』云云。孔子曰：『古者天子崩，王世子聽于冢宰三年。』」《家語》尤詳：「古者天子崩，則世子委政于冢宰三年。成湯既没，太甲聽于伊尹；武王既喪，成王聽于周公。其義一也。」

禮達而分定。《禮運》語。

修己以敬。上「修己」字輕，「敬」字重；下文「修己」字重，「敬」在內。上一句已該下二句；下「修己」二字則上「修己以敬」一句。**程子曰。**未詳。夫子懲子路之失，以示工夫之難盡。程子推「敬」字之極，以見功用之無窮。夫敬之功用固大，然非一人獨敬便能如此感應，亦「惟上下一於恭敬」，則充積薰蒸，「天地自位，萬物自育，氣無不和」，四靈何有不至，此即《禮運》篇所謂「體信達順之道」也。此當參考《禮運》上文。又曰：「聰明睿知皆由此出。」夫敬又非塊然自守而自能安人及物也。蓋惟敬則私欲不作，心體日明，所聞無所溺，所見無所蔽，睿聖通微，智燭日廣，所以事事處其當，物物得其情，則百姓人物無不安者，且可以此「事天饗帝」，況在人物有不可格者乎？《語録》曰：「『體信』是忠，『達順』是恕。『體信』是無一毫之僞，『達順』是發而皆中節，無一物不得其所。」

原壤。事見《檀弓》。責其喪歌，則過大而當絶；責其夷俟，則因小以責大，非止爲夷踞也。

闕黨童子。《或問》引《家語》恐是叔仲會。按：叔仲會，魯人，字子期，少孔子五十歲，與孔琁年相比。二孺子俱執筆迭侍于夫子。孟武伯見而問曰：「此二孺子之幼也，於學豈能識于壯哉？」孔子曰：「然。少成則若性也，習慣則自然也。」

【校記】

〔一〕「魯哀公三十年孔子自楚反乎衛」：諸本皆同。按今本《集注》句作「是時魯哀公之十年，孔子自楚反乎衛」，故「三」當爲「之」字形近而誤；又金氏注云「此據《孔子世家》」，考《史記》卷四十七《孔子世家》云「於是孔子自楚反乎衛。是歲也，孔子年六十三，而魯哀公六年也」：故《集注考證》之「三十年」、《集注》之「十年」皆誤，《集注考證》之「此據《孔子世家》」亦誤。金履祥《通鑑前編》卷十七：「履祥按：朱子有言，當衛輒之時，父争於外，子拒於内，不知其國何以度日，是謂君子於此不可一日處也。《孔子世家》稱孔子自楚反衛在哀公六年，其後自衛反魯首尾又計六年矣，以衛父子之亂而夫子久於其國，何邪？豈居亂邦，見惡人，在聖人則可？或時其得政而將借是以正名義也？及考之《陳世家》，則楚昭卒之年，孔子在陳，非反衛也。考之《衛世家》，則齊弑悼公之年，孔子始自陳至衛，明年反魯，則非久於衛也。然猶至衛，何也？孔子在陳曰『盍歸乎來』，蓋『思魯之狂士』，則自陳至衛，蓋過衛耳，意則主於歸魯也，以夫子門人如子夏、子羔、子貢之徒亦多衛人者。孔子於魯爲父母之邦，其出也既以司寇去國，則其反也不可以無故而復國，故明年召之，即歸矣。《經世》於丙辰書孔子自陳至衛，於丁巳書『自衛反魯』，可以訂《孔子世家》之謬，而孔子久速之可見於此矣。」較《集注考證》此條爲當。

〔二〕經：底本作「經」，據庫本、胡本改。

〔三〕「春秋釋名即公南楚見襄二十九昭二十年」：疑此句中「春秋釋名」當作「春秋釋例」。《春秋釋例》卷九《世族譜第四十五之下》：「公子荆：南楚，獻公子。」又此句意爲《春秋釋例》言公子荆即公南楚，而公子荆、公南楚事迹分别見《春秋左傳》襄二十九、昭二十年，故頗疑金氏著述之時，「見」與「襄二十九、昭二十年」之間脱漏「《春秋左傳》」四字。

〔四〕魏證：底本作「魏證」，庫本作「魏徵」，胡本作「魏衛」。按：魏證即魏徵，此乃金氏避宋諱而有意爲之，故胡本顯誤，而庫本亦妄改。參見卷五校勘記〔三〕引周廣業《過夏雜録》卷三「魏證」條。

〔五〕莒父：底本「莒父」下挖改作墨釘，庫本下注一「缺」字，胡本作空白。據金氏《考證》通例考之，金氏之意，或將「莒父」連下條「程子」合作一條，曰「『莒父』章程子」。

〔六〕不讀易：諸本皆作「不讀《易》」。《朱子語類》卷四十三作「不讀書之意」。

〔七〕威公：諸本皆作「威公」。威公即桓公，此乃金氏避宋諱而有意爲之。參見卷五校勘記〔三〕引周廣業《過夏雜録》卷三「魏證」條。

〔八〕威公：同〔七〕，後文如此者，均不再出校。

〔九〕陘：底本作「哑」，據庫本、胡本改。

〔一〇〕狐毛：底本作「孤毛」，據庫本改。

〔一一〕溺：底本作「弱」，據庫本、胡本改。

論語集注考證卷之八

衛靈公

去衛適陳。按：孔子凡三去衛。定公十四年，居衛，十月，去衛。將適陳，過匡，爲匡人所圍；得去，適蒲。月餘，復反衛。又去衛，過曹。適宋，遭伐木之禍。十五年，自鄭適陳。哀公二年，反于衛。因問陳而行，復如陳。哀公六年，楚昭王聞孔子在陳、蔡之間，使人聘孔子。孔子將往從之，陳、蔡大夫謀曰：「孔子賢者，所刺譏皆中諸侯之病。今者久留陳、蔡之間，諸大夫所設行皆非仲尼之意。孔子用于楚，則陳、蔡用事大夫危矣。」於是乃相與發徒役圍孔子于野。絶糧，從者病，莫能興。朱子疑楚聘夫子，恐陳、蔡大夫必不敢圍，故《集注》即以此章爲「去衛適陳」之時。然《或問》又因《史記》至「知德者鮮」爲絶糧以後一時之言，則又舊説也。程子。叔子。

「一貫」。第四篇以行言，此以知言。第四篇上文曰「吾道」，下文曾子以「忠恕」明之，故曰「以行言」。此上文爲「多學而識」發，但曰「予一以貫之」，蓋專「以知言也」。《語録》曰：「也須多學識得，未有不學而自一貫者也。」王文憲曰：「聖人只是于『多學』中有『一以貫之』。」劉頡曰：「世有多學徒恃強識而愈窒者。惟于義理有得，則學不必多而自能多，不求識而自能識，此『一以貫之』之謂也。」婁。音屢。

問行，猶問達之意。問達主于名，問行主于事。達欲名聞于人，行欲動無不遂。皆欲得于外之意。紳。「大帶之垂者。」帶結于前，再繚之爲兩耳，垂爲紳，長與裳齊，士三尺，有司二尺五寸。程子。伯子。鞭辟。辟音闢，如行辟人之辟。謂猶前驅者以鞭攔約人，使開向一邊也。著己。直略反。切己也。

尸諫。《家語·困誓》篇曰：「史魚驟諫而不從。病將卒，命其子曰：『吾在衛朝，不能進蘧伯玉，退彌子瑕，是吾爲臣不能正君也。我死，汝置屍牖下。』其子從之。靈公弔焉，怪而問之。子以父言告公。曰：『是寡人之過也。』於是命之殯於客位。進蘧伯玉，退彌子瑕。孔子曰：『死而屍諫，可不謂直乎？』」可卷。卷，上聲。王文憲曰：「『可』字要思量。」如於孫林父、甯殖放弑之謀。襄十四年：衛孫林父、甯殖將出獻公。「孫林父并帑于戚而入，見蘧伯玉，曰：『君之暴虐，子所知也。大懼社稷之傾覆，將若之何？』對曰：『君制其國，誰敢奸之？雖奸之，庸知愈乎？』遂行，從近關出。」襄二十六年：「衛獻公使子鮮爲復，辭。敬姒彊命之。以公命與甯喜言，曰：『苟反，政由甯氏，祭則寡人。』甯喜告蘧伯玉。伯玉曰：『瑗不得聞君之出，敢聞其入？』遂行，從近關出。」《史記·世家》曰：「文子語蘧伯玉。伯玉曰：『臣不知也。』」

「志士」章。程子。叔子。

「子貢問」章。程子。叔子。

斗柄初昏建寅之月。此古曆也。沈括曰：「今正月斗柄指丑矣，蓋歲差也，但以冬爲亥子丑，春爲寅卯辰，不必因斗建也。」天開於子，地闢於丑，人生於寅。略見第二篇三統之説，詳見《漢志》及《後漢書》注，然不及邵子《經世》之明。《經世》以三十年爲世，十二世爲運，三十運爲會，則一會凡一萬八百年，至寅會而始開物，是人生于寅也。夏小正之屬。《禮運》曰：「我欲觀夏道，是故之杞，而不足徵也，吾得《夏時》焉。」鄭康成《注》曰：「得夏四時之書。其存者有《小正》。」《史記·夏本紀》太史公讚曰：「孔子正夏時，學者多傳《夏小正》云。」《索隱》曰：「《夏小正》，《大戴記》篇名。」《朱子語録》曰：「行夏之時，自行《夏小正》之事。」履祥按：夏時不止《小正》。此蓋夏時之小者耳。夏時又自別有《夏令》《時傲》之屬，名見《國語》。**周人飾以金玉。**周人尚輿，一器而工聚焉者車爲多。一曰玉路，二曰金路，蓋飾以金玉者。**周冕有五。**衮冕，鷩冕，毳冕，希冕，玄冕。**《韶》舞。**舜樂名，詳見《虞書》。**鄭國之音。**《樂記》曰：「鄭、衛之音，亂世之音也，其政散，其民流，誣上行私而不可止也。」鄭、衛皆淫聲，此獨云「放鄭聲」者，《詩集傳》曰：「《衛》詩三十有九，而淫奔之詩才四之一；《鄭》詩二十有一，而淫奔之詩已不翅七之五。《衛》猶爲男悦女之辭，而《鄭》皆爲女惑男之語。是則鄭聲之淫，有甚于衛，故夫子獨以鄭聲爲戒也。」**程子曰：發此以爲之兆。**未詳。兆，《孟子集注》曰：「事之端也。」治天下之制度事爲，非盡于此四者而已也。設此四者以爲之端兆，則凡事皆欲準此，合其時宜，酌其文質，致其中和。

人之所履者，容足之外，皆爲無用之地，而不可廢也。《莊子》曰：「知無用而始可與言用矣。夫地非不廣且大也，人之所用容足耳。然則厠足而墊之至黄泉，人尚有用乎？」蘇氏之言本此。《集注》引此，似但説地之遠近，不説時之遠近。何文定曰：「蘇氏此説正是譬喻，未必專以地言。」王文憲曰：「遠慮以地言則周，以時言則豫。」

謚曰惠。《列女傳》曰：「柳下惠處魯，三黜而不去，憂民救亂。妻曰：『無乃瀆乎？君子有二恥：國無道而貴，恥也；國有道而賤，恥也。今當亂世，三黜而不去，亦近恥也。』柳下惠曰：『然。油油之民，將陷于害，吾能已乎？且彼爲彼，我爲我，雖裸裎，安能污我？』油油然與之處，仕于下位。柳下惠既死，門人將誄之。妻曰：『將誄夫子之德邪？則二三子不如妾之知也。』乃誄曰：『夫子之不伐兮，夫子之不竭兮，夫子之信誠而與人無害兮。屈柔從俗，不彊察兮。蒙恥救民，德彌大兮。雖遇三黜，終不易兮。愷悌君子，永能厲兮。嗟乎惜哉，乃下世兮。庶幾遐年，今遂逝兮。嗚呼哀哉，魂神泄兮。夫子之謚，宜曰惠兮。』門人從之以爲誄。」**臧文仲爲政。**歷僖、文二公。**不仁。**《左氏》：「孔子曰：臧文仲下展禽，不仁也。」見第六篇注。

躬自厚。吕成公少年性嚴急，自讀此章之後，氣質變化，德量寬弘。

「義質」章。程子曰。此章本注進步，伯子重上，又説雙重。

譽。平聲，譽之也。去聲，名譽也。

斯民也，三代之所以直道而行也。《漢書·文景紀》贊曰：「孔子稱『斯民，三代之所以直道而行也』，信哉！」朱子于此章舊得其意。後得《漢》史引此，以見不易民而化之意，遂證其説。然勉齊黄公親見朱子改訂注文，直至通宵，只爲此句難得簡潔爾。然宜挑出「直道」獨解，而後及句意。其辭若曰：「直道而行」，謂善善惡惡，無所私曲也。吾之于民所以無毁譽者，蓋以此民即三代之時所用以直道而行之民，故我今亦不得而枉其是非之實也。似爲簡明。

「當仁」章。程子伯子。

辭，取達意而止。《儀禮·聘記》曰：「辭多則史，少則不達。辭苟足以達，義之至也。」蓋亦夫子此章之意。

季氏

此篇或以爲《齊論》。《齊論》章句頗多于《魯論》。此篇首章句語甚多，後章亦然，故疑其文從《齊論》。

顓臾。風姓，大皞之後，今沂州費縣西北有顓臾故城。《寰宇記》：「在費縣西北八十里，故漢顓臾縣。開皇十八年，以南武陽爲顓臾縣。貞觀元年，省入費。」**魯附庸。**古者小國不能五十里者，不能自達于天子，附于諸侯，曰附庸。**二子仕季氏不同時。**定公十二年，子路爲季氏宰。哀公十一年，冉求爲季氏宰。詳見《或問》蘇氏説。**疑子路再仕季氏。**季桓子死，遺言召孔子。康子乃召冉求。其後孔子反魯，子路從。既季氏故宰，必復主季氏家，受其供饋而與聞其事爾。下文獨責冉求可見。東蒙。《寰宇記》：「蒙山在沂州費縣西北八十里。東蒙山在縣西北七十五里，在蒙山之東，故云東蒙。」在魯地七百里之中。《詩》：「乃命魯公，俾侯于東。錫之山川，土田附庸。」《孟子》謂「周公封于魯，爲方百里」，蓋以田計也，山川附庸不在此數。《禮記》魯境「七百里」，蓋通山川附庸計之也。四分魯國。《左氏》昭公五年：「舍中軍，卑公室也。」「四分公室，季氏擇二，二子各一，皆盡征之，而貢于公。」《注》：「隨時獻公而已。」周任，古之良史。此馬融之説。《千姓編》云：「周任，商太史。」又《家語》晋人覘宋，章子曰云云，「是以周任有言曰『民悦其愛者，弗可敵』」。又《左傳》昭三年：「仲尼曰周任有言曰：『爲政者不賞私勞，不罰私怨。』」夫子屢援其格言，則周任之賢可知矣。相，瞽者之相。《説文》云：「相，省視也。地之可觀，莫如木然。」其義不通。按：瞽者憑人視以爲目，憑人扶以爲杖，故相字從木目，因此凡扶翼人者亦皆名相。遠人，謂顓臾。遠人，泛言他國。下文「謀動干戈于邦内」，則顓臾非遠者。言「蕭墻之内」，則視顓臾爲遠人爾。蕭墻，屏也。門，天子外屏，諸侯内屏，大夫以簾。春秋之時，大夫皆僭，臺門旅樹之禮，故亦設屏。其謂之蕭墻者，雖設屏以限内外，而蕭疏可以通望内外，如漢罘罳之類是也。「蕭墻之内」，言憂起于門屏之内也。其後哀公果欲以越伐魯而去季氏。《左氏》哀公二十七年：「公患三桓之侈也，欲以越伐魯而去三桓。因孫于邾，遂適越。」

魯自文公薨，公子遂殺子赤，立宣公，而君失其政。歷成、襄、昭、定，凡五公。文公二妃。敬嬴生宣公。敬嬴嬖，而私事襄仲。宣公長，而屬諸襄仲。十八年二月，文公薨，襄仲欲立宣公，叔仲不可。襄仲見于齊侯而請之。齊侯新立，而欲親魯，許之。冬十月，仲殺惡及視，而立宣公。殺叔仲惠伯。夫人姜氏歸于齊，哭而過市，曰：「天乎！仲爲不道，殺適立庶。」惡，二傳作子赤。宣十八年，襄仲之子歸父有寵，欲去三桓以張公室。公薨，季文子逐東門氏，子成公立。十八年，子襄公立。三十一年，子昭公立。二十五年，伐季氏，不克，遜于齊。三十二年，薨于乾侯，定公立。十五年，薨。自季武子始專國政，歷悼、平、桓子，凡四世，而爲家臣陽虎所執。按：宣公之薨，季文子逐東門氏，已得國政。但以其忠，故稱爲賢大夫。至襄五年，季文子卒，其子季孫宿繼，是爲武子。十一年，三分公室，三家各有其一，季氏盡征之，無所入于公。襄二十三年，季武子謀于臧武仲，立紇，後爲悼子。悼子卒，意如立，是爲平子。昭五年，四分公室，季氏擇二，二子各一，皆盡征之。十二年，南蒯欲出季氏，不克。二十五年，昭公伐季氏，不克，遜于齊。又如晉，欲去季孫，不克，薨于乾侯。定五年，季平子卒，季孫斯立，是爲桓子。陽虎囚桓子，殺逐季氏之臣。七年，陽虎御桓子，將陷之于齊師。八年，陽虎欲去三桓，將享季氏于蒲圃而殺之，季氏適孟氏以免。陽虎劫公與武叔攻孟氏，弗克，出奔。

「九思」章。程子。伯子。

邦君之妻。此章吴氏曰：「不知何謂。」王文憲曰：「當在『南子』章『天厭之』之下。又天地之間，男貴女賤。女子貴者方得比于男子，故夫人自稱曰小童，比于小男子也。大夫之妻曰孺人，亦比小男子也。公侯之妻曰夫人，夫則比男子矣。至爲天子之妻始曰后，則在司之上而比于繼體之君矣。」

大抵此書後十篇多缺誤。陽貨瞷亡饋豚，《論語》不言瞷亡，因《孟子》而見。孔子「膰肉不至」去魯，《論語》止言女樂，亦因《孟子》而見。如「邦君之妻」、周八士、《堯曰》前章雜舉夏、商、周語，固皆缺誤。然前十篇，如孔子曰「天生德于予」，《論語》不載伐木之事，弟子速行之説亦因《史記》而知，諸若此類，及《集注》所謂「必有爲而言」，與《鄉黨》所載，亦自疑有闕誤。此皆弟子集《論語》之時事辭不無所遺也。朱子每悵不及見古《孔子家語》，良亦以此。

論語集注考證卷之九

陽貨

陽貨。「季氏家臣。」初事季平子。至定公五年九月，囚季桓子，逐仲梁懷，殺公何藐，盟桓子于稷門之内，逐公父文伯、秦遄。六年，又盟公及三桓于周社，盟國人于亳社。八年，遂作亂。大夫有賜於士。《孟子》曰：「陽貨欲見孔子而惡無禮，大夫有賜于士，不得受于其家，則往拜其門。陽貨瞷孔子之亡也，而餽孔子蒸豚；孔子亦瞷其亡也，而往拜之。」揚雄謂。出《揚子·五百篇》。

「性近」章。程子。叔子。

程子曰：人性本善。此段出《易傳·革》之上九。商辛。紂也。或曰：此與上章當合爲一。當從此。

武城。在今沂州。

公山弗擾。即公山不狃也，字子洩。定五年，爲費宰。其後據費以畔季氏。其召孔子，當在此時。十二年，仲由爲季氏宰，將墮三都。季氏將墮費，公山不狃、叔孫輒率費人以襲魯。仲尼命申句須、樂頎下，伐之。國人追之，二子奔齊，後又奔吳。哀公八年，吳爲邾故，將伐魯。公山不狃曰：「君子不以所惡廢鄉。」吳子問之，對曰：「魯雖無與立，必有與斃，諸侯將救之。」吳伐魯，子洩率，故道險，從武城。弗擾始末如此。又按：定五年，季平子卒。陽虎將以璵璠斂，仲梁懷弗與，陽虎欲逐之，告公山不狃。不狃曰：「彼爲君也。」桓子行東野，及費。子洩爲費宰，逆勞于郊，桓子敬之。勞仲梁懷，懷弗敬。子洩怒，謂陽虎：「子行之乎？」以《左傳》觀之，不狃蓋陽虎之徒。孔子不見陽虎，而欲從不狃之召。但不狃前後猶有善意，必其資亦尚可與語；若陽虎則剛惡之人，無一善意。疑不狃之意足以感聖人，而陽虎不足以動聖人也。又公山不狃以費畔季氏，佛肸以中牟叛趙氏，皆家臣叛大夫也，而召孔子。蓋當時大夫叛諸侯，而陪臣以張公室爲名，此亦一名義也，故欲往，以明其可也。然二人者皆以己私爲之，非真可與有爲也，故卒不往，以明其不可也。《或問》引張敬夫之説，在此「不可」之內。**興周道於東方。**古注語，朱子取之。諸家説不從。**程子。**叔子。

子張問仁於孔子。「孔子」衍文。李氏謂此章與「六言、六蔽、五美、四惡之類，皆與前後文體大不相似」。履祥亦疑此等處鄭氏多依《齊論》。**心存。**王子曰：「心存心之德常存，理得事之理不失，兼體用專言之仁。」

中牟。《史記》曰：「佛肸爲中牟宰。趙簡子攻范、中行，伐中牟。佛肸畔。」《注》引孔安國注：「晉大夫趙簡子之邑宰。」《索隱》又曰：「此河北之中牟，蓋在濮陽西。」按：中牟今在東京西七十里，河北中牟未有所考。又《世家》曰：「簡子名晉卿，實專晉。」**「吾豈匏瓜也哉？焉能繫而不食？」**《集注》云云。此二句蓋當時方言俗語。夫子引之，猶今俗云我不是匏子，我足能行而口能食者。以此語意推之，則夫子從佛肸之召，而其操縱久速之機則在我。蓋春秋之初，諸侯專恣，習以爲常；春秋之末，大夫專制，又習以爲常。故當時以二子欲張公室爲大罪。夫聖人在上，則可以治諸侯大夫；聖人在下，非有所假則何自而爲之哉？此公山、佛肸之畔大夫，夫子所以不絶之也。其可與有爲，則聖人自是爲之必自有道；使其不可與有爲，則聖人行止久速，其權在我。彼何足以浼之？又豈足以拘之哉？凡此皆聖人可爲之微機，在不言之表者。

賊，謂傷害於物。但知固執而不通于理，必至有害。又下篇「慢令致期謂之賊」，字義與此同。是「好信」後截事。

《周南》《召南》。召音邵。詳見《詩集傳》。

「禮樂」章。程子叔子。

鄉原音愿。《荀子》原慤，讀作愿。《荀子·榮辱》篇。盜賊。王文憲曰：「盜猶畏人知，賊則肆然無所忌憚矣。」

胡氏曰：許昌靳裁之有言。許昌，潁昌府也。胡文定安國少長入太學，同舍有潁昌靳裁之，嘗聞西洛程先生之學，獨奇重公，與論經史大義。公以是學問益强，識致日明。胡氏寅，文定子，故得聞裁之此言而引之。

「氣失其平」至「之疾」。王文憲曰：「古是氣質之偏，疾也；今是習俗之變，則惡矣。」

食稻衣錦。五穀惟稻以水種，比諸穀爲甘軟。程子曰：「錦即今之綾也。」「夫子欲宰我」至「不察也」。宰我、子貢皆在言語之科，然子貢善問而辭饒，宰我辭文而意拙。若此問，當在其始學之時。

博，局戲也。《說文》：「烏曹作博。」烏曹者，夏后氏臣也。本名博陸，後曰六博，古又有《博經》一卷。所謂六博，得鴞呼盧者是。弈，圍棋也。《路史》云：「丹朱驁狠媢克，兄弟爲鬩，嚚訟嫚淫。帝悲之，制弈以閑其[一]情也。」按字書云：「堯造圍棋，丹朱善之。」蓋朱晝夜頟頟，盪舟朋淫，故帝堯作圍棋以易之，使之心有所繫而不爲惡。然堯之明思，每制一物便有深遠思致。只如圍棋，雖局戲，便有無窮之變。沈括謂書萬字五十三方得其局數。一萬字是萬，策一萬字已是萬萬。

徼，伺察也。《漢書》：游徼謂巡察盜賊也；邊亦謂徼，謂伺察夷狄侵盜也。

莊涖，慈畜。「莊」「慈」二字，雖補文意，而實在文意之間。

微子

微子去之。微子名啓。按《書・微子》篇，微子所以自處者，不過曰「吾家耄，遜于荒」，謂欲遯于荒野也；箕子所以處微子，亦曰「詔王子出迪。王子弗出，我乃顛隮」，則亦欲其遯出而已。而孔安國乃有「知紂必亡而奔周」之說，何微子背棄君親而求爲後之速也？此必不然矣。而《左傳》又有武王克商，微子啓面縛、銜璧、衰絰、輿櫬之說，是尤傳之訛者也。夫武王伐紂耳，非討微子也。使微子而未遯，則面縛、銜璧亦非其事也。且如孔氏之說，則微子久已奔周矣；如左氏之說，則微子面縛請降矣，武王豈不聞微子之賢，縱其時事勢無復可拘廢昏立明之節，然賓王家，備三恪，何不即以處微子，而顧首以處武庚也？武王不亦失人，而微子不亦見却，可羞之甚乎？故文憲子王子謂面縛、銜璧必武庚也，後世失其傳也。武王爲生民請命，其于紂放廢之而已矣，必不加兵其頸也。既而入商，則紂已自焚矣。武庚爲紂嫡冢，父死子繼，則國家乃其責，故面縛、銜璧、衰絰、輿櫬，造軍門以請罪焉。武王悼紂之自焚，故憐武庚之自罪，是以釋其縛，焚其櫬，使奉有殷之祀，亦不絕紂也。若微子，則遯于荒野。一時武王釋箕子之囚，封比干之墓，百爾恩禮，舉行悉偏，而未及微子，以微子遯野，未之獲也。迨武庚再叛，卒于就戮，始求微子以代殷後，而微子于此，義始不可辭耳。前日奔周之說，毋乃躁謬已乎！至于箕子、比干俱以死諫，偶比干逢紂之怒而殺之，箕子偶不見殺而囚之爲奴爾。囚而爲奴，如漢法髡鉗爲城旦舂，論爲鬼薪是也。而說者又謂箕子之不死，以道未及傳也。夫道在可死，而曰吾將生以傳道，則異日揚雄之美新、擬《易》，可以自附于箕子之列矣。且箕子豈知他日之必訪己而不死以待之哉？此皆二千餘年間誣罔聖賢之論。故《集注》不取奔周之說，則意可知。**箕子。**《尚書傳》：紂太師。《史記》：「紂親戚也。」《莊子》曰：「箕子胥餘。」司馬云：「名也。」詳見上文。**比干。**《史記》曰：「王子比干者，亦紂之親戚也。」《大紀》曰：「比干極諫，陳先王天命不易，國家將亡之明徵，請王洗心易行，伏于象魏之門。紂大怒曰：『吾聞聖人之心有七竅。』遂剖而視之。」

士師，獄官。古者民樸少學，而習文史有才能者謂之士。獄官，民之司命，則以士爲之，其長則爲士師，後世遂以獄官爲士師。

「景公」章。程子。未詳。

「《史記》：定公十四年，孔子爲魯司寇」至「沮之」。孔子生長于魯，至是五十餘年，天下之士，多從之者。魯之君臣，豈有不知其賢而未嘗能用孔子也？定公之十年，一旦起而用之，《論語》《左氏》皆不言其故，獨《孟子》稱孔子于季桓子「見行可之仕」，而此篇謂季桓子受女樂不朝，孔子行，是孔子此時之行藏，係季桓子之用捨也，何哉？魯自三家四分公室，而季氏取其二，季氏專魯，而魯公無民久矣。使魯之君而欲用孔子，豈能遽奪季氏之權以畀孔子，季氏亦豈肯遜己之權以與孔子哉？自定公之五年，季平子卒，其家臣陽虎始用事，乃執桓子囚之，辱之于晉，陷之于齊師，且盟且詛。八年，又將享桓子而殺之，僅而獲免。當是時，非惟魯國不可爲，而季氏亦自不可支矣。桓子于此亦謀所以爲止亂興衰之計，故舉孔子于公而試用之，已而政聲四達，卻齊而歸地。于是攝行相事，墮三都。夫三都者，三家之疆邑也。當是時，公山弗擾在費，而郈侯犯之，亂未久也。三家之有三都，本非公室之便，而三都之爲三都，至是亦非三家之便矣。故仲孫氏始墮郈，繼而季桓子墮費，已而孟孫氏不肯墮郕，圍之弗克。其不肯墮郕也，公斂處父之言曰：「無郕，是無孟氏也。」然則無費是亦無季氏也，而墮之。當是時，桓子之心未敢自計其私也。夫三都已墮其二，則郕之不墮，固亦未害，夫子久之必有處矣。

既而魯國方治，而齊人乃歸女樂以沮之。夫使孔子上下之交方固，桓子之志未移，則一女樂豈足以間之？齊人素善謀功利者，歸女樂而謂足以間魯之用孔子，寧不幾于兒戲乎？是殆必得其間矣。季氏，權臣也。桓子捨己之權以聽孔子，而墮其名都以强公室，其中豈無介介者？顧以衰敗之餘，藉之振起。今紀綱既定，外侮既卻，魯既治矣，桓子豈甘終于自絀者？縱桓子甘之，季氏私人必有以爲不利者。故其信任之意必已漸衰，特未敢驟舍孔子，而孔子顧亦無隙可行爾，故齊人歸女樂以促之。夫齊何懼于我而歸女樂，于事可疑，于禮非正，有國者固不可陷此爲鄰國所覘也。使桓子而猶爲夫子之聽，豈其受此？受之已非矣，而又君臣荒淫其中，三日不朝，故孔子去之。然考之《孟子》與《史記》，蓋爲膰肉不至而行也，而此篇則爲爲女樂，蓋孔子之行決于此而特發于膰肉爾。《孟子》曰：「孔子爲魯司寇，不用，從而祭，膰肉不至，不税冕而行。」夫謂之不用，則不用固久矣。受女樂，其事一也；夫郊之必致膰于大夫，彝禮也，孔子何此之待哉？待遇之衰必有日矣。夫使其致膰猶彝禮也，而不致是顯然疏却之也，於是而行，復何俟哉！此夫子之出處本末事情也。朱子于此取范氏之言，謂「此篇記仁賢之出處，而折中以聖人之行，以見中庸之道」，何以見其爲中庸也？曰：合齊、魯而觀之：于齊不用，則禮雖隆而去，去他國之道也；于魯不用，則禮衰而去，去父母國之道也。使孔子以所以去魯者去齊，則于道爲不及；以所以去齊者去魯，則于道爲太過矣。分齊、魯而觀之：當在齊也，季孟之禮固非所以待孔子，然猶將用之，而去則爲太過；曰不能用矣，顧以禮隆而留，則又不及也。此去齊所以爲中也。當在魯也，女樂未受，逆探其未形之意而去之，過也；受女樂不朝而去之，則中矣。然于父母之邦而如此，亦微過也。故于膰肉不至而去，爲得其中；膰肉不至而不去，則又不及矣。此去魯所以爲中也。此中庸之道也。然則三仁、柳下惠何以未得爲中庸？曰：世謂微子歸周，固妄也，遯去而已；然微子仁于清，視夫子之去魯則爲過。比干仁于忠，視夫子之去齊爲不及。箕子、柳下惠降志辱身，視夫子之去魯，又爲過于和而不及于中矣。抑三仁之于紂，親則諸父、諸兄，職則父師、少師也，其終始力量止于如此。若伊尹、周公處之，又必有道矣。而況于孔子聖人大用，固非賢人所及，故愚又推而索言之。

楚狂接輿。輿，《莊子》一本又作「與」，同音「餘」。楚人，姓陸，名通。皇甫謐曰：「接輿躬耕。楚王遣使以黄金百鎰、車二駟聘之，不應。與其妻共隱。」又《列女傳》曰：「楚接輿躬耕以爲食。楚王使使者持金百鎰、車二駟，往聘迎之，曰：『王願請先生治淮南。』接輿笑而不應，使者遂不得與語而去。妻從市來，曰：『先生少而爲義，豈將老而遺之哉？門外車迹何其深也！』接輿曰：『王不知吾不肖也，欲使我治淮南，遣使者持金、駟來聘。』其妻曰：『得無許之乎？』接輿曰：『夫富貴者，人之所欲也。子何惡？我許之。』其妻曰：『吾聞義士非禮不動，不爲貧而易操，不爲財而改行。妾事先生，躬耕以爲食，親績以爲衣，據義而動，其樂亦自足矣。若受人重祿，乘人堅良，食人肥鮮，而將何以待之？』接輿曰：『吾不許也。』妻曰：『君使不從，非忠也；從之又違，非義也。不如去之。』夫負釜，妻載紝器，變名易姓而遠徙，莫知所之。」《楚詞》云：「接輿髡首。」《集注》云：「接輿後自髡。」又《莊子》載其歌鳳句甚多，然出于附會詆訾，但當以《論語》所載爲正。蓋知尊聖人而嘆其衰，知愛聖人而憂其殆，而不知聖人之中道也。**趨不同。**去聲。

長沮、桀溺。古之隱者，不以姓名自見，人亦不得而知之。《論語》所載，若荷蕢、晨門、荷蓧丈人，皆以其物與其事名之，不得姓名之真也。獨長沮、桀溺，若得其名氏者。然長與桀古無此姓氏，而名又皆從水，夫子使子路問津而不告，則一時何自而識其姓名？計亦以其物色名之。蓋二人偶耕于田，其一長而沮洳，其一人桀然高大而塗足，故因以其物色名之，猶荷蓧丈人之云爾。昔嘗疑三代之末，隱者甚衆。二人偶遇夫子而知之，其不聞于世者不知其幾矣。何文定曰：「二人亦非常人，爲其氣魄大，故自有與聖人相感召處。」王文憲曰：「勉齋嘗云：『在今日救世之道，正當扶起沮、溺等人，便知老先生得運用天下之機。』」**程子。**未詳。

福州有國初時寫本。說見第七篇「他《論》」下。蓋今之監本乃五代時馮道所定，故國初時福州寫本與此不同。

決性命之情以饕富貴。《莊子・駢拇》篇曰：「今世之仁人，蒿目而憂世之患；不仁之人，決性命之情而饕富貴。」又「性命之情」四字，《莊子》屢言之。輔漢卿曰：「謂決絶在我性命之情而唯富貴在外之是貪。」

伯夷、叔齊。說見第五篇。**虞仲即仲雍。**《史記・吳世家》曰：「泰伯，弟仲雍，皆周太王子，而王季歷之兄也。季歷賢而有聖子昌，太王欲立季歷以及昌，于是泰伯、仲雍乃犇荆蠻，爲吳太伯。卒，無子，弟仲雍立，是爲吳仲雍。」《左傳》曰：「泰伯端委以治吳。及卒，雍嗣之。斷髪文身。」《史》又曰：「仲雍卒，子季簡立。季簡卒，子叔達立。叔達卒。周武王克殷，求泰伯、仲雍之後，得周章。周章已君吳。乃封周章弟虞仲。」蓋周章弟字仲，始封于虞，故曰虞仲。仲雍本字仲，而爲吳之始祖，故後代亦稱虞仲。所以祖與孫同號也。**夷逸、朱張，不見經傳。**按：夷逸不知何人，說者以爲虞仲隱逸于夷，故曰虞仲夷逸。然當自是一人，或不知其姓名，以夷逸號之耳。朱張，邢《疏》云：「王弼謂字子弓，即荀卿所稱仲尼子弓者。」履祥恐即周章，武王求之而不反，故亦謂之逸民。今亦不敢爲一定之説。少連，東夷人。《禮記》曰：「少連、大連善居喪，三日不怠，三月不解，朞悲哀，三年憂，東夷之子也。」《家語》謂夫子聞之于晏平仲。「柳下惠、少連，雖降志」至「不求合」。降志辱身，不羞汙君，不卑小官，少連居于東夷之類；不枉己求合，如必以其道，不自失焉，居喪合禮之類。方外。出《莊子·大宗師》篇：「子桑户死。仲尼使子貢往待事焉。其友孟子反、子琴張臨尸而歌。子貢以告孔子曰：『彼何人者耶？』孔子曰：『彼，遊方之外者也；而丘，遊方之内者也。外内不相及，而吾使女往吊之，丘則陋矣。』」

「張子曰：周衰樂廢」至「以去亂」。此段初嘗疑之，及見《唐史》，安禄山亂，使梨園弟子奏樂。若雷海清輩皆毁樂器，被殺而不悔。彼俗樂尚能如此，況識先王之正樂者乎！諸子既識先王之正樂，決不肯舞八佾于季氏，歌《雍》于三家，爲僭侈伶人矣。故皆去之。施，陸氏本作「弛」。施，開元本作「弛」，即孟蜀石經也。

【校記】

〔一〕閑其：底本作「閑棋」。金履祥《通鑑前編》卷一「癸未一百載帝乃殂落」引《路史》：「生朱，驁佷媢克，兄弟爲鬩，嚚訟嫚淫。帝悲之，制弈以閑其情。」據胡本改。

論語集注考證卷之十

子張

有所得而守之太狹，則德孤。德孤出《易·坤·文言》：「敬義立而德不孤。」謂敬義并立而德不孤單也。

小道，如農圃醫卜之屬。農如楚之許行爲神農之言，《漢書·藝文志》農家者流諸書。圃如種樹之書，畜牧之方。醫如方脉諸書。卜則龜書，《周禮》三兆，今亡。《史記·龜策傳》略存一二。楊氏曰：百家衆技，猶耳目口鼻，皆有所明而不能相通。《莊子·天下》篇曰：「天下大亂，賢聖不明，道德不一，天下多得一察焉以自好。譬如耳目鼻口，皆有所明，不能相通。猶百家衆技也，皆有所長，時有所用。雖然，不該不徧，一曲之士也。」

四者皆學問思辨之事耳，未及乎力行而爲仁也。然從事於此，則心不外馳，而所存自熟，故曰仁在其中矣。《集注》前篇，凡言在其中者，皆不求而自至之辭。以此例之，則「仁在其中」者，亦是此章言學問思辨之事而仁在其中，蓋謂從事四者，則心不外馳，而所存自熟也。《中庸》安行爲仁，力行近乎仁；而孔門問仁者，夫子皆于行上告之，如答顏、冉、樊遲可知。

大德、小德，猶言大節、小節。閑，闌也，所以止物之出入。謂如以木闌遮防人出入也。律闌入法。

《漢書》：「內之閑中。」閑，若今勾闌也。

子游譏子夏弟子，於威儀容節之間則可矣。灑掃，凡《曲禮》所載糞之禮，與《少儀》《弟子職》所載灑掃布席之節皆是。應對，凡《曲禮》所載名稱辭令，及《儀禮》《少儀》所載禮辭皆是。「應」假借去聲。進退，《儀禮》《曲禮》《少儀》所載升降上下、揖遜拜跪之儀皆是。倦，如誨人不倦之倦。區，猶類也。「區」字從品，猶言品類也，如區分、區畫皆是。言君子之道，非以其末爲先而傳之，非以其本爲後而倦教。古書于「怠」「惰」等字皆從心，獨「倦」字從人，蓋指及人之怠而言也。故《論語》曰：「誨人不倦。」《孟子》云「教不倦」。則「倦」字指怠于教人而言。所以《集注》正作倦説。《集注》「先後」指本之深淺而言，程子「先後」指教者之次第而言。灑掃應對，便是形而上者，理無大小故也。故君子只在謹獨。王文憲曰：「『謹獨』二字最密。至微處照對不到，理便間斷。」程子數條。程子此章發明聖賢閫奧。《集注》「先後」指本末深淺言，程子「先後」指教者次第言。前一條釋子夏正意；四條辨子游本末之説，明子夏始卒之意。

優，有餘力也。此章先言仕。蓋本爲仕而不學者設。當時多是世族子弟未學而仕者，亦有學未成爲貧而仕者，如所謂抱關委吏之類。優謂盡其事而有餘暇也。下句因上句而交發。《集注》下文「資」「驗」二字最妙。

孟莊子。《左氏》所載，及夫子所言「加于人一等」，《大學》傳所引，《孟子》所引，其賢可知。《集注》指獻子賢德二句而後不改者可以爲孝。

哀矜勿喜。喜者，得獄之情，快己之察也。哀矜則生寬慈，喜則生深刻。

「夫子不可及」章。「夫子之不可及」一節，言聖德之體高妙也；「夫子之得邦家」至「其可及也」一節，言聖德之用神速也。體人所難知，故又指其用言之。然得邦家爲其得天下國家而用之也，惜乎夫子未嘗得邦家而用之，而神化之功不見于斯世。然雖窮而在下，而一二用處亦可以窺見矣。

堯曰

「堯曰咨」章。咨，嗟嘆聲。咨，古文《尚書》并作資用、資命之意，如所謂「咨十有二牧，曰」，則咨非嗟也，所以《集注》摠作咨命之辭。中者，無過不及之名。「執其中」，此授以治天下之要訣也。聖人治天下，唯執此無過不及之準爾。然此章不見于《書》。王文憲謂此《尚書》之脱簡，當在「舜讓于德，弗嗣」之下。

子張問于孔子。「子張問」，古《論語》分此下自爲一篇，題曰《子張問》。君子無衆寡，無小大，無敢慢，斯不亦泰而不驕乎？君子正其衣冠，尊其瞻視，儼然人望而畏之，斯不亦威而不猛乎。君子不畏衆而弱寡，不重大而輕小，視之如一，無一敢慢者，是不驕也。君子臨民以莊，蓋以嚴敬持己，非以此加人也，故威而不猛。出納之際，乃或吝而不果。則是有司之事，而非爲政之體。有司，掌財之官。收支俟命，不敢自專者，此有司之職，非爲人上之體也。遲疑靳吝，致悞非小。此段説政令刑賞。此一句是説賞。

「不知命」章。《論語》二十篇，格言多矣。至此篇言帝王相傳與爲政之略，而又以此三言結之，蓋切要丁寧之語。《中庸》之篇，「始言一理，中散萬事」，言「至誠之道」，「至聖之德」，可謂詳矣；而末章「復自下學立心之始言之」，以推「至其極」，亦是如此。又《論語》起止都説君子，《語録》亦每拈起并説。愚謂篇首君子是盡其在我，聽其在人；篇末君子是盡其在我，聽其在天。篇首君子之量，篇末君子之守。人而知不得命分，則無以爲君子矣。

孟子集注考證

孟子集注考證卷之一前

序說

趙氏。後漢京兆人，名岐。初名嘉，字臺卿。後避難四方，改名，而字邠卿，示不忘本土。賣餅北海市中。安丘孫嵩見之，察非常人，密問之，岐以實告。遂以俱歸，藏複壁中。注《孟子》。魯公族。魯桓公庶子慶父，字共仲，莊公弟也。莊公薨，哀姜欲立之。慶父弑閔公，奔莒。成季立，僖公以賂求共仲於莒。歸，及密，乃縊。僖公、成季不絶其後，立仲孫氏。古者嫡長稱伯，庶長稱孟。共仲於莊公則爲仲，於叔牙、季友則爲孟。公子不敢宗君，而爲諸弟所宗，故不稱仲而稱孟，曰孟孫氏。孟氏子孫其後多賢，如僖子、懿子、獻子、莊子、敬子皆賢大夫，而孟子乃孟氏後人。字子車。一説字子輿。軻，車軸，故字子車。《孔叢子》作「子居」，以音同也。一説字子輿，但説者以曾子字子輿，故不以稱孟子。詳見《論語考證》。長於《詩》《書》。東漢以明經設科，趙氏習見，故有「通《五經》，尤長《詩》《書》」之説。程子。四條并叔子。游事齊宣王，不能用。適梁。王文憲曰：「孟子首至梁，後至齊，如此分明，《史記》輕改，何也？」

孟子以伐燕爲宣王，與《史記》《荀子》不合。《通鑑》以伐燕爲宣王十九年，《考異》無他據。按《史記·年表》，魏惠王三十五年，孟子至梁，乃齊宣王之七年。明年，魏惠王卒，襄王立。齊宣王十九年卒，湣王立。

燕噲之七年，乃湣王之十年。但書噲子之皆死，而并不言齊伐燕。《齊世家》亦不言及伐燕事。《史記》年表、世家兩無明文，而《孟子》爲最詳。其次詳見《戰國策》，曰：「蘇秦之在燕，與其相子之婚，而蘇代與子之交。秦死，齊宣王復用蘇代。代爲齊使燕。燕王問：『宣王何如？』對曰：『必不霸。不信其臣。』以激燕王而厚子之也。以是燕王大信子之，子之遺代百金，聽其所使。人遂説燕王以國讓子之。老不聽政，顧爲臣。三年，國内大亂，市被與太子平謀攻子之，不克。儲子謂齊宣王因而仆之。王令章子將五都之兵，因北地之衆以伐燕。士卒不戰，城門不閉，燕王噲死。齊大勝，子之亡。」此《通鑑》所據以係之宣王也。但《年表》以齊威王立三十六年，宣王立十九年，湣王立四十年，《通鑑》則下減湣王之十年，上益威王之十年，移下宣王十年，以合伐燕之事。《文公語録》疑《通鑑》移十年，《考異》無他據。按：温公《考異》於此時之年，大抵以《竹書》爲正，而不盡從《年表》。《竹書》：魏惠王之三十六年未卒，明年又稱後元年，又十六年卒。吕成公謂《竹書》記前代事雖多詭謬，然其書戰國時事必可信也。况是魏國之史，其書魏國之年，必實於《史記·年表》矣。《年表》於魏年既誤，則其於齊年安得盡無所誤？况伐燕之事，莫詳於《孟子》，莫不詳於《史記》，安得取其略者而反疑其詳者？《傳》曰：「所見異辭，所聞異辭，所傳聞異辭。」齊宣王伐燕，孟子所見也；謂爲湣王者，荀卿所聞也；《史記》又所傳聞者也。安得以後世所傳聞之辭，而反疑孟子所見之辭乎？且温公固疑孟子者，《通鑑》尚取孟子爲正，文公尊孟子者，《序説》及《集注》反取《荀子》《史記》而疑孟子爲差，雖曰「疑以傳疑」，而後人將以爲實，且益資非孟子之據矣。故履祥以爲，伐燕之事雖微，《戰國策》亦當一以孟子爲斷，况又有《戰國策》之可據乎？或曰：荀卿事齊宣王，三爲祭酒。宣王伐燕即薨。荀卿爲宣王諱過，後見湣王之不善，故以伐燕歸之湣王。文公嘗謂孟子弟子爲孟子諱，故以湣王爲宣王。愚亦謂荀卿爲宣王諱，故以伐燕爲湣王。

秦用商鞅。鞅，衛之諸庶公子也。少好刑名之學。周顯王八年，西入秦，因嬖人以見孝公，定變法之令。廢井田，尚詐力，嚴刑罰。秦國大治，彊於天下。封之商、於，號商君。三十一年，爲秦惠王所誅。

楚、魏用吴起。吴起，衛人，善用兵。周安王之時，魏文侯以爲將軍，擊秦，拔五城。安王十六年，武侯疑之，奔楚。悼王以爲相，平百越，并陳、蔡，却三晋，伐秦。諸侯患楚之彊。

安王二十一年，爲楚宗大臣所殺。世有《吴子兵法》。齊用孫子、田忌。孫子，名武，齊人。有《孫子》十三篇，用於吴。死後百餘歲，有孫臏生阿、鄄之間，亦孫武之後，學兵法，亦稱孫子。齊將田忌善而客待之。周顯王十六年，齊威王用田忌爲將，孫子爲師，救趙破魏。後又救韓破魏。孫臏以名顯天下，世傳其兵法。合從連衡。從音縱，衡音横。吕氏《大事記》曰：「連關中之謂衡，合關東之謂從。從者蘇秦之策，衡者張儀之策。當時遊説之士非一，大抵非從即衡。」二説不同，《史記》近是。王文憲曰：「近是非全許之也。『作《孟子》』不如趙氏分爲三節。」

韓子。名愈，字退之，鄧州人，望出昌黎。唐吏部侍郎。宋朝封昌黎伯，從祀。以是傳之。昔嘗問於何文定曰：「《原道》篇末自『所謂先生之教者何也』云云，『其文，《詩》《書》《易》《春秋》；其法，禮、樂、刑、政』止，『斯吾所謂道也』；『堯以是傳之舜』云云。則其所謂『以是傳之』者，即是上文等事。而程子云『必有所見，不知所傳者何事』，則是所傳又在上文諸事之外。文意恐不然，恐是程子擡舉昌黎太深。」文定曰：「只上文諸事，須是區處恰好，方是可傳。朱子説道理多説恰好處。前聖做得凡事到恰好處，到得後聖又見得此恰好處，若合符節。雖相去五百年，到得恰好處則一般，便是『以是傳之』也。」王文憲曰：「恰好處是堯、舜所謂中。」荀。荀子，名況，字卿，趙人。仕齊，三爲祭酒。仕楚，老終。後或作孫況者，避漢宣帝諱。揚。雄，字子雲，蜀成都人。作《法言》。擇焉而不精。擇如擇善之擇。不精謂辨不到恰好處，不失之淺，則失之差。語焉而不詳。詳如詳明之詳。謂説得不透徹也。惟其擇之不精明，故其言之不詳明。朱子曰：「孟子見道理十分極至，十分透徹。」程子。叔子。又曰。語見韓文《讀荀子》篇。大醇者，謂其大綱知尊孔氏，崇正道，與其他諸子不同耳。小疵者，謂其内却駁雜也。程子。叔子。又曰。語見《送王塤序》。大而能博。大是言其規模之大，博是言其節目之詳。偏觀其大，盡識其詳。性之所近此言其氣禀之性。朱子謂退之性之品有三，但欠説氣字出。分處諸侯之國。如子夏居衛、魏，子貢居齊，澹臺滅明居楚。程子。未詳。又曰。詳見《答孟簡書》。大經大法。謂《禮經》通《五經》之類。侏離。《後漢書·南蠻傳》：「言語侏離。」程子。一、二、四、六條叔子，三、五條未詳。

歐陽永叔云：聖人教人，性非所先。見《六一文集·答李詡性論第二書》，曰「夫性，非學者之所急，聖人之所罕言也」云云。

孟子集注考證卷之一

梁惠王上

梁惠王。魏武侯子，名罃。周烈王五年，武侯薨，無太子，公子罃與公仲緩争立。六年，罃爲魏侯。都大梁。周顯王二十九年，秦公孫鞅大破魏軍，魏獻河西之地于秦以和。魏都安邑，至此與秦界河迫，不可都。故徙大梁，今開封府祥符縣地。僭稱王。吕氏《大事記》：「按《戰國策》，周顯王十六年，魏拔趙邯鄲，服十二諸侯，遂稱王。」當時諸侯多已稱王。謚曰惠。《竹書記年》稱惠成王。又《莊子》「文惠君」，崔氏、司馬注皆云即梁惠王。《史記》。《魏世家》。三十五年。周顯王之三十五年。卑禮厚幣以招賢者，而孟軻至梁。按《邵氏聞見後録》，人有非孟者，謂孟子起頭便不可曉，孟子每云不見諸侯，而其書首云「見梁惠王」。此固姍侮之辭，亦是不曾看《史記》。《史記》云：「惠王數敗于軍旅，卑禮厚幣以招賢者，鄒衍、淳于髡、孟軻皆至梁。」邢《疏》引此。北士見之，遂又謂孟子至梁，鄒衍、淳于髡爲從。《史記·列傳》稱鄒衍「後孟子」，又云梁惠王郊迎鄒衍，尊禮如此，豈與孟軻困于齊、梁同哉？則梁惠之尊信孟子，反不如衍，此孟子道所以不行于梁也；又《傳》雖稱「客有見髡于梁惠王」者，然不云孟子見之也。《集注》引《史記》是補《孟子》書之缺，以知孟子之見梁惠王，應其禮幣之聘爾。叟。字當作「叜」，俗作「叟」。何文定謂當連一句。又梁惠以叜稱孟子，古人尚年，以叜老爲相尊之辭，非必果有年也。王何必曰利。孟子之意，謂爲人上者，有國家之重，最不可以利之一言率其下。以利率下，則上下交征，國家必有篡奪之禍；以仁義率下，則下知仁義，必無遺親後君之事，而國家自無不利矣。《孟子》此章分作兩節，一節明言利之害，一節明仁義之利。**仁者，心之德、愛之理。**心之德是專言之仁，愛之理是偏言之仁，此是兼體用說。訓詁見《論語集注》第一篇第二章下。但此章從全體上說，故首曰「心之德」；《論語》是從孝弟上說，故首曰「愛之理」。《集注》立言精密類此。**義者，心之制、事之宜。**亦兼體用說。朱子說義理體用，渾圓横竪該備，學者所當細玩。王文憲曰：「孟子本是分義、利對言，然必曰仁者，非仁做不得義出也。」**《孟子》之書造端托始之深意。**自周衰以至戰國之世，惟知利之一字，故紛亂至此。孟子欲撥亂世而反之正，首須掃去此一字，方可説其他事理。孟子「功不在禹下」者，即此類也。但所以行仁義之事，惜梁惠不能再問，下諸章詳之。**太史公。**西漢人司馬談爲太史令，其子遷稱之曰太史公。此語見《史記·列傳·孟子傳》。王文憲曰：「太史公偶得其要。」**程子。**叔子。**拔本塞源。**語出《左氏傳》。孟子首格君心，掃去利之一字。如拔木之根，使不復生；塞水之源，使不復流。則禍亂熄矣。○此章入《要略》三卷之首。

賢者而後。王文憲曰：「孟子添『而後』兩字，便精神活動。」**《詩·大雅·靈臺》。**按：文王九十六歲，當商紂之十九年，作靈臺。程泰之《雍録》曰：「文王都豐，在今鄠縣豐水之西，有豐宫，靈臺、靈沼、靈囿皆屬其地。《括地志》云：辟雍、靈沼，今悉無復處；惟靈臺孤立，高二丈，周回一百二十步。」

河内、河東皆魏地。魏地在西河之東，故分今河中之地謂之河東；大河至華陰折而東流，故温、懷之地謂之河内。一云魏都大梁，在大河東南，故名河東，而以故安邑之地爲河内，今河中府是。此獨以魏地言也。**荒政。**《周禮》荒政十有二，有移民通財之意。**喪死。**「喪」平聲。**厲禁。**《周禮》：「山虞掌山林之政令，物爲之厲而爲之守禁。澤虞掌國澤之政令，爲之厲禁。」《注》：「厲，蕃界也。禁，爲守者設禁令也。」又云：「厲，遮例也。」**五畝之宅，百畝之田。**古者六尺爲步，步百爲畝。一夫一婦，受田百畝，又受田廬之地二畝半，邑居二畝半。田以九百畝爲一井，八面皆百畝爲私田，八家受之，内一百畝爲公田，八家同養公田；又于公田之内除二十畝爲廬舍，八家則每家得二畝半也；邑居所受亦如之。然尺有數等。周尺以人中指中節爲寸；人有上中下不同，則以中人爲度；一尺約當今浙尺八寸。則百畝之地全無多地，當自别有地尺；若衣服針灸，則以人尺爲度爾。古所爲畝，即今田疇。其廣六尺，其長六百尺，是爲一畝。若以今尺步計之，則古之百畝，當今四十一畝；古者二畝半，當今一畝十步。頒白者不負戴於道路。古者道路之制，輕任并，重任分，頒白者不提挈，不特子弟代父兄之勞，凡行道之人，少者皆分代老者之任。風俗敬老如此，則尊君親上可知矣。凡此諸節，皆孟子勸梁惠以行仁義之實事。王道之成。王文憲曰：「『成』字應前『始』字，生于『教』字。」不知檢、發。王文憲曰：「今之政如此，何以謂之盡心？」罪歲。王文憲曰：「應前兩『凶』字。」程子。叔子。王文憲曰：「疑孟子者，以其不合勸諸侯爲王，故程子著此語，而朱子不可不見于此也。」

寡人願安承教。王文憲曰：「此章宜與上章合爲一章。王喜『天下之民至焉』一句，故發『承教』之言，孟子亦因以終其説。」俑。《禮記》曰：「孔子謂爲芻靈者善，謂爲俑者不仁，不殆于用人乎哉！」

晉國。成王封弟叔虞于唐，至燮父遷晉水之地，因名晉。其後曲沃奪宗，至文公以來，世爲盟主。末年六卿分晉，自相兼并。魏斯、趙籍、韓虔三分晉地爲諸侯，謂之三晉，而魏爲大。長子死焉。周顯王二十八年，惠王之三十年，魏龐涓伐韓，齊田忌、孫臏伐魏以救韓。魏大發兵，使太子申將，與龐涓合軍拒之。戰于馬陵，魏師大敗，殺太子申、龐涓。西喪地於秦七百里。周顯王十五年，魏惠王之十七年，秦敗魏師于元里，取少梁。《大事記》曰：「此秦復河西地之始也。」顯王二十九年，魏惠之三十一年，秦公孫鞅會齊、趙伐魏，虜公子卬，大破其軍。魏獻河西之地于秦以和。南辱於楚。周顯王十年，楚伐魏，决白馬之口以水長垣之外。十六年，楚景舍取魏睢、濊之間。此所謂南辱于楚也歟？若昭陽之戰，則在梁惠後十二年，當周顯王四十六年，楚柱國昭陽伐魏，敗魏師于襄陵，取八邑，上距孟子初見梁惠凡十四年。不知惠王此問，的在何年也。**百里可以王。**王文憲曰：「此答國不在于疆。先以一語寬之，繼以仁政告之。」**王往而征之。**王文憲曰：「孟子非不用兵，必如是而後可爾。」**惠王之志在報怨，孟子之論在救民。**救民乃可王之本，則報怨不必言矣。彼陷溺其民，王往而征之，此爲天下之公報怨，孰能禦之？舍是不爲，而欲日尋干戈以報怨忿，其不敗亡者，鮮矣！王文憲曰：「比死者洗之，其道不過如此。當時謂之迂闊，不知乃洗死之良方，惟周太王以來能用此方耳。」○《史記》稱「梁惠王不果所言，則見以爲迂闊而遠于事情」。蓋惠王不用孟子之言，未幾而用蘇秦之策以合從，又用公孫衍之説而敗約，又用張儀之説而割地事秦。《史記》又曰：「天下方務合從連衡，以攻伐爲賢，而孟軻所如者不合。」此説爲實録云。

梁襄王。周慎靚王二年，魏惠王薨，子襄王立。《史記》以顯王三十四年，魏惠王卒，襄王立。西晋元康中，汲郡盗不準發魏襄王家，得《紀年》書，始知惠王有後元年，至十六年薨，而襄王立。説者憑《史記》以襄王前立，遂謂汲冢爲哀王，蓋「襄」「哀」二字皆從衣，故誤也。襄王在位二十四年薨，後爲昭王、安釐王、景王、湣王，無哀王也。詳見《序説》。**必合于一，然後定。**自太古以來，封建非一日之積。自三代之衰，至于春秋，封建之弊，亦非一日之積。至戰國之時，六七大國又更相吞噬。孟子度其勢，須合爲一然後定。但秦以彊力殺人而一之，項亦嗜殺，故皆不能定；至漢，遂四百年天下爲一。**周七八月。**《孟子》篇内多以周正數月。**蘇子。**子由之論。

齊宣王，田氏，名辟疆。此後齊也。本嬀姓。自陳公子完奔齊，食邑于田，遂爲氏。自田恒弑簡公，專齊國，至田和遷前齊康公于海上，盡有齊國。周安王十三年，和會魏文侯、楚、衛于濁澤，求爲諸侯。安王十六年，初命田和爲諸侯，是爲齊太公。傳子桓公，孫威王。當周顯王二十七年，宣王辟疆立。顯王四十五年，齊宣王聚學士于稷下，乃梁惠王後十一年也。至周慎靚王五年，梁襄王之三年，齊宣王之二十七年，孟子爲卿于齊。**桓、文之事。**事謂其所以爲霸之謀畫經營也。若「糾合」「一匡」之事，孔門固嘗言之矣。董子。西漢武帝時人董仲舒也。以其醇儒，度越諸子，故以子稱。仲舒爲江都相，易王問：「粵勾踐與大夫泄庸、種、蠡謀滅吳，爲粵有三仁。」仲舒對曰：「粵本無一仁。夫仁人者，正其誼不謀其利，明其道不計其功。是以仲尼之門，五尺之童羞稱五伯，爲先詐力而後仁義，故不足稱于大君子之門也。」末句《荀子》同。君子遠庖厨。《禮記》曰：「君子遠庖厨，凡有血氣之類，弗身踐也。」踐，《注》音剪。太山。東岳，在今襲慶府。北海。北海去中國甚遠，但以小海爲北海，故漢于今青、淄之間置北海郡。「老吾老」止「所爲而已矣」。王文憲曰：「前以愛物之心推上仁民來，此以親親之心推下仁民去，又明示以推之之法。『善推其所爲』，不特是此章大旨，孟子平生工夫受用，只在此一句。」本然之權度。權尚能知輕重，度尚能知長短。人心之靈，義理素具，豈不能自忖量思度其長短輕重處？便。軟熟順意之人。發政施仁，所以王天下之本。此篇方提此一句。所以行此政，施此仁，使天下仕者、耕者、商賈、行旅之皆歸者，則見《公孫丑》上篇「尊賢使能」云云止「如此，則無敵于天下」。蓋亦則盍反其本矣。蓋者，蔽辭；盍者，責辭。王文憲曰：「前『本』字指本心，後『本』字指王天下之本。」五畝之宅，百畝之田。已見前章。井田之廢，非一日積，至商鞅而後盡變爾。故孟子告梁、齊之君，皆以制民之産告之；至告滕文公，亦首以經界爲説。蓋井田之破壞，所在皆然，非一日矣。○此章入《要略》四卷之首。王文憲曰：「孟子與齊宣王問答凡十四章。惟首章開闔變化，精神超越，而元氣不動，非門人所能傳。此是傳不得處。」履祥按：此章孟子于齊宣王指其真心而勉其推，因其不能推而令其審，勉其審是欲，重論其欲是功利重，又曉之以功利之害，誘之以王道之效，教之以王道之本。其開發君心，舌端造化之妙如此。齊宣王有欲無志。有欲者，桓、文公事，興兵搆怨，闢土宰華夷也。無志者，可以保民，自托不過；「請嘗試之」，自任不力。言及王道，章末更無領略之辭矣。

梁惠王下

樂樂，下字音洛。俗讀皆然。但以語意，則上字當音洛，蓋娛好之也。猶云獨娛聽樂音，與衆娛聽樂音，孰爲歡樂。下二句放此。田獵。此章本言樂而兼言及田獵者，必當時齊王有田獵之好也。羽。旌以鳥羽爲飾。旄。以犛牛尾爲飾，如樊纓之類。范氏。祖禹，字淳夫。楊氏。龜山。《咸》《英》《韶》《濩》。英本作「韺」，黄帝樂也。《咸池》，堯樂。《韶》，舜樂。《濩》，湯樂。

文王之囿。文王靈囿，在今鄠縣澧水之西。其時三分天下已有二，不聞有七十里之説也。孟子稱「于傳有之」，必有所自。疑文王于終南諸處爲之厲禁，以爲田獵及細民樵牧之地，使以時入爾，未必如後世之囿也。孟子言事，多因其語意以開誘之，初不辯其事之虚實有無也。

湯事見後篇。湯居亳，與葛爲鄰。伯不祀，湯遺之牛羊，使亳衆爲之耕。文王事見《詩·大雅》。《大雅·綿》之篇曰：「肆不殄厥愠，亦不隕厥問。」舊説文王雖不能絶昆夷恚怒之心，亦不廢吾聘問之禮。太王事見後章。「太王居邠，狄人侵之，事之以」云云。句踐事見《國語》。《國語·越語》曰：「越王句踐棲于會稽之上，用大夫種之謀，使行成于吴：『願以金玉、子女賂君子辱，句踐女女于王，大夫女女于大夫，士女女于士。越國之寶器畢從。寡君帥越國之衆，以從君之師徒，唯君左右之。』夫差將聽之，子胥諫不可。越又飾美女八人納之太宰嚭，曰：『子苟赦越國之罪，又有美于此者將進之。』嚭諫吴王曰：『古之伐國者，服之而已。今已服矣，又何求焉？』夫差與之成。」字之，事之。「小事大」「大字小」，《春秋左氏傳》凡兩出，《孟子》并作「事」，而《集注》解事小爲字者，本古語也。然仁人之心，既忘己之彊大，人之小弱，雖曰字之，其交際往來，與事大亦無異，故俱作事。遏徂莒。當是「徂共」，謂遏其徂共之衆也。密人侵阮徂共。密國在今寧州。阮國在今涇州。共，今涇州共池。

孟子對曰：有。「有」字句應上「賢者亦有此樂」；然人不得此樂者，「則非其上矣」。離宮。謂别宮也。營室星有離宮三，故凡作宮于他處者取此。齊景公、晏子。并見《論語考證》。轉附。「山名」，未詳。朝儛。或云海旁之山，潮至如舞。顧野王《輿地志》云：「儛，水名，出南陽。」琅邪，齊東南境上邑名。今沂州琅邪郡亦有山。《徵招》《角招》。齊有《韶》樂，故其作樂用其音調，徵調、角調皆以《韶》爲名。此章純用晏子之言。蓋其時《晏子》書尚全，故孟子引之。後篇云：「知管仲、晏子而已。」雖并言管、晏，而其下止言管仲而不言晏子，蓋孟子未嘗不重晏子也。

明堂。周世明堂，見于《冬官》、大小戴《禮記》。蓋天子朝諸侯布政之宮，如一大殿而爲九室，四方各三門，門旁夾窗，其内九室，户牖相通。天子巡狩四岳，朝諸侯于方岳之下，倣明堂之制而爲堂，故太山之下有明堂。岐，周之舊國。今鳳翔府。「察異服」云云。《禮記・王制》。乃積。當作子賜反，穀堆也。於王何有。王，去聲。公劉，后稷之曾孫。本《史記・世表》。然考之《漢史》，則公劉避桀居邠，去后稷世遠；又考之《路史》，則公劉乃后稷之後世孫爾。天理人欲，同行異情。本胡子《知言》。前一句曰「同體異用」，其語有病，故《集注》止收一句。曲學阿世。出《漢書》，轅固謂公孫弘曰：「務正學以言，毋曲學以阿世。」王文憲曰：「自『好樂』以下至此五章共一機軸，而充之以學力，似不免有戰國雄辯氣象。其所以異于戰國者，務引其君以當道，發天理于幾微，遏人欲之横流，所以大有功于天下。」

比，必二反。「顧比死者」「且比化者」，皆作必二反。「比其反也」「與射者比」，當作毗志反。文公嘗因學者之問而未及改。

如不得已。合連下文作句。王自謂舍之之決，孟子則戒其用之之輕。慎。王文憲曰：「此章緊要在『謹』字。下文二『察』字，『謹之』之道。」

姑舍女所學而從我〔一〕。

「伐燕」章。詳見《序記》。王文憲曰：「『取之』『勿取』，正論也。言武王、文王則贅矣。」

「王速出令」云云。王文憲曰：「此是孟子用世之机，惜齊宣王不能用，又惜乎後日樂毅不得聞此説也。」

穆公，鄒君也。《集注》恐人誤以爲魯穆公也。魯穆公顯以周威烈王十七年即位，至周安王二十五年薨，而共王奮立，歷康公屯、景公匽以後，方與孟子同時。則此穆公乃鄒穆公，而非魯也。又按賈太傅《新書》述鄒穆公之賢甚詳。蓋因孟子之言而自反者歟？《新書·春秋》篇曰：「鄒穆公令食鴈者必以粃，毋敢以粟。倉無粃，求易于民，二石粟得一石粃。吏以爲費，請以粟食之。公曰：『非爾所知也。夫百姓耕耘勤苦，豈爲鳥獸食哉？且汝知小計，不知大會。取倉之粟，移之于民，此非吾粟乎？鳥苟食鄒之粃，不害鄒之粟而已。粟之在倉，與其在民，于吾何擇？』鄒民聞之，皆知其私積與公家爲一體也。楚王欲淫鄒君，乃遺之妓樂美女四人〔二〕。穆公朝觀，而昔畢以妻死事之孤。王〔三〕輿不衣皮帛，御馬不食禾菽；無淫僻之事，無驕逸之行；食不衆味，衣不雜采。自刻以廣民，親賢以定國，親民如子。鄒國之治，路不拾遺，臣下順從。故以鄒子之細，魯、衛不能輕，齊、楚不能脅。穆公死，鄒之百姓若失慈父，行哭三月〔四〕。四境之鄰于鄒者，士民嚮方而道哭，酤家不售酒，屠者罷列肆，童不歌，舂築不相杵，婦女抶珠瑱，丈夫釋玦靬，琴瑟無音，朞年而後復。」一出《新序》，同此。履祥按：孟子所言，行之必效，以鄒、滕之小國而敬信〔五〕服行其言，以齊、梁之大國而終莫聽納其説，此真世道之不幸也。

滕，國名。姬姓之國，在今徐州北一百九十里滕縣，古滕城尚在。間於齊、楚。是時楚地東得彭城，而齊自濟、鄆以南至薛，則滕西南迫于楚，東北迫于齊。是謀非吾所能及。「小事大」，孟子嘗以爲智，而今乃云然，人鮮不以爲迂。然考之當時事勢，則非迂也。蓋迫于二大國之間，兼事則力不給，偏事則一必怒；又况事齊則必爲齊所并，齊豈徒爲滕而拒楚？事楚亦必爲楚所并，楚徒爲滕而却齊？以事理言之，固不若保民固國，與之死守，則是爲可爾。其後不三十年，滕不亡于文公，不滅于齊、楚，而卒滅于宋。則事齊、楚之策，誠不若自治之爲得也。

薛，國名。任姓之國，奚仲、仲虺之後，今徐州滕城、薛城、仲虺城皆相近，仲虺城即薛舊城也。是時已爲齊地，封靖郭君矣。

邠。本豳。唐明皇以其字似幽，改從邠。在今邠州。○此章入《要略》三之十七。

梁山，岐山。程泰之《雍録》曰：「邠在岐西北二百五十里。自邠而南一百三十里爲奉天縣，有梁山，即所謂『踰梁山』也。渭水在梁山之南，循水西上，可以達岐，所謂『率西水滸，至于岐下』也。太王都岐，在今鳳翔府西五十里，是爲岐周。岐水之南，今有周原；南五十里，有周城。」義也。朱子嘗因潘恭叔之請，欲改作「經」字。○王文憲曰：「《孟子》『太王』『去邠』兩段，見周家王業之本。」

魯平公。魯自哀公以後，歷悼、元、穆、共、康、景六公。至周慎靚王五年，平公旅立。凡二十年而薨，時周赧王十八年也。孟子以周顯王三十三年至梁，時已稱叟。慎靚王五年，孟子仕于齊，凡三年。當赧王元年，致爲臣而歸。明年，孟子又之宋、滕。不知魯平公欲見孟子，當是何時？計是喪母歸葬之後。

前喪。孟子幼喪父。

三鼎，五鼎。古者祭祀烹牲于廟，每物一鼎，如羊鼎、豕鼎、犬鼎、雞鼎、魚鼎之類是也。三鼎，士禮，則用三物。五鼎，大夫禮，則用五物。故鼎數如之。

沮。慈吕反。○此章入《要略》三之十五。

【校記】

〔一〕姑舍女所學而從我：底本本句下挖改作墨釘，庫本下注一「闕」字，胡本下注「以下原缺」。

〔二〕四人：諸本皆作「四八」。據《新書》改。
〔三〕王：底本作「正」。據胡本、《新書》改。
〔四〕三月：諸本皆作「三日」，據《新書》改。
〔五〕信：底本作「言」。據庫本改。

孟子集注考證卷之二

公孫丑上

管仲。管仲名夷吾，字敬仲。相齊桓公，霸諸侯。晏子。名嬰，萊之夷維人。《索隱》云，字仲，謚平。「事齊靈公、莊公、景公，以節儉力行重於齊。」曾西。曾子之孫。「楊氏曰」云云。楊氏之説，未盡此章之意。夫曾西言子路則曰「吾先子所畏」，至論管仲則曰「得君，如彼其專；行政，如彼其久；功烈，如彼其卑」，此正以作用優劣言也。以作用之優劣言，則管仲功業遠不可望子路，何者？管仲之所以霸，不過富國强兵而已。夫子之許子路也，曰：「千乘之國，可使治其賦。」而子路自許，亦曰：「千乘之國，攝乎大國之間，加以師旅，因以饑饉。由也爲之，比及三年，可使有勇，且知方也。」夫治千乘之賦，夫子以爲由所優爲，則與子路所自許無異也。且千乘之國，小國也，又攝乎大國之間，師旅，饑饉，可謂貧弱垂亡矣。子路一起而爲之，比及三年，僅逾兩載，而能使之有勇，則其於富國强兵乎何有，且知方也，則加于富强一等矣。使子路而得千里全齊之地爲之，何待三年？何止有勇？其視管仲乘全齊之力，專國四十年之久，而僅僅乃爾，真不足道矣。大抵聖賢作用，自是殊絶，決非常情所可測度。世衰道微，不幸聖賢而不獲用。天下世人，但見霸者君臣小小功業，即以爲大，競慕效之。至論孔明諸子，則或但以爲循良自守者而已。此真世道之不幸也！管仲、晏子猶不足。公孫丑兼問管、晏，孟子但卑管仲而不言晏子。由湯至武丁，賢聖之君六七作。見于《書》者，湯、太甲、太戊、河亶甲、祖乙〔一〕、盤庚、祖甲。

他書有孔甲。王文憲曰：「孟子言文王之所以難，時難，勢難；今日之所以易，勢易，時易。」**鎡基，田器。**《爾雅》。《釋名》：「大鋤也。」〔二〕○此章自首至「爲我願之乎」入《要略》四之二。

恐懼疑惑而動其心。下文作「疑懼」二字尤簡。孟子所以不動心者，養氣則不恐懼，知言則不疑惑。王文憲曰：「『疑懼』二字包一章大意，而『直』字貫乎其中。」**孟賁，勇士。**《史記·范睢傳》及《淮南子注》皆云衛人，《文選注》引《史記疏》：「賁，齊人，歸秦武王。」《説苑》曰：「孟賁水行不避蛟龍，陸行不避虎狼，發怒吐氣，聲音動天。」《吕氏春秋》曰：「孟賁過於河，先其伍，船人怒，以楫虓其頭。中河，孟賁瞋目〔三〕視船人，髮豎，目裂，舟中人盡播入河。」《帝皇世説》云：「孟賁生拔牛角。」**北宫黝、孟施舍。**不知何國人。孟子因公孫丑以孟賁喻其勇，因借勇士爲喻。**必勝爲主。無懼爲主。**心有所主則不動。二子之勇，亦是其心各有所主，故能不動爾。王文憲曰：「黝之養勇是不疑，舍之養勇是不懼。」**氣象各有所似。**氣象者，形似彷彿之意爾。便以二子直比曾子、子夏則不可。**勇。**即下文「浩然之氣」。**縮。**即下文「直養」。王文憲曰：「朱子謂孟子養氣之論，夫子已道了，曰『内省不疚，夫何憂何懼』，與此正相表裏。『自〔四〕反』即『内省』也，『直』則『不疚』矣。雖千萬人，吾往不憂不懼也。」**無暴其氣。**暴字，《集注》不訓，而以「致養」體之。按後篇「自暴」章，《集注》曰：「害也。」「無暴其氣」即下文「以直養而無害」之意也。王文憲曰：「此節論告子及論志氣，告子是死底不動心，孟子是活底不動心。」**程子曰：志動氣者什九。**伯子之説也，上文一條、下文二條皆是。孟子雖對言氣動志，程子則謂志是氣帥，終是志動氣處分數多，氣動志處分數少。**我知言，我善養吾浩然之氣。**朱子曰：「孟子之不動心，知言以開其前，故無所疑；養氣以培其後，故無所懾。今按孟子之不動心，本是于心上用工，知言是其要，養氣是其助。養氣之本，依然是從心上生，如行慊于中，自反常直，集義是也；蓋心無愧怍，自然氣壯，氣壯則又能配此心之道義而助其行。然集義工夫，又自知言來，使其不知義理之所在，何以能事皆合義。此等工夫循環并進。」**知言者，盡心知性。**知言是知道之效。不曰知道而曰知言，蓋因告子不得于言，勿求於心之失而反之也。「盡心知性」，《集注》是自知言之本説來，則凡天下之言，其得失是非，毫厘疑似之間，無不有以照之，而天下之事無可疑者矣。**告子之學。**王文憲曰：「孟子是自然不疑不懼，告子是硬要不疑不懼。」**敢問何謂浩然之氣。**公孫丑兼問孟子與告子不同心之異，孟子言告子之失；而丑又專問孟子不動心之法，孟子即以知言養氣告之。丑當首問知言，而乃首問養氣，雖因論氣而遽及，亦是丑之學未能知所先後也。及其問氣，又止問「何謂浩然之氣」，而孟子告之即「直養而無害」之説，與夫養之之本，與其所以養而無害之節度。此是孟子切於教人，傾倒無餘也。**其爲氣也，至大至剛。**氣之體。**配義與道。**氣之用。**以直養。**氣本大而剛，順是直道而行以養之，勿令有所屈曲愧怍以害之。**餒。**前「餒」字，無是氣，則道理餒。後「餒」字，無是道義，則氣餒。**集義。**集義亦是心通乎道，使事皆合義，自慊於中，無所愧怍，自生浩然之氣，非是義本在外，從外假義事爲名，以虚張其氣，而强得其浩然也。朱子曰：「孟子之學，蓋以窮理集義爲始，不動心爲效。惟窮理爲能知言，惟集義爲能養氣。理明而無所疑，氣充而無所懼，故能當大事而不動心。」王文憲曰：「論其用，道義非氣無以行；論其體，氣非道義無以生。『是』『非』兩字對，『生』『襲』兩字對。氣乃集義而自生於中，非行義而襲取於外。『必有事焉』『勿正』，是集義工夫；『正』而『助長』，是要義襲而取。『集義』『義襲』，是養氣一節大旨。」**助長。**助長是虚張其氣，非惟不久消歇，而狂妄自大之病自此生，爲害大矣。**程子以七字爲句。**叔子。**戰不正勝。**《春秋公羊傳》曰：「師不正反，戰不正勝。」**何謂知言。**知言即是物格知至之效。緬想孟子格致之初，亦是從言語用工，本自聖賢之言格來以知其原，又是天下之言格去以要其流。章内四目，似指異端。蓋天下之言，足以惑人。最難察識者，惟異端爲甚；其粗淺者，固易見也。然天下之言，不問淺深，亦不出此數端。此章雖不及所以知言之方，然知其所以病，即知言之方也。蓋以此理之正，辨其於此理之差，其於是非毫厘之間，如匠石斵鼻端之堊，不容絲髮淺深也。大抵人于心中見得有差，决是害事。蓋其心術識見議論一向如此，爲害不細，小差則小害，大差則大害，所謂生于其心，害于其政，人見聖賢之闢異端，則曰衛道爾，言論之末爾，殊不知其爲救世之大功。如老子之言，其害實則爲申、韓，虚則西晋。佛氏之言，其害淺則爲梁爲南唐，深則真是「無父無君」「率獸食人」。**詖、淫、邪、遁四者相因。**其言既有所偏，則必就其中發明其説，而説始放；説既放，則背理愈甚，故邪；邪不勝正，而又不能自克，故必逃遁其説；愈逃遁則愈偏矣，又展轉相因也。**蔽、陷、離、窮四者亦相因。**其心既有所隔，不見正理，故其陷溺必日深；心既陷溺，則去道愈遠；去道愈遠，則終必困屈矣；然愈困屈則愈隔，亦展轉相因也。王文憲曰：「此節要看四個『所』字，詖、淫、邪、遁是病證，蔽、陷、離、窮是病原。能去其蔽，則無下三件。蔽之原不一，有氣禀之蔽，有物慾之蔽，有習俗之蔽，有學術之蔽。去蔽在乎好學，心通乎道。程子是發明知言之要，然惟好學而後能心通乎道。」**程子曰。**叔子。**又曰。**伯子。**此一節。**王文憲曰：「自此而下，文勢抑揚起伏，若散漫而無收拾。徐而玩之，前後相應，極爲縝密。」**林氏。**之奇，字少穎。官至宗丞，號拙齋。吕成公之師也。**程子。**伯子。**曰：伯夷、伊尹何如。**王文憲曰：「此下説開去。」**孔子也。**王文憲曰：「本問伯夷、伊尹而帶言孔子者，以願學者學孔子，則上文六子伯仲也。」**乃所願，則學孔子也。**王文憲曰：「後面四段盡總在此一句。孟子所以自任，可知矣。」**是則同。**王文憲曰：「言三子德之盛，君百里足以『朝諸侯，有天下』，應前齊之卿相不足道也。言『行一不義，殺一不辜』，依舊是『自反而不縮』，所以不爲。其同者固如此，其異者又非伯夷、伊尹所及也。」**汙。**以文勢言，當是「决」字之誤。**程子。**叔子。**麒麟，毛蟲之長。**《曾子書・陰陽》篇曰：「西方毛蟲三百有六十，麟爲之長；南方羽蟲三百有六十，鳳爲之長。」**程子。**叔子。**此章擴前聖所未發。**入《要略》五之九。「前聖所未發」，蓋知言養氣之旨，前聖未如此詳明也。又自公孫丑再問「夫子既聖」一段，以後所問較寬，孟子隨答皆緊。問六子則「姑舍是」而不敢答，問尹、夷則「吾未能有行焉」；乃所願，則學孔子」，則意可見矣。夫夷、惠「君子不由」，此章并伊尹亦不學，而止願孔子。蓋孟子氣浩而達權，其於伊尹固不待學而能，但難到夫子地位爾。及論孔子，則但舉三子之言證夫子之所以異，蓋聖人妙處，亦自難言，其實亦自「知言」「養氣」之極熟而化爾。「知言」之極，「耳順」是也；「集義」「養氣」之極，「從心所欲不踰矩」是也。王文憲曰：「學至聖人，則浩然之氣不足言矣。」

七十子。孔門高弟弟子也。《史記》有《七十子列傳》，《家語》有《七十子解》。本七十二人，舉全數爾。鄒氏。道鄉先生，鄒侍郎，名浩，字志完。○此章入《要略》四之三。

《豳風》。豳，周之舊邑，公劉所治。《七月》篇，豳之舊詩。周公陳其詩，以爲矇瞽諷誦之詩，用其籥，以爲迎寒暑勞農之樂，而凡周公所作之詩，與爲周公而作者，編詩者皆係之《豳》。蓋豳、岐之地，乃周公之采邑云。《鴟鴞》之篇。周公所作以貽成王。鴟鴞指武庚也，言既誘管、蔡，又將毀王室也。故周公托爲鳥言以詆鴟鴞，言以創造之艱難固密也。牖户。「巢之通氣出入處。」今鵲巢逐年隨太歲所向，即所謂户也。活，《書》作逭。古書皆口傳授，故字文或不一，然古人方言，多以四聲通讀。

「尊賢」章。張子。横渠先生。助而不税。井田之制，一井九百畝，八家各耕百畝而助耕公田。春秋初税畝，則公田之外，又税其私田，是爲十取其二。以孟子之言觀之，則是時諸侯皆然，不獨魯也。《周禮》。詳見「載師」：「屋不毛者出里布，田不耕者出屋粟，民無職事者出夫、家之征。」王文憲曰：「夫征，粟米之征，百畝之租也。家征，力役之征，今之徭役也。里布，布縷之征，五畝之税也。」信能行此五者。此章宜補首篇「發政施仁」章内。吕氏。大臨，與叔。

不忍人之心。「不忍人」三字，《注》無訓詁。但自天地生物之心説來，則「不忍人之心」乃人禀天地生生之心以爲心，所以無傷害人之心，此一説也。下文「乍見孺子入井，皆有怵惕惻隱之心」，非内交，非要譽，非惡聲而然，則是怵惕惻隱之心，自忍耐不住故爾；是所謂「不忍人之心」者，乃忍不住痛傷人之意，此又一説也。不忍見孺子之入井，即不忍見人之顛連無告皆是，此又一説。文意爲順，在人體認。惻，傷之切。隱，痛之深。因上文「怵惕惻隱」以爲訓，蓋怵是驚，惕是動，則惻隱作痛傷之深切。若以下文三端例之，則羞是「耻己之不善」，惡是「憎人之不善」；辭是「解使去己」，讓是「推以與人」；是「知其善」，非「知其惡」：皆是兩面。獨惻隱是痛傷一面，但稍有淺深耳。按：仁貫四性，則惻隱貫四端，但曰傷痛，不見貫四端之意。昔謝上蔡以該洽自多，程子責之曰：「可謂玩物喪志。」謝子面熱發赤。程子曰：「此惻隱之心也。」夫面熱發赤者，羞惡之心爾，而以爲惻隱，蓋四端皆從動處發。惻隱之心兼怵惕而言，則惻惕爲驚動。但舉惻隱而言，則惻爲動，隱爲痛；惻是惻然而動，隱是隱然而痛；惻者感於外而動於中，隱者痛於中而發於外；惻則專言之「仁之端」也，隱則偏言之「仁之端」也。此心本静，有感而動，則痛傷、羞惡、辭遜、是非之念發焉，此惻之所以貫四端，而隱之所以爲愛也。以此觀之，庶得其立言之例，于人心爲真切。又智之爲性，亦是兩節，知與藏也。論其端，則但以知是非而言，此章之説是也；論其全體，則當以知與藏而言，《離婁》上篇之末，所謂「知斯二者弗去」是也。王文憲曰：「四個界限自分明，亦有隨事相連而見。」程子。叔子。腔。體骼也。心統性情。張子語。心者，身之神明，天所賦之理具于其中爲性，自是而發于外爲情。充。「滿也」。問推與充，文公曰：「推字推將去，充字填得滿。」日新又新。王文憲曰：「『新』字釋『始』字。」程子。二條并叔子。四端不言信。四端之發，皆是真實有是四者。如此，則信便在四者之中矣。水、火、金、木，待是以生。四行皆生于土。試反諸身，腎屬水，心屬火，肝屬木，肺屬金，脾屬土，然脾受飲食，而四藏皆食于脾。於四時則寄王。四時，每季月以十八日爲土位，而季夏十八日乃火王之後生土，故又爲最王，遂爲中央土位，此陰陽家者之説。然土氣無不在四時之内。○此章入《要略》一之六。王文憲曰：「此注信貫四端，後章仁貫四端。」

函，甲也。《周禮》：「函人爲甲。」「音含」，本注。擇所以自處。《論語集注》作「擇里」，此作「擇所以自處」。古人引《詩》，斷章取義，古語亦然。彼以擇里言，冒上文也；此以擇自處言，引下文也。然此説可兼彼義。○此章入《要略》一之二十五。

「子路」章。程子。伯子。耕於歷山。歷山在今河中府。濟南府亦有歷山。陶於河濱。《禹貢》陶丘在今曹州濟陰縣，地志云「舜陶處」。疑此陶丘乃濟濱，非河濱也。當别有處。漁於雷澤。河中府有雷首山，雷水所出，入河，古傳舜漁處。但雷澤今在濮州雷澤縣，《禹貢》所謂雷夏也。而歷山、陶丘，濮州亦有之。據《孟子》「舜，東夷之人」，則濟、濮之間，此似爲近。〇此章入《要略》五之八。

不隱賢，不枉道也。本文「進不隱賢，必以其道」，謂雖不隱其才能而出仕，然必以其道而不苟，此是其和中之介。今《注》文似以「其道」解「進不隱賢」。按：此二句或問「不隱賢而亦不枉道」，文公云：「如此看亦得。」又《語録》以「不隱賢」爲讀，「必以其道」爲句。爾焉能浼我哉？《列女傳》曰：「柳下惠處魯，三黜而不去，憂民救亂。妻曰：『無乃瀆乎？君子有二恥：國無道而貴，恥也；國有道而賤，恥也。今當亂世，三黜而不去，亦近恥也。』柳下惠曰：『然。油油之民，將陷於害，吾能已乎？且彼爲彼，我爲我，彼雖裸裎安能汙我？』油油然與之處，仕於下位。」

公孫丑下

時日支干、孤虚、王相之屬。此兵家用日時方位法也。支即十二枝。干，十幹，《史記》作「幹」，俗省文爾。十甲如木之有幹，十二辰如木之有枝。孤虚，《唐書》言李靖用兵精風角、孤虚。舊説孤，空亡也。虚，舊説空亡對宫也。歲孤虚，大歲後二辰爲孤，前四五辰爲虚；月孤虚，正月以子丑爲孤，午未爲虚；旬孤虚，如甲子旬則戌亥爲孤，辰巳爲虚。餘放此。今按空亡當爲虚，其對宫當爲孤，蓋本宫空，空即虚，對宫所對空則孤矣。「王」「相」并去聲。王，旺也；相，次旺也。占算家所謂吉凶臧否平，王相休囚死，又五行十二宫生旺，八卦冬至坎王震相，立春震王巽相之類皆是。總之以之屬二字，其用非一。兵家八門遁甲，逐時分開，休、生、傷、閉、景、死、驚方位；太一局，逐日分主客勝負；又出城布陣，逐時占斗杓大角所指之方；又如六壬、遁甲，以支加支，范蠡以占歲、占兵。此皆其屬也。**米粟。**《呂氏書説》：「有穀曰粟，無穀曰米。」按粟即所謂菽也。古人米與穀兼積，米切用而易腐，穀氣全而可久，緩急兼儲。後世軍儲獨以米，故久即不可食。○此章對説「天時不如地利，地利不如人和」；至論人和，則以得道爲至，可謂明白切當。**革，甲也。**皮去毛爲革，聯之爲甲，又謂之札。黄牛皮者爲犀甲；青牛皮者爲兕甲，即今水牛也；合二皮爲合甲。**封疆。**古者每國封土爲界。**谿。**《爾雅》：「水注川曰谿。」「注谿曰谷。」

采薪。《曲禮》：「辭以疾，言曰：『某有負薪之憂。』」言病不能采薪也。古人辭疾之常語。**禮曰。**二句皆古禮經之文。今「父召，無諾」見《曲禮》，「君命召，不俟駕」見《論語》。**在宮不俟屨。**《玉藻》作「在官不俟屨」，《注》「官謂朝廷治事處」。今《集注》諸本多作「宮」字，恐别有據，如楚子屨及於堂皇之類。今不敢輒改。**慊。**上聲，一字二義。上聲者，爲恨爲少；入聲者，爲快爲足。**輔世長民。**上足以輔相世代，下足以君長人民。**所不召。**《語録》云：「諸侯無越境之禮，故以幣來招則往。既至其國，或爲賓師，來見、往見皆可；但召之則有自尊之意，故不往耳。答陳代：『不待招而往，何哉？』此以在它國言；答前意：『天子不召師』，以在其國而言。」**程子。**叔子。**爲是故耳。**「耳」當作「爾」。尊德則不敢召之，樂道則喜於見之，惟如此，故能一委聽道德之人，而相與以有爲也。**莫能相尚。**韓文公引此語，作「今之諸侯無以大相過者」。○右此章初看疑孟子與齊宣交際之間，殊不快人意。及觀《戰國策》齊宣王呼顔斶前而不前，使謁者延王斗入而不入，彼二十一時風聲氣習尚能如此，况孟子，伊尹之才，孔子之亞，宜其不可召也。

七十鎰。按：前篇注二十兩爲鎰，則一鎰已是一斤四兩，七十鎰則是八十七斤半。古者以黄金爲上幣，白金爲中幣，青金爲下幣，此不知何金。然宋，次國耳，一餽之金已八十七斤，孟子之受亦幾於泰；按古今稱輕重不同，且以漢稱較之，漢之一斤當今四兩三錢强，以此爲度，則亦未爲泰也。

平陸。今平原郡。**士，戰士，去之，殺之。**此依古注。按：持戟止是階前庭下執戟之人，庶人之在官者。去之，止是廢棄之。**邑有先君之廟曰都。**此出《左氏》。《語録》謂古者「嘗爲都處，便自有廟」，如岐有太王之廟，豐有文王之廟，曲沃有桓叔以至武公之廟。按如此，則以都名者當不多。今曰爲都者五人，則已有五都矣，而五都之外，又非一也。故《語録》又曰：「恐是《周禮》所謂『都鄙』之『都』。」按如此，則都是大邑爾。

孟子爲卿於齊。或問孟子賓師之禮如何，文公曰：「當時有所謂客卿者是也，大概尊禮之而不居職任事，召之則不往，又却爲之出弔於滕。」履祥按：客卿不治國事，若禮文之事則亦皆與。又《禮記》：「仕而未有禄者，使焉曰『寡君』，違而君薨，弗爲服也。」未有禄謂未有常職，然出使則以君臣之禮行，古自有此禮。但此章曰「爲卿於齊」，後曰「致爲臣而歸」，似孟子嘗已爲卿，道不行，致爲臣而去爾。

使虞敦匠事。王文憲作句，以《注》曰「董治作棺之事者」。**嬴**〔五〕。**古者棺槨無度。**「古者」謂夏、商以上，未有厚薄之等，蓋民淳材盛，但亦以厚爲尚。**中古棺七寸。**恐亦虞、商以下，然亦近古。古尚以七寸爲度，古尺一尺，當今浙尺八寸，是七寸省今五寸六分也。孔子爲中都宰，制四寸之棺、五寸之槨，則因時之宜，使人皆可爲爾。**自天子達於庶人。**句連下文。**得之爲。**當作一讀。謂禮制所得爲也。《集注》作「而」，恐不必改。夫禮制所得爲者，如棺槨衣衾之美也；所不得爲者，如棺槨重數，置翣明器多少之數，丘封之度，此不可踰越而爲者也。

《史記》亦謂孟子勸齊伐燕。語見《燕世家》。《史記》蓋爲《戰國策》所誤，《戰國策》則傳聞之誤也。

武王勝殷殺紂，立紂子武庚，而使管叔與弟蔡叔、霍叔監其國。此補本文之未辨。蓋武王使之監殷，其出周公之意則未可知。然《孟子》書論及古事者，多不辨其事之有無，但即此以明聖賢之心，與其處事之宜耳。然謂之殺紂而立其子，則亦未審。蓋武王入殷而紂已自焚死，故武王封其子，示不絶也。殺父立子，于事情不然。管叔名鮮，蔡叔名度，霍叔名處。前章：沈同以其私問曰：「燕可伐與？」孟子曰：「可，子噲不得與人燕，子之不得受燕於子噲。有仕於此，而子悦之，不告於王而私與之吾子之禄爵；夫士也，亦無王命而私受之於子，則可乎？何以異於是？」齊人伐燕。或問曰：「勸齊伐燕，有諸？」〔六〕曰：「未也，沈同問『燕可伐與？』吾應之曰：『可。』彼然而伐之也。彼如曰：『孰可以伐之？』則將應之曰：『爲天吏，則可以伐之。』今有殺人者，或問之曰：『人可殺與？』則將應之曰：『可。』彼如曰：『孰可以殺之？』則將應之曰：『爲士師，則可以殺之。』今以燕伐燕，何爲勸之哉？」第二篇十章：齊人伐燕，勝之。宣王問曰：「或謂寡人勿取，或謂寡人取之。以萬乘之國伐萬乘之國，五旬而舉之，人力不至於此。不取，必有天殃。取之，何如？」孟子對曰：「取之而燕民悦，則取之。古之人有行之者，武王是也。取之而燕民不悦，則勿取。古之人有行之者，文王是也。以萬乘之國伐萬乘之國，簞食壺漿以迎王師，豈有他哉？避水火也。如水益深，如火益熱，亦運而已矣。」十一章：齊人伐燕，取之。諸侯將謀救燕。宣王問曰：「諸侯多謀伐寡人者，何以待之？」孟子對曰：「臣聞七十里爲政於天下者，湯是也。未聞以千里畏人者也。《書》曰：『湯一征，自葛始。』天下信之，『東面而征，西夷怨；南面而征，北狄怨。』曰：『奚爲後我？』民望之，若大旱之望雲霓也。歸市者不止，耕者不變，誅其君而弔其民，若時雨降。民大悦。《書》曰：『徯我后，后來其蘇。』今燕虐其民，王往而征之。民以爲將拯己於水火之中也，簞食壺漿，以迎王師。若殺其父兄，係累其子弟，毁其宗廟，遷其重器，如之何其可也？天下固畏齊之强也，今又倍地而不行仁政，是動天下之兵也。王速出令，反其旄倪，止其重器，謀於燕衆，置君而後去之，則猶可及止也。」此章：燕人畔。王曰：「吾甚慙於孟子。」陳賈曰：「王無患焉。王自以爲與周公孰仁且智？」王曰：「惡！是何言也！」曰：「周公使管叔監殷，管叔以殷畔。知而使之，是不仁也；不知而使之，是不知也。仁智，周公未之盡也，而况於王乎？賈請見而解之。」見孟子，問曰：「周公何人也？」曰：「古聖人也。」曰：「使管叔監殷，管叔以殷畔也，有諸？」曰：「然。」曰：「周公知其將畔而使之與？」曰：「不知也。」「然則聖人且有過與？」曰：「周公，弟也；管叔，兄也。周公之過，不亦宜乎？且古之君子，過則改之；今之君子，過則順之。古之君子，其過也，如日月之食，民皆見之；及其更也，民皆仰之。今之君子，豈徒順之，又從爲之辭。」

孟子致爲臣而歸。「孟子致爲臣而歸」諸章，在於燕人畔、陳賈解慙之後，似爲此後去齊。《通鑑綱目》《大事記》，齊伐燕，孟子去齊，齊宣王薨，并在赧王元年。中國而授孟子室。《史記》：「齊宣王喜文學游説之士，皆賜列第，爲上大夫，不治而議論。是以齊稷下學士復盛，且數百千人。」按如此，則是宣王亦欲以此處孟子，宜孟子之不受也。呂成公曰：「齊王之意，以爲孟子止可爲國人矜式，未必可以爲政。」鍾，受六斛四斗。四升爲豆，四豆爲區，四區爲釜，釜十爲鍾。孟子嘗曰：「萬鍾不辨禮義而受之，萬鍾于我何加焉？」而齊王欲以此留孟子，正犯其所不屑，宜孟子之去也。季孫、子叔疑，不知何時人。季孫，即魯季孫；子叔疑，不知何人，當在春秋後。近世有立孟子廟者，以門人從享，而子叔疑與一人之數，可謂謬誤。程子。叔子。

晝。《史記》有晝邑，音畫。《語録》謂齊地有晝邑，又有畫邑。《路史》：畫邑在西安城，晝邑在臨淄。魯繆公。《史》并作「穆」。魯元公之子，名顯。以周威烈王十七年立爲諸侯，尊事孔伋，以公儀休爲相，以泄柳、申詳爲臣。泄柳。後篇作子柳，必其字也。《禮記·檀弓》篇屢言子柳事，未知是否。《雜記》篇作「世柳」。世、泄，古語四聲之訛也。《注》云：「魯繆公時賢人。」申詳。名見《檀弓》。

李氏。昭武人，名郁，字光祖，號西山。學于龜山楊公，爲其壻。舉遺逸，官至福建帥機。有《論孟遺秉》。文公作《墓表》。

二句。「不怨天，不尤人」見《論語》，孟子稱之「君子」，指孔子。○此章入《要略》三之十六。前段憂世，後段樂天。

孔氏。穎達。

【校記】

〔一〕祖乙：底本作「祖一」，據庫本、胡本改。

〔二〕爾雅釋名大鋤也：諸本皆同。《孟子注疏》卷三上趙岐注：「鎡基，田器，耒耜之屬。」孫奭疏：「《釋名》云：『鎡基，大鋤也。』」頗疑「爾雅」二字衍。

〔三〕瞋目：諸本皆作「瞑目」。據《吕氏春秋·孝行覽·必己》改。

〔四〕自：底本作「目」。據胡本改。

〔五〕羸：底本「羸」下挖改作墨釘，庫本下注一「闕」字，胡本作空白。

〔六〕有諸：底本作「有諸有諸」，衍一「有諸」。據庫本、胡本刪。

孟子集注考證卷之三

滕文公上

滕。姬姓之國。今徐州北一百九十里滕縣有古滕城。過宋。呂成公《大事記》：「周赧王元年，孟軻致爲臣於齊而歸。二年，孟軻自齊之宋，自宋適滕。」按：孟子致爲臣於齊歸鄒，而即如宋，與宋勾踐、戴不勝等答問，則滕世子過宋而見孟子當在此時。自滕而西南過宋，三百五十餘里。道性善。王文憲曰：「此孟子大旨。」稱堯、舜以實之。性善無形影。然凡聖人之所爲，皆自性分中出，則堯、舜即性善之形象也。性既人所同有，則堯、舜人皆可爲。程子曰。叔子。王文憲曰：「孟子之後，無人敢如此説。」公明儀曰。初注二句皆公明儀之言，李閎祖問以爲上句周公之言，公明儀舉之，而曰「周公豈欺我哉」。朱子因之，遂改《集注》。周公于文王爲親父子，親承文王而學之。文王雖大聖，而事事皆可學而爲之，不必别師古聖，則此言容或有之。若如初説，則文王聖人，事事我皆可學；周公聖人，言之我皆可信。信受奉行，非欺我也。亦通。魯賢人。自公明宣學于曾子，而公明高、公明儀皆見稱於孟子。高，曾子門人。儀與孟子年輩相及。可以爲善國。天下無性外之物。古人爲學，即見之行事。滕文公是有國之人，故孟子即令其就爲國上致力。《書》曰。引《書》意尤緊切。人性固皆可爲聖賢，學者固當以聖賢自勉，然非可以安坐而進也，亦須有刻苦之實功，去切身之實病，方可與造聖賢之道爾。**不能自克。**四字切中常人之病。人性本皆可以爲聖賢。其不能爲者，蓋苟且以卑近爲安，不能自克；至若爲不善之人，亦豈能昧其本心之善，亦以一向放縱，不能自克，以至此爾。○首章入《要略》一卷之一。以世子之天性，非不能爲善；以滕國之地位，亦自可以爲善。但人之患在於不立志，故舉三子之言于前；人之患在于不去病，故又舉《商書》之説於後。人能立廣大之志，以充吾本善之量；又必能致刻苦之工，以去吾本善之病。則所謂堯、舜人皆可爲者，真可爲矣。

齊疏之服。按禮，爲父斬衰，爲母齊衰；至若疏衰，則又次于此。如《雜記》云：「三年之喪，廬、堊室之中。」下文曰：「疏衰皆居堊室，不廬。」又曰：「疏衰之喪，人請見之則見。唯父母之喪，不辟涕泣而見人。」則疏衰又斬、齊之次也。今滕定公薨，文公當爲斬衰之服，而云齊疏，似亦可疑。豈古者天下諸侯斬衰之布，升數多于常人，止用疏布爲之歟？又按上文曰「吾嘗聞之矣」，則此三句亦古語。昔魯繆公之卒，使人問于曾子，對曰：「申也聞諸申之父曰：『哭泣之哀，齊斬之情，饘粥之食，自天子達。』」此數句，與此正同。蓋古語傳誦之訛，孟子引之爾，當作「齊斬之服」。**宗國魯。**宗法：諸侯之公子，蓋先君之子，今君之昆弟，不敢以君爲宗，而君爲公子之庶者，使宗其公子之適者。蓋使諸庶弟以一適弟爲宗，天子亦然。武王爲天子，則諸弟不敢以武王爲宗，而以周公爲宗。故凡文王之子有國者，管、蔡、郕、霍、邢、衛、毛、聃、郜、雍、曹、滕、畢、原、酆、郇，皆謂魯爲宗國也。**深墨，甚黑色也。**禮：居喪垢面。《傳》曰：「肉食者無墨。」今吴王墨國勝乎？太子死乎？蓋憂慼則色墨，而居喪不肉食，是以深墨也。**倚廬。**以木倚堂側，而苫蓋以爲廬也。天子則加梁楣，謂之梁闇。

孟子至滕。《大事記》在周赧王之二年。**恭儉。**恭，「禮下」，世禄也。儉，「取民有制」，助法也。**夏后氏五十而貢，殷人七十而助。**《集注》之説雖明，而《語録》亦自疑之。古者田制，遂徑、溝畛、洫塗、澮道。凡水陸封樹，自禹「濬畎澮距川」以來，積世累代而後成，若商又變爲六百三十畝之區，周又變爲九百畝之井，則一時徑遂改易，固不甚難，而溝畛、洫塗，例須改作，大費民力，久而不定，何異王莽之改制？聖人作事，因民之利，必不如此。按：古者以平地爲田，其同溝共井者，無甚疆界，但各以畝數爲計。而古所謂畝者，又與今尖斜折方不同。古者六尺爲步，步百爲畝；所謂畝者，闊一步，長百步。古人重黍稷粱[一]菽，其所謂畝，即若今種豆麥者作田疄也。《詩》所謂「南東其畝」，謂田間作疄，向南向東，視水土之利也。古者中上既是平田，但止以田疄爲計。夏后氏之時，田未盡闢，又去古未遠，雖士大夫無不躬稼穡，受田者多，故每夫受田五十疄，比周一井則十八家受之，而自貢其什一。至殷人，則田已開闢，一夫受田七十疄，比周一井則十二家受之，而助耕公田六十疄。至周，則土田盡闢，而君子小人，又分在官者食公田之禄，工商不盡受田，惟農受田，故得以百畝爲限。「鄉遂用貢法，十夫有溝；都鄙用助法，八家同井」；而一夫各受田百疄，其廬舍則撥田之外，又共撥若干疄。三代可以例推也。**徹者，徹也。**下「徹」字讀作澈。經書凡以本字解本字者，上字是古書，下字是當時俗語。然又有一例，如「親之也者，親之也」，上字平聲，活字也；下字去聲，定字也。以此例推之。**助者，藉也。**子夜反，當讀爲借，去聲，北音皆然。但二字各有二音。如天子諸侯藉田，雖音集，而解謂借民力以終畝，則借字又本音，子亦反，入聲，以从人从昔諧聲也。今俗讀作去聲，誤爾。**龍子，古賢人。**不知其世，故但曰「古賢人」。《孟子》書兩舉其辭，惜其言論風旨不盡傳於世也。**莫不善於貢。**貢法之弊，亦夏之末造。聖人視時上下而取諸民，必不至此。**盻。**从目从兮者，氣出皃，蓋目有恨氣也。五禮反，《説文》作胡計反。《玉篇》吾計反，則讀如睨矣。俗誤作普莧反者，非。蓋盼[二]字不从兮而从分，謂目黑白分明也。《説文》亦作「辦」。**雨我公田。**周制：鄉遂用貢法，都鄙用助法。孟子不見典藉，但以《詩》推之。**序以習射爲義。**鄉射禮行于鄉序，蓋以射名其學爲序。射者，升序之堂，立于堂之序，謂當棟處也，向外而射，「序」「射」諧聲，故曰「序者，射也」。古者射以習容，正志直體觀德，故教法以射爲先于旅也，語就教以人倫之道。**爲王者師。**孟子嘗以王道告齊、梁之君。如滕文公爲井地，可謂能行王政矣，孟子不許之以王，而以王者師許之。蓋齊、梁之君皆萬乘之國，行王道而王也易。滕文公五十里之國，則雖行王道，而其王也難。但示王道之兆，爲王者師之法可耳。此聖賢至公之心，亦審時勢之論也。自此後又二十六年，周赧王之二十八年，而桀宋滅滕，齊、魏、楚又滅宋矣。文公之賢，可以爲王者師，賴《孟子》書而傳爾。又滕文公之時，所憂者在齊、楚，則桀宋來滅，非文公之世也。周雖后稷以來，舊爲諸侯。周自后稷始封于邰，字亦作斄，傳其子斄璽，至不窋遷于戎，至公劉避桀遷邠，至古公又遷岐，至文王而三分天下有其二，故曰「其命維新」。孟子雖引《文王》之詩，而止曰「亦以新子之國」，以滕之褊小，僅可自新其國而已。又井田乃周室舊制，而此方新子之國，蓋井法積壞已非一日，至此始復其舊，乃所以新之也。壤地褊小。上文「今滕，絶長補短，將五十里」，則是除山川、林麓、城郭而以田計也。以五十里之田，而分君子公田，小人私田，君子又有圭田，小人又有餘夫，似爲難給。然以方田法計之，方十里者爲方，一里者百，則是百井九百夫矣；方五十里者爲方，十里者二十五，則是二千五百井二萬二千五百夫矣，亦自不患于不給也。以此知戰國之時，諸大國若能修復井田，不爲園囿、宮室、污池以廢地，能行仁政以聚民，則田野不至于不給，人衆地大，不患于不可以行王政也。野九一而助，國中什一使自賦。孟子雖不見載籍之詳，而此二句與周制鄉遂用貢、都鄙用助之法合。國中自賦，則民無遠輸之勞；野九一而助，則鄉大夫食邑無過取之失。程子。未詳。公事畢，然後敢治私事。先公後私，即《詩》之雨公及私之意。《春秋傳》曰：「公田不善則非民，私田不善則非吏。」蓋民惟當先公，而吏則當恤民之私也。反是，則公議非之。潤澤。就中活法制宜，使行之優游甚便，不使有蹇澀難行之患也。

史遷所謂農家者流。太史公《六家指要》無農家。至班固《藝文志》分九流，始有農家者流。此《集注》未及改。

程子曰：許行所謂神農之言，乃後世稱述上古之事，失其義理者。叔子也。按：《漢書·藝文志》：「《神農》二十篇。六國時，諸子托之神農。」劉向云：「疑李悝、商君所説。」班固曰：「農家者流，蓋出于農稷之官。播百穀，勸耕桑，以足衣食。及鄙者爲之，以爲無所事聖王，欲使君臣并耕，誖上下之序。」陰陽、醫、方稱黄帝之説。黄帝使大撓作甲子，始迎日推策，故陰陽家者説時日吉凶，多推言黄帝。醫家亦推本黄帝、岐伯設爲問答之辭，傳述古語，雜以附會，然比之諸家，號爲精深。賢者與民并耕而食。《儀禮經傳通解》載神農之法曰：「丈夫丁壯而不耕，天下有受其饑者；婦人當年而不織，天下有受其寒者。故身自耕，妻親織，以爲天下先。」履祥按：神農之説，不過躬耕以先天下耳。而爲其言者，遂有與民并耕、饔飧而治之説，此《集注》所謂傳述而「失其義理」者。又按《路史》亦載神農之言曰：「士丁壯而不耕，則受其饑；女當年而不織，則當其寒。有餘不足，各歸其身。士力耕而女力織，力歸於上，而功被於下。歲餘十三，三年而成歲，三十年而國有十歲之儲，有以利下而不足以傷民。故天毀地凶，旱洪并作，而無入于溝壑乞丐者，時其時，以待天權也。是以年穀順成，衣食足而禮義興，姦邪不作，無制令而人從。」大略如此。《路史》又曰：「唐堯有言：『朕之比神農，猶昏之比朝旦也。而説者猶以爲夫負妻戴以有天下，是相率而爲僞者，惡足以言人道耶？』」五穀，稻、黍、稷、麥、菽。此用《周禮》九穀之數而五之也。舊説黍、稷、稻、粱〔三〕、秫，夫四穀皆有秫，安得獨出一穀？然古人重黍，次亦重粱，粱今粟也，其種亦多。當曰黍、稷、稻、粱、麥爾。益。即伯翳也。青、冀間以入爲去則曰翳，秦隴間以去爲入則曰益。《史記》引《書》《孟子》作益，而《秦紀》又出伯翳者，誤也。九河。名見《爾雅》。今滄州略有一二遺迹，然皆淪爲小海，不可一二復考矣。詳見《禹貢》《地理〔四〕》《古今注》。濟。字當作「泲」，出王屋山崖下，伏流地中，至孟州温縣湧出二源，是謂泲源。入河，復南出，爲滎澤，自爲一瀆，以東北入海。至王莽末，不復南出。而諸儒考之，謂伏流地中，隱見不常。今清河行其故道。漯。《史記》：禹釃二渠以殺河流，一謂泲，一謂漯也。古河北行，至今開德府漯受河流入海。西漢河徙，并行漯川；其後又徙，而漯亦涸矣。汝。出今河南梁縣天息山，至蔡州下入淮。漢。出今漢中利路之間西縣嶓冢山，東南流二千四百二十里至漢陽軍大別山入江。淮。出唐州桐柏山，千七百里至海州入海。泗。出襲慶府泰山，陪尾有泗源，南至下邳入淮。記者之誤。當是疏九河，瀹濟、漯，排淮、江而注之海，決汝、泗而注之淮，決漢而注之江。放。「上聲」，則作「倣」。謂倣是道而爲功，非有所作爲也。亦有作去聲者，則訓至訓大。則，法也。《論語集注》曰：「則，猶準也。惟天爲大，而堯之功德與之相準。」據此注，則堯法天之大，當以《注》爲是，而此未及改。有若似聖人。《史記》：「孔子既没，弟子思慕，有若狀似孔子，弟子相與共立爲師，師之如夫子時也。」事亦見《家語》。但二書所載，下文猥瑣，類小數末術〔五〕，前儒常非之。當以《孟子》所引曾子之言爲正。暴。《説文》：「从日，从出，从奴〔六〕，从米，晞也。」然《説文》作蒲報反，蓋古字四聲隨方言而讀，或去或入。今以去聲者，爲暴烈；以入聲者，爲暴晞：義亦相通。鴂。「博勞」，食母之惡鳥。此詩爲僖公之頌，孟子以周公言。王文憲常言：「《閟宫》之詩蓋有錯簡，當從《孟子》爲正。蓋第一節説姜嫄、后稷。第二節説太王、文、武。第三節當説周公之功，而今詩但説成王封周公之子，似逸一節；下文『公車千乘』，『戎狄是膺，荆舒是懲，則莫我敢承』，當是第三節言周公四征弗庭、伐淮踐奄之功，周無徐州，故淮夷爲荆州之界，而舒在今淮西也。第四節始及『王曰叔父』至『乃命魯公』。第五節方説『周公之孫，莊公之子』，方頌僖公。第六節説饗祀降福，而『俾爾』之祝，以類相從，已後皆祝頌之辭。如此，則孟子之時，詩未錯簡，而《孟子》所引，正是周公也。」不論精粗，使之同價。《周官》：「肆長陳其貨賄，名相近者相遠也，實相近者相邇也。」正欲精粗異價，不以大小同價。

滕文公下

招虞人以旌。周禮：析羽曰旌。古者無紙札文字之繁，但以所持之物爲信，漢初尚然。古禮招大夫以旌，虞人以皮冠。不至，將殺之。古者田獵所以講武，以軍法治之。不見皮冠，則失符驗之實；從大夫之旌，則爲犯分；軍中有令而不至，則不恭命，犯律尤重，此所以欲殺之也。虞人豈不知拒命必死，而非其招不往。既自守法，亦以正君。故夫子以「志士不忘在溝壑，勇士不忘喪其元」二句取之。此事《孟子》書凡兩出。又見《左氏傳》及《家語》，然二書記孔子取之之言，則曰「守道不如守官」。蓋守官即所以守道；今曰「守道不如守官」，則是道外有官，而官不必道也，此豈夫子之言？故此事只當以孟子之言爲正。大抵聖人之言，非智足以知聖人，鮮有傳之不差者。**不待其招而往。**《語録》曰：「答陳代曰：『不待招而往，何哉？』此以在他國而言；答景丑及答萬章曰：『天子不召師，而況諸侯！』此以在其國而言。」**如以利。**「利」之一字，門不可啓，漸不可長。一以利而枉小，其弊必至於以利而枉大。孟子此語，亦是拔本塞源。**王良。**善御馬者，趙簡子之御也。《左傳》作郵良，一名無恤。天駟星旁有王良星，其占王良策馬，車騎滿野，世以郵良善御，故自謂王良。**範我馳驅。**古之善御者，御驅逆之車，則挾轡使射者中禽之左脅，以達右髃，是爲上殺，以供祭祀，所謂「逐禽左」也。嬖奚小人，但欲苟中，不以禽左爲上殺，故用逐左之範而不中，詭隨而遇禽則中，此小人心術不正，苟且求中者也。**比。**當作毗志反，《集注》未及改。**枉己者，未有能直人者也。**斷在此句上。○此章入《要略》三之四。

公孫衍。即犀首也，魏之陰晋人。與張儀不善，離秦、魏之交而相魏，導義渠以伐秦，佩五國相印，爲約長。代張儀相魏，儀死，又入秦。秦王愛衍，且相之。爲甘茂所陷，後誅死。**張儀。**魏人。相秦伐魏，降蒲陽而復予之，因以説魏事秦。又出相魏，令魏先尊秦，而諸侯效之；魏不聽，陰使秦伐魏，魏乃倍從約而請成于秦。反，復相秦。秦欲伐齊，又使儀説楚絶齊，獻商於六百里。楚絶齊而秦不與地，楚怒，以黔中易張儀，欲殺之。儀至楚，又因靳尚以求解於楚姬鄭褏，又説楚事秦。去而遂之韓，説之事秦。歸報，封武信君。使東説齊，又説魏，北之燕，使事秦，所謂衡人也。及秦武王立，不説儀，諸侯皆叛衡，而儀又説武王東方有大變，然後王可以多得割地，聞齊甚憎儀，儀之所在，必興師伐之，于是之梁，而齊果伐梁，使秦以其間伐魏，後又陰使人解齊之兵，而卒相魏以死。**丈夫之冠。**「冠」恐當作「娶」字，與下「嫁」字對。按：《儀禮・士昏禮》：「父醮子，而命之曰：『往迎爾相。』」若冠，則賓醮而命之字，父不親命也。**往送之門。**「往」字作一讀。「送之門」者，按《儀禮》：「父送女命之曰：『戒之敬之，夙夜無違命。』母施衿結帨曰：『勉之敬之，夙夜無違宫事。』庶母及門内施鞶，申之以父母之命曰：『敬恭聽宗爾父母之言，夙夜無愆，視諸衿鞶。』」**以順爲正者，妾婦之道也。**儀、衍捭闔生事，而孟子獨謂其阿順，蓋順其主之慾而導之争，順其主之懼而導之從衡。凡不能以道義正其君者，皆妾婦之道也。《蘇氏古史》曰：「戰國之爲從衡者，皆傾危之士也，然而污賤無耻，莫如張儀，而其成功亦莫如儀之多。方儀之未信于楚也，辭而之晉，謂懷王曰：『王無求于晉國乎？』王曰：『金珠犀象，楚産也，吾何求於晉？』儀曰：『王獨不好色乎？周鄭之女，立于衢間，不知而見者以爲神也。』王説，資之珠玉而遣之。南后鄭襃聞而憂之，奉以千金。儀將行，謂王曰：『賜臣中飲。』謂王召于便習，王召鄭襃。儀見之，跪請罪，曰：『臣行天下，未嘗見人如此其美也，而儀言得美人，是欺王也。』王與襃大喜，而儀言得行。儀之所以求用者，其術至此，所以言信而功多也。」按：此節即媒嫗之術，所謂妾婦之道也歟！ **廣居。** 仁，《語録》以心言。 **正位。** 禮，以身言。 **大道。** 義，以施爲言。惟是心無私邪。無私則心體廣，即仁也；無邪則所立正，即禮也；故所行自無私邪偏曲，所以爲大道，即義也。然亦「惟集義、養氣方到此地位」。此三句是大丈夫之本，下三句乃其效。《語録》：「『威武不能屈』，以浩然之氣對着他，便能如此。」○此章入《要略》三之五。 **何叔京。** 名鎬，昭武人。自其父兑受程氏學于東平馬公伸，而叔京又從朱子學。官至潭州善化令，未上而卒，朱子銘其墓。

周霄，魏人。 《戰國策》作「周宵〔七〕」。 **《禮》曰。** 《注》文出《祭義》。 **又曰。** 出《王制》：「大夫士有田則祭，無田則薦。」祭則室中酌奠畢，又迎尸于堂以獻；薦則室中酌奠而已。 **妁，亦媒也。** 《孟子音義》曰：「媒氏酌二姓之可否，故曰妁。」

梓、匠，木工。 梓人，爲器用者，如《考工記》「爲飲器」「爲筍簴」「爲侯」之類，今俗所謂小木。匠人爲宫室國邑，《考工記》「建國」「營國」「爲溝洫〔八〕」之類，今俗所謂大木者。 **輪輿車工。** 周人尚輿，一器而功聚焉者車爲多。察車自輪始。輪人爲輪，專治圓曲；輿人專治直方，而總衆工。 **食工也。** 道之功大，工之功小。

宋王偃。 周顯王之四十年，宋公剔成爲弟偃所攻，出奔齊，而偃自立。至慎靚王三年，宋東敗齊，取五城，南敗楚，取地三百里，西敗魏，遂稱王。赧王二十九年，滅滕。則滅滕伐薛在後。**亳，葛。**并在南京，有亳城，有葛驛鎮。此段言湯之王政。**匪。**諧聲，从匸形，从非聲。今俗加竹。**玄黄。**古者上衣下裳，衣玄而裳黄，故幣帛皆以玄黄爲色。此段言武王之王政。**實不能行王政，爲齊所滅，走死。**按：宋有雀生鸇，史占之曰：「小而生巨，必霸天下。」康王喜，起兵滅滕，敗齊、楚、魏，取地數百里。乃愈自信其霸。欲霸之亟成，射天笞地，斬社稷而焚滅之，爲長夜之飲于室中，室中人呼萬歲，則堂上之人應之，堂下之人應之，門外之人又應之，至于國中，無敢不呼者，天下謂之桀宋。周赧王二十九年，齊湣王與魏、楚滅宋，三分其地，宋王偃奔魏，死于温。按《大事記》，則敗齊、楚、魏之兵在滅滕之前；按《通鑑》，則敗齊、楚、魏取地之事在滅滕之後。蓋事之前後已難詳考。《大事記》則皆附于稱王之年，而《通鑑》則總附于齊滅宋之年。又伐薛之事，其時薛已爲齊地，當即是敗齊之時爾。

段干木。《路史》曰：「段干，李姓邑也。初邑段，後邑干，因而氏。《風俗通注》乃以爲姓段，名干木，以《李氏春秋》[九]『干木光于德』與《魏都賦》『干木之德』誤之。」《幽通賦》「木偃息以蕃魏」爲得之，又《戰國策》有段干綸、段干越人，則段干，姓也。《吕氏春秋》曰：「段干木者，魏文侯敬之，過其廬而軾之，其僕曰：『段干木，布衣耳，而君軾其廬，不亦過乎？』文侯曰：『干木不趣俗役，懷君子之道，隱居窮巷，聲馳千里之外，未肯以己易寡人也。勢不如德尊，財不如義高，吾安敢不軾乎？』秦欲攻魏，司馬康曰：『段干木賢者，而魏禮之，天下皆聞，不可加兵。』秦君乃止。」

戴不勝、戴盈之。宋臣。疑皆戴公之後，故以爲氏。二人問答，計皆宋王偃欲霸天下之時。然以孟子之言觀之，則王偃實不能行王政，而群邪與處，遷善不力，可見之。

一治一亂，氣化盛衰，人事得失，反覆相尋。氣化有盛則必有衰，人事有得則必有失，此一治所以一亂也；氣衰則必復盛，人事失則必復變，此一亂所以一治也。惟聖人在上，則能以道御氣，以治制亂，此所以常盛常治而無衰亂也。古今言堯、舜者，皆曰極治之時，而不知帝堯乃善制亂之主。蓋帝堯治天下，泰和六十餘年，氣化可謂極盛，天下可謂極治矣。盛則必衰，惟其人事無致亂之因，故散而爲洪水之横流，是亦一亂矣；惟帝堯善于制亂，故水之爲災也，舉舜而敷治，舜舉禹、益、稷、契而天下平，所以處亂而不害其爲治也。**洚水。**《書》作「降水」，當从「洚」而音洪。**掘地，去壅塞。**《語録》嘗疑掘地之説，謂水高數尺已不可下手，何況滔天之水。亡父桐陽散翁解之云：「洪水滔天，多是潦降水生之時，而禹之疏鑿，則在泉縮水落之候。《集注》『掘去壅塞』，此爲得之。然亦有掘平地處，如兖州平土，當河轉之衝，故禹釃爲漯水，疏爲九河，亦爲平土汎濫，故掘地而使之歸港。震澤、三江亦然。如後世開渠泄水，則亦有之。其餘亦多是開鑿崖岸壅塞爾。」**夏太康、孔甲、履癸、商武乙之類。**太康者，禹之孫，盤游無度，爲羿所距，保還南夏。孔甲，桀七世祖，《國語》：「帝甲亂之，七世而殞。」履癸即桀也。商武乙者，武丁之孫，遊獵射天震死。**周公相武王，誅紂。**武王十三年伐紂。**伐奄，三年討其君。**伐奄乃周公相成王之時。奄君導武庚作亂，周公相成王，東征三年，伐淮，遂踐奄，遷其君于蒲姑。**飛廉。**按《史記》：「秦之祖中潏在西戎，生蜚廉，字處父。蜚廉生惡來。惡來多力而飛廉善走，父子俱以材力事殷紂。武王伐紂，并殺惡來。是時蜚廉爲紂造石槨於北方，還，無所報，爲壇霍太山而報，得石棺，死，遂葬霍太山。」《索隱》曰：「事蓋非實，譙周深所不信。」按：此當以孟子爲正。**滅國者五十。**按《周書》，戡黎在誅紂前。《逸周書》，誅紂之時，太公望伐方來。王遂禦循。呂他伐越戲方。侯來伐靡集於陳。柏弇伐衛。陳本伐磨。百韋伐宣方，禽之。新荒伐蜀。禽霍侯，俘艾佚侯。百韋伐厲。皆告馘俘。又周公相成王，踐奄之時，殺武庚，伐淮夷、徐戎。餘三十餘國，史傳不載，大抵皆紂同惡之國也。**驅虎、豹、犀、象。**按《史記》：「紂益收狗馬奇物；廣沙丘苑臺，多取野獸蜚鳥置其中。」故武王、周公驅而遠之。又韓子曰：「昔先王列山澤，網繩擉刃，以除蟲蛇惡物爲民害者，驅而出之四海之外。」則不獨是紂所蓄也。**有作之有，讀爲又。**按古文《尚書》「有」皆作「又」。**作《春秋》。**魯舊自有《春秋》。東遷之後，書法失周公制作典禮之意，善惡是非不明，雖弑逆之變，亦多不書其實。使爲人臣者不知此義，陷于弑逆之罪而不覺；爲人君者不知此義，前有譏而不見，後有賊而不知。故孔子因魯史之舊而修之，使是非褒貶昭然可見，因此而鑒戒明，亂臣賊子懼，致治之法，可垂萬世，故謂之作。**胡氏曰。**安國，字康侯，謚文定。因靳裁之聞程子之學，友事游、楊、謝三君子，以得程子之旨。後以《春秋》侍講，奉敕作《傳》，此段《傳序》也。**二百四十二年。**《春秋》起隱公元年己未之歲，止哀公十四年庚申，凡二百四十二年。**處士横議。**上失其道，世教不明，故人人自爲異説。朱子亦謂異端之起，本是隱君子自爲一説，而其流遂横流于天下後世。**楊朱。**老子弟子，字子居。其書不傳，而列子、莊子多舉其語。蓋楊朱親傳老子之學，至于列子又再傳，莊子又三傳。其時老子之言簡質，戰國好文，故其言未播。《列子》之書未行，《莊子》之書未著，故當時惟楊朱之言盈天下，孟子闢楊即闢老、莊也。**墨翟。**《史記》曰：「宋之大夫。或曰并孔子時，或曰在其後。」《索隱》曰：「按：《別録》云〔一〇〕：『《墨子》書有文子問于墨子。文子，子夏之弟子。』如此，則墨子者在七十子之後者也。」《漢書·藝文志》：「《墨子》七十一篇。」**天下之言，不歸楊，則歸墨。**按：《莊子》書亦盛言楊、墨之辨，如曰「鉗楊、墨之口，攘棄仁義」，謂楊、墨所言仁義也。然莊子與楊朱同師同道，故多偏言儒、墨之是非；又云儒、墨之辨，以墨對儒，且云當時有鄭緩爲儒，而弟爲墨，十年而其父母右墨，緩以死爭。今按孟子之時，邪説詖行甚多，大率不出楊、墨二家之説。如楊朱之説，則莊、列其尤著。凡莊子所稱之人，皆宗楊朱之徒也。太史公亦謂申、韓之慘刻少恩，「皆原於道德之意」。蓋其爲我而無情，不屑世故，一切芻狗視之，故殘忍而不恤也。若陳仲子之孑介自取，無親戚君臣上下，許行不知上下相資養之道，白圭之貊道，皆是説也。至於墨翟自謂〔一一〕有弟子禽滑釐等三百人。莊子亦云「相里勤之弟子五侯之徒，南方之墨者苦獲、己齒、鄧陵子之屬，俱稱《墨經》，相謂別墨」；又宋牼「禁攻寢兵，救世之戰。周行天下，上説下教，强聒不舍」。荀子舉宋牼與墨翟并言。若公孫龍堅白異同之辯，莊子亦舉而歸之墨翟、禽滑釐之流。淳于髡雖學無所主，而慕晏嬰，是亦墨也。又荀子亦言慎、墨、季、惠四家，而季乃楊朱之友，儀、秦之棄親戚而遊諸侯，亦云救世之戰，蓋宋牼之類，但其設心反覆，以取世資，此又其最下者。以此知孟子謂「天下之言，不歸楊，則歸墨」，是當時異端邪説，不出此二家之流也。**楊氏爲我。**「楊子取爲我」。蓋其初聞老子「睢睢盱盱」

之戒，而一切收斂；又慕伯成子高之爲人，「不以一毫利物」，必其愛身獨善，而不肯役于世。若人人如此，則人君將誰與治天下乎？是無君也。**墨氏兼愛。**其書曰：「若皆法其父母奚若？天下之爲父母者衆，而仁者寡，若皆法其父母，此法不仁也。皆法其學、法其君，亦然。莫若法天。天之行廣而無私，其施厚而不德，其明久而不衰，故聖人法之。既以天爲法，天何欲何惡者？天必欲人之相愛相利，而不欲人之相惡相賊也。奚以知之？以其兼而愛之、兼而利之也。奚以知之？以其兼而有之、兼而食之也。」又曰：「昔三代聖王堯、舜、禹、湯、文、武，其爲政乎天下也，兼而愛之，從而利之，又率天下之萬民以上尊天事鬼，愛利萬民。」按：此即所謂墨氏兼愛疑于仁，故其口相傳授，皆「以爲愛無差等」。又荀子亦譏其「大儉約而僈差等，曾不足以容辨異、縣君臣」也。夫聖人豈不欲舉天下之人兼而愛之？顧有所不給也。故必急于親賢，其立爲親親之殺、尊賢之等者，蓋廣而充之，所以愛天下也。今夫視天下之人，猶吾父母親戚，奚不可也？而于吾父母親戚亦無異于天下之人，則不可之大者。此所以欲厚待天下之人，而不免反薄其親，所以卒至于「無父」也。况其爲法，「生不歌，死無服」，則所以「儉其親」者，從可知矣。儉于其親而尚何及人哉？此孟子論二氏之害，其極至于「無父無君」，而不免陷于「禽獸」也。**大亂將起。**《集注》述「大亂將起」一句，方見大意。孟子之言，雖充類至義之盡，然不考其實，則疑于過。蓋其時異端邪説并行，仁義不著，所以爲戰國之亂，卒至于亡秦而極，生民之類麋滅幾盡，甚于「率獸食人」之禍。孟子之言，豈不信哉？**楊、墨之害，自是滅息。**楊子書不傳于世，必因孟子闢之，而書遂廢，然《列》《莊子》書多其意也。《漢・藝文志》：「《墨子》七十一篇。」今存者十三篇，然多膚淺，或出附會。《莊子》載其《非樂》《稱道》二篇之略，今書無之。楊子雲曰：「古者楊、墨塞路，孟子辭而闢之，廓如也。」則二書之不存，孟子之功也。**程子。**伯子。**楊、墨之害，甚於申、韓。**楊氏出于老子，申、韓亦出于老子。太史公曰：「申子卑卑；韓子引繩墨，切事情，其極慘礉少恩；皆原於道德之意。」孟子闢楊氏之爲我，是斥少恩之原。**佛氏之害，過於楊、墨。**佛氏寂滅類楊，而禪定立脱之説過之；慈悲普施類墨，而平等無生之説過之。蓋兼「無父無君」之教，而資「率獸食人」之禍者，所以其害爲尤甚。元魏以塔廟竭天下之財而亡，梁以奉佛舍身而亡，隋以道場，唐以迎佛復寺，五季奉佛飯僧，皆無補于亡。南唐以混茫無生之説亡其國。生民之禍，可爲日積。爲君臣者，或溺于佛而不自知，或以取亡者未盡佛之道，或置亂亡度外而終以佛爲依歸，胡不即己事觀之，以爲深戒耶？○此章入《要略》五之十。朱子曰：「諸聖賢遭時之變，各行其道，是這般時節；其所以正救之者，是這般樣子。恰似天地有缺罅處，得聖賢出來，補得周旋；後過得稍久，又不免有缺，又得聖賢出來補。這見得聖賢是甚力量！」

匡章。詳見後篇。陳仲子下文齊之世家。蓋陳氏自成子得政于齊，田和遂有齊國，則陳氏在戰國時，乃齊之公族世家也。伯夷。詳見《論語注》下。盜跖。《莊子·盜跖》篇曰：「盜跖從卒九千人，横行天下，侵暴諸侯，穴室樞户，驅人牛馬，取人婦女，貪得忘親，不顧父母兄弟，不祭先祖。所過之邑，大國守城，小國入保，萬民苦之。」按《莊子》所説雖詳，而以爲柳下惠之弟，又與孔子同時，其説遂不可據。《注》亦自疑之，又引《漢書》云秦之大盜，則又在孟子之後。當是秦國人之爲盜者爾。然《盜跖》篇後人所托，决不可信。

【校記】

〔一〕粱：底本作「梁」，據庫本改。

〔二〕盼：底本作「昐」。據庫本改。

〔三〕粱：底本作「梁」。據庫本、胡本改。

〔四〕地理：頗疑此處「地理」當作「地理志」，爲《漢書·地理志》之簡稱。

〔五〕末術：底本作「未述」。據庫本改。

〔六〕从奴：諸本皆作「從大」。按：《説文》作「从奴」。據改。

〔七〕宵：底本作「霄」，據《戰國策·魏二》改。

〔八〕洫：底本作「恤」，據庫本、胡本改。

〔九〕李氏春秋：諸本皆同。疑當作《呂氏春秋》。

〔一〇〕云：諸本皆作「亡」，據《史記》改。

〔一一〕自謂：諸本皆作「自爲」。據文意改。

孟子集注考證卷之四

離婁上

離婁。《莊子》云：「離朱之〔一〕目。」司馬云：「離朱，黄帝時人，百步見秋毫，一云見千里針鋒。《孟子》作『離婁』。」按：婁朱古聲雙疊，如邾謂之朱婁，故離朱又謂之離婁。公輸子。魯巧人公輸班，《禮記》作「般」。師曠。晉平公樂師，字子野。程子。伯子。規矩準繩。權與物鈞而生衡，衡運生規，規圓生矩，矩方生繩，繩直生準，準正生平。蓋衡運生規，規所以爲圓；四折其圓，則取方而生矩，矩所以爲方也；方則直而生繩，繩所以爲直也；懸繩以爲準，準從衡平，爲準所以取平也。鄒氏。此章惟鄒道卿分書明，故《集注》專取之。○右首章入《要略》四之六。此章以仁心、法度對言。「明」「巧」「聰」「道」者，心也；「規矩」「六律」「仁政」者，法也。「仁心仁聞」者，心也；「先王之道」者，法也。「善」，心也；「政」「先王之法」，法也。「目力」「耳力」「心思」者，心也；「規矩準繩」「不忍人之政」者，法也。「不仁」者，無仁心也；無「道揆」「法守」者，無法度也。自「仁者宜在高位」以下則兼言君臣矣。自「《詩》曰」以下則又專言臣也：「泄泄」者，臣無仁心也；無禮義、「非先王之道」者，臣無法度也；「恭」者，尊君之意，期望遠大，敢謂凡主，此尊君也；「敬」者，謹密之意，陳善閉邪，每事不苟，此敬君也。王文憲曰：「『責難』是先立一個大志，下句是仔細點檢，即是責難工夫也。」

惡謚。謚法：殺戮無辜曰厲，壅遏不通曰幽，捐位亂常曰幽。○此章入《要略》四之七。

行有不得，反求諸己。《白鹿洞學規》以爲接物之要。○此章人《要略》一之二十七。

巨室。呂成公曰：「古者理會封建，次則理會大家。」麥丘邑人。《新序》曰：「齊桓公田至于麥丘，見麥丘邑人，問之：『子何爲者？』對曰：『麥丘邑人也。』公曰：『年幾何？』對曰：『八十有三矣。』公曰：『美哉壽乎！子其以子之壽祝寡人壽。』麥丘邑人曰：『祝主君，使主君甚壽，金玉是賤，人爲寶。』公曰：『善哉！至德不孤，善言必再，吾子其復之。』麥丘邑人曰：『祝主君，使主君無羞學，無惡下問，賢者在旁，諫者得人。』公曰：『善哉！至德不孤，善言必三，吾子又復之。』麥丘邑人曰：『祝主君，使主君無得罪于群臣百姓。』桓公怫然作色曰：『吾聞之，子得罪于父，臣得罪于君，未嘗聞君得罪于臣者也。此一言者，非夫二言者之匹也，子更之。』麥丘邑人坐拜而起曰：『此一言者，夫二言之長也。子得罪于父，可以因姑姊叔父而解之，父能赦之；臣得罪于君，可以因便辟左右而謝之，君能赦之。昔桀得罪于湯，紂得罪于武王，此則君之得罪於臣者也，莫爲謝，至今不赦。』公曰：『善！賴國家之福，社稷之靈，使寡人得吾子于此。』扶而載之，自御以歸，禮之于朝，封之以麥丘，而訪政焉。」裴度。唐晋國公，知政事。元和十三年，憲宗以淮西既平，浸驕侈。皇甫鎛、程异曉[二]上意，數進羨餘，以供其費。憲宗以二人同平章事。裴度求退，不許，復上疏云云。韓弘輿疾討賊。唐宣武節度使。朝廷討淮西，命弘都統諸軍，詔毋自行以遏北寇。弘請使其子公武以兵會討蔡，及朝廷討李師道，弘以兵東下。承宗斂手削地。成德節度使王士真死，承宗襲總軍務以請。吐突承璀請兵討之，戰屢敗，命四面藩鎮各進兵招討。王承宗遣使自陳，請自新。裴垍請戮承璀，乃罷中尉，尋出之。武元衡之被刺，上疑承宗，既而捕賊，知非其罪，不治。淮西平，韓愈用柏耆之策，請裴度書喻之，承宗請獻德、棣二州，以二子質京師。

「天下」章。程子。叔子。不可爲衆，猶所謂難爲兄難爲弟。《世説新語·德行》篇曰：「陳元方子長文有英才，與季方子孝先各論其父功德，争之不能決，咨于太丘。太丘曰：『元方難爲兄，季方難爲弟。』」按：太丘陳寔，字仲弓，爲太丘長。其子紀字元方，諶字季方。元方有季方之弟，則未易爲兄；季方有元方之兄，則未易爲弟。《集注》引「難爲」字以證「不可爲」字，謂與仁者爲敵，難爲衆力也。

滄浪，水名。《楚辭集注》曰：「滄浪即漢水下流，見《禹貢》。」按《禹貢》：「嶓冢導漾，東流爲漢，又東，爲滄浪之水。」今均州漢水中有滄浪洲〔三〕，是其證也。《滄浪之歌》乃是荆楚間風謡之舊，故屈原《漁父辭》亦有此歌，但「我」字作「吾」。《圖經》謂夫子自葉之漢，而聞《孺子之歌》。今鼎州又自有滄浪水，乃屈原答漁父處，其地不同，歌辭則一，而取義又各不同。夫子言水之清濁，則有濯纓、濯足貴賤之異，此其自取也。屈原所引，則謂清者自清，濁者自濁，故各有所用而不相通。要其用處，亦不出夫子之意。○此章入《要略》一之三十五。

鼂錯所謂。鼂錯，漢潁川人。爲景帝御史大夫。此數句是《賢良對策》中語。錯自刑名之學，此數句偶合爾。然于孝文時曾上納粟、備邊、拜爵、除罪之策，文、景遂致富庶，賜租之治，亦受行其説矣。**爲湯武敺民。**言桀、紂以暴失民，湯、武以仁得民。民畏桀、紂之暴，故歸湯、武之仁，是桀、紂爲湯、武敺民以來。猶魚畏獺，故投于深淵；鳥畏鸇，故投于叢林。是獺爲淵敺魚以入，鸇爲叢敺鳥〔四〕以來也。

言非禮義。「非，猶毁也」。此字重讀。**程子曰。**《伊川易傳·革卦》上六傳文。○此章入《要略》一之三十三。

「道在邇」章。入《要略》二之十。

「獲上信友」章。《集注》《中庸章句》文有不同。《集注》爲明切，《中庸》又密備。《集注》爲下學，《中庸》兼上達。**亦與《大學》相表裏。**「格物」「致知」乃明善之要，其「誠意」「正心」「修身」乃誠身之謂，推之齊、治，則順親、信友、獲上在其中。

北海之濱。伯夷，孤竹君之長子。孤竹國在遼西令支縣。中國去北海甚遠，但以遼海爲北海。**太公。**《史記》：「太公吕尚者，東海上人。嘗事紂。紂無道，去之，隱海濱。聞西伯賢，又善養老，盍往焉？西伯出獵，果遇太公于渭之陽，與語大悅，曰：『自吾太公，望子久矣。』號之曰『太公望』，載以俱歸，立爲師。」

善戰，如孫臏、吳起之徒。詳《注・序説》。連結諸侯，如蘇秦、張儀之類。蘇秦，洛陽人。説六國合從，遂佩六國相印。張儀詳見前篇。○按：戰國游士，説六國南北相結則曰合從，説六國西面事秦則曰連衡。司馬温公曰：「合從者，六國之利也。」夫孟子言交鄰之道，則合從相維，未必不然，但連衡事秦，實不可以爲國，故孟子止定「連諸侯者」之罪，《集注》并及蘇秦爾。豈以蘇秦亦初説秦惠王以連諸侯之策不用，而後説六國以從，故當時有反覆之譏，此所以舉儀、秦而并言與？李悝盡地力。按《前漢》、《晉志》〔五〕、杜佑《通典》：「李悝爲魏文侯作盡地力之教，以爲地方百里，提封九萬頃，除山澤邑居三分去一，爲田六百萬畝。治田勤謹，則畝益三斗，不勤則損亦如之。地方百里之增減，輒爲粟百八十萬石。」按李悝之法，乃是盡民力以求多粟而增其賦，此法商鞅實受之，其後遂開阡陌矣。商鞅開阡陌。朱文公《阡陌辨》曰：「陌之爲言百也，遂洫從而徑塗亦從，則遂間百畝，洫間百夫，而徑塗爲陌矣。阡之爲言千也，溝澮横而畛道亦横，則溝間千畝，澮間千夫，而畛道爲阡矣。阡陌之名，由此而得。遂廣二尺，溝四尺，洫八尺，澮二尋，則丈有六尺矣。徑容牛馬，畛容大車，涂容乘車一軌，道二軌，路三軌，則幾二丈矣。此其水陸占地，不得爲田者，先王所以正經界、止侵争、時蓄泄、備水旱，爲永久之計。商君以刻薄之心，行苟且之政，但見田爲阡陌所束〔六〕，而耕者限于百畝，則病其人力之不盡，但見阡陌之占地太廣，而不得爲田者多，則病其地力之有遺；世衰法壞，或歸授不免有煩擾欺隱之姦，又必有陰據自私而税不入于公上者。是以一旦奮然不顧，盡開阡陌，悉除禁限，聽民兼并買賣，以盡人力；墾開棄地，悉爲田疇，而不使有尺寸之遺，以盡地利；使民有田即爲永業，而不復歸授，以絶煩擾欺隱之姦；使地皆爲田，田皆足税，以覈陰據自私之幸。而千古聖賢傳授精微之意，于此盡矣。」

淳于髡。《史記》曰：「齊人也。博聞强記，學無所主。其諫説，慕晏嬰之爲人，而承意觀色爲務。」又入《滑稽傳》。

授。丞又反。受。植酉反。《禮記》曰：「嫂叔不親授。」又曰：「唯喪與祭，得相授受。其授之，則以篚。無篚，則皆坐奠之，而後取之。」

「教子」章。正身擇師，君子之所以教子也。

曾晳，名點。《史記》「點」作「蒧」。程子。叔子。王文憲曰：「此章三『必』字要思量。」〇此章入《要略》一之三。

人不足與適。朱子曰：「二語當急讀過，與『言不必信』一般，不可作斷句。『惟大人爲能格君心之非』方是斷句。」王文憲曰：「此是點讀正反之法。」程子。叔子。孟子三見齊王而不言事。《荀子·大略》篇曰：「孟子三見宣王不言事。門人曰：『曷爲三遇齊王而不言事？』孟子曰：『我先攻其邪心。』」〇此章入《要略》四之五。

王勉。建陽人。《集注》王氏多介父之説，故王勉獨著名。

「樂正子」章。王文憲曰：「王驩從孟子出弔，是欲借重於孟子；孟子不與之言，是待小人之嚴。樂正子之從子敖，是失身也；孟子不責其失身，而責其『徒餔啜』者，度其心止欲藉其資糧輿馬來見孟子爾。」

舜不告。事見《萬章》篇。程子曰：「堯以君命治之也。」

仁、義之實。文公嘗與呂成公言：「『實』字有對『名』而言者，謂名實之實；有對『理』而言者，謂事實之實；有對『華』而言者，謂華實之實。蓋仁之實不過『事親』，義之實則是『從兄』，推廣之，愛人利物，忠君弟長，乃是仁義之華采。」履祥按：此「實」當作文實之實。事親從兄者，仁義之實；而推之仁民利物，忠君弟長，則皆仁義之文。王文憲曰：「此『實』是根本精實，非可以對虛對僞而言。」智之實，知斯二者弗去是也。《集注》「見之明」「守之固」二句精密。按：智本訓知，而屬貞屬藏，所以兼有弗去之意。四端每端皆含兩意，則智字以所知之事言之，則有是有非；以知之在内言之，則含知與守。王文憲曰：「要緊在『知斯二者弗去』一句上。『弗去』則無間斷，所以能『樂則生』矣。」〇此章入《要略》二之一。

李氏。延平先生，名侗，字愿中，謚文靖。師事羅豫章。羅仲素。豫章先生，名從彥，字仲素，謚文質。了翁。

陳忠肅，名瓘，字瑩中。尊事龜山楊公，仲素則龜山門人，故其言語相聞。此語收入小學之書。○此章入《要略》二之四。

離婁下

諸馮。在河中府河東縣，其地有姚墟。負夏。衛地。史及雜書云：「舜敗于頓丘，就時于負夏。」鳴條。在今解州，乃湯與桀戰處。《史記》皆云舜崩于蒼梧之野，因葬焉。今道州九疑是也。此云鳴條，恐古地有二名爾。東方夷服之地。舜有虞之國，在今河中府，舜井尚在。歷山、雷水皆在河中之境。而古今又多傳齊州有歷山，濮州有雷澤，曹州有陶丘，皆舜舊隱，是云東夷之人。又會稽上虞，世俗亦云舜所居，此或因孟子之言而附會之歟？按舜爲父母所逐，負販就時，多在東方之地，故云東夷之人爾。或云東夷、西夷，猶俗言東邊、西邊。岐周。周自古公遷于岐山之下，周原古號岐周，在今鳳翔。畢郢。畢在豐西南，文王所葬。郢，《逸周書》作「程」，謂文王嘗宅程，及伐崇，遂「作邑于豐」，在今京兆。符節。《周禮·掌節》：「門關用符節。」《集注》：「篆刻文字而中分之，彼此各藏其半，有故則左右合以爲信。」此即所以符其節，則藏符于中而執之以爲表者。此章言前聖後聖相去雖遠，及其行政化於天下，凡事莫不止于至善。以此理量度之，無一毫不同者。

溱、洧，二水名。在今鄭州。《語録》云：「即汜水，在虎牢之下，故虎牢名汜水關，鄭子產以乘輿濟人處。聞人務德以爲，此水其下皆沙，深不可施梁柱，淺不可徒涉，恐難以乘輿濟。然此類不必深考。」履祥按：古今地名不同，圖經流傳亦異，二水源流亦長，《詩》「褰裳涉溱」「褰裳涉洧」，則二水亦小，可以徒涉，但或冬寒病涉，子產偶見之，以乘輿濟之爾。觀下文言「十一月」「十二月」可見，又「徒杠」「輿梁」，字皆从木，不過秋冬間作木橋耳，固不患水之深淺。子產相鄭，「使都鄙有章，上下有服；田有封洫，廬井有伍」，不可謂無政，但于橋道一節，偶有未修舉處，見有病涉者，因以乘輿濟之，小人無知，誼傳慈惠，故孟子因此一事以明爲政之體。《夏令》曰：「九月除道，十月成梁。」先王之道，至春秋戰國，皆成廢墜。讀此章，當知先王之制與爲政之體，諸葛武侯治國，橋道傳舍無不修治，此足爲法矣。諸葛武侯。葛氏本出諸縣，後徙琅邪，其地自有葛氏，故自諸而遷者稱爲諸葛以別之。至諸葛亮，字孔明，官至丞相，封武鄉侯，謚忠武，後人獨稱武侯。治世以大德，不以小惠。《續後漢書》曰：「亮爲相十四年，才兩赦。或言太惜赦者，亮曰：『治世以大德，不以小惠。』」

《儀禮》曰。《儀禮·喪服》篇曰：「齊衰三月。爲舊君者，孰謂也？仕焉而已者也。何以服齊衰三月也？言與民同也。」「大夫爲舊君。傳曰：大夫爲舊君，何以服齊衰三月也？言與民同也。大夫去，君歸其宗廟，故服齊衰三月也，言與民同也。何大夫之謂乎？言其以道去君，而猶未絶也。」《注》謂「三諫不從，待放于郊。未絶者，謂爵禄有列于朝，出入有詔于國。」潘興嗣。字延之，號清逸。嘗從濂溪遊，曾子固亦在，事見《謝溪堂文集·清逸墓誌》。

非禮之禮。非禮之禮，如就位而「與右師言」，不待招而「見諸侯」，與世俗之繁文，趨時之謬敬，異端之儀制，進退拜跪之不典，皆是；非義之義，如陳仲子之廉，楊朱之取爲我，鄉原之善，儀、衍之大丈夫，遊俠之義氣，聶政、荆軻之許人以死，皆是。《集注》「察理不精」，乃一章之要旨。事不察則蔽，察不精則差，所以有非禮義之禮義。隨事順理，則無非禮之禮；因時處宜，則無非義之義。

「有不爲」章。程子。叔子。〇入《要略》三之十九。

「已甚」章。《要略》五之六。

信。果。文公云：「此二語不可作句，至『惟義所在』方是斷句。」

「大人」章。《要略》一之十九。

必誠必信。《禮記》曰：「喪三日而殯，凡附于身者，必誠必信，勿之有悔焉耳矣。三月而葬，凡附于棺者，必誠必信，勿之有悔焉耳矣。」

深造之以道。王文憲曰：「深造不作已到説，『之以』兩字不可作助語打過。」道，則其進爲之方。語本趙《注》。朱子初疑此句未甚安，却是循道以進耳，而今《集注》從之，蓋有意也。『深造』如一步進一步，一節進一節；『以道』如循序而漸進，熟讀而精思。後篇「不成章不達」，意可兼看。資，猶藉也。資如蓄積之資，《集注》訓作「藉」，則如資助之資、資給之資，蓋與「取」字相應。惟資藉之者深厚，故取用之者不竭。程子曰。前伯子，後取叔子意足之。此章最難看，惟程子得其意，然止説上一句，而下三句在其中。蓋上一句是本，下三句是效。大抵無淺易輕浮之失，無陵躐强探之病，有循序漸進之功，故可以自得之；自得之，則無安排布置之勞，無生澀杌隉〔七〕之患，有存養久熟之功，故居之安；居之安，則有寬裕深長之氣，有悠遠博厚之積，故資之深；有資藉深遠之豫，故有取用不竭之功，隨其所值，無不得其至善之所在也。〇又程伯子答横渠一段可以反證，曰：「所論大槩，有苦心竭力之象，而無寬裕温厚之氣，非明睿所照而考索至此，故意屢偏而言多窒，小出入時有之。」學者以此反證，可以約見此章之意。〇此章入《要略》一之二十三。

言無實。《集注》兼舉二義，皆非定説。雖凡例以前説爲長，然如後説，則兩「實」字當作一本一效。蔽賢者以正爲邪，以善爲惡，此言之無實者也；言無實者不祥，故不祥之實禍，亦惟蔽賢者當之。蓋文字中凡説不祥，便是凶禍，又「當之」二字，亦可見語意。與「始作俑者，其無後乎」同。

舍，上聲。《楚辭集注》，朱子晚年之作，謂「舍」字當作去聲，「止息也。『不舍晝夜』謂曉夕不息爾，作『捨』者非」。今《語孟集注》皆作上聲，蓋未及改也。

幾希。幾微希小也者。讀「幾希」句，猶云人之所以異於禽獸者只些子耳。「存」，見存此些子；「去」，即失之。文勢多以此二字爲反結語，非《孟子》文意，後篇「平旦之氣」，文意亦然。不知此。二「知」字補所以去、所以存之故。本下文明「察」字。戰兢惕厲。此四字補意尤緊，亦從「幾希」字來，只争些子，才不存之即去，去即同于禽獸，所以戰兢惕厲，惟恐失之也。舜。「存之者，君子也。存者，聖人也。」聖人「不待存之」，由其明察于中，自然安行于外。察，如文理密察之察。

○此章入《要略》一之三。

《戰國策》。梁王魏嬰觴諸侯于范臺。酒酣，請魯君舉觴。魯君興，避席擇言，曰：「昔者帝女令儀狄作酒而美，進之禹。禹飲而甘之，遂疏儀狄，絶旨酒，曰：『後世必有以酒亡國者。』」事見《魏卷二》。執，守而不失。恐與「子莫執中」之「執」似，故特出此字義。《語録》曰：「湯只是要事事恰好，無過不及而已。」而，讀爲如。詳見《或問》。《詩》中用「而」字結語者，皆是如字意。「偏其反而」，謂華偏翻如也；「室是遠而」，謂人之遠如也。諸詩多如此。泄，狎也。「狎」字訓「泄」，與「褻」字同，然只作本訓亦可。蓋泄者，有餘溢漏之意。謂武王不以在邇而溢，不以在遠而遺。《語録》又曰：「泄兼有狎侮、忽略之意。」周公思兼三王，以施四事。《語録》：「恐是周公自有此語。」按：如此，則上四條亦必周公歷述之也。承上章。通上章言舜，因歷舉三王、周公；通下章言孔子，而又自言私淑。皆似一時之言，與末卷末章意同。程子曰。叔子。○此章入《要略》五之二。聖人則一，其時其事，其作用之迹，與其警省之辭，又各有可見處。故周公、孟子各因一事而言禹之好惡，湯之中公，文、武之不間不已，則學聖人者有可用力處。

晋之乘。當作「晋楚之史」，與《春秋》并立，故《左氏春秋傳》于晋、楚之事最詳，以其有可參考也。桓、文爲盛。齊桓之霸在魯莊、閔、僖之時，晋文之霸在僖公之世，而此云《春秋》皆桓、文之事。蓋五霸，桓公爲盛，其後諸霸，不過襲其迹而爲之；晋文之霸，子孫繼其事，世主夏盟，至春秋末始衰。故霸主雖不一，而其事則皆桓、文之事耳。《公羊傳》。公羊高作。**筆則筆，削則削，游、夏不能贊一辭。**見《史記・孔子世家》。

君子之澤。四句必古語俗諺，孟子引之，以言孔子之世未遠，流風餘韻多在，故我雖未及登門，而尚得竊有所聞于人以自淑也。

傷惠。傷勇。吴伯豐問：「取之傷廉，不難於擇矣。若可與不可與、可死不可死之間，不幸擇之不精者，與其吝嗇寧過予，與其偷生寧就死，在學者則當平日竭其窮理之功，庶于取舍、生死不難於精擇也。」朱子曰：「此意極好。但孟子之意，却是恐人過予而輕死也。」履祥竊意戰國之世，豪俠之習勝，多輕施結客，若四豪之類是也；刺客輕生，若聶政之類是也。一時風聲氣習，大率如此。故孟子爲當時之戒，有「傷惠」「傷勇」之説；使如後世吝予偷生之習勝，則孟子之戒又須別矣。如後篇「舍生取義」章，不難舍生，但欲合義耳。

有窮。國號，羿其名。《左氏》：「后羿，遷於窮石。」或云即張掖窮石山，弱水所出，在今甘州。此説不然，當是并、冀間地。**逄蒙，羿家衆。**《左氏傳》：羿歸自田，家衆殺之。蓋寒浞行媚于内，而娱羿于田，使家衆殺之，逄蒙其人也。《荀子》作「逄門」。**尹公佗。**事又見《左氏傳》襄公十四年，與此不同。**事皆無足論。**逄蒙以賊殺賊，庾斯以私廢公，孟子特因射事取友一端以爲監戒耳。

西子。西施也。越地有東施，有西施。范蠡爲越王勾踐求西施氏美女，以賂吴王夫差，遂以亡吴。范蠡終自取之，泛湖而去。

言性，則故而已矣。程子謂此章「爲智而發」。王文憲曰：「此章本説智，是從原頭説來。『則』字非語助，有不足之意。性最難名狀，故天下言性者，止説得『故而已矣』，如言乃若其情，情是已發見者，即性之故也。」**利。**順便之謂。《集注》訓「自然之勢」，尤妙。王文憲曰：「『故』或有順有否。順者是本，所謂自然之勢也。」**天之高也。**周天三百六十五度四分度之一，圓者圍三徑一，則徑一百二十二度少四分度之三。天包地外，地面正當天中，則自地面徑天面六十一度少也。星辰之遠也。此星指五緯。辰指二十八宿之次，十二辰也。求其故。王文憲曰：「此一『故』字，最證得已然之迹分明。」日至之度。周天三百六十五度四分度之一日，日行一度，則周歲三百六十五日零三時也。五日一候，三候一氣，二十四氣爲一歲，則爲日三百六十。以天有五度四分度之一，則日有五日三時，故三候十五日爲一氣，率餘七分，積三十二分而增一日，此自可以計千歲之日至。但氣本起于度，故曰日至之度。然日至之度，亦有歲差，故氣與度古今不同。如堯冬至日在虛，周冬至日在牽牛，宋冬至日在斗初，此歲差也。既有歲差，則冬至之度，似不可定推。然言天者，以前所差之故而推後所差之準，則千歲之日至可坐而致也。致謂筭得來也。求其故者，謂推千歲已前之日至也；千歲之日至可坐而致者，謂推已後之日至也。造曆者以上古十一月甲子朔夜半冬至爲曆元。《漢律歷志》云：「上元太初四千六百一十七歲，至漢元封七年，復得閼逢攝提格之歲，仲冬十一月甲子朔旦冬至。」「於是改元封七年爲太初元年。」按曆家以十有九歲七閏爲一章之數，則氣朔分齊，積二十七章爲一會，三會爲統，三統爲元，凡四千六百一十七年，則氣朔日月之運皆齊，故元封七年大餘小餘皆無。大餘謂日餘分也，小餘謂月餘分也。蓋一元之數，則日月并無餘分，曆又再起元首。程子。叔子。

《周禮》，職喪。《周禮》春官宗伯之屬有「職喪，上士二人，中士四人，下士八人」，「掌諸侯及卿、大夫、士凡有爵者之喪，以國之喪禮，涖其禁令，序其事」，「凡國有司以王命有事焉，則詔贊主人。凡公有司之所共，職喪令之。」按：古者有爵之喪，皆職喪涖之，故皆合典禮，不若後世國異家殊，而委巷之禮，浮屠之法，莫之或正也。凡有司之所涖，則事屬朝廷，故謂之朝廷，猶漢言縣官，俗言官府也。

存心。此存心猶言處心，與上文「存之」、後篇「存其心」不同。由與猶同。古書「由」「猷」「猶」并作「繇」。○此章入《要略》一之二十六。

平世。亂世。洪水未平，黎民阻饑，亦一亂也，而謂之平世，以堯、舜在上，禹、稷見用也。亂世，謂周室衰替，列國兵争，諸侯大夫皆僭其上，而孔、顔不見用也。或者不知，但言平世則聖賢出，亂世則聖賢隱。如此則世亂其誰整之？蓋世之治亂，在聖賢之用舍。使春秋之時，能用孔、顔，則不爲亂世矣；孔、顔不見用，於世則非惟職不得行，勢皆不可行也，尚何救亂之有？三過其門而不入。過，平聲，經過也。禹娶塗山，四日而復往治水。其後啓呱呱而泣，亦不爲留行。則尋常經過其門，不入可知矣。由與猶同。已見上章，然此章「由」字只作「自」字訓亦可。蓋禹作司空，職在平水，而天下有溺者，是由我有以致其溺也；棄爲后稷，職教稼穡，而天下有饑者，是由我有以致其饑也：責皆在我，故急急救之也。同室鬭。事關一家，己之責也。鄉鄰鬭。事在他人，非己責也。非己之責，則非惟職不當救，勢亦不能救也。使其勢可及，則亦救之矣。但被髮纓冠以急救其勢之所不及，則惑爾。「雖閉户可也。」「雖」字、「可」字當看，謂非心所不欲救，蓋勢所不可行也。○此章人《要略》五之七。

章子。章子者，匡章字也。莊子亦謂章子「不見父」，又《戰國策》云：「章子之母啓得罪其父，其父殺之，埋于馬棧之下。齊威王使章子將，而應秦曰：『夫子之彊，全兵而還，必更葬將軍之母。』對曰：『臣非不知更葬也。臣之母得罪臣之父，父未教而死。夫不得父之教而更葬母，是欺死父也，故不敢。』」此事似見章子不得近父之由，而實無違父之罪。今即孟子之意觀之，則章子無五不孝之罪，但無「先意承志，喻父母于道」之孝，亦無「不敢疾怨」「起敬起孝，説則復諫」之孝，故孟子論其「責善」「賊恩」之罪，而矜其「黜妻屏子，終身不養」以「自責」之意。文公謂其爲人必拗彊之人；輔漢卿謂其似陳仲子，文公然之。履祥按：上文「通國皆稱不孝」，則章子已爲衆所棄，故孟子矜其意；陳仲子則爲衆所慕，故孟子辨其非：亦微顯闡幽之意也。

曾子居武城。《曾子書·雜》篇載一事與此相類：「魯人攻費而責其罪。曾子謂費君曰：『請出避，姑無使狗豕入吾宅也。』費君曰：『寡人之於先生厚矣，今寡人見攻而先生去之，安能爲先生守宅也？』曾子不答而出。及魯攻費，責費之罪者十，而曾子所陳者九。費君〔八〕復修曾子之舍而後迎之。」沈猶行。魯人。蓋魯舊有沈猶氏也。

儲子。見後篇。又《戰國策》云：「燕亂。儲子謂齊王因而仆之，遂伐燕。」

「齊人」章。首當有「孟子曰」字。王文憲曰：「此與上『儲子』章合是一章。蓋因儲子有『瞷夫子』之語，遂發『瞷良人』一段，言求富貴利達者，則作僞以欺人，如墦間者。君子言行如一，何必竊視也？恐正是一章，非闕文也。兼《孟子》書別無『瞷』字，獨此處連有之。」所以求。「所以」二字指其求乞之態，與乞墦何異？乞墦，小乞丐；求富貴利達者，大乞丐：其態度所可羞者一也。不羞也，而不相泣者。「也」字非句，連作兩讀。

【校記】

〔一〕之：諸本皆作「子」。據《莊子・胠篋》改。

〔二〕曉：底本作「晚」，據庫本、胡本改。

〔三〕滄浪洲：底本作「滄浪州」，據《史記・夏本紀》正義轉引《漢水記》改。

〔四〕鳥：諸本皆作「爵」。按：上文：『鳥畏鸇，故投于叢林。』據改。

〔五〕前漢晉志：諸本皆作「前漢晉志」。頗疑此四字當作「前漢食貨志」。

〔六〕東：諸本皆作「乘」。據《晦庵先生朱文公文集》改。

〔七〕陧：底本作「桯」。《集韻・屑韻》：「陧，《説文》：『危也。』或作棿。」據胡本改。

〔八〕君：底本作「居」，據庫本、胡本改。

孟子集注考證卷之五

萬章上

旻天，仁覆閔下。《毛公詩傳》曰：「尊而君之，則稱皇天；元氣廣大，則稱昊天；仁覆閔下，則稱旻天；自上降監，則稱上天；據遠視之蒼蒼然，則稱蒼天。」《爾雅》曰：「秋爲旻天。」長息。魯人，見後篇。「不若是恝」至「於我何哉」。恝，無情之貌。「我竭力耕田，共爲子職而已矣，父母之不我愛，於我何哉？」此四句即是恝也。蓋長息之意，正爲舜往于田，竭力以共子職足矣，而「號泣於旻天，于父母」，此意則吾不知，蓋謂何必如此號泣也。孟子推公明高答之之意，則謂孝子之心，却不如此恝然，曰：我但竭力耕田，共爲子職而已矣；至若父母之不我愛，於我何如哉？蓋自謂無罪而不復憂也，此所謂恝也。若孝子之心則不若是，故下文推舜之爲心，舉天下之可樂者不足以爲樂，而惟以未得于父母之心爲憂，此所以號泣怨慕也。揚子曰：「事父母自知不足者，其舜乎！夫自知不足，則何敢若是恝也？」此段《集注》恐于辭意有所未察。試以此思之，非「惟」而已矣。何哉？文意不礙，而前後章指照應明白。徐鍇曰：「字書無『恝』字，《孟子》本作『忦』。」九男。《路史》曰：堯之子長監明，早死，不得立；監明之嗣封于劉。朱又不肖而弗獲嗣。其後丹、房、傳、鑄、唐、冀、隨、郇、櫟、函，皆云堯後之國，不可悉考。二女。長娥皇，爲舜妃；次女英，爲舜夫人。所謂舜二妃，《楚辭》所謂湘君、湘夫人也。好色。上聲。下文「知好」去聲。妻帝之二女。妻，平聲。少艾。艾，一説白也，一説半白也，如夜未艾。謂少年方半也。《集注》引《楚辭》作「幼艾」，見《少司命》篇；引《戰國策》，見高誘《注》。幼艾，美女也。○此章入《要略》二之五。

「妻舜」章。程子曰。伯子也。補孟子未備之意，蓋謂以君命命之也。完廩。浚井。《集注》以《史記》之説爲證，似未審。且就本文言之，自是明白。「捐階」與「出」字相對，捐如捐館之捐，謂下階去也。完廩已下去，而瞽瞍焚之；浚井已出去，而瞽瞍從而掩之。蓋舜之事親，「小杖則受，大杖則走」。故完廩、浚井，隨即捐出，而瞽瞍不知，焚之掩之，則無及矣，蓋不使父母有殺子之惡也。《史記》不得其意，只以生疑，程子所謂如此讀書，枉費心力者也。又今河中府有舜井，二井相通，謂是匿空旁出者，此容有之，真宗皇帝名之曰孝感泉云。象曰。瞽、象之欲殺舜，其意在於奪嫡，然亦在其少賤之時，帝之妻舜，則在其「克諧」「烝乂」之後。二「象曰」云云，皆戰國時俗流傳之訛。孟子因其所言之變，以發明聖人處變之心，於以示天理人倫之極，不區區辨其事之有無也。後篇答桃應之問亦然。程子。叔子。人情天理，於是爲至。王文憲曰：「此語最精切，學者所宜反覆深思，不可草草領略過。」子産事。入《要略》二之六。「自『萬章曰：父母使舜完廩』以下，至『然則舜僞喜者與？曰：否』，即下接『君子可欺以其方』，至『奚僞焉』，中去子産一節。」履祥妄謂去子産一節，不若去「象曰」一段，此何止齊東野人之語，幾不可述于君子之口，況帝之妻舜，在其「烝乂不格姦」之後。此語既非事實，尤不當存。《要略》一書，晚年方出，此章去取，似爲一書之玷。

幽州。《書》作「洲」。崇山。今澧州地。三危。今宕州，一云沙洲。羽山。今海州地。有庳，今道州鼻亭。説者多云嘗至其地，蓋寂寥絶遠之處，非放流不在此也。按古今地氣，盛衰不同，又古者萬國各世其地，帝舜欲封其弟，無由奪人近地以處之，亦視九州間田以封之爾。雜書言舜葬蒼梧，象爲之耕。今舜陵固亦在道州九疑也，又安知南巡蒼梧，非以政接于有庳之事歟？仁之至。謂親愛之欲其富貴。義之盡。謂象不得有爲于其國，使吏治其國。○此章入《要略》二之八。

舜攝。此段言尊君也。天下養。此段言尊親也。

陽城。《漢志》潁川郡陽城縣有陽城山。唐陽城屬河南郡。宋爲登封縣。歐陽忞謂陽城山即禹避舜子處。箕山。亦在登封縣。久遠。《語録》疑作「久近」，是。歷舉兩條。一條言「與賢」之例，而舜、禹之有天下者，其常也；仲尼之不有天下，其變也。一條言「與子」之例，則益、周公、伊尹不有天下，其常也；桀、紂之爲天所廢，則變也。太丁未立。當有「而卒」二字。外丙二年，仲壬四年。《集注》引趙氏、程氏二説，未知孰是，當從程氏。五峯胡氏曰：「太史公記湯崩，太丁蚤死，外丙立三年，仲壬立四年，相繼而崩，然後伊尹立太甲。非其實也。二帝官天下，定于與賢；三王家天下，定於立嫡。立嫡者，敬宗也；敬宗者，尊祖也；尊祖者，所以親親也。兄死弟及，非所以爲敬宗尊祖也，且本支亂而爭奪起矣，豈親親之道哉？且成湯、伊尹以元聖之德，戮力創業，乃舍嫡孫而立諸子，亂倫壞制，開後嗣爭奪之端乎？公儀仲子舍孫而立子，言偃問曰：『禮歟？』孔子曰：『否！立孫。』孔子，殷人也，宜知其先王之故矣，而不以立弟爲是。此以素理知其非者，一也。夫賢君必能遵先王之道，不賢者反之。以殷世考之，自三宗及祖乙、祖甲，皆立子；其立弟者，盤庚耳，必有所不得已也。豈有諸賢聖之君皆不遵先王之制，而沃丁、小甲諸中才之君反能耶？此以人情知其非者，二也。商自沃丁始立弟，太史公陽甲之紀曰：『自仲丁以來，廢嫡而更立諸弟子，諸弟子或爭相代立，比九世亂。』以其世考之，自沃丁至陽甲立弟者，九世，則仲丁之名誤也。沃丁既以廢嫡立諸弟子，生亂爲罪，則成湯未嘗立外丙、仲壬明矣。不然，是成湯首爲亂制，又可罪沃丁乎？此以事實知其非者，三也。唐李淳風通于小數，猶能逆知帝王世數，以邵康節極數知來，其作《皇極經世》，史亦無外丙、仲壬名世，此以曆數知其非者，四也。經所傳者，義也；史所載者，事也。〔一〕事有可疑，則棄事而取義可也；義有可疑，則假事以證義可也；若取事而無義，則雖無經史可也。」履祥按：太甲以嫡長孫承重繼祖，考之于《書》，自可見。《書》曰「惟元祀十有二月乙丑，伊尹祠於先王」，是冢宰攝祭於宗廟也；「奉嗣王祗見厥祖」，是見于殯宫，告即位也。若隔外丙、仲壬之世，而太甲承仲壬之喪，則自成湯、外丙以上，俱曰「祠于先王」足矣，何獨又曰「奉嗣王祇見厥祖」，其書法若是之重複也？

桐，湯墓所在。《皇覽》曰：「湯冢在濟陰亳縣北東郭，去縣三里。冢四方，方各十步，高七尺，上平。」亳城今屬應天府穀熟縣。 程子。叔子。

伊尹要湯。 戰國之時，去聖人之世漸遠，簡册之書，非國家不能有，傳誦者少。故一時好進干時之人，倡爲伊尹負鼎、仲尼主疽環之説，以掩其枉己辱身之醜，而濟其富貴利達之私，故誣罔聖賢以自文，此古今時俗之通患也。 媵臣。從嫁僕妾皆謂之媵，《左氏》「以媵秦穆姬」是也。湯取有莘氏之女，而伊尹耕于有莘之野，此附會之説所由起也。有莘氏字或作「㜪」。 莘，國名。地屬今興仁府。 誦其詩，讀其書。 詩如《大章》《咸池》《大韶》之樂，《賡歌》《九歌》之歌，《康衢》之謡，其時流傳者皆在。書如二典三謨，凡諸逸書皆在。與凡其禮制法度之著，文章之焕然者，考迹以觀其用，察言以求其心，有所契于中而欣慕愛樂之也。《集注》推其所以「樂堯、舜之道」者，其事甚實，所以異時堯、舜其君民者，其用亦甚實也。湯三。 三，去聲。 程子曰。 伯子。 潔其身。 謂身不陷于非義，故潔若陷于非義，則污矣。 此語亦猶前章「父不得而子」。 林氏所引已爲明白。子貢借子禽求之問，以明夫子之求之者，乃盛德之所致，蓋異于人之所求。孟子借萬章要湯之説，以明伊尹之所要者，乃「樂堯、舜之道」，所致蓋異乎人之所謂要。文公以爲林氏所引雖切，然前章「不得而子」之説，意已相類，蓋孟子因咸丘蒙「父不得而子」之説，乃是「烝乂不格姦」，瞽瞍反見化于其子爾。則所謂「不得而子」者，異乎「北面」「有蹙」之説矣。 ○此章入《要略》三之七。

好事，謂喜造言生事。 造爲此言以自托，且相扇干時嗜進，急爲功利。 司城貞子。 名字無考。 陳侯周。陳湣公也。 一作惠公者，非。 蓋懷公之弟。湣公六年，孔子至陳。 向魋。 事注《論語·子罕》篇。 ○此章入《要略》三之八。

百里奚。 百里，氏；奚，名。自奚適秦，于是秦有百里氏。 晉人假道於虞。 事見《春秋左氏傳》僖公二年、五年。「聖賢未遇之時」至「無足怪也」。古者民受田，士受禄。故士大夫去國失官即無禄，而賢者去國又不屑於干禄，則鄙賤之役亦或爲之，以自養也，如百里奚食牛之事是也，但謂之借此「以要秦穆公」，則不可爾。又按《史記》，其言百里奚事，始雖與《孟子》異，其曰：「百里奚亡之宛，楚鄙人執之。穆公聞其賢，欲重贖之，恐楚人不與，乃使人請以五羖羊之皮贖之。楚人與之。穆公乃釋其囚，授之以政，號曰五羖大夫。」按如此，則「五羊之皮」「食牛」之説，異于或者所傳，似爲有理，兼《莊子》亦有「秦穆公以五羊之皮籠百里奚」之説。五羖大夫，亦秦人以此名之爾，非穆公以爲號也。莊周曰：百里奚爵禄不入於心，故飯牛而牛肥，使穆公忘其賤而與之政。語見《莊子·田子方》篇。莊周好詆訾聖賢之徒，尚有「爵禄不入于心」之説，則百里奚蓋安于貧賤而不願乎其外者，穆公自舉而相之耳。王文憲曰：「言爵禄無心，無如莊周；言去就有義，無如孟子。」出處大節，孟子不得不辯。好事者之論，固是誣罔聖賢以濟其干禄之私，然傳之于世，壞人心術，污人行止，所關尤非小節，故孟子不得不辯。

萬章下

第一章。入《要略》五之四。程子曰。伯子。集大成。前一節以樂爲喻，比孔子。猶射。後一節以射爲喻，比三子與孔子。聖之事。此「聖」字獨指孔子之聖。聖譬則力。此「聖」字指三子與孔子之聖。

樂始終條理圖 孔子

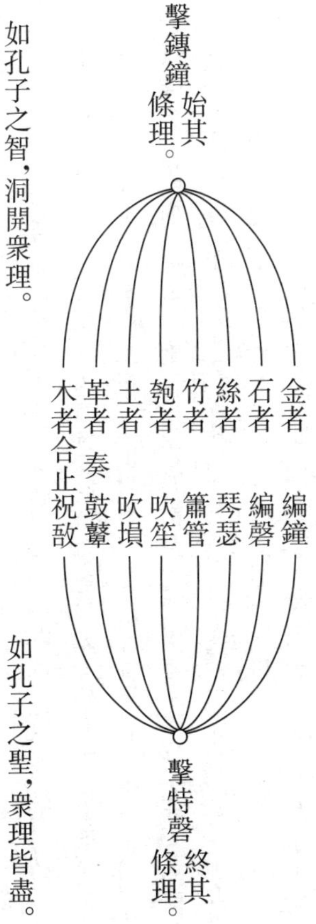

射百步圖 三子 孔子

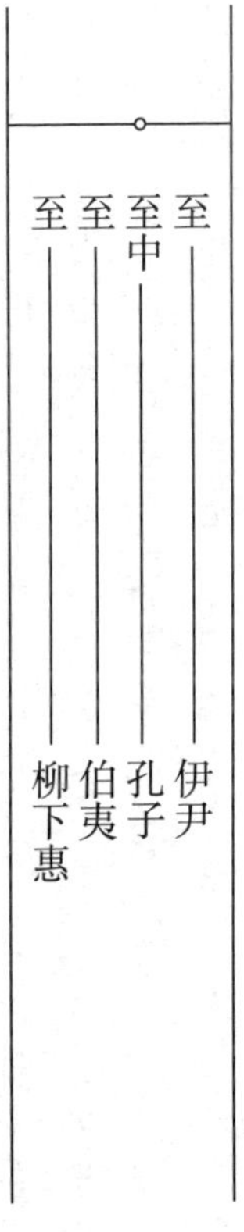

「班爵禄」，此章之説，與《周禮》《王制》不同。按《周禮》：「諸公之地，封疆方五百里，其食者半。諸侯之地，封疆方四百里，其食者三之一。諸伯之地，封疆方三百里，其食者三之一。諸子之地，封疆方二百里，其食者四之一。諸男之地，封疆方百里，其食者四之一。」按《王制》：「天子之田方千里，公侯田方百里，伯七十里，子男五十里。不能五十里者，不達于天子，附于諸侯，曰附庸。天子之三公之田視公侯，天子之卿視伯，天子之大夫視子男，天子之元士視附庸。制農田百畝。百畝之分，上農夫食九人，其次食八人，其次食七人，其次食六人，下農夫食五人。庶人在官者，其禄以是爲差也。諸侯之下士視上農夫，禄足以代其耕。中士倍下士，上士倍中士，下大夫倍上士，卿四大夫禄，君十卿禄。」履祥按：孟子之説與《王制》無大異，但《周禮》所言五等封疆大相懸絶。意者《王制》所言「天子之田方千里」以及五等之田，則是與孟子皆以田言也。《周禮》首言「凡建邦國」，以土圭土其地而正其域，「諸公之地，封疆方五百里」，以及子、男之地；蓋周初舊諸侯之國尚多，故周家封國之始，皆以周之親親勳庸，爵爲五等，以統舊國，則其封疆所統，皆以地言也。以田言，則天子千里，公侯百里，伯七十里，子男五十里；以地言，則舉山川土田附庸皆在其所統，故諸公之地方五百里，下至子、男之地猶一二百里也。且如周封國之初，「乃命魯公，俾侯于東。錫之山川，土田附庸」，則是田方百里，而山川附庸，則方五百里也。太公封于齊，「以表東海」，雖爲田亦方百里，而賜大公履，則「東至于海，西至于河，南至于穆陵，北至于無棣」，是封疆所統方五百里也。周封太公于齊，以表東海之邦；封周公于魯，以統附庸；封召公于燕，以殿北服。若止于百里之地，何以爲表鎮哉？况周、召皆有采邑于王畿，而又表封于燕、魯，周公支庶，凡蔣、邢、茅、胙、祭，又計六國，則周公之地亦廣矣，此所以有五百里之説也。計太公、召公亦有然者。故愚敢以爲孟子、《王制》以田計，而《周禮》則并山川土田附庸所統言之也。

程子。伯子。

曰：樂正裘、牧仲。王文憲點本以樂正裘爲一人，牧仲爲一人。有疑樂氏而正名，裘氏而牧仲名者。按春秋、戰國之時，惟晋有樂氏，如樂宣子之族是也；惟宋有樂氏，如《傳》所謂宋之樂司城子罕之族是也；若魯，則有樂正氏，如樂正子春、樂正克之類是也。獻子，魯大夫，則所友者魯人，當是樂正裘。又牧之爲氏，孔門有牧皮者，則此牧氏而仲名，無疑也。**無獻子之家。**舊説無獻子之家與有獻子之家，以「有」字爲輕字，殊無意味。詳味《集注》張子之言，則「有」「無」二字亦挾字之意。張子曰：「五人者忘人之勢。不資其勢而利其有，然後能忘人之勢。」則是所謂「無獻子之家」者，是其心不以獻子爲富貴也；「亦有獻子之家」者，是其心貪獻子之勢而利獻子之有也。獻子固不挾貴而下友五人，五人亦不挾獻子之貴而上交獻子，使五人者其心一挾獻子之富貴，則獻子不與之友矣。大抵人情貧與富交，彊者必忮，弱者必求；然富貴與貧賤交，彊者必驕，弱者必吝。此論友者所當深知也。**費惠公，費邑之君也。**費本魯季氏之私邑，不聞別有費國也。而孟子稱小國之君有費惠公，《曾子書》亦有費君、費子之稱，蓋季氏專魯，而自春秋之後不聞其專魯者，計必自據其邑如附庸之國矣。大夫之爲諸侯，不待三晉而始，然其來亦漸矣，但未如三晉之分滅其國，田氏之弑奪其君爾。**顔般。**魯顔氏。**王順、長息。**長息，公明高弟子。**晋平公。**晋侯彪也。事見《左傳》《國語》。能友亥唐，亦可爲賢，然「悦賢不能舉」，所以君子譏其失政。**旁館甥，迭爲賓主。**上文自大夫、小國君、大國君皆有友，此又述天子之友以終之。堯「館甥」而「饗舜」，是「不挾長」；以「天子而友匹夫」，是不挾貴也。

「殷受夏」至「爲烈」十四字。李西山以爲斷簡闕文，其意以爲「受」字、「辭」字與本草同，故不可曉。亡父桐陽散翁謂舊説亦自可通：蓋殺人而奪其貨，人所共惡，於法皆不待教而誅者也；此法殷受之夏，周受之殷，不待辭説；今尚明烈，則禦奪之貨，如之何其可受乎？**較。**從趙氏説則音角，從張氏説則去聲，二音皆通。蓋射獵之時，争逐禽多寡以爲勝負也。**簿正祭器。**《傳》云：「惟公用鮮衆給而已。」蓋公室祭禮，則田以薦鮮，其餘取給而已，不必獵禽以薦鮮也。祭器如牛鼎、羊鼎、豕鼎、鷄鼎、魚鼎之類，牲各有鼎，鼎熟則登於俎，牲亦各有俎，若鳥獸之肉不登于俎，安得有此鼎也？天子諸侯之祭，獵而取獸者爲乾豆爾。此祭器簿籍既正，則衆不必獵獸以祭，而獵較之俗，不廢自廢矣。**於季桓子，見行可之**

仕。季氏專魯，四分公室而有其二，孟孫、叔孫各有其一。當是魯公而欲用孔子，亦無官無地可以容之矣。季桓子爲家臣所弱，無如之何，始舉夫子而授之職，使攝相事。此夫子之仕，孟子所以不言于魯，而曰「于季桓子」也。詳考在《論語・微子》篇。衛孝公。出公輒，拒父爲不孝，其臣諱之。以禮律，嫡孫當承重繼祖，不以父命違王父命，故特以孝謚之，以掩其非爾。孔子久居于陳，至衛，而輒修地主之禮，受其公養之餽，一年而反魯。舊説孔子久居衛者，非也，《史記・陳世家》可見。此章文義多不可曉。此章初問交際[二]辭受，孟子亦告以受。而萬章以受禦爲喻，因告以辭。萬章因受禦之非，而譏君子受諸侯之餽，孟子又辯受禦之説，因以獵較爲喻。萬章問獵較之非，而孟子又明簿正之禮，因及孔子之仕有三：有行可之仕，仕道也；有際可、公養之仕，交際也。其間問答，一節生一節，所以難看。

委吏。「委烏僞反。主委積之吏也。」《周禮》遺人之職：「鄉里之委積，以恤民之艱阨；門關之委積，以養老孤；郊里之委積，以待賓客。野鄙之委積，以待羈旅；縣都之委積，以待凶荒。而賓客之會同、師、役，則三十里有宿，宿有路室，路室有委。」委吏蓋掌其施惠出入之數，故曰「會計當而已矣」。乘田。牧人之官，掌養牛羊者。以牛爲重，故曰乘田。以牛駕車，耕籍田也。茁，《集注》作「肥貌」。按茁是生育，壯是肥，長是大。〇此章入《要略》三之二十。

寄公。《儀禮》：「寄公者何？失位之君也。」《郊特牲》謂之寓公。蓋諸侯爲夷狄隣國所滅，則奉宗廟之主以寄於他國，謂之寄公。其出奔者，亦名寄公云。

草莽之臣。《儀禮》曰：「刺草之臣。」多聞賢。賢通大小而言。多聞則又以足應學者無窮之求，故曰師。此章初言不可召，中言非其召，末言以官召。

三仁。微子、箕子、比干，皆紂之父兄、師保、親戚。霍光。漢武遺詔輔昭帝；昭帝崩，立昌邑王賀爲昭帝嗣；不道，廢之而立宣帝。蓋霍光受遺輔政，權自己出，廢昏立明，其勢不難也。

【校記】

〔一〕事也：底本作「事也事也」，衍一「事也」。據庫本、胡本删。

〔二〕際：底本作「祭」。據庫本、胡本改。

孟子集注考證卷之六

告子上

告子。趙氏《注》：「名不害。兼儒、墨之學。」義，猶桮棬也。以下文例之，上當有「仁」字。杞柳，柜柳。此據趙《注》。《語録》又謂之蒲柳。《爾雅》曰：「楥，柜柳。楊，蒲柳。」郭《注》：「柜柳皮可煮作飲。蒲柳可爲箭。」《爾雅》又曰：「杞，枸檵。」《注》：「今枸杞也。」三者未知孰是。當以《語録》「蒲柳」爲正，蓋可棬而爲器者。今南方多棬杉。如荀子性惡之説。《荀子·性惡》篇曰：「人之性惡，其善者僞也。故枸木必將待檃括烝矯然後直，鈍金必將待礱厲然後利。今人之性惡，故將待師法然後正，得禮義然後治。」其他如《勸學》篇亦多言矯揉之意。又《莊子》書亦有「黥汝以仁義」之説，如《馬蹄》等篇亦多以禮義爲害性之具。是所謂率天下而禍仁義也。〇黄文肅謂告子諸問，孟子但折之無言，而欠於斷語。履祥就其杞柳而斷之曰：杞柳柔韌，有可爲桮棬之性，故揉之可爲桮棬。人心本善，有爲仁義之性，故可充之爲仁義。不必深闢其矯揉之説。蓋人爲氣禀所拘者，謂不資矯揉不可也。

「湍水」章。入《要略》一之五。近於揚子善惡混之説。揚子《修身》篇曰：「人之性也善惡混。修其善，則爲善人；修其惡，則爲惡人。」今按告子之意，謂性無善惡，而在所引；揚子則謂性雜善惡，而在所修。故《集注》謂近於揚子之説，蓋告子之説又虚于揚子也。其勢則然也。孟子宜曰：人之可使爲不善，是豈人之性哉？其氣與習則然也。

生之謂性。此句程子亦引之，而意不同。告子「生之謂性」，是指其活動知覺處是性。程子「生之謂性」，謂人生以前則屬天地，未可謂之性；既生則屬我，方可謂之性。張子所謂「合虛與氣，有性之名」，文公所謂「性字从生从心」是也。其實生之謂氣，生之理謂性。告子指氣謂性，孟子以犬牛之性猶人之性折之無語矣，然不明作斷辭，豈欲其自思邪？而告子亦無異辭，是又不思也，所謂「不得於言，勿求於心」者也。**佛氏所謂作用是性。**《語録》舉《傳燈録》曰：「國王問尊者曰：『如何是佛？』曰：『見性爲佛。』曰：『如何是性？』曰：『作用是性。』曰：『如何是作用？』曰：『在目曰見，在耳聽聞，在鼻氣嗅，在口談論，在手執捉，在足運奔，徧現俱該法界，收攝在一微塵。識者知是佛性，不識唤作精魂。』」又龐氏、傅氏亦曰：「手持足履，盡是神通。運水搬柴，無非妙用。」佛氏之説比告子又精神，故《集注》言其「略相似」。然佛氏妙處在此，差處亦在此。蓋指視、聽、言、動之氣爲性，而不知所以爲視、聽、言、動之理之爲性也；指人心爲性，而不知道心之爲性也。雖其主于收攝作弄精神，而顛倒錯謬，終不可以入堯、舜「精一執中」之道也。**愚按。**王文憲曰：「此段論性大旨及告子誤根，可謂明白。然告子以氣言性，而不言氣字出；孟子以理言性，而亦不言理字出；至程子、張子方以此二字分別。」

食色，性也。即「生之謂性」。**仁内義外。**《語録》：「告子只知得人心，却不知有道心；但見趨利避害、饑食渴飲等處，而不知辨别義理處正是本然之性。」履祥謂告子以甘食悦色爲性，則謂好愛之意生乎内，故曰「仁内」；不知辨别義理之謂性，則謂長幼之宜由乎外，故曰「義外」。告子正以情欲爲性，而以義理爲外也。**「異於」二字疑衍，或有闕文。**江西儒者謂「異」字自是一句。今按告子以「彼白而我白之」，喻「彼長而我長之」；孟子謂此二字不同，不可引以謂喻，故曰「異」。又因謂于「白馬之白」「白人之白」同可謂之「白」，若「長馬之長」與「長人之長」豈可同以爲「長」乎？是詆其以白喻長之爲異也。然後正問之曰：「長者義乎？長之者義乎？」則「長之」之心須在内也。王文憲曰：「只此一句分曉。」**「林氏曰」云云。**告子以「吾弟則愛，秦人之弟則不愛，是以我爲悦」而曰仁内，孟子正當曰「吾弟則愛，秦人之弟則不愛」是親疏之辨，即義在其中矣，安得獨曰仁內乎？告子謂「長楚人之長，亦長吾長，是以長爲悦」，故義在外；孟子正當曰長楚人之長，果亦猶長吾之長乎？是必有差等矣。且謂以長爲悦，則是長長則慊于吾心也，則悦豈在外歟？今乃以「嗜秦人之炙」對「長楚人之長」，是蓋因其食色之好，非有秦、楚之分，以指其非外也。其實上文「長之者義乎」已盡之矣，惟告子不求諸心，故孟子之喻，就其所明者愈卑愈近以曉之也。○此章入《要略》一之八。

行吾敬。公都之一語已盡，而孟季子不能思，與告子一爾。**二章問答，大指略同。**當時淺陋之辨，大率如此，所謂小辨破義，小言害道，亦費孟子辭闢。

近世蘇氏、胡氏之説。蘇氏，軾也，其説略見《子思論》，曰：「夫子之道，可由而不可知，可言而不可議。不争爲區區之論，以開是非之端。夫子既殁，諸子欲爲書以傳世者，皆喜立論。論定而争起。孟子曰『人之性善』，是故荀子不得不出於『惡』。人之性有善惡而已，二子既已據之，是以楊子不得不出於『善惡混』也。爲論不求其精，而務以爲異于人，則紛紛之説，未可以知其所止。且夫子未嘗言性也，蓋亦嘗言之矣，而未有必然之論也。」云云。胡氏，文定公安國及其子宏也。詳見《胡子知言》：「或問性。曰：性也者，天地之所以立也。曰：然則孟軻氏、荀卿氏、揚雄氏之以善惡言性也非歟？曰：性也者，天地鬼神之奧也。善不足以名之，况惡乎！宏聞之先君子曰：『孟子所以獨出諸儒之表者，以其知性也。孟子之道性善云者，嘆美之詞，不與惡對也。』又曰：『大哉性乎！世俗之言性者，類指一理而言爾，未有見天命之全體者也。』又曰：『凡人之生，粹然天地之心，道義完具，無適無莫，不可以善惡辨，不可以是非分。』」朱子曰：「《知言》所云，即告子『無善無不善』之論也。」**爲兄之子。**《集注》云：「疑此或有誤字。」履祥按：「兄」字當是「乙」字，謂均是帝乙之子也。此段言一時一家，而善惡相遠如此。**韓子性有三品之説。**説具《原性》，曰：「性之品，有上中下三。上焉者，善而已矣；中焉者，可導而上下者也；下焉者，惡焉而已矣。」朱子曰：「韓子説所以爲性者五是也。三品正可言氣，然氣質之殊，何止三品，蓋千百而無筭也。」**乃若其情。**乃若，發語辭。「若」字對下「若夫」字，「情」即下文「惻隱之心」四句。**則可以爲善。**「善」即下文「惻隱之心，仁也」四句，謂性也。才。性發而情，自然能爲仁義禮智之事者，蓋性之所能爲，所謂「良能」也。此才也，惟弗思弗求，所以「不能盡其才」者，衆也。王文憲曰：「孟子以性不可見，以其情之善知其性之善。至于不善者，罪無歸宿，此方微發其機，而終欠道一『氣』字出。蓋欲人反求于心而自得也，故曰『弗思耳矣』。後面屢言『弗思』。」恭敬之心。前篇云「辭讓」，不若此章「恭敬」爲備。且如一見人來，便肅然恭敬，及其交際或授受、行前後、坐上下，然後辭讓之端發；又「恭」之一字已該「辭讓」二字，四端一端含二意，如恭敬則亦然。恭主體，敬主心言。有物必有則。性也。故好是懿德。「乃若其情，所謂善也。」觀孟子引夫子説《詩》之意，則性善之説蓋本于此。程子曰。叔子。朱子曰：「氣質之殊非一，不但清濁而已。」又詳見《大學或問》。又曰。伯子。此語原於堯、舜「人心」「道心」之旨，至程子而天下之言性者定。《集注》收二程子、張子之説，蓋補孟子之未備也。程子此説「才」字，與孟子本文小異。孟子指性善之才，性之所能爲者，人多不能盡，惟聖人能盡其才爾。程子指氣禀之才，則其資〔一〕質固有昏明、彊弱、多寡之不同矣。孟子之望人也切，程子之明理也密。王文憲曰：「自性而言，則情與才無不善。自氣而言，則情有所狥，才有所拘，然後有不善。」○此章入《要略》一之二。孟子答性善之辨，至此章方明。蓋告子好自爲説，不如公都子之善問。朱子注孟子性善之辨，亦至此章方備。蓋程子兼説性氣二句，斷盡古今論性異同。張子又欲人之善反是，教人以變化氣質也。

易牙。齊桓公嬖人，性知味，并置淄、澠之水，皆能辨之。以滋味事齊桓公。詳見《管子》。程子曰。二段皆叔子語，内「體用」伯子語。○「同然」章入《要略》一之九。此章王文憲謂爲衆人悦，就同處看，淺處説，却分曉有受用。今按：此章「才」字即上章性善之「才」，言性本善，但係乎所養如何爾。于是以物類喻，所養之同，則才無不善；所養之異，則長有遲速。因物類之同以上及人類之同。其言人類之同，則推人形之同以内及人心之同，口同嗜、耳同聽、目同美引以歸心之同然，于以見人性之皆善，與聖人初無異者，又終之心有同然，繳上口有同味之喻。舉一以見其餘，此孟子長於譬喻而切於教人如此。又地有肥磽、雨露之不齊，已可見氣禀之有異，孟子非不知有氣質之性也，但此就中指出天地之性以勉人耳。又自此章之後多言養之之功，與前後知言養氣、明善誠身雙關之説不同。蓋孟子切于爲人，以爲人性皆善，但能存養，不爲外物所昏蔽，則此心自然清明，此性自然昭著，明誠二者工夫，即在其中，非有異旨也。

牛山。 今屬青州。王文憲曰：「『牛山之木』譬人之良心，句句相對，極分明。」**仁義之心。** 性也。下句「良心」即是。**好惡。** 情也。即上文仁義之發，仁發爲好，義發爲惡。**與人相近。** 即仁義之心。人心之所同者，雖嘗放其心，氣清之時，此心所發尚未與同然者相遠也。**也者。** 讀。**幾希。** 自作一句，令人警省，一線未斷，急宜存養。**則其。** 《注》作「但其」。**有梏亡。** 《注》作「又」。**存。** 一段三「存」字。王文憲曰：「前本然之明，中梏亡之失，後工夫之存。」**程子。** 叔子。○此章入《要略》一之十。「夜氣」一段，本爲心而言，夜氣特其證驗，存養則其工夫。山木「日夜之所息」本喻人之良心未嘗止息，然山木之生由氣化，而戕賊之者在斧斤牛羊，山木無能致力；至若人心，則生息雖由氣化而不盡在氣化，梏亡雖由外物而不盡在外物，此則在我自可以致力，所以終歸于得養操存之説。夫良心在人，其人旦晝所爲，固有梏亡，至夜安静，此良心依然生息平旦之氣，即是可驗；人若更能去梏亡之害，加存養之工，無時不用其力，則清明氣象，無時不然，心境爲當如何？此章孟子切于救人，山木一段與良心一段當相對看，而養與失養亦對在其間，故以得養、失養總之，而養之得失又在操、舍之間。程叔子又以「敬以直内」一句指示操存之方，可謂切要。學者讀之，急宜警省。存得則人，存不得則禽獸。吁，可畏哉！

暴，寒。 喻教之時少，聽之不熟。**誨弈。** 喻教之雖一，聽之不專。**程子。** 叔子《經筵劄子》。○此章入《要略》一之三十。

熊。 《爾雅》：「熊虎醜。」謂虎之類也。其力在掌，味亦甘脆。**二者不可得兼。** 謂適當間界之際，求生則害義，取義則即死，此方是不可得兼之時，須決取舍。**欲惡有甚於生死。** 義之可欲甚于生，以其愜快無愧也；不義之可惡甚于死，以其羞愧之無所容也。不義而生，則生可羞，故雖可以得生而不忍也；取義而死，則死爲安，故雖可以避患而有不愜也。**如使。**苟人心無仁義之性，而但有利害之私，則所以求生避死者，何所不用，何所不爲，且將無所不至，則人皆禽獸而已矣。**由是。**二字作一讀，是指本心天理而言。**而有不用。**猶言何用生爲。**弗受。不屑。**此一段指人皆有之，雖凡人乞丐者皆有是心，則羞惡之本心可見矣。**萬鍾。**此又轉一節。上文是决生死于危急之際，此一節是計豐約于晏安之時，孟子尤重以爲戒。**向爲身。**何文定并作一讀。○此章入《要略》三之三。

仁，人心。《集注》云云，王文憲曰：「此仁之正訓也。不是把仁來形容人心，却是以人心指示仁。」**雞犬放。**亡父桐陽散翁以此爲讀。**程子。**前二段叔子，後一段伯子。○此章入《要略》一之十七。

「不知類」章。《要略》一之十三。

桐。《爾雅》：「榮，桐木。」《注》：「即梧桐。」**梓。**《爾雅》：「椅，梓。」《注》：「即楸。」○此章入《要略》一之十四。

梧。桐也。桐類非一，此則梧桐也。**檟。**梓也。《爾雅》：「楸屬，多作榎。」《注》謂楸「小葉曰榎」，又引《左傳》「美榎」，云其作檟者「苦荼」，恐非佳木。《左傳》「樹吾墓檟」，檟即梓也。只當依《孟子》作「檟」。**飲食。**飲食以養口腹，養小而失大，則爲小人，而人賤之。飲食而無失其大，則所養以禮，所禄以義，是即所以養心志也，豈但養口腹而已。○此章入《要略》一之十五。

「此天」之「此」，舊本多作「比」。余正甫以舊本爲問，朱子檢所有舊官本，果皆作「比」字，《注》中亦作「比方」。朱子謂正文與注皆同，而無文理，恐是一處先誤，而後人并改以從之爾，今不可考，但尋其義理，作「此」字無疑也。見《文集》。**范浚。**字茂明，婺州蘭谿人，號香溪先生。曾以賢良舉，秦檜當國，不起。有《香溪文集》行于世，近無之。**《心箴》。**本非爲此章而作，而與此章小體大體旨意脗合，朱子取之。呂成公問：「取此何爲？」朱子曰：「正緣目前人不能如此道。」**堪輿**。堪天輿地也。《文選注》作「天地之神」者，非。○此章入《要略》一之十六。

仁義忠信，樂善不倦。孟子嘗言仁義禮智，而此天爵獨言仁義忠信，蓋仁已該禮，義已該智忠信，則實「有諸己」而實行于物，又接「樂善不倦」一句，善即仁義忠信也。天理固實有諸己而實行之，又能樂之而不已不厭，然後見其爲可貴也。○此章入《要略》一之十七。

趙孟。晉六卿，趙氏爲長，故春秋時謂之趙孟，戰國之時趙已爲國。孟子蓋舉舊俗方言爾。**貴**。「貴於己者」，仁義聞譽道德之尊也；「人之所貴者」，膏粱[二]文繡飲食之美爾。○此章入《要略》一之十二。王文憲曰：「自『牛山之木』以下十章，皆是勉人養心。頭面不同，所主則一。」

爲仁。上章力微則不能勝不仁，在于反己；下章不熟則反不如他道，在于熟之。反己莫大于剛健，熟之則在于日新。○右二章入《要略》一之三十一、二。

志彀。弓不滿則射不能及遠，故教之學之者，功力欲其到。**規矩**。器無法則不能成器，故教之學之者，法度欲其正也。志欲到滿，做必有法。《集注》似只作一意。

告子下

任，國名。説見下文。**以禮食**。如典禮所載進食之禮與飲食之節，其變則如不食嗟來之食者。曾子曰：「微與。其『嗟』也可去，其謝也可食。」**揣**。量度也。**帶鉤**。古人衣有大帶，其繫佩者又有小革帶，一端爲孔，一端有鉤以穿之，鉤以金或玉爲之。吕氏《考古圖》有古玉帶鉤。**紾，戾**。反拗也。**錯綜**。《大傳本義》曰：「古語也。錯者，交而互之，一左一右之謂也。綜者，總而挈之，一低一昂之謂也。」斟酌。俗語也。如以勺取酒以入器，而酌量其淺深也。膠柱調瑟。語出《戰國策》《史記》琴以軫轉絃，瑟以柱檠絃。〇此章問辨若淺，而《集注》總意極爲精密。

「曹交」章。《要略》一之四。《集注》不解文義，以其明近不待解也。然其指意重在「爲」字。「人皆可以爲堯、舜」，此古語，或孟子嘗言之，而曹交舉以爲問，且自謂已具聖人之形，而但「食粟」無能，如何則可至此？孟子曰：「此何難之有？亦爲之足矣。」蓋就指「爲」之一字發之，謂人之可以爲堯、舜，非安坐而可至也。所謂「爲」者，必有用力作爲之功焉。有人于此，力不能勝一鶩雛，則是自爲無力之人；今曰舉百鈞之重，則是自爲有力之人。如此，則舉烏獲之任者，即是用力以爲烏獲也。然力猶有分限，而性則無不善。夫人之爲堯、舜，則又豈以力不勝爲患哉？乃自不爲之耳！此章「爲」字皆重字，但「爲患」一「爲」字似輕耳。百鈞。三十斤爲鈞，百鈞則三千斤。古稱不知若何，漢稱一斤當今稱四十三文重彊。匹。《禮記》：「庶人執匹。」《注》作「鶩」。烏獲。《集注》：「古之有力人。」《史記》：「秦武王好以力戲，力士任鄙、烏獲皆至大官。」雜書載，烏獲將渡，舟人不知其爲烏獲也，行舟自若。烏獲涉水持舟，舟人以揖搋其首。烏獲登舟，瞋目視舟人，髮上指，舟人驚眩。烏獲兩足踐舟，左重則舟左皆没，右重則舟右皆没。始知其烏獲，謝罪得濟。但此事與孟賁同，未知孰是。堯、舜之道。「堯、舜之道，孝弟而已矣。」爲之在行止疾徐之間，衣服言語習行之際，此所謂「人皆可以爲」也，「下學而上達」耳。知求。此章前「爲」字主行言，後「知」字主知言。知而後能行，行在于知，知在于求。

高子，齊人。齊有高氏。《小弁》。《小雅》「弁彼鸒斯」之篇，《詩傳》曰：「太子宜臼作此以自怨。《序》以爲太子之傅述太子之情，以爲是詩，不知何據。」《凱風》，親之過小。七子之母，不安其室，而欲再嫁，固爲失節。然禮律有繼父之服，又所關止于一家，故曰過小。若《小弁》則天子廢嫡立庶，國統所係，不惟太子之生死不可保，而國家之存滅亦不可知，故曰過大。

宋牼，《莊子》書有宋鈃。《莊子・天下》篇：「不累于俗，不飾于物，不苟于人，不忮于衆，願天下之安寧以活民命，人我之養畢足而止，以此白心，古之道術有在于是者。宋鈃聞其風而悦之，作爲華山之冠以自表。救民之鬭，禁攻寢兵，救世之戰。以此周行天下，上説下教，雖天下不取，强聒而不舍也。」又見《荀子・非十二子》篇：「不知壹天下、建國家之權稱，上功用，大儉約而優差等，是墨翟、宋鈃也。」《注》云「《孟子》作『宋牼』。」○右入《要略》三之六。此章與第一篇首章相類。梁惠王問利國，孟子闢之可也；宋牼言用兵之不利，似矣，而孟子亦闢之。蓋利之一字，不可啓其源也；啓其源，則末流有不可勝言之害。且言用兵之不利，而欲止之，其有用兵之利，則又不可止矣。利必有利之害，仁義自有仁義之利。孟子尊敬宋牼，取其救世之心也，不取其言利，救其學識之淺也。

任。今濟州任城縣，至今襲慶府鄒縣一百八十里。平陸。見前篇。

名。聲譽。實。事功。猶今人言功名也。仁。髡疑孟子既出，未見致澤之功而去之，爲不仁。孟子言聖賢去就不同，而無非仁，以其皆無私心而合天理也。魯繆公。《史記》諸書并作「穆」。吕成公《大事記》曰：「淳于髡曰：『魯繆公之時，公儀子爲政，子柳、子思爲臣，魯之削也滋甚。』質諸《孟子》皆非是。『穆公亟見于子思，曰：「古千乘之國以友士，何如？」子思不悦，曰：「古人有言曰，事之云乎？豈曰友之云乎？」』是穆公欲友子思而不可得也，况敢臣之乎？以臺無餽之事觀之，悦賢不能舉，又不能養，無惑乎魯之削也。穆公雖不能終用子思，然尊賢尚德之意，當時所罕。而公儀子之廉儉，亦得相小國之道。以魯之弱，崎嶇强暴之間，竟能與戰國相終始，未必非[三]其君相之力也。」公儀子，名休。《史記・循吏》有傳。子柳，泄柳也。《檀弓》亦自有子柳，未知孰是。不用賢則亡。孟子謂賢者去就，則存亡所係，削不勝于亡歟？削何可得與。按：魯自悼公卑于三家，及元公以後，不載三家之事，而費自爲國，必三家又微，各據其邑，而魯自僅存。元公之世，齊田氏正强。威烈王十四年，田白伐魯莒及安陽。明年，又伐魯，取一城。又明年，元公薨，而穆公顯立。立三年，而田和伐魯，取成，則孟氏亡矣。又十四年，而田和伐魯，取最，韓救魯。又四年，而魯敗齊師于平陸。又五年，而田齊伐魯，破之。又八年，而穆公薨，子共公奮立。蓋穆公立于元公連喪三城之後，可謂削矣。而穆公三十三年之間，凡三被兵，喪二邑，所謂削滋甚也。然外結韓之救，内又敗齊師于平陸。平陸，齊地，則是又一嘗伐齊而敗其師也。此所謂削而不亡之驗也。**淇**。衛地水名。**河西**。自齊言之，則衛地在東河之西也。**高唐**。齊西境大邑，陳氏得之而始大，今爲州。**華周、杞梁**。《左傳》魯襄公二十三年：「齊侯襲莒。門于且于，傷股而退。明日，將復戰，期于壽舒。杞殖、華還載甲夜入且于之隧，宿于莒郊。明日，先遇莒子于蒲侯氏。莒子重賂之，使無死，曰：『請有盟。』華周對曰：『貪貨棄命，亦君所惡也。昬而受命，日未中而棄之，何以事君？』莒子親鼓之，從而伐之，獲杞梁。莒人行成。齊侯歸，遇杞梁之妻于郊，使吊之。辭曰：『殖之有罪，何辱命焉？若免于罪，猶有先人之敝廬在，下妾不得與郊吊。』齊侯吊諸其室。」事亦見《檀弓》下篇。按《傳》首作杞殖、華還，遇莒子，莒子請盟，又作「華周對」；中作「獲杞梁」，不復見華周事；末止載「杞梁之妻」。此曰「華周、杞梁之妻」。《左氏》人名字氏多是重複，孟子接聞尚近，舊必有考。又按《琴操》曰：「杞梁妻嘆者，齊邑杞梁植之妻所作也。植死，妻嘆曰：『上則無父，中則無夫，下則無子，將何以立吾節？亦死而已。』援琴而鼓之，曲終，遂自投淄水而死。」則又作「杞梁植」。今存二説，以備參考。又按孫氏《正義》曰：「華周即華旋也。或云齊莊公襲莒，墜而死。其妻孟姜向城而哭，城爲之崩。」**孟子之所爲，豈髡之所能識哉**。孟子仕齊，豈不欲德烈加于上下，其德烈所以未加于上下者，必有不得行其志者矣。不得行故去，而又不欲瞭然揚己歸過。故其去就之間，泯然無迹，有非髡之所能識者。又不欲自言此意，故但舉孔子之事非衆人所識者以答之，意在言語之表矣。

五霸：趙氏。《注》説邵康節同。**齊桓**。始霸中國，尊周室，攘夷狄。**晋文**。自宋襄公伯，爲楚所陵。晋文公却楚，尊王，遂霸中國。**秦穆**。本霸西戎，能成晋文之霸，諸夏亦尊之。**宋襄**。繼齊桓之業以圖東略，而南襲于楚。**楚莊**。楚世與中國争霸，至楚莊爲最賢。**丁氏**。唐丁公著，蘇州人。其説亦本杜氏《左傳注》。**夏昆吾**。《史記》：陸終之長子曰昆吾。昆吾氏，夏之時嘗爲侯伯，桀之時湯滅之。虞翻曰：「名樊，爲己姓，封昆吾。」即衛地。**商大彭**。《史記》：陸終第三子曰彭祖。彭祖氏，殷之時嘗爲侯伯。虞翻曰：「名翦，爲彭姓，封于大彭。」即彭城是也。**豕韋**。堯後，在商爲侯伯。周封堯後于唐，以更豕韋之後，其後又封于杜。**讓**。一字二義，遜讓，責讓。然責而謂之讓，以禮辭責之也。如《禮傳》曰：「遠方之民，有饑寒而不得衣食，有獄訟而不平其冤，失賢而不舉者，天子於其君之朝也，揖而進之曰：意朕之政教有不得爾者耶？何乃有饑寒而不得衣食，有獄訟而不平其冤，有賢而不舉者？然後其君退而與其卿大夫謀之。」此天子讓諸侯之辭也。《左氏傳》「公使讓之曰」云云，及霸主讓諸侯，與諸侯相讓之辭，此類亦多。非辭之所可責，於是乎有討。今南音遜讓之讓去聲，責讓之讓上聲，亦通。**葵丘之會**。周襄王元年，魯僖公九年夏，「公會宰周公、齊侯、宋子、衛侯、鄭伯、許男、曹伯于葵丘。」《傳》曰：「會于葵丘，尋盟，且修好，禮也。」九月戊辰，諸侯盟于葵丘。《傳》曰：「齊侯盟諸侯于葵丘，曰：『凡我同盟之人，既盟之後，言歸于好。』」《穀梁傳》曰：「葵丘之會，陳牲而不殺，讀書加于牲上，壹明天子之禁。」

南陽。齊之南境，汶陽之田。**百里**。説見前篇「班爵禄」章下。

辟土地，充府庫。興利聚斂之臣辟土地，如李悝盡地力，商鞅開阡陌，説見前篇「辟草萊任土地」章。**約與國，戰必克**。從横攻戰之臣。

白圭。詳見《史記·貨殖傳》。薄斂固美意，然此乃北狄荒涼之俗，非中國通行之法也。古者公税皆什一，後世公税于民雖三十税一，而私取于民實什取五，蓋古者官授田，後世人自買田也。人自買田，故官税輕；私授于農，故私取重。然白圭之欲輕取，據本傳，圭善治生，能「薄飲食，忍嗜欲，趨時若猛獸鷙鳥之發」，天下言治生者祖之。圭之欲輕賦，蓋別自有理財之術也。然圭自謂其術不可學，使圭自爲之，則輕賦而亦可；使他人爲之，鮮不爲民害矣。故孟子不許。**黍**。耐寒，宜乾。

治水。禹順導，舟曲防。

樂正子。名克。爲國相者，不在力，不在智，不在博，但是好善，則衆善皆爲之用。

傅巖。傅本堯後之國。傅巖在虞、虢之間，名爲傅險。澗水壞道，發胥靡刑人築之。傅説貧，代胥靡之役。胥靡者，有罪連及末減之人。其役如《周禮》罪隸，漢法罰作，後世官徒也。高宗夢得良弼，被褐帶索，以形求之，果得説。膠鬲。〔四〕管夷吾。管仲。本管叔之後，氏管，名夷吾，字敬仲，又曰管仲。士。刑官也。管夷吾爲齊師所索，魯使獄吏囚之轞以予齊也。孫叔敖。楚蔿賈之子蔿艾獵也。孫叔其字；敖，楚官號也。舉海，蓋少孤而隱于海濱也。《荀子》曰：「孫叔敖，期思之鄙人也。」《注》：「今弋陽。」然孟子謂舉海，必有所據。程子。伯子。○此章入《要略》一之二十八。

【校記】

〔一〕資：底本作「次」，據庫本改。

〔二〕粱：底本作「梁」，據庫本改。

〔三〕未必非：底本、胡本皆脱「非」字，庫本作「豈非」。據《大事記》補。

〔四〕膠鬲：底本「膠鬲」下挖改作墨釘，庫本下注一「闕」字，胡本作空白。

孟子集注考證卷之七

盡心上

盡其心者。舊説「盡心則知性，知性則知天」。朱子以上句文法如「得其民者，得其心也」，故《集注》反舊説而得此章之意。○入《要略》一之二十二。修身以俟之。《語録》：「既不以天壽貳其心，又須修身以俟之，方始立得此命。自身有百年在世，百年之中，須事事是當始得；有一日在世，一日之内，須事事是當始得。若既不以夭壽貳其心，而一向胡亂做去，又不可。如佛氏以絶滅爲事，亦可謂『夭壽不貳』；然『修身以俟』一段，全不理會，所以做事無頭腦，無父無君，亂人之大倫。」程子。叔子。張子曰。張子《西銘》盡得此章之意而發明之。若《集注》收此四句，則不如程子三句之明順易知。昔王文憲嘗以張子「由太虛」四句何以不入《近思録》而收入《集注》問于何文定，文定曰：「此段説得甚精，而亦難看。故朱子雖屢稱此語，亦嘗謂其有病。要之亦非有病，但看者易得做病，如『以虛爲理』一句便難看。朱子恐人有看錯者反爲病，所以不收入《近思録》。其收在《孟子·盡心》章末者，却是孟子之説已明，可以互相發明，不至錯看也。」

由太虛，有天之名。何文定曰：「張子所謂虛者，不是指氣，乃是指理而言。蓋謂理，形而上者，未涉形氣，故爲虛爾。以下面『合虛與氣』證之，見得此『虛』字是指自然之理。蓋謂有此太虛自然之理，而因名之曰天，故曰『由太虛，有天之名』。然自然之理，初無聲臭之可名也，必其陽動陰静，消息盈虛，萬化生生，其變不窮，而道因可得而見；蓋虛底物事在實上見，無形底因有形而見，故曰『由氣化，有道之名』。蓋天以理之自然言，太虛之體也；道以理之運行言，太虛之用也；至就人身看，則必氣聚而成人，而理因亦聚于此，方始有五常之名，故曰『合虛與氣，有性之名』。所謂『合虛與氣』者，非謂性中有理又有氣，不過謂氣聚而理方聚，方可指此理爲性爾。『合』字不過如周子二五妙合之意：太極二五，有則俱有，固非昔離今合，但兩事分開看，則有以見其合爾。『合性與知覺，有心之名。』蓋心統性情，性者理也，情者氣之所爲也，故曰『合性與知覺，有心之名』。朱子嘗謂其説得甚精，但辛苦耳。證得《孟子》此章，却是分曉。」履祥按：「合性與知覺，有心之名。」蓋理與氣合而會于心，故心爲最靈而能知覺。王文憲曰：「『太虛』即《太極圖》上面圓圈，『氣化』即圈内陽動陰靜。上二句統説，下二句就人上説。」

「莫非命也」章。入《要略》三之九。

是求。兩「是求」字皆作一讀。其上二句皆古語常言，孟子指其所求者斷之。○此章入《要略》三之十一。

誠，實也。實見得，實行得。張子曰：「反身而誠，則行無不慊于心。」《語録》取之。慊音愜。○此章入《要略》一之二十一。

人能恥己之無所恥。輔氏曰：「以己之無恥爲恥。」○此章入《要略》一之三十四。

「恥〔二〕於人大」章。程子。叔子。

謂宋勾踐。此章一以道義爲主，而兩節常相對。人知則達，則得志；不知則窮，則不得志。一以道義爲主，則「囂囂」。不失，不離；士不失己，民不失望；「澤加于民」，修身自見；「獨善其身」「兼善天下」：無往而不善也。義道一理而分窮達，蓋道主于行而言，義主于節而言。

「佚道」章。程子。叔子。

「皞皞」章。程子。伯子。豐氏。豐稷，元祐黨人。所過者化，所存者神。二句古語，《荀子》亦云「仁人之兵，所過者化，所存者神」是也。舊説又一意，惟程叔子以所過爲所經歷，文公歎其甚精而從之。按：「過」字當作平聲，則意自見。「與天地同流」所以皞皞，「小補」所以歡虞。

「仁言」章。程子叔子。

「良能」章。《要略》二之一。程子。未詳。

「不爲不欲」章。《要略》一之二十九。王文憲曰：「朱子初取范氏説，而不如李氏此説曲折詳盡，説『無』字精。」

「三樂」章。《要略》三之十二。程子。伯子。

所性。《語録》：「這一個道理，合下都定了，更添減不得。」四體不言而喻。猶云「不勉而中」也。四體不待言喻，蓋其動容周旋，不待思勉而自然中禮，故借在外不言而喻者，以譬在我者「不勉而中」也。一説見面、盎背，睟然盎然，如此則「施于四體」，其動容周旋中禮者，不言可知矣。如此輕説，似亦可通，然非《集注》本意。程子。未詳。〇此章入《要略》三之十三。

北海。伯夷孤竹之國，在遼西令支縣。中國去北海甚遠，大率止以遼碣之間爲北海。東海。《史記》曰：「太公望吕尚者，東海上人。或曰，吕尚處士，隱海濱。散宜生、閎夭招之。尚亦曰：『吾聞西伯賢，又善養老，盍往焉。』」

「泰山」章。此章凡三節。上二節喻聖人之道。知行至到，則餘皆近小；本原盛大，則其用無窮。下一節示學者之方，循序而漸進，下學而上達。

「善利」章。《要略》三之二。程子。二條并叔子。

列子稱其言。按《列子·楊朱》篇曰：「楊朱曰：『伯成子高不以一毫利物，舍國而隱耕。大禹不以一身自利，一體偏枯。古之人損一毫利天下不與也，悉天下奉一身不取也。人人不損一毫，不利天下，天下治矣。』禽子問楊朱曰：『去子體之一毫，以濟一世，汝爲之乎？』楊子曰：『世固非一毫之所濟。』禽子曰：『假濟，爲之乎？』楊子弗應。禽子出語孟孫陽。孟孫陽曰：『子不達夫子之心，吾請言之。有侵若肌膚獲萬金者，若爲之乎？』曰：『爲之。』孟孫陽曰：『有斷若一節得一國，子爲之乎？』禽子默然有間。孟孫陽曰：『一毛微于肌膚，肌膚微于一節，省矣。然則積一毫以成肌膚，積肌膚以成一節。一毫固一體萬分中之一物，奈何輕之乎？』禽子曰：『吾不能所以答子。然則以子之言問老聃、關尹，則子言當矣；以吾言問大禹、墨翟，則吾言當矣。』孟孫陽因顧其徒説他事。」**摩突其頂。**「摩頂放踵」猶俗言撞頭至脚爾。突即撞也。《莊子》曰：「墨子稱道曰：『禹親自操橐耜而九雜天下之川；腓無胈，脛無毛，沐甚雨，櫛疾風，置萬國。禹大聖也，而形勞天下也如此。』使後世之墨者，多以裘褐爲衣，以跂蹻爲服，日夜不休，以自苦爲極，曰：『不能如此，非禹之道也，不足謂墨。』」**子莫，魯賢人。**本趙《注》。又按《莊子》云：「儒墨楊秉四。」謂儒家、墨氏、楊氏、秉氏，凡四家之學也。秉別無所聞，恐即當時「子莫執中」一家之説。孟子因闢楊、墨，惟子莫能知楊、墨之偏，而欲取二家之中以執之，其意在「爲我」「兼愛」之間也，意則善矣，然不歸于儒，則終害道，故孟子亦并非之。蓋二家之中不可執，須權輕重。時當利物，則爲禹之過家不入，而非兼愛之過；時當獨善，則爲顔子之陋巷自樂，而非爲我之不及；隨時隨地而權稱之，以適其平，方可謂之中。故孟子曰「執中無權，猶執一也」，「舉一而廢百也」。今且以權之稱物爲喻。物之重一斤者，則推就一斤而後平；物重一兩者，則推就一兩而後平；凡輕重不等者，皆推取平而止，平即中矣。楊氏「取爲我」，猶重一兩者也；墨氏「兼愛」，猶重一斤者也；子莫嫌「爲我」之輕世，又嫌「兼愛」之重外，而欲執二家之中，猶嫌一兩之太輕，一斤之太重，而欲執半斤以爲中也，則物有在半斤之上下者銖、兩、鈞、石皆不稱矣，是執一也，所謂「舉一而廢百也」。**程子。**二條并叔子。

「饑渴」章。《要略》三之十八。

微顯闡幽。其顯處人皆知之，其幽處非人之所能知者，故聖賢之論人，微隱其顯，而闡明其幽。如夷、齊之清，鄉人冠不正則去之，人知其隘矣，惟孔子則知其量而發明之曰「不念舊惡，怨是用希」；柳下惠之和，「援而止之而止」，人皆知其量寬矣，惟孟子知其守而闡明之曰「不以三公易其介」。蓋夷、齊之胸次，柳下惠之心事，非孔、孟不能知也。雖然，論其心術之奧，孟子能知柳下惠之介也，而防其末流之弊；亦惟孟子能知其不恭，是皆闡幽之謂也。

「性之」章。《要略》五之三。性之其聖自天，身之其聖自我。

「殺一無罪」至「非義也」。士無生殺予奪之權而云爾者，此亦尚志之事，猶周子所謂「志伊尹之所志」「恥君不及堯、舜」，一夫不獲也。當時公卿大夫横殺横取多矣，而士之所志乃如此，又所守所行無非仁義，則其施之公卿大夫之位，仁義不可勝用矣。此言士之所事，亦以警王子之徒也。○此章入《要略》一之二十四。

設若非義而與之齊國。陳仲子不特不義與之國而不受，正使雖義而與之國亦必不受。如宋子魚、曹子臧、吳季子，雖義可以受國，猶不受也，況仲子之狷僻？以母之食不食，以兄之室不居，其肯受國乎？履祥竊意孟子本意，當以「仲子不義」爲句，與下文「舍簞食豆羹之義」字相反對，謂仲子不義，設若與之齊國而不受，人皆信之，然此特義之小者爾，與「舍簞食豆羹之義」何異？惟君臣上下，此乃義之大者，而彼皆無之，此不義之大者也。以其小義而信，其爲大義奚可哉？此斷其不義之辭也。

瞽瞍殺人。舜父頑。桃應設此問以觀聖賢處事之變，孟子據此答以見聖賢用心之極爾。由前言之，則舜之烝乂，自不致有殺人之事；由後言之，則皐之執法，又別有議貴之辟。孟子皆未論到此，且論聖賢之心，各行其道，各極其至，在我無難處之謀，而天下亦無不可處之事矣。○此章入《要略》二之七。《注》文微不同，而《集注》爲明徑。

居，養。有居則有養，居養富貴之氣，廣居則養浩然之氣。

「家交」章。程子。叔子。

形色。形者，人之體，凡耳目鼻口、五藏六府、百骸九竅皆具此陰陽五行之理，而心其主。色者，形之用，凡動容貌、正顏色見于面者，尤其精神之發也。下文止言「踐形」，則在其中矣。程子。叔子。○此章入《要略》一之二十。

孔子之於顏、曾。顏子鑽堅、仰高，用心苦矣；夫子博之以文，約之以禮，而「欲罷不能」，「如有所立卓爾」。曾子隨事著察，真積力久，用心博矣；夫子告之一貫，而「唯」然會悟，體以忠恕。此所謂速化也。於冉、閔。冉雍求仁，閔子騫之孝，夫子成其在德行之科，所謂成德也。於由、賜。子路好勇，夫子達之于禮義；子貢穎悟，夫子達之以性道。此所以成其材也。樊遲、萬章。隨問而答，所謂解惑也。陳亢、夷之。亢因子貢、伯魚而聞夫子之道，夷〔二〕之因徐子而聞孟子之命，此所謂遞相傳授者也。孟子之私淑于人，則又有在「雨化」「成德」之間者矣。

「道高」章。此章言下六句極其精密，學者須貼題思之。「繩墨」「彀率」二事雖對喻，下文正就「彀率」上生意。彀者，挽滿也；率者，射法也。臨射時止是引之之法，然已自有發之之機。學者志正體直，到引滿之時，自住不得，而發之之機，躍如在前矣。「引而不發」，教者之妙機；「躍如也」，學者之自得。

「厚薄」章。《要略》二之十一。

仁民。此「仁」字言仁之用。愛物。《集注》草木、禽獸皆舉之，「取之有時，用之有節」，此先王愛物之政也。若釋氏，雖例以不殺爲愛物，然知施于動物而不知施之植物，此之謂不知類；况絶滅親親之倫，此之謂不知本。墨氏猶「愛無差等」，釋氏則又倒行逆施之矣。程子。叔子。一本。見「夷之」章。無僞也。天理之真，自有次第，皆實心之推。未能「親親而仁民」，則悖德；未能「仁民而愛物」，則逐末：皆是務外也。務外則僞也。○此章入《要略》二之九。

盡心下

召陵之師。《春秋》魯僖公四年，齊桓公以諸侯之師伐楚，責其不貢，次于陘。楚屈完來盟于師。師退，盟于召陵。

「武成」章。程子。叔子。杵，或作「鹵」。《史》《漢》《戰國策》作「鹵」。徐廣、顔師古曰：「漂，浮也。鹵，盾也。」履祥按：鹵、杵聲相近，軍中固有楯無杵，然鹵乃濕鹵之鹵，謂血流地生鹵爾。王文憲曰：「此孟子拔本塞源之論，雖非武王殺之，然亦仁人所不忍言也。」

虎賁，《書序》作「百」[三]。《史記》亦作「千」，《書序》不可信。王曰。前章疑《武成》難信，此章繼言武王伐殷。疑《武成》所以懲戰國多殺之暴，引湯、武所以示後世弔伐之仁。二章不同，同歸于救世而已。

莊周所論斲輪。《莊子・天道》篇：「輪扁對桓公曰：『斲輪，徐則甘而不固，疾則苦而不入。不徐不疾，得之于手而應于心，口不能言，有數存焉于其間。臣不能以喻臣之子，臣之子亦不能受之于臣。』」

一間。散翁曰：「詳此章文意，似于兩『人』字讀，謂殺人父之人是亦殺其父，殺人兄之人是亦殺其兄。『亦』字如猶字，于本文爲通。」

必行文王之政。謂前篇「關譏而不征」。

其人。「其」字重讀。見其所安之實。本《論語》「察其所安」。

猶不得也。孟子以前，未有「不仁得天下」之事，但夷羿、寒浞本身即已誅滅；孟子以後，固多有「不仁得天下」者矣，不但一再傳失之，然子孫誅滅殆無遺類，不止于猶不得而已。孟子之言，未嘗不驗也。

聖人，百世之師。《文公文集》曰：孟子于二子，雖或以爲「聖之清」，或以爲「聖之和」，然又嘗病其「隘」與「不恭」，且以其道不同于孔子而不願學也。及其一旦慨然發爲此論，乃以「百世之師」歸之，而孔子反不與焉，何哉？孔子，道大德中而無迹，故學之者没身鑽仰而不足；二子志潔行高而迹著，故慕之者一日感慨而有餘也。○此章入《要略》五之五。

「仁也」章。程子。伯子。**外國本。**尤延之云：「高麗本。」按：高麗，箕子之國，爲東夷文物之邦，尚多有古書。

理，賴也。《楚辭》「蹇修以爲理」：「叶音賴。」《辨證》曰：「《孟子》『不理于口』，《漢書》『無理之至』，皆訓爲賴，則理固自有賴音矣。」

「性命」章。《要略》三之十。**有命焉。命也。**「性也」之性是氣質之性，「有性焉」之性是天地之性，此固不待言。惟二「命」字難分。「有命焉」之命一節是氣之理，「命也」之命一節是理之氣。何以謂氣之理？是就氣上説，而理亦在其中，爲之品節限制。何以謂理之氣？是就理上説，而氣却于其中，有清濁厚薄之不同。蓋理氣未始相離，天以陰陽五行化生人物，氣以成形，而理亦賦焉，猶命令也。然理則一，而氣則有清濁厚薄之不同，所以在人便有智愚、聖否、貴賤、貧富之異，而理固無不在焉，此所以謂命也。但「命也」之命，自其清濁、厚薄者言之，則全屬氣；「有命焉」之命，自其貧富、貴賤之分限言之，則便屬理。「命也」之命在前，「有命焉」之命在後。然才有清濁、厚薄，便亦自有貧富、貴賤；才有貧富、貴賤，便自有上下品節：所以總謂之命。但其上一截清濁、厚薄全屬氣，到貧富、貴賤各有品節則屬理。此兩「命」字所以同、所以異者如此。**性也。命也。**「口之于味也」以下五句，是氣質自然之欲，故斷之曰「性也」，此是順結也。「仁之于父子也」以下五句，是人心自然之理，乃結之曰「命也」，此乃反結。何耶？曰：「口之于味」五者，就人身言；「仁之于父子」五者，就人事言。就人身言，有此形氣，便有此五者，故曰「性也」。就人事言，則所處所遇，自是有不同者，故曰「命」。然人以前五者在人身爲性，而必求得之，孟子指出天分，謂各有限制之不同，故曰「有命焉，君子不謂性」。人以後五者在人事爲命，而不求自盡，故孟子指出原頭，謂本有義理之不異，故曰「有性焉，君子不謂命」。謂之「君子不謂性」，則知一謂之性者，世人之言也；謂之「君子不謂命」，則知一謂之命者，亦世人之言也。故朱子有「世人」之説。王文憲曰：「『性也』是氣質之性，要輕看；『有性焉』是天地之性，要重看。」又曰：「孟子後段『命也』一句是歇後語，『仁』『義』五者，非命也；到得所值不同，則命也。故程叔子、朱子于此五者之命，見其説不去，于是以『命也』推上去説清濁、厚薄所值不同，以補語意。」程子。并叔子。厚薄清濁。五者之命，程叔子清濁、厚薄之説盡之矣。夫清濁、厚薄，氣也，而清濁發于所知，厚薄驗于所值。自其清者言之，則仁之于父子也至，義之于君臣也盡，禮之于賓主也節，智之于賢否也自能辨，聖人之于天道也自不期而脗合；自其濁者言之，則於父子而仁有所窒，於君臣而義有未明，于賓主而禮有未合，于賢否而智有所昏，於天道固不能如聖人之自然脗合。此命之清濁也。自其厚者言之，則爲父而得其子之孝，爲子而得其父之慈，爲君而得其臣之忠，爲臣而得其君之遇，賓主之相敬，賢者之相知，聖人而必得位、得名、得禄、得壽；自其薄者言之，則子孝而有瞽瞍之父，父慈而有朱、均之子，君賢而有觀扈之臣，臣忠而有龍逄、比干之戮，爲主而晋侯見弱于齊，爲賓而魯君不禮於楚。以言乎智，則晏嬰而不知仲尼；以言乎聖與天道，而孔子不得其位。此命之厚薄也。氣化流行，紛綸錯揉，化生人物，隨處不同。或清或濁，或厚或薄，四者相經相緯，相揉相雜，而發于心，驗於身，遇于事，有萬不同者。清者生知安行，而濁者反是；厚者氣數遇合，而薄者不然。此所以謂之命也。程子發此四字，《或問》兼存兩説，學者宜比而觀之。

「善信」章。《要略》五之十一。程子。前叔子，後未詳。

所不忍。下文「無欲害人之心」也。所不爲。下文「無穿窬之心」也。達之於其所忍。猶云以其所愛及其所不愛也。所爲。如下文「受爾汝」，以言、不言「餂之」，皆其類也。無受爾汝之實。文公因沈僴之問，自謂《注》中因何改不分曉，謂「實」字當對「名」字説；「不欲人以爾汝之稱加諸我，是惡爾汝之名也。然反之于身，而去其無可爾汝之行，是能充其無受爾汝之實也」。履祥按：《注》中不分明者，謂舊説作「誠實」解也。然今《注》亦未大分曉，當從《語録》之説。

夫「爾汝」者，人所輕賤之名也。受人輕賤之名，我固耻之，但能反身而充其無受輕賤之實，則其所爲者，無往而不爲義也。則「爲」字訓作爲之爲。○此章入《要略》一之七，但《要略》注尚是舊説。按此章「有所不忍」者，「無欲害人之心」，此惻隱之端也。「有所不爲」者，「穿窬之心」，此羞惡之端也。能充之於他事，則無非仁無非義矣。前兼説仁義，後獨説義。《語録》曰：「仁只一路，義則頭項多。下又充之以『無受爾汝之實』，又充類至義之盡。以言、不言餂人者，其心術隱微，猶盜賊也。觀省至此，可謂細密。必如此充之，而後無一毫非義。」

「近約」章。《要略》四之四。**不下帶。**「古人視不下于帶」，因以目前常視爲不下帶。此古時方言也。

性者。《語録》：當有「之」字。**反之。**《語録》：當有「者」字。**程子。**伯子。下同。**董子。**董仲舒，《前漢書》有傳。《答江都易王》曰「仁人者」云云。程子始表出之。朱子《白[四]鹿洞學規》以爲處事之要。○此章入《要略》五之一。

藐之。《注》作「輕之」。《左傳》：「藐諸孤。」謂小也。藐之，小視之也。《語録》：孔子「畏大人」，孟子却「藐大人」。大人固當畏，但所「藐」者，其「堂高數仞」、食前侍妾、田獵後車耳。孟子爲見世人視大人許多崇高富貴，當有言不敢出口，故云爾。**楊氏曰。**《文公語録》曰：「雖曰聖人之心『無小大，無敢慢』，不肯如此説，但以此視彼，爲富貴權勢所移者有間矣。聖人固不如此。若大賢以下，則未免如此。」○此章入《要略》三之十四。

「養心」章。《要略》一之十八。王文憲曰：「呂侍講曰：『天下難持者莫如心，天下易染者莫如欲。』」又：「周子《養心亭説》，《集注》不入。」王文憲曰：「必自寡而后至周子所謂無。」**程子曰。**伯子語。輔漢卿謂極其微細言之，學者須于有所向處充治去；待其周張，則用力難矣。

「羊棗」章。羊棗，魯皙所獨嗜，曾子爲不忍而不食。膾炙，人所同嗜，曾子非爲味而食。

「狂狷」章。《要略》五之十二終。**此語與《論語》小異。**《論語》曰：「子在陳，曰：『歸與！歸與！吾黨之小子狂簡，斐然成章，不知所以裁之。』」琴張，事見《莊子》。《莊子·大宗師》篇曰：「子桑户、孟子反、子琴張三人相與友，曰：『孰能相與于無相與，相爲於無相爲？孰能登天遊霧，撓挑無極，相忘以生，無所終窮？』三人相視而笑，莫逆于心，遂相與友，莫然有間而子桑户死，未葬。孔子聞之，使子貢往侍〔五〕事焉。或編曲，或鼓琴，相和而歌曰：『嗟來桑户乎！而已反其真，而我猶爲人猗！』子貢趨而進曰：『敢問臨尸而歌，禮乎？』二人相視而笑曰：『是惡知禮意！』子貢反，以告孔子，曰：『彼何人者耶？』孔子曰：『彼，遊方之外者也。』」按：狂者志高而行不掩焉者，夫子謂可因其志高而與之進道耳，非取其終于狂也。若終于狂，則便有琴張之病，過中失正，而流于異端矣。琴張之狂，未必盡如《莊子》所言，然其近似，亦必有以取之。牧皮，未詳。《家語》《史記·弟子傳》不見牧皮。此在三千之數，必魯人也。如孟獻子之友牧仲，蓋魯有牧氏。嘐嘐然，曰：古之人。「狂」也，志大也。行不掩焉。「簡」也，略於事也。程子曰。伯子。鄉原，德之賊也。《論語》止此一句。上文必有所傳。非之無舉。二句。原也。同流合汙。二句。鄉原所以媚小人也。居之似忠信。二句。鄉原所以媚君子也。衆皆悦之。并上文。鄉原之似德也。自以爲是，而不可與入堯、舜之道。鄉原之非德也。似德則亂德，非德則賊德矣。邪慝，如鄉原之屬是也。凡異端非正道者，皆邪慝也。邪詖之辭，邪也；淫遁之辭，則慝也。而獨于「鄉原」章出「邪慝」二字，蓋如楊氏爲我，則學義而差者也；墨氏兼愛，則學仁而差者也，其亦猶以善意爲之，未必有爲惡之意也；若鄉原之志行態度〔六〕，取媚求容，欺世盜譽，欲自附于中行而反譏狂狷以自是，其惑人心，壞風俗，不復可以振起，而使世人皆不得見中行之真，是真所謂邪慝也已。此章孟子因孔子三言而發明狂者之志，狷者之守，又因孔子賊德之言而寫出鄉原之情狀態度，而卒歸之「反經」，其爲世道人心計遠矣大矣，讀之使人感切。

趙氏曰：五百歲而聖人出。亦有遲速，故言有餘。按邵子《經世書》，自巳會之未，以運經世之一之未，歲在甲辰，而帝堯即位。二聖相授，至經世之亥一百四十歲而交午會，以運經世之二之子，歲在甲子，禹攝之八年。下至經世之三之卯，歲在乙未，凡四百五十二年，而成湯有天下。下至以運經世之四之亥，歲在癸亥，凡六百二十九年，而文王爲西伯。是入以運經世之五至以運經世之六之未，庚戌之歲，凡五百八十餘年，而孔子生。又七十一年庚申獲麟，三年壬戌之歲，孔子卒。至以運經世之七之寅，乙酉之歲，孟軻至梁，上去孔子卒，凡一百四十三年。**見知，聞知。**韓文公曰「堯以是傳之舜，舜以是傳之禹，禹以是傳之湯」云云。程子謂文公必有所見；若無所見，不知所傳者何事。今按《原道》，不過謂其法度禮樂政教以是傳之。蓋制作皆得其的，而後可謂前聖後聖之相傳也，然其言不如孟子之精。「見而知」「聞而知」，所知者何事？蓋此理之大中至善也。又此章繼「君子反經」之後，尤有深意。**「萊朱」，或曰：即仲虺。**趙《注》：「萊朱，一曰仲虺。」則是以仲虺爲萊朱之一名也。《集注》引之，而云：「或曰：『即仲虺。』」「或」之者，存疑也。履祥按：仲虺，古文《尚書》作「中鼺」，「鼺」即「雷」字也。《史記》亦作「鼺」，「雷」「萊」聲韵同；又「虺」本音呼回反，亦與「雷」「萊」音叶。但今唐本不依古文作「鼺」，而依《左傳》，故以仲虺爲萊朱，則若可疑爾。湯之賢臣，伊尹之外，無如仲虺者。考之《仲虺之誥》，其見知之實可想矣，而與伊尹并爲左右相，則萊朱即仲虺可知也。**太公望。**呂尚。**散宜生。**若周公、虢叔、閎夭、泰顛、南宮括皆不與見知者之列，虢叔、周公父子兄弟不在數，于大臣則獨舉太公望，於五臣則獨舉散宜生，孟子當時蓋別有所考，後世不聞其詳爾。**近聖人之居。**聖人之居在今襲慶府仙源縣。而鄒即鄒縣，在仙源之南。**爾**上「爾」字指見而知之者，下「爾」字指聞而知之者。此二句舊説未明。惟三山林少穎之説爲得其指，文公聞而是之。蓋凡言「爾」者，皆有所指之辭，故字書言「如是爲爾」，即翻切之音也。此二「爾」者，即指上文所謂見知、聞知者而爲言也。此章大意，謂自古五百餘歲而聖人出，在當時必有見而知之者，在後世則有聞而知之者；今去聖人之世未遠，去聖人之居又甚近，而曾、思輩又皆亡矣，已無有如是見知者，則亦恐遂無復有如是聞知者矣。此其思前聖，憫當時，憂後世，俟來哲，深長之意，藹然見于言表，嗚呼悠哉！

【校記】

〔一〕恥：諸本皆作「取」，據《集注》改。
〔二〕夷：諸本皆脱，據文意補。
〔三〕本句金履祥意指「虎賁三千人」句中之「千」字。當作「千」。
〔四〕白：底本作「曰」，據庫本改。
〔五〕侍：底本作「待」，據《莊子・大宗師》改。
〔六〕度：底本作「反」，據庫本、胡本改。

附録

論孟集注考證序

金履祥

古書之有注者必有疏，《論孟考證》即《集注》之疏也。以有《纂疏》，故不名疏，而文義之詳明者，亦不敢贅，但用陸氏《經典釋文》之例，表其疑難者疏之。

文公《集注》，多因門人之問更定。其間所不及者，亦或未修，而事迹名數，文公亦以無甚緊要略之，今皆爲之修補。或疑此書不無微牾者，既是再考，豈能免此？但自我言之，則爲忠臣；自他人言之，則爲讒賊爾。此履祥將死，真切之言，二三子其詳之。

濉河後學金履祥吉父敬書于仁山堂病舍。

（底本、胡本《孟子集注考證》卷七末附）

論語集注考證序

許謙

古之聖人得其位，皆因時以制治。孔子酌百世之道以淑天下，而其事主於教。孟軻氏推尊孔子，傳於後世，以迄於今。故《論語》《孟子》者，斯道之閫奥也。

繇漢而還，解之者率有不獲。至二程夫子肇明厥旨，今散見於《遺書》。嗣時以後，諸儒所著，班班可考，然各以所見自守，有得有失，未有能搜抉融液，折諸理而一之者。子朱子深求聖心，貫綜百氏，作爲《集注》，竭生平之力，始集大成，誠萬世之絶學也。然其立言渾然，辭約意廣，往往讀之者，或得其粗，而不能悉究其義，或一得之致，自以爲意出物表，曾不知初未離其範圍。凡世之詆訾混亂，務新奇以求名者，其弊正坐此。此《考證》所以不可無也。先師之著是書，或檃括其説，或演繹其簡妙，或攄其幽，發其粹，或補其古今名物之略，或引群言以證之，大而道德性命之精微，細而訓詁名義之弗可知者，「本隱以之顯」「求易而得難」，吁，盡在此矣！蓋求孔、孟之道者，不可不讀《論》《孟》；讀《論》《孟》者，不可不由《集注》；《集注》有《考證》，則精朱子之義，而孔、孟之道章章乎人心矣。

謙自壯年服膺師訓，即知讀朱子之書。其始三四讀，胸中自以爲洞然顯白，已而不能無惑；學之頗久，若徐有得焉，及即其書而觀之，乃覺其意初不與己異；學之愈久，自以爲有得者不遂止於一，而與鄙陋之見合者亦大異於初矣。由是知聖賢之言，理趣無窮；朱子之説，雋永當味。童而習之，白首不知其要領者何限。先師是書，亦憫夫世之不善學朱子之學者也。《傳》曰：「仁者見之謂之仁，知者見之謂之知，百姓日用而不知，故君子之道鮮。」謙于是深有感焉。故翻閲群書，用加讎校，藏諸家，傳諸其徒。若好事君子能廣而傳之，是固謙之所望，亦先師之志云爾。

至順改元十月朔，門人許謙百拜謹書。

（庫本《論語集注考證》卷首，題曰《論語集注考證原序》；胡本《論語集注考證》卷首，無題名。）

論孟集注考證序

李桓

《論語》《孟子》之書，《六經》之外，聖賢之遺言皆在焉。自漢以來，儒者爲之訓解，專門名家者固已衆矣，微辭奥旨猶或未著，蓋至於《集注》之作而始明。自朱子之有《集注》，而門人高第以及私淑之徒又皆爲之疏義，蓋黄氏之《通釋》，祝氏之《附録》，蔡氏、趙氏之《集疏》《纂疏》，相繼而出，極其旨趣而敷繹之，然至於《考證》之修而後備。

按：朱子之後四傳而爲仁山金先生。先生承師友之淵源，博記廣聞，講貫真切，積其平日之所得，萃爲此書。其於《集注》也，推其意之未發，佐其力之不及，以簡質之文，達精深之義，而名物度數、古今實事之詳，一皆表其所出。後儒之説，可以爲之羽翼者，間亦採摭而附入之。觀之時若不同，實則期乎至當，故先生嘗自謂朱子之忠臣；夫忠臣者，固不爲苟同，而其心豈欲背戾以求異哉？蓋將助之而已矣。斯則考證之修所以有補於《集注》者也。

先生既歿三十有五年，得其學者惟許謙益之，每以師説講於諸生，而藏其書於家，躬自讎正，以俟知者。其傳於時也，實自浙東憲司經歷張公而始。初，公既獲其書於許君，覽而善之，以爲不可以不傳，惟鋟諸梓則其傳也廣而遠。婺學者，先生之鄉校也，既嘗刻其《通鑑前編》之書矣，因以畀郡侯管者思監使并刻之。侯乃率其佐屬，割俸貲以共費，不足則繼之以學廩之贏，越三月而板成。夫見善而知以爲善，鮮矣；知其善，恐其泯没而不傳者爲尤鮮；不私諸己，汲汲焉思廣於人以爲務，孰能若是乎？繼自今以往，是書大行，學者讀而有得焉，皆公之賜也。公名仲誠，字信卿。爲人廉直剛正，敬尚儒術，而篤意於風化。凡事之害於學校者，必深疾而力去之；苟有益焉，又樂爲之如此。嗚呼，豈獨是書之幸，斯文之幸也！并志之，以爲序。

至元三年歲次丁丑孟秋吉日，文學掾中山李桓謹序。

（清陸心源《皕宋樓藏書志》卷十《論孟集注考證十卷（舊抄本）》；又見胡本《論語集注考證》卷首，題曰《前序》，然僅存「益之，每以師説講於諸生」至末。）

論孟集注考證跋

呂　遲

右仁山先生《論孟考證》，所以繼文公之緒，惟益之許先生得其傳，以授後學，然抄寫不繕而謬誤相承，尤非所以廣布也。憲幕張公特爲主盟，俾鳩工鋟梓，以便學者，屬愚董其役。於是許先生手自校證，點畫無訛，非特學者之多幸，亦斯文之多幸也。

古麗後學呂遲謹識。

（底本、胡本《孟子集注考證》卷七末附。庫本《孟子集注考證》卷七後附，題曰《跋》。）

大學疏義論孟集注考證序

趙元祚

余束髮授書，即知宋元大儒有何、王、金、許四先生者，然熟其姓氏而未悉其里居，其著述雖散見於經籍中，而未得窺其全。出宰金華，知四先生皆婺人也。拜四先生祠，又得讀其合集，過東藕塘謁仁山先生家祠，晤其十八世孫律，道先生世系甚詳，藏其遺書甚全，適付梓告竣，問序於余，余受書而卒業焉，而知先生之傳先以待後者用意深矣。

夫《大學疏義論孟考證》一書，子朱子既爲《章句》，又爲《或問》，以闡明其義；而先生又慮學者之弗能析焉以入於微也，乃本其所得而復申其義以補子朱子之所不及，使其意味皆溢於言端。是《或問》《章句》爲聖經賢傳之注疏，而先生之書又爲子朱子之注疏也。蓋先生游魯齋王文憲公、北山何文定公之門，得朱子之真傳，而先生又爲的派，以授之白雲許文懿公，故其講道論學也詳，而其考證疏義也析，凡修己治人之道咸於是乎取之，是大有益於人心世道，而讀者或以近世講解視之，淺矣。是書録板行世，則遠近皆得見之，由此以析考亭之學，而溯洙泗之源，則金子之刻是書也，其功豈獨表彰其先人已哉！

時雍正己酉季夏月良日，滇海後學趙元祚撰。

（底本《大學疏義》卷首）

大學疏義論孟集注考證序

王崇炳

我皇上證性命於潛邸，龍飛初□，首□儒學以廣道化，尚論古來正學醇儒未經崇祀者而登之兩廡，凡一十餘人，而吾婺何、王、金、許四先生皆與焉。四先生之學，得考亭的傳，當世皆聞其名而慕之。其所著書，雖雜見於諸儒之纂録，而學者未見其全，莫不翹足延領，冀得畢覽，以資講習，上副盛朝興學之意；然而代遠人遥，存亡相半。

竊嘗考之，北山以醇德爲世範，不多著述；魯齋博學弘文，著書滿車，今所存亦少，而《大學定本》《詩疑》《禮疑》《易疑》等編，曾於四明鄭南溪家見之；白雲書多種，除雜見於《大全》《正學淵源》之中者，餘亦不多見，僅存詩文四卷。惟仁山先生書後人守之，而十八世孫太學生孔時藏其《大學疏義》《論孟考證》，惟遺《中庸表注》。孔時居金華東藕塘，曾糾族人建仁山先生祠，肖像於中，歲時虔祭，取其貲之餘者貯而歲積之，延師以教族之子弟而給其孤寡。予嘗爲作《祠堂記》。往過其家，出其書相示。予歷觀之，魯齋論經多持特見，仁山《疏義》則悉本傳注而發揮之，於舉業爲近，然根柢既深，較之世之講章，固不可同日而語也；《考證》通博精確，補朱子所不及：可爲紫陽功臣。力勸刊布。孔時唯諾。去年募工鐫木，寄其書本，屬予爲序。

予竊而思之，國朝尊孔子極矣。一品之崇，萬鍾之禄，以隆聖裔；例設科第，以優四氏；至於配食位次，除孔公子國外，曾不能更參半席。凡以聖人殁，而子孫傳其形氣，真儒傳其性命。傳其形氣者，當以形氣優之，而文廟陪享，性命相傳，别有血脉。故四先生者，不階一命，生則隱，而殁則謚，詞臣屢推祔食，而議亦屢格，至德之炎久而彌耀。蓋天下之公論，至今始定，豈非以聖人性命之傳，凡有性命者卒不能意爲推抑耶？兹書出，吾知天下之大，大山巉巘之間，必有誦服而深知其意者。雨窗雪案，一燈相續，默晤先賢於楮墨之外，而神與之契，血脉相貫合爲一體，承四先生之統，上溯考亭，恢弘尼山之學，而大其用，聖廟一席，必將虚而待之，而開途以誘之入，則孔時有功焉。夫古人著書，將以信今而傳後。著書而不傳，與無書等；人而無書以傳，與無人等。故刊書流布與著書之功等，則孔時之爲功於先賢以開後學者信大矣。

時大清雍正己酉仲秋月良日，東陽後學王崇炳謹撰。

（底本《大學疏義》卷首）

《大學疏義》提要

臣等謹案：《大學疏義》一卷，元金履祥撰。履祥字吉父，蘭谿人。少師事同郡王柏，後又從何基游，故儒者謂其能得朱子之遺緒。稱爲仁山先生，仁山者，履祥所居地也。其事蹟具《元史·儒林傳》。初，朱子既定《大學章句》，復作《或問》以推明其義，而改易次序，補綴傳文，皆出先儒舊説之外，學者猶不能無疑。履祥因隨其章第作《疏義》以暢其文，又申爲《指義》一篇以統其會，柳貫嘗爲之序；今《指義》已佚，惟此書獨存，而貫序亦不冠於卷首。朱彝尊《經義考》謂二書皆未見，《一齋書目》有之。此本爲金氏裔孫所梓，出于彝尊作《經義考》之後，蓋即一齋舊本也。書中依文詮解，縷析條分，闡發頗爲詳密，蓋于《章句》《或問》之旨融會貫通，故發揮獨能親切，亦可云朱子之功臣矣。

乾隆四十二年六月恭校上，總纂官臣紀昀、臣陸錫熊、臣孫士毅，總校官臣陸費墀。

（庫本《大學疏義》卷首）

《論孟集注考證》提要

臣等謹案：《論語集注考證》十卷、《孟子集注考證》七卷，宋金履祥撰。後有自跋，謂「古書之有注者必有疏，《論孟考證》即《集注》之疏。以有《纂疏》，故不名疏，而文義之詳明者，亦不敢贅，但用《經典釋文》之例，表其疑難者疏之」。其書於朱子未定之説但折衷歸一，於事迹典故辨訂尤多。蓋《集注》以發明理道爲主，於此類率沿襲舊文，未遑詳核，故履祥拾遺補闕，以彌縫其隙，於朱子深爲有功。惟其自稱此書不無微牾，「自我言之，則爲忠臣；自他人言之，則爲讒賊」，則殊不可訓。夫經者，古今之大常；理者，天下之公義。論之得失，惟其言不惟其人。使所補正者果是，雖他人亦不失爲忠臣；使所補正者或非，雖弟子門人亦不免爲讒賊。何以履祥則可，他人則必不可？此宋元間門户之見，非篤論也。其中如辨《論語注》「公孫枝」云：「案《左傳》，當作公孫發。《集注》或傳寫之誤。」辨《孟子注》「許行神農之言」「史遷所謂農家者流」，云《史記》六家無農家，《漢書・藝文志》九流之中乃有農家，皆爲典確。至於辨「公劉，后稷之曾孫」一條，謂「公劉避桀居邠，去后稷世遠」，非其曾孫；不知古人凡遠祖多稱高祖，《左傳》郯子稱「我高祖少皞」是也，凡遠孫多稱曾孫，《左傳》蒯聵稱「曾孫蒯聵敢昭告皇祖文王」是也，如此之類，則《注》不誤而履祥反誤，亦未盡確當不移。然其旁引曲證，不苟異，亦不苟同，視胡炳文輩拘墟迴護、知有《注》而不知有經者，則相去遠矣。

書凡一十七卷，首有許謙序，後有吕遲刊書跋，猶爲舊本。朱彝尊《經義考》稱《一齋書目》作二卷，注曰「未見」，蓋沿襲之誤，不足據也。

乾隆四十四年十一月恭校上，總纂官臣紀昀、臣陸錫熊、臣孫士毅，總校官臣陸費墀。

（庫本《論語集注考證》卷首）

大學疏義序

胡鳳丹

《大學》一書，宋以前猶列《戴記》中，不甚尊而信之也。自伊川先生教人讀書先看《大學》，而朱子始作《章句》，且曰：「平生精力盡在此書。」復作《或問》以申明之，然後聖人之微言奥義，遂昭然若揭日月而行江河，然朱子《答許順之》書云：「《大學》之説，近日多所更定。」一年之内，《章句》屢更，而《或問》未改，二書不甚相符，故學者疑之。此仁山先生《大學疏義》所由作也。先生姓金氏，字吉父，謚文安，蘭谿人。初補郡博士弟子，以文名。德祐初，詔爲迪功郎、史館編校，辭不受。家貧，饔飧不繼，獨抱遺經，力學不倦。其爲學，私淑朱子。嘗讀《大學章句》，窮日夜之力，循其章第，暢其意旨，遂成是書，爲朱子補其未逮，并作《指義》一篇以發其凡，而爲之序者，其弟子柳文肅也。是編雍正間先生十八世孫律重刻于家，首序者，滇海趙元祚、東陽王崇炳，而先生《指義》之説與柳序均散佚無存。余懼其久而益淹也，乃重鋟以永其傳，後之讀《大學》者得是書而參考之，苟不忽于講説之淺近，而由是以求格、致、誠、正、修、齊、治、平之理，一一有得於身心，則豈獨先生之所深望哉？當亦子朱子所願引爲同志者矣。

同治十二年癸酉五月，永康後學胡鳳丹月樵甫序於鄂垣之退補齋。

（胡本《大學疏義》卷首）

論孟集注考證序

胡鳳丹

嘗讀《朱子年譜》，載先生當淳熙間始編次《論孟集義》，復作《訓蒙口義》，嗣又約其精粹妙得本旨者爲《集注》，而疏其所以去取之意爲《或問》，故其《答孫敬甫》書云：「南康《論》《孟》，是後來所定本。」又云：「某於《論》《孟》，四十餘年理會，中間逐字稱等。」惟《集注》删改日益精密，而《或問》則不復釐正，間有不同，故讀者多以爲自相牴牾。迨仁山先生作《論語集注考證》十卷、《孟子集注考證》七卷，與《論孟集注》并行于世，先生自跋其書曰：「古書之有注者必有疏，《論孟考證》即《集注》之疏也。」舉凡書中事迹之舛錯，名物之異同，山川都會之區，典要音義之訓，朱子所未詳者，靡不引經據史，博採諸子百家，考覈詳明，折衷至當。烏虖！自朱子《集注》出，而孔、孟之心源遥遥若接，其有功於聖門甚鉅；而先生是書補正朱子之所未備，其有功於朱子者又豈淺尠哉！余今春購獲是書，係元致治間校刊本，首序者先生弟子許文懿，卷末有刊書跋，則吾邑吕遲也。自元至今，歷五六百年，而流傳天壤間猶不磨滅者，豈獨斯文之幸，抑亦余彙刻叢書之幸矣！梓既竟，遂撮其要旨而爲之序。

同治十二年癸酉夏五月，永康後學胡鳳丹月樵甫序於鄂垣之退補齋。

（胡本《論語集注考證》卷首）

圖書在版編目(CIP)數據

大學疏義；論語集注考證；孟子集注考證 / (宋)金履祥撰；黄靈庚，李聖華主編；陳開勇整理. —上海：上海古籍出版社，2022.12
(北山四先生全書)
ISBN 978-7-5732-0542-1

Ⅰ. ①大… Ⅱ. ①金… ②黄… ③李… ④陳… Ⅲ. ①儒家 ②《大學》—研究 ③《論語》—研究 ④《孟子》—研究 Ⅳ. ①B222.15

中國版本圖書館 CIP 數據核字(2022)第 214628 號

北山四先生全書
大學疏義　論語集注考證　孟子集注考證
〔宋〕金履祥　撰
黄靈庚　李聖華　主編
陳開勇　整理
上海古籍出版社出版發行
(上海市閔行區號景路 159 弄 1-5 號 A 座 5F　郵政編碼 201101)
(1) 網址：www.guji.com.cn
(2) E-mail：guji1@guji.com.cn
(3) 易文網網址：www.ewen.co
上海展强印刷有限公司印刷
開本 890×1240　1/32　印張 11.375　插頁 5　字數 227,000
2022 年 12 月第 1 版　2022 年 12 月第 1 次印刷
印數 1-1,800
ISBN 978-7-5732-0542-1

B.1288　定價：66.00 元
如有質量問題，請與承印公司聯繫
電話：021-66366565